"十二五"江苏省高等学校重点教材　编号：2015-1-138

U0653257

国际贸易学

（第三版）

主　编　张为付

副主编　宣　烨　陈小文

更多教学资源请扫码

南京大学出版社

图书在版编目（CIP）数据

国际贸易学 / 张为付主编. —3 版.—南京：南
京大学出版社，2022.3
ISBN 978 - 7 - 305 - 25465 - 9

Ⅰ.①国… Ⅱ.①张… Ⅲ.①国际贸易-高等学校-
教材 Ⅳ.①F74

中国版本图书馆 CIP 数据核字(2022)第 039206 号

出版发行　南京大学出版社
社　　　址　南京市汉口路 22 号　　　　　邮　编　210093
出 版 人　金鑫荣
书　　名　**国际贸易学**
主　　编　张为付
责任编辑　王日俊

照　　排　南京紫藤制版印务中心
印　　刷　南京百花彩色印刷广告制作有限责任公司
开　　本　787×1092　1/16　印张 20.5　字数 485 千
版　　次　2022 年 3 月第 3 版　2022 年 3 月第 1 次印刷
ISBN　978 - 7 - 305 - 25465 - 9
定　　价　54.00 元

网址：http://www.njupco.com
官方微博：http://weibo.com/njupco
微信服务号：njuyuexue
销售咨询热线：(025)83594756

第三版前言

国际贸易学作为经济学的重要分支,从理论、政策、制度、组织等多个方面并行发展。在现实生活中,国际贸易是拉动经济的"三驾马车"之一,伴随着国际分工的日益深化,各国(地区)贸易往来更加紧密。《国际贸易学》是一门理论与现实紧密结合的课程,由于近年来国际贸易领域发生了较大的变化,编者开始了本书第三版的修订工作。

本教材第三版在编写过程中力争达到逻辑严谨、结构清晰、层次分明、由浅入深,逐步展开,主要修改如下:

(1)补充最新的国际贸易数据。教材第二版是2016年编写,所用数据只更新到2015年,此次修订将进一步更新数据。

(2)结合CPTPP、RCEP、疫情影响等国际经济新进展,对相关主题进行动态分析,修订时将把最新成果反映在教材里,使得教材能够与时俱进。

(3)近年来贸易保护不断改变形式,中美贸易摩擦影响深远,修订中将补充国际贸易典型案例或替换最新数据。

本教材第三版是集体合作的产物,由张为付、宣烨、陈小文进行全书总撰、修改、定稿。参加编写人员及具体分工如下:第一章由张为付编写;第二章由张莉编写;第三、四章由杨青龙编写;第五、七章由张文武编写;第六章由杨继军编写;第八、九章由李宏亮编写;第十、十一章由陈小文编写;第十二章由唐保庆编写;第十三章由宣烨、李逢春编写;第十四章由李逢春编写。

本书可以作为高等院校经济管理类专业学生的教材,也可以作为研究生教学和研究,以及企事业单位人员学习、培训的参考用书。

本书在编写过程中参阅了大量的国内外有关著作和文献资料,在此对作者表示衷心的感谢!由于国际贸易领域的关系错综复杂,新的现象层出不穷,加之编者水平有限,书中的错误和缺点在所难免,恳请广大专家学者和读者批评指正。

编 者

2022年1月

目　录

第一章

绪　　论

本章重点

1. 国际贸易学的内涵
2. 国际贸易与国内贸易的联系与区别
3. 国际贸易学的主要内容
4. 国际贸易学的学习和研究方法

本章是全书的导论。在我们学习具体的国际贸易学相关理论与政策之前,有必要对整个国际贸易的基本框架和贸易理论发展的历史演进做一介绍。本章主要介绍了国际贸易的基本内涵、基本概念,在此基础上综述了国际贸易发展的历史演进和国际贸易学的框架体系,最后介绍了国际贸易学与其他学科的关系、国际贸易学的学习方法。这些介绍将有助于我们更好地学习这门课程。

第一节　国际贸易概述

一、国际贸易的内涵

(一) 什么叫国际贸易

国际贸易(International Trade)是指不同国家(和/或地区)之间的商品和服务的交换活动,它是各个国家(或地区)在国际分工的基础上相互联系的主要形式。国际贸易是商品和服务的国际转移,它也叫世界贸易(World Trade),在这个意义上两者是同一个意思。但是,国际贸易一般是指各个国家(或地区)间的商品和服务的交换关系,世界贸易则通常指世界各国(或地区)之间商品和服务的交换活动的整体。

对外贸易(Foreign Trade),从某个国家或地区的角度来看是指该国(或地区)同别国(或地区)进行的商品交换活动。因为这是立足于一个国家的立场来看待这种商品贸易活动,所以称为对外贸易,或者也可称为"国外贸易"或"外部贸易"(External Trade)。有一些海洋岛国或者对外贸易活动主要依靠海运的国家(如英国、日本等),又很自然地将对外贸易称作"海外贸易"(Oversea Trade)。由于对外贸易是由商品的进口和出口两部分构成的,人们有时又把它称为"进出口贸易"或者"输出入贸易"(Import and Export Trade)。

可见,这两个概念紧密相连又有所区别,是不能被等同起来的。它们都是国际的商品交换活动,不过就其涵盖的范围而言,任何一国的对外贸易都远远不及国际贸易,它只是后者这个总体的一个组成部分,占其中较小的份额。但是,一国对外贸易只有遵循国际贸易所通行的规则和惯例,才能顺利进行和不断发展。从这个意义上讲,对外贸易又被视为国际贸易,所以,国际贸易知识自然也是我国开展对外贸易活动所不可缺少的。

（二）国际贸易与国内贸易的关系

国际贸易和国内贸易都是属于商品和服务流通的范畴,都要通过交换来实现商品和服务的价值。国际贸易是越过国界、超出国民经济范围进行的商品和服务的交换活动,而国内贸易是发生在一国内部或国民经济范围内的商品和服务的交换活动。两者既有一定的共同性,又存在着一定程度的差别。

1. 两者的共同性

第一,在社会再生产中的地位相同。国际贸易是国家间的商品和劳务的交换,国内贸易是国界内的商品和劳务的交换。虽然活动范围有所不同,但都是商业活动,都处在社会再生产过程中的交换环节,处于社会再生产过程中的中介地位。

第二,有共同的商品运动方式。国际贸易与国内贸易的交易过程大同小异,但商品流通运动的方式却完全一样,即 G－W－G。商人经营的目的都是通过交换取得更多的经营利润。

第三,基本职能一样,都受商品经济规律的影响和制约。国际贸易与国内贸易的基本职能都是媒介,促成商品交换,即做买卖。其他活动如融资、储存、运输、报关都必须为它服务;同时,都必须遵循商品经济的基本规律,如价值规律、供求规律、节约流通时间规律、市场竞争规律等。这些规律均会在一定时间和程度上影响国际和国内的贸易。不管是从事国际贸易还是国内贸易,都必须遵循这些经济规律,不得违背。

2. 两者的主要区别

第一,语言、法律及风俗习惯不同。国家间进行贸易活动会遇到差异,必须首先克服这些障碍,否则就无法恰当地进行贸易洽谈、签约,处理贸易纠纷,进行市场调研。国内贸易虽然也会遇到一些语言、风俗习惯的差异,但差别要小得多。

第二,各国间货币、度量衡、海关等制度不同。进行国家间商品交换,会遇到须用外币支付且汇率又经常变动,以及各国间度量衡、海关制度均有较大差别等诸多问题,使得国家间商品交换活动复杂化。相比之下,国内贸易就简单多了。

第三,各国的经济政策不同。各个国家的经济政策主要是对本国经济发展起作用的,但又会在一定程度上影响到国际贸易的开展,且很多政策也会因不同的经济形势、不同的执政者而变化。这里有金融政策、产业政策、进出口管理政策、关税政策等,从事国际商品交换活动必须研究这些政策。国内贸易研究的内容要少得多。

第四,国际贸易的风险大于国内贸易。商品交换离不开竞争,自然存在相当的风险。相比之下,国际贸易的风险更多也更大。其表现在资信风险、商业风险、价格风险、汇率风险、运输风险以及政治风险等方面。

第二节　国际贸易的发生与发展

一、古代的世界贸易

早在公元前 3500 年前后,人类文明开始在中东产生。当时,世界其他地方还比较落后,处于亚欧非三大洲之间的中东就已经比较发达。除了基督教、犹太教和伊斯兰教三大宗教发源于中东以外,农业、城市、贸易也最早在中东出现。

到公元 100 年左右,古典贸易进入相对鼎盛时期,地中海的罗马帝国、中东的帕提亚帝国、印度的贵霜帝国以及中国的汉王朝,分别发展成为各地区强大的政治经济实体,"国际贸易"初始状态,更确切地说是"地区间贸易"也由此产生。当时各地区之间交换的物品主要有罗马的亚麻布、金银铜锡、玻璃,印度的香料、宝石和中国的丝绸。其中主要的产品是丝绸,主要的通道是欧亚大陆之间的"丝绸之路"。然而,从公元 2 世纪末开始,世界各文明古国均不同程度地出现了动荡,东西方间的贸易也随之断断续续,时盛时衰。

对国际贸易的第一次大推动是中世纪后期西欧的势力扩张。在中世纪以前,西欧还是一个不发达的地区,他们地处欧亚大陆的西端,不像中东地区那样有机会与其他民族接触,经济上也比较落后。然而,欧洲人所信仰的基督教使得他们有比别的民族更强烈的好战性与扩张性,他们会不惜武力,使异教徒或不信教的人皈依基督教。从公元 11 世纪到 13 世纪,十字军多次东征,从穆斯林手中夺得了地中海,从而使地中海像古代一样再一次成为欧亚大陆贸易的海上通道。

十字军东征对世界贸易的推动不仅仅是打通了地中海的贸易通道,更主要的是将西欧融入了世界经济版图。成千上万的欧洲人参加了一次又一次的远征,看到了东方发达的经济和丰富的物质,以至回国后仍垂涎于看到和享受到的奢侈品。此时,西欧人的扩张除了为上帝服务征服异教徒之外,寻找黄金和获取资源也成为非常强烈的动机。由于地理和资源的限制,西欧社会无法自给自足,他们急迫地需要寻找新的资源和产品,从而大大推动了欧洲以及欧亚大陆间的贸易发展。

到了 14 世纪,整个欧洲已形成了几个主要的贸易区,包括以意大利的威尼斯、热那亚和比萨等城市为中心的地中海贸易区;以布鲁日等城市为中心的北海和波罗的海贸易区;包括基辅、诺甫哥罗得、车尔尼哥夫、彼列雅斯拉夫尔等城市的东欧罗斯贸易区;德意志北部和北欧斯堪的纳维亚地区的汉萨贸易区,以及不列颠贸易区等。这些贸易区不仅有大量的区内交易,相互之间的贸易往来也很密切。

与此同时,亚洲也形成了几个比较重要的贸易区,包括以中国、朝鲜和日本为主的东亚贸易区,占婆(今越南南部)和扶南(今柬埔寨)等国的东南亚贸易区,以及以印度为主的南亚贸易区。

13 世纪到 14 世纪,东西方之间通过陆路和海路也进一步发展了贸易。陆上通道主要是原来的"丝绸之路"。此时正值中国元朝时期,元帝国三次西征,疆界扩至黑海南北两岸和波斯湾地区,打通了从中国直至欧洲的通道。海上通道则主要从地中海,经红海和印度洋到印度,或从波斯湾经阿拉伯海到印度。欧洲从东方进口的商品主要有中国的丝绸、瓷器、茶叶,印度的珠宝、蓝靛、药材、地毯,以及东南亚的香料,这些商品在欧洲人的消费中占据了越来越重要的地位。但欧洲能向东方出口的产品却不多,除了出口羊毛、呢绒和金属制品外,不得不支付大量的黄金与白银。在 15 世纪前,整个国际贸易建立在自然经济的基础上,按自愿交换的原则进行。贸易在自然经济中的地位并不重要,只是人们经济生活中的一个补充。因此,当时各国之间、各洲之间的贸易还处于不连续、不稳定的状态。

二、地理大发现后的国际贸易

如果说 15 世纪前的贸易主要局限于各洲之内和欧亚大陆之间的话,那么 15 世纪的"地理大发现"及由此产生的欧洲各国的殖民扩张则大大发展了各洲之间的贸易,从而开始了真正意义上的"世界贸易"。

"地理大发现"产生于 15 世纪末。在此之前,欧洲城市的兴起和农业手工业生产力的提高促进了生产分工,也进一步促进了商品市场的发展。商品经济的发展又需要更大规模的贸易。然而,14 世纪末到 15 世纪这段时间里,由于土耳其奥斯曼帝国的崛起和其对小亚细亚、巴尔干半岛和埃及的占领,从欧洲通往波斯、印度和中国的商路几乎中断,面对这一局面,欧洲国家不得不努力寻找新的贸易通道。同时,随着经济的发展,欧洲的技术获得了巨大的进步,尤其是在造船及其他航海设备方面。在 13 世纪到 16 世纪之间,欧洲已能生产 600—800 吨的圆体帆船。中国的火药和指南针技术也传到了欧洲,欧洲人已能在舰船上载有火炮,还能生产罗盘仪和象限仪,绘制航海图。传播上帝福音的宗教动力、通过贸易牟利的强烈欲望、开辟新通道的迫切需要,加上新的航海设备与技术,欧洲人在 15 世纪末至 16 世纪初的"地理大发现"成为航海技术发展的自然结果。

欧洲人最早的远洋探险大约是在 1431 年。当时有一个名叫维尔和(Velho)的葡萄牙航海家成功地到达了大西洋东北部的亚速尔群岛,并返回了葡萄牙。此后,通过一系列的远洋探险,意大利人哥伦布率领的西班牙船队于 1492 年发现了美洲新大陆。达·伽马率领的葡萄牙船队于 1497 年绕过好望角,到达南亚西海岸,打通了欧洲通往印度的新航路。麦哲伦率领的西班牙船队在 1519 年经过大西洋,经南美海峡进入太平洋到达亚洲的菲律宾群岛。随后,欧洲国家又陆续开辟了一系列通往四方的新航道,发现了大片新土地。"地理大发现"的结果,实际上是把原来各自相对独立发展的国家联系起来了,真正意义上的世界贸易或全球贸易也由此发展起来了。

地理大发现对欧洲经济从而对世界贸易发展的影响主要包括以下两个方面:

第一,使欧洲的经济发生了巨大的变化,出现了商业革命。所谓的商业革命,表现为商业性质、商业技术以及商业组织方面的巨大变化。地理大发现后,各国地理与资源上的差距使得国际流通中的商品种类与数量大大增加,许多以前从来没有见过的商品如咖啡、烟草、可可等出现在欧洲市场上并且立即成为欧洲人喜爱的商品。与此同时,欧洲的产品也有了更大的市场去销售。贸易的扩大促进了专为交换生产的专业化分工,各国不同的产品价格所造成的巨大利润进一步推动了为牟利而进行的国际贸易。

为了适应新的大规模的贸易,欧洲建立了在世界各地专门从事贸易活动的新型合股公司。这种合股公司将投资与经营的职责分开,从而有利于动员大量的甚至闲散的资本从事各种商业投机。这些公司中最著名的有荷兰、英国的东印度公司和荷兰、法国的西印度公司。至此,国际贸易不再是少数商人的零散行为,而成为一个以牟利为目的的巨大产业。

第二,地理大发现引发了长达两个世纪的殖民扩张和殖民贸易,推动了洲与洲之间的贸易。

从 15 世纪中期开始,葡萄牙就由南向西非沿海扩张。到 15 世纪末,葡萄牙已占领了非洲西海岸的大批土地,大肆抢夺黄金、象牙和黑人奴隶。哥伦布发现美洲新大陆后,葡萄牙又占领了巴西,随后由达·伽马于 1498 年绕过好望角,占领了非洲的南端和整个东海岸。然后,葡萄牙人又东进印度、锡兰、马六甲海峡,甚至占领了中国澳门。在很长一段时间里,葡萄牙通过它的殖民统治,垄断了东方贸易。他们将一些小日用品如小镜子、小刀、帽子、葡萄酒、腌鱼、乳酪等贩运到殖民地,然后将殖民地的产品运往欧洲,这些商品包括非洲的黄金、象牙、钻石、丁香、樟木,印度锡兰的珠宝、胡椒、肉桂、大米和印尼的胡椒、丁香、豆蔻、白檀木等。

继葡萄牙之后的另一个殖民大国是西班牙。从 15 世纪开始到 16 世纪中期,西班牙先后用武力占领了除巴西和圭亚那之外的整个中南美洲。西班牙殖民者一方面掠夺美洲现有的金银财富,另一方面驱使奴隶开采金银。西班牙殖民者对美洲土著居民的杀戮,造成美洲种植园劳动力短缺,于是西班牙又大量从事奴隶贸易,将非洲黑人贩运到美洲从事劳动。

在葡萄牙占领非洲,西班牙占领美洲后,荷兰于 15 世纪末 16 世纪初也加入了殖民扩张行列,荷兰主要从葡萄牙人手中争夺殖民地。到 16 世纪中期,荷兰基本上占领了原来葡萄牙的殖民地,其势力甚至超过了西、葡两国。为了垄断殖民地贸易,荷兰成立了规模巨大的"商业公司",其中最著名的是荷兰的东印度公司和西印度公司。这些公司依仗着政府授予的特权,从殖民地获得大量珍贵物产,然后运到欧洲以高价出售,获得暴利。当时的东印度公司在支付庞大的军事行政开支之后仍能分给股东 20%—160% 的红利。

继葡、西、荷之后成为殖民大国的是英国和法国。英国人从 16 世纪末开始远征印度,贸易中的惊人利润强烈地刺激了英国政府与商人,从而也开始了疯狂的殖民扩张。到 18 世纪中期,英国先后战胜了葡萄牙、西班牙、荷兰以及法国,占领了从北美、西印度群岛、亚洲和非洲的大片土地,成为世界上最大的殖民帝国。

英国和法国分别于 1600 年和 1664 年建立了"东印度公司",从事在亚洲的殖民贸易,法国还同时建立了"西印度公司"从事在北美的殖民掠夺。英国从印度大量收购香料、棉织品、丝织品以及其他贵重物产和农副产品运回欧洲高价出售,同时在北美建立奴隶制种植园专门生产烟草、大米、蓝靛和棉花,为英国提供粮食和原料。北美的奴隶大量来自非洲。英国从 1562 年就开始贩卖奴隶,1588 年,英国又成立了"皇家非洲开发者贸易公司",专门经营大量猎捕黑人运往美洲作为奴隶的贸易。仅在 1680 年后的 100 年里,英国运往其在北美殖民地的奴隶就超过 200 万,这种殖民贸易给英国带来了巨大的利益。据统计,在 17 世纪末,英国贸易所得利润年平均为 200 万英镑,其中,种植园贸易 60 万,与非洲、远东、欧洲的贸易 60 万,有将近三分之二的利润来自殖民贸易。[①]

地理大发现以及由此带来的西欧殖民扩张,虽然残酷,但在客观上极大地推动了洲与洲之间的贸易,从而初步形成了一个以西欧为中心的世界市场。当时的贸易地理流向基本是:① 欧洲向美洲出口制造品,主要是纺织品、金属制品、家具、家庭用具、酒和其他消费品。② 从非洲输往美洲的主要是奴隶。奴隶贸易不仅为欧洲人获得巨额利润用以购买美洲和亚洲的商品,也为在美洲生产商品和原料提供了大量的廉价劳动力。③ 从美洲流向欧洲的商品主要是在殖民地开采的黄金和白银,生产的烟草、棉花、粮食、海洋产品和糖等。④ 欧洲从亚洲及东方各国进口的主要产品仍然是香料、丝织品、茶、咖啡等。17 世纪后,远东的纺织品成为欧洲大量进口的商品之一。

尽管地理大发现以后,世界贸易已从单纯的互通有无变成了以牟利为主的商业行为,但决定贸易流向的仍然是各国的自然资源和各自固有的生产技能的差异。各国主要出口本国特有的产品,进口本国不生产的东西。这段时期国际贸易的主要方式是暴力控制下的殖民贸易。

三、工业革命后的世界贸易

从 16 世纪到 18 世纪,随着殖民扩张和各洲之间贸易的发展,西欧各国经济发生了巨大的变化。一方面,欧洲从海外获得了大量的金银财富,积聚了大量的商业资本和工业资本,从而基本完成了资本的原始积累,为资本主义生产方式的产生和发展奠定了基础。另一方面,海外市场尤其是美洲市场的开发使得对欧洲工业产品的需求迅速增加。这一点对欧洲来说非常重要。在与亚洲的贸易中,他们一直处于逆差状态。欧洲产品在亚洲一直没有市场,而美洲市场的出现使欧洲的贸易不平衡状况大大得到改善。当时的美洲主要是欧洲的殖民地,大量的欧洲移民到了美洲以后需要大量食物、酒、油、金属制造品、枪支、火药和毛麻织品,从而大大刺激了欧洲的工业生产。欧美之间的贸易大大促进了欧美国家以分工交换为基础的市场经济的形成和经济实力的加强。从 18 世纪 60 年代开始,欧美国家逐渐形成了资本主义的生产关系,并先后发生了工业革命。

工业革命可以分为两个阶段。第一阶段大约从 1770 年开始到 1870 年,主要发生于英国。当时的英国是全世界最大的殖民帝国,与殖民地间的贸易以惊人的速度增长。用于殖民开发的斧子、钉子、枷锁、铁链,以及武器的需求大大促进了英国炼铁工业的发展,继而推动了炼铁所用的煤炭的开采。对棉纺织品的需求也刺激着纺织工业的技术更新。强烈的市场需求导致了在这些工业里的一系列发明,包括阿克赖特的水力纺纱机(1769 年),哈格里夫斯的多轴纺纱机即珍妮机(1770 年),克郎普顿的走锭纺纱机(1779 年),瓦特的蒸汽机(1782 年),德尔比父子的煤与焦炭混合石灰炼铁法(1735 年),科特的搅拌炼铁术(1783 年),以及凿井机、曳运机、蒸汽抽水机等。纺织、冶金、煤炭成为英国工业革命中建立起来的三大支柱产业。纺织机、蒸汽机和冶金新技术则代表这一时期在工具、动力和材料上的技术革命。

工业革命的第二阶段约从 1870 年到 20 世纪初,主要发生在德国和美国,也包括其他欧洲国家。这一阶段的主要特点有两个:一是科学指导下的技术革命在工业生产中发挥了重要作

---

① 宋则行、樊亢:《世界经济史(上卷)》,经济科学出版社,1998 年,第 53—54 页。

用;二是大批量生产的技术得到了改善和运用。因此,人们也常把这一时期称为"第二次技术革命"。

1870 年以后,欧美出现了具有许多精密仪器和训练有素科学家的实验室。新技术不断涌现,包括贝塞麦、西门子-马丁以及托马斯的炼钢法,石油勘探和开采的技术,发电技术、照明技术、电讯技术、各种化学产品的发明与生产等。物理学、化学等科学指导下的系统发明创造取代了偶然或孤立的发明,大量的新发明创造造成了大量新的工业的产生。另一方面,以大批量生产为目的的管理技术也不断出现,包括制造生产标准化零件的模子和设计生产出装配线。这种新技术的应用不仅强化了专业化分工,同时大大提高了劳动生产率,生产规模大大扩大。

通过工业革命,欧美发达国家的生产力大大提高,经济体制和经济结构发生了巨大的变化。到 1914 年第一次世界大战爆发时,欧洲、北美、日本和澳大利亚都先后完成了工业化过程,从自然的农业手工业经济过渡到资本主义工业经济。整个世界形成了以欧美国家的现代工业经济为一极和其他国家的农业手工业等传统经济为一极的双元化格局。

资本主义的生产方式和工业革命对世界贸易的影响是极其深远的。贸易一方面作为商品销售和资本积累的方式,促进了资本主义生产方式和工业革命的产生和发展;另一方面,贸易作为资本主义社会化生产方式和工业革命的必然结果而被不断扩大。在资本主义生产方式下,贸易不再只是自然经济中的互通有无,而是作为重要的牟利手段。工业革命则彻底改变了各国和世界的自然经济结构,使国际分工和国际贸易成为人类经济活动中的必要组成部分。

工业革命对世界贸易的影响主要表现在三个方面。第一,工业革命大大提高了劳动生产率,促进了生产。工业生产在满足了本国本地区的消费需求外,有大量的剩余产品可以用来交换贸易。工业化的欧洲需要为他们的剩余制造品寻找市场,也最终改变了与亚洲贸易中长期处于逆差的地位。第二,工业革命大大促进了交通的发展。铁路、轮船、汽车以及电报、电话的应用将整个世界连接成一体,国际贸易变得更加迅速便捷。第三,工业革命使世界经济从单一的农业经济转向以工业生产为主的现代经济,为世界各国参与国际分工提供了机遇。与农产品和其他初级产品不同,工业产品的种类千千万万,变化无穷无尽,且随着科技的不断进步而日新月异。任何一国都不能自己生产全部的工业产品,都不可能达到农业社会时的那种"自给自足"。各国都只能生产一部分产品,然后用自己的产品与外国的产品进行交换。国际范围内的分工和交换即国际贸易逐渐成为现代经济中必不可少的一部分。

工业革命以后,国际贸易出现了前所未有的大发展。此前,从 18 世纪初到 19 世纪初的将近 100 年里,世界贸易总额增长了 1 倍多。然而,仅在 19 世纪的前 70 年(1800—1870 年)中,世界贸易就增长了 6.7 倍,年均增长率超过 9%,扣除价格下跌的因素,实际贸易量增长了 9.6 倍。从 1870 年到第一次世界大战前的 1913 年,尽管除英国以外的主要欧美国家开始实行了贸易保护主义的政策并先后出现了几次经济衰退,但世界出口总额仍然从 51.3 亿美元增加到 184 亿美元,增长了将近 2.6 倍,年平均增长率仍达 6%[①]。

工业革命使得欧洲各国的经济结构发生了很大的变化,农业在国民经济中的比重迅速下

---

① 麦迪森著:《世界经济二百年回顾(1820—1992)》,改革出版社,1997 年。

降,工业的比重大大增加。工业的发展不仅生产出大量的制成品需要寻找市场,也需要进口更多本国没有或不足的原料(如棉花、橡胶、石油、各种矿产资源)。因此,国际贸易越来越成为欧美工业国家经济中不可缺少的重要部分。从 1840 年到 1870 年,英国的出口占国民生产总值的比重从 9% 上升到 16%,法国和德国也都从原来的 7% 增加到 16%,在 30 年中增加了 1 倍多①。

工业革命还改变了世界贸易中的产品结构。在地理大发现和西欧殖民扩张以前,世界贸易中的主要产品是各洲各国的特产和手工业产品,如香料、丝绸。殖民开发以后,增加了许多殖民地奴隶种植园中生产的大宗消费品如蔗糖、咖啡、可可、茶叶等,但工业原料和制造品在国际贸易中仍不是主要的。而工业革命以后,国际贸易的商品结构和地理流向都发生了重大变化。主要表现在:

第一,机器纺织品特别是棉纺织品成为欧洲最重要的大宗出口产品,并以低廉的价格和标准稳定的质量取代了印度、中国等国的手工纺织品,成为 19 世纪国际贸易中最主要的工业制造品。

第二,大宗工业原料成为殖民地和半殖民地国家的主要出口产品。棉花、黄麻、生丝、烟草以及矿产原料逐渐取代香料、茶叶等成为 19 世纪初级产品贸易中的重要商品。

第三,机器设备和金属制成品在国际贸易中的地位迅速上升。随着英法等国的殖民扩张和资本输出,铁轨、机车、蒸汽机、矿山机械等机器设备成为重要的贸易产品。

第四,农产品特别是谷物贸易大大增加。农产品作为初级产品,各国都能生产,在以互通有无为主的自然经济的贸易中,农产品的进出口量并不很大。工业革命的结果使得欧洲各国农产品的相对成本和价格都大大提高,美国、加拿大和澳大利亚的大规模农业生产又大大降低了成本。作为比较优势和专业化分工的结果,农产品贸易占世界贸易的比重也增加了。

经过工业革命,世界日益成为一个经济整体,并形成了一个以西欧、北美国家生产和出口制成品,其余国家生产和出口初级产品并进口欧美制成品的国际分工和世界贸易格局。世界贸易的基础已不仅仅是各国的天然资源。各国因生产技术不同而产生的成本差异成为决定贸易模式的重要因素。

四、战后世界贸易的发展②

从 1914 年第一次世界大战爆发到 1945 年第二次世界大战结束,是世界经济和国际贸易波动和萧条的一段时间。两次世界大战和几次大的世界性经济衰退,大大削弱了欧洲各国的经济和军事实力,也极大地影响了世界贸易。第一次世界大战后,国际贸易缩减了 40%,直到 1924 年才略超过战前水平。紧接着是 1929 年至 1933 年经济大萧条,世界贸易量又一次大幅度下降。加上这一时期各国实行的贸易保护政策,国际贸易一直处于萎缩状态,到第二次世界大战爆发前的 1937 年,世界出口总额也只有 254.8 亿美元,尚未恢复到 1929 年的水平(327.5

① Hanson, John R. II , *Trade in transition：exports from the Third World*, 1840-1900, New York：Academic, 1980.

② 战后贸易发展数据除特别注明外,主要根据世界贸易组织统计资料计算。

亿美元),甚至仍低于 1924 年的水平(275.95 亿美元)。这种状态直到第二次世界大战结束后才得以改变。

第二次世界大战后,世界经济又一次发生了巨大变化,国际贸易再次出现了飞速增长,其速度和规模都远远超过 19 世纪工业革命以后的贸易增长。从 1950 年到 2000 年的 50 年间,全世界的商品出口总值从约 610 亿美元增加到 61328 亿美元,增长了将近 100 倍。即使扣除通货膨胀因素后,实际商品出口值也增长了 15 倍多,远远超过了工业革命后乃至历史上任何一个时期的国际贸易增长速度。而且,世界贸易实际价值的增长速度(年平均增长 6% 左右)超过了同期世界实际 GDP 增长的速度(年平均增长 3.8% 左右)。这意味着国际贸易在各国 GDP 中的比重不断上升,国际贸易在现代经济中的地位越来越重要。战后世界贸易飞速发展的原因是多方面的,主要包括以下几个方面:

1. **战后较长的和平时期,为国际贸易发展提供物质基础**

经过两次世界大战,西方各主要工业国家都饱受战乱之苦,都不再愿意轻易卷入大规模的战争。战后各国通过建立国际经济政治组织以及各种多国政治经济和军事联盟,以减少世界大战的危险。尽管在战后长达四十年的时间里仍然存在着东西方两大阵营的对立,但冷战毕竟不像军事战争那样对经济产生直接的破坏作用。东西方各有一个经济集团,双方的经济竞争在某种意义上说对经济发展有一定的推动作用。从 20 世纪 50 年代到 80 年代,西方工业国家的出口在世界总产值中的比重从 7.7% 增加到 26.8%,苏联及东欧国家的比重也从 4.6% 增加到 9.3% [①]。90 年代初冷战结束后,各国之间的政治经济关系进一步得到改善,有利于经济与贸易的发展。

2. **科技和信息产业革命,为国际贸易的发展提供技术支撑**

第二次世界大战后,以美国为先导出现了以原子能、电子、合成材料、航天技术和生物技术为代表的新的技术革命,这场新的科技革命又产生了一系列新的产业,包括原子能工业、半导体工业、石油工业、化学工业、电子工业、宇航工业、生物工业等。新产业在发达工业国家的产生和发展,一方面意味着制造品越来越成为国际贸易中的主要产品,大量新的工业产品的出现,国际贸易的产品变得更加丰富。另一方面也意味着国际分工的日益扩大和深入。随着新产业的不断出现,任何一国都不可能在所有的产业上都具有比较优势。发达国家中新兴产业的发展也意味着其他产业的相对衰落,从而国际贸易更加成为必要。

进入 20 世纪 90 年代以后,以互联网为代表的现代信息技术革命又进一步推动了这场规模大、范围广、影响深的技术革命。信息技术革命不仅创造了另一个新的产业,还为现代贸易提供了新的信息交流和交易方式。

3. **经济发展优化了国际消费结构**

战后的和平环境和科技革命使世界经济出现了空前迅速的发展。经济快速增长不仅反映了一国生产能力的增加,也表现为人们收入的增加。从战后到 20 世纪末,大多数工业国家和新兴工业国家的人均收入成倍增长。而收入的增长则促进了人们消费结构的变化。在满足了基本生活品以外,人们对制造品包括耐用消费品等的需求欲望和购买能力都大大提高。对高

[①] 宋则行、樊亢:《世界经济史(下卷)》,经济科学出版社,1998 年,第 279 页。

质量和不同品种的新产品的需求也大大刺激了各国之间的贸易尤其是工业制成品贸易。

4. 战后国际经济秩序的改善，促进了国际交流

从 19 世纪末开始到第二次世界大战，西方各国为了争夺资源保护国内利益集团纷纷实行贸易保护主义。不断出现的关税战、汇率战和贸易战不仅大大影响了经济与贸易的发展，还最终导致了战争。战后各国痛定思痛，决心建立国际经济新秩序。以布雷顿森林协定为基础的国际货币体系相对稳定，有利于国际贸易发展。在《关税与贸易总协定》框架下的一轮又一轮降低关税的谈判以及 1995 年世界贸易组织的建立不仅大大降低了各国的贸易壁垒，还建立了一个多边的解决贸易纠纷的机制，为国际贸易提供了一个相对稳定、公正和自由的环境。

第三节　国际贸易学基本概念

一、按贸易的地理流向划分：出口贸易、进口贸易、过境贸易、转口贸易

出口贸易（Export Trade）是指一国把自己生产的商品或服务输往国外市场销售，又称输出贸易。如果商品不是因外销而输往国外，则不计入出口贸易的统计之中。例如运往境外使馆、驻外机构的物品，或者携带个人使用物品到境外等。

进口贸易（Import Trade）是指一国从国外市场购进用以生产或消费的商品，又称输入贸易。如果商品不是因购入而输入国内，则不计入进口贸易。同样，若不是因购买而输入国内的商品，则不称进口贸易，也不列入统计。如外国使领馆运进自用的货物，以及旅客携带个人使用物品进入国内等。

过境贸易（Transit Trade）是指某种商品从甲国经由乙国输往丙国销售，对乙国来说，这项买卖就是过境贸易。在过境贸易中，又可分为直接过境贸易和间接过境贸易。直接过境贸易是指 A 国的商品进入本国境内后不存放海关仓库而直接运往 B 国；间接过境贸易是指 A 国的商品进入 C 国境内后存放仓库，然后再运往 B 国。在过境贸易中，由于本国未通过买卖取得货物的所有权，因此，过境商品一般不列入本国的进出口统计中。

转口贸易（Entreport Trade）是指本国从 A 国进口商品后，再出口至 B 国的贸易，本国的贸易就称为转口贸易。转口贸易中的货物运输可以有两种方式：一种方式是转口运输，即货物从 A 国运入本国后，再运往 B 国；另一种方式是直接运输，即货物从 A 国直接运往 B 国，而不经过本国。

二、按商品形态划分：有形贸易和无形贸易

有形贸易（Tangible Goods Trade）是指买卖那些看得见、摸得着的具有物质形态的商品（如粮食、机器等）的交换活动。

无形贸易（Intangible Goods Trade）是指买卖一切不具备物质形态商品的交换活动，例如

运输、保险、金融、文化娱乐、国际旅游、技术转让、咨询等方面的提供和接受。无形贸易可以分为服务贸易和技术贸易。一般来说,服务贸易(Trade in Services)是指提供活劳动(非物化劳动)以满足服务接受者的需要并获取报酬的活动。为了便于统计,世界贸易组织的《服务贸易总协定》把服务贸易定义为四种方式:① 过境交付,即从一国境内向另一国境内提供服务;② 境外消费,即在一国境内向来自其他国家的消费者提供服务;③ 自然人流动,即一国的服务提供者以自然人的方式在其他国家境内提供服务;④ 商业存在,即一国的服务提供者在其他国家境内以各种形式的商业或专业机构提供服务。

技术贸易(International Technology Trade)是指技术供应方通过签订技术合同或协议,将技术有偿转让给技术接受方使用。

有形贸易与无形贸易有一个鲜明的区别,即有形贸易均需办理海关手续,其贸易额总是列入海关的贸易统计,而无形贸易尽管也是一国国际收支的构成部分,但由于无须经过海关手续,一般不反映在海关资料上。但是,对国际收支的构成来讲,这两种贸易完全相同。

服务贸易的增长速度明显快于有形贸易的增长速度,且继续保持着十分强劲的势头,无形贸易在国际贸易活动中已占据越来越重要的地位。它的贸易额在最近几年接近国际商品贸易额的1/4,不少发达国家的服务贸易额已占其出口贸易额的相当比重,有的国家(如美国)已达一半左右。近年来,特别是乌拉圭回合通过了《服务贸易总协定》,规定把服务贸易纳入国际贸易的规范轨道,逐步实现自由化,这将促使各国进一步大力发展服务贸易。我国提出的发展大经贸的工作思路,实际上就强调了发展无形贸易的重要意义。

三、按境界标准划分:总贸易和专门贸易

这是由于国境和关境不一致所产生的统计标准。

总贸易(General Trade)是以国境为标准统计的进出口贸易。凡因购买输入国境的商品一律计入进口,凡因外销输出国境的商品一律计入出口。总贸易可以分为总进口和总出口。总进口是指一定时期内(如一年内)跨国境进口的总额。总出口是指一定时期内(如一年内)跨国境出口的总额。将这两者的总额相加,即总进口和总出口之和,称作总贸易(General Trade)额。世界上某些国家,如美国、英国、日本、加拿大、澳大利亚等,采用总贸易方式来统计。

专门贸易(Special Trade)是以关境为标准统计的进出口贸易。凡因购买输入关境的商品一律计入进口,凡因外销输出关境的商品一律计入出口。专门贸易可以分为专门进口和专门出口。专门进口是指一定时期内(如一年内)跨关境进口的总额,专门出口是指一定时期内(如一年内)跨关境出口的总额。专门贸易(Special Trade)额就是专门进口额与专门出口额的总和。这样,外国商品直接存入保税仓库(区)的一类贸易活动不再列入进口贸易项目之中。显然,专门贸易与总贸易在数额上不可能相等,但两者都是指一国在一定时期内(如一年)对外贸易的总额。世界上某些国家,如法国、意大利、德国、瑞士等,采用专门贸易方式来统计。

各国都按自己的统计方式公布对外贸易的统计数据,并向联合国报告,联合国公布的国际贸易统计数据一般注明总贸易或专门贸易。过境贸易列入总贸易,不列入专门贸易。

四、按贸易方式分:直接贸易和间接贸易

直接贸易(Direct Trade)是指商品直接从生产国(出口国)销往消费国(进口国),不通过第三国转手而进行的贸易,这种两国之间的贸易称为直接贸易。

间接贸易(Indirect Trade)是指商品从生产国销往消费国时通过第三国转手的贸易。对生产国和消费国来说,开展的是间接贸易,而对第三国来说,进行的则是转口贸易。

直接贸易和间接贸易的区别是以货物所有权转移是否经过第三国(中间国)为标准,而与运输方式无关。直接贸易可以是生产国的商品通过第三国转运至消费国,间接贸易可以是生产国的商品直接运往消费国。

五、按贸易参与国数目划分:双边贸易和多边贸易

双边贸易(Bilateral Trade)是指两国政府之间商定的贸易规则和调节机制下的贸易。两国政府往往通过签订贸易条约或协定来规定贸易规则和调节机制,要求两国在开展贸易时必须遵守贸易条约或协定中的规定。双边贸易所遵守的规则和调节机制不适用于任何一个签约国与第三方非签约国之间开展的贸易。例如,在《中美贸易条约》下开展的中美贸易就是一种双边贸易。

多边贸易(Multilateral Trade)是指在多个国家政府之间商定的贸易规则和调节机制下的贸易。同样,多个国家政府之间也需要通过签订贸易条约或协定来规定贸易规则和调节机制,而且这些贸易规则和调节机制也不适用于任何一个签约国与其他非签约国之间的贸易。例如,世界贸易组织中的国家所开展的贸易就属于多边贸易。

六、按贸易清偿工具划分:自由结汇贸易和易货贸易

自由结汇贸易(Free-Liquidation Trade)是指以国际货币作为清偿手段的国际贸易,又称现汇贸易。能够充当这种国际支付手段的,主要是美元、欧元、日元这些可以自由兑换的货币。

以经过计价的商品作为清偿手段的国际贸易,则称易货贸易(Barter Trade),或叫换货贸易。它的特点是,进口与出口直接相联系,以货换货,进出口基本平衡,可以不用现汇支付。这一贸易方式解决了那些外汇匮乏国家开展对外贸易的困难。由于世界各国之间经济依赖性加强,有支付能力的国家有时也不得不接受这种贸易方式,因此,易货贸易在国际贸易中十分兴盛,大致已接近世界贸易额的1/3。

必须注意,倘若两国间签订了贸易支付协定,规定双方贸易经由清算账户收付款,则一般不允许进行现汇贸易。因此,从清偿工具的角度看,这是一种特殊形式的国际贸易。

七、按贸易参与国分工水平划分:水平贸易和垂直贸易

经济发展水平比较接近的国家之间开展贸易活动,叫作水平贸易(Horizontal Trade)。例

如,北北之间、南南之间以及区域性集团内的国际贸易,一般都是水平贸易。相反,经济发展水平不同的国家之间的贸易,称为垂直贸易(Vertical Trade)。这两类国家在国际分工中所处的地位相差甚远,其贸易往来有着许多与水平贸易大不一样的特点。南北之间贸易一般就属此类。区分和研究这两者的差异,对一国确定其对外贸易的政策和措施具有重要意义。

除了上述划分以外,按货物运送方式,分为陆运贸易(Trade by Roadway)、海运贸易(Trade by Seaway)、空运贸易(Trade by Air)、邮购贸易(Trade by Mailorder)、管道运输贸易(Trade by Pipe)和多式联运贸易(Trade by Multi-modal Transportation);按贸易政策,可以分为自由贸易(Free Trade)、保护贸易(Protective Trade)、统制贸易(Control Trade)和管理贸易(Management Trade)。

第四节 国际贸易学研究内容

一、国际贸易理论的发展

国际贸易的思想可以追溯到重商主义(Mercantilism)时代。重商主义者以其错误的财富观为逻辑基准,推论出"奖出限入"的贸易保护政策。1766年,亚当·斯密代表新兴资产阶级的利益,在其划时代著作《国富论》中系统阐述了分工和自由经济的观点,批判了重商主义的财富观和贸易观,基于绝对优势的理论分析,提出了国际分工与贸易的互利性观点。1817年,大卫·李嘉图在其代表性著作《政治经济学及赋税原理》一书中,进一步发展了亚当·斯密的绝对优势理论,科学地提出和论证了国际贸易的比较优势原理,证明了国际贸易的普遍存在性,确立了其后国际贸易理论的发展基础。但在比较优势的决定因素方面,李嘉图仅强调了劳动生产率差异的重要性,认为各国之间只要相对劳动生产率水平不一致,就存在比较利益和相互贸易的动机,没有考虑到其他因素对比较优势的影响。其后的一些学者,如穆勒、马歇尔和艾奇沃思等,集中研究了贸易条件的决定问题。在20世纪两次世界大战间隔时期,关于比较优势的研究进一步深化。

1919年,赫克歇尔在《对外贸易对收入分配的影响》一文中,首先提出了要素禀赋差异是决定国际分工和贸易的基础的观点。其后,他的学生俄林在1933年出版的《区际贸易与国际贸易》一书中,进一步阐述和发挥了赫克歇尔的要素禀赋理论,所以,后来人们又称要素禀赋理论为赫克歇尔—俄林理论,简称H-O理论。

1936年,哈伯勒在《国际贸易理论》一书中,用机会成本理论解释了比较优势原理,在贸易理论模型化方面做出了实质性的贡献。哈伯勒、勒纳、里昂惕夫、米德等人将一般均衡分析的新古典模型与赫克歇尔—俄林的要素禀赋理论融为一体,最终形成了国际贸易理论的标准模型。

在20世纪相当长的时期内,以新古典模型为表达形式的要素禀赋理论在国际贸易理论中占据着绝对的统治地位。虽然这期间曾出现著名的里昂惕夫之谜和围绕破解此谜的研究而提出了不同于比较优势新的贸易理论,但要素禀赋理论并未受到真正的挑战。到20世纪70年代末,在放松了要素禀赋理论基本假设条件情况下,国际贸易理论的发展出现了又一次重大突破。

20 世纪 70 年代末 80 年代初,以克鲁格曼和赫尔普曼为代表的一批经济学家提出了所谓"新贸易理论"。新贸易理论认为,除了要素禀赋差异外,规模经济也是国际贸易的原因和贸易利益的另一个独立决定因素。即使在没有偏好、技术和要素禀赋差异的情况下,规模经济也能引导各国开展专业化分工和贸易。新贸易理论考虑了规模经济的现实存在,打破了新古典贸易理论规模收益不变和完全竞争的假设,使得关于贸易理论研究的重心由国家间的要素禀赋差异转向了国家间市场结构、厂商行为、技术条件等方面,使研究更加深入。

新贸易理论的出现有两方面的历史背景。首先,随着时间的推移,传统的贸易理论已不能解释许多重要的贸易现象。例如,为什么 20 世纪 60 年代以后,世界贸易绝大部分在偏好、技术和要素禀赋都比较相似的发达国家之间进行? 为什么国际贸易中,产业内贸易即发生在同一产业类别中的双向贸易已成为主流? 国际贸易的发展现实要求一种新的贸易理论来解释这种现象。其次,产业组织理论的发展为新贸易理论的出现奠定了坚实的理论基础。20 世纪 40 年代兴起的产业组织理论主要以不完全竞争市场结构为考察对象,分析市场结构、厂商行为和市场绩效三者之间的因果关系。20 世纪 70 年代中期,产业组织理论出现了一次大的突破,特别是博弈论方法被引入到产业组织理论研究之后,对不完全竞争市场结构下(主要是寡头市场)厂商行为的研究取得了巨大成功,大大丰富了经济学的理论基础。1978 年,克鲁格曼在其博士论文《收益递增、垄断竞争与国际贸易》中首次将差异产品和(内部)规模经济考虑在内的垄断竞争模型(又称"新张伯伦模型")推广到开放经济条件下,从理论上首次证明了规模经济是国际贸易发生、发展的另一重要因素,并认为产品差异性决定了产业内贸易这一重要贸易形态。

由于不完全竞争理论至今没有形成统一的分析模式,所以新贸易理论至今也没有建立统一的分析范式。实际上,新贸易理论的出现并不意味着它能代替传统的要素禀赋理论。首先,从解释现象上看,两种理论分别解释不同的贸易现象。新贸易理论主要解释产生在发达国家之间的产业内贸易现象,而传统的要素禀赋理论则主要解释发达国家与发展中国家之间的产业间贸易。其次,从理论基础上看,新贸易理论以规模经济和不完全竞争为前提,强调产业和企业的市场结构和竞争性差异,传统的要素禀赋理论则以规模收益不变和完全竞争为前提,强调国家间在要素禀赋上的差异性。因此,两种观点不仅不是相互替代的关系,相反是互补性的,共同丰富和完善了国际贸易理论。

二、国际贸易政策

国际贸易学中的另一个重要部分是关于贸易政策的分析。国际贸易的政策分析主要研究两个方面的问题:贸易政策的影响和贸易政策制定中的政治经济学。

(一) 贸易政策的影响

主要内容是对各种贸易政策(包括关税、配额、出口补贴等)以及影响贸易的其他经济政策(包括产业政策、消费政策等)的实证分析。贸易政策的基本性质都是对自由贸易的干预。这种干预有限制贸易的,也有鼓励贸易的;既有进口方面的政策,也有出口方面的政策。但任何贸易政策都会给国内经济带来影响,包括对国内市场价格的影响、对贸易量的影响、对国内生产量和消费量的影响,以及对各种生产要素收益、各种集团利益和整个社会福利的影响。对于贸易大国,我们还要分析其贸易政策对国际市场的影响以及贸易条件变化的影响。贸易政策的研究还包括区域性经济合作的研究。20 世纪 70 年代以来,由于产业组织理论的发展,不完全竞争被引入了对贸易政策的分析,从而大大丰富了这方面的研究。

（二）贸易政策的政治经济学

新古典经济学的分析强调社会效益的最大化。因此,在贸易政策的实证分析中不难看到,任何对自由贸易进行干预的政策都会给整个经济带来效益或福利的净损失。既然如此,为什么各国政府还要运用政策干预贸易? 决定各国不同时期不同产业贸易政策的主要因素是什么? 对于这些问题的研究构成了国际贸易政策分析的另一个重要组成部分,即贸易政策制定过程中的政治与经济利益,人们亦称之为贸易政策中的政治经济学。

第五节　国际贸易学与相关学科联系

一、国际贸易与国际金融

国际金融由国际收支、国际汇兑、国际结算、国际信用、国际投资和国际货币体系构成,其核心内容主要是资本和资产如何通过国际市场来进行配置。国际贸易主要侧重于商品或服务在国家间的流动,学习国际贸易是国际金融的基础,了解国际贸易的基本知识有助于深入学习资本和资产在国家间的流动和运行,学习国际金融有助于巩固和深刻理解国际贸易学的基本知识。

二、国际贸易与国际投资

国际投资是研究各类投资主体将其拥有的货币资本或产业资本经跨国界流动形成实物资产、无形资产或金融资产,并通过跨国运营实现资产增值的一门学科。两者都涉及商品在国家间的流动。其次,两者互相影响,国际贸易学是学习国际投资学的基础,国际投资是对国际贸易问题研究的进一步深入。不同的是,国际贸易对商品的流动侧重于交换关系的研究,通过交换最终进入流通领域,侧重一国国际竞争力的研究;而国际投资侧重把生产要素投入生产领域实现价值增值,侧重参与国际分工的能力。

三、国际贸易与国际法律

国际法主要是国家在其相互交往中形成的,主要调整国家间关系的有法律拘束力的原则、规则、规章制度的总体,国际法是法律的一个特殊体系。在我国参与国际贸易和国际分工体系中,贸易摩擦和贸易壁垒是不可避免的现象,学习好国际法律可以运用法律知识在国际贸易的谈判中占有优势,为贸易谈判取胜打下良好的基础;国际贸易知识的学习有助于更好地理解国际法律产生的背景、原因,全面系统掌握国际法律知识。

四、国际贸易与国际会计

国际会计研究内容十分广泛,主要可归纳为三个方面:业务性国际会计、比较国际会计和标准化国际会计。国际会计是企业会计的一个最新发展。它是第二次世界大战以后,随着国际贸易的日益频繁和资本投资的日趋国际化而产生,并日益发展起来的。它的最终目标是建立一套适用于全世界范围的会计原则和方法,实现各国会计的标准化。学习好国际会计对于企业参与国际贸易和国际分工十分有益,而国际贸易知识的学习也利于更好地掌握国际会计的基本方法以及在国际贸易中熟练运用。

五、国际贸易与国际统计

国际统计学是利用统计数字比较不同国家情况的学科,为了使不同国家的统计数字可以互相比较及分析,国际上在编制统计数字时都会尽力遵守各国际组织订立的统计准则。学习国际统计可以以统一口径认识和比较国际贸易中各个国家不同的经济情况和企业数据,从而更好地参与国际贸易和分工,而国际贸易的学习是国际统计学习的基础,有助于理解各国统计不同背景的原因等。

第六节　学习国际贸易学的基本方法

国际贸易学是经济学研究的一个分支或者说是重要组成部分,从而属于社会科学的范畴。对于社会科学的研究,我们必须以马克思主义为指导,才能批判吸收人类历史上创造的一切优秀理论成果,包括资产阶级理论界在几百年间所建立起来的各种国际贸易理论,并在社会实践中检验这些理论,通过自身的实践进一步发展和创造出更加科学合理的国际贸易学科理论体系。

一、宏观分析与微观分析相统一的方法

在主流的西方经济学中,按研究对象不同,可将经济学划分为微观经济学与宏观经济学两个部分。微观经济学以单个单位为研究对象,研究单个市场、厂商和消费者如何进行资源配置的问题,如价格理论、生产理论、消费理论。宏观经济学以整个国民经济活动为考察对象,研究经济中各有关总经济变量的决定因素及其变化情况。国际贸易活动从国家的角度来看就是对外贸易活动。对外贸易是整个国民经济的一个组成部分,也有宏观和微观两个层次的活动。这就要求我们在研究和学习国际贸易活动时,一方面要从宏观经济的角度出发,重点研究一国应采用怎样的贸易政策和发展战略去调整本国的对外贸易关系,从而促进本国国民经济的发展;又要对本国与他国的贸易协调进行分析,从而为企业从事国际贸易活动提供宏观经贸理论知识和实践指导。另一方面,国际贸易学也要重视对微观贸易活动内容的分析,如对价格如

何决定问题的研究,对政策给厂商和消费者造成怎样影响的分析等。

二、历史与逻辑相统一的方法

这一方法要求研究经济现象要从实物内在的逻辑联系来考虑,历史和逻辑的统一。国际贸易学在本质上可以说是一门历史性的科学。因此,我们在学习国际贸易行为及由此产生的各种经济关系时,要重视对历史和现实材料的收集和整理;要在结合国际贸易活动不断出现的新问题中去进行,在局部和具体内容的研究上,要以历史的先后为序。但作为一门独立的学科,国际贸易学显然不同于经济发展史,它不能把史料作为研究对象。历史与逻辑相统一的方法,就是要把国际贸易理论的研究与发展着的国际贸易历史辩证地结合起来,要从历史材料和国际贸易活动的现象中抽象出概念,解释和阐述国际贸易的规律性。同时,注意在理论内容的研究上要以逻辑的先后为序。

三、定量分析和定性分析相统一的方法

定量分析侧重于对数量关系的变化进行考察,是指将数学上的一些概念运用到国际贸易学中,将数学中一些算法准则和推演公理运用到国际贸易学的研究中,运用直角坐标系下的曲线形状,区间和区域的变化来说明国际贸易理论,运用函数关系说明特定条件下的规律。定性分析则旨在揭示事物和过程的本质及结构性的联系。要特别说明的是在国际贸易学的学习中,要十分重视定量分析方法。这是因为国际贸易学中许多理论的阐述要运用经济学的基本概念及结论,而这些经济学知识往往是用数学方法给出的,或者是借用几何图形来描述的。如,马歇尔对相互需求论的精确分析,用生产可能性曲线对贸易条件的分析,用消费无差异曲线与生产可能性曲线对贸易利益的分析,关税的经济分析以及经济发展对国际贸易的影响分析。因此,离开定量分析是很难全面而正确地阐述国际贸易理论的,也很难让人们理解和掌握这些理论。

四、规范研究与实证研究相统一的方法

在学习国际贸易学的过程中,应坚持实证研究与规范研究相统一的方法,即国际贸易学是理论与政策紧密相连的一门学科。规范研究方法是以一定的价值判断为基础,提出某些标准作为分析处理国际贸易的标准,作为制定行为准则的依据,并研究如何才能符合这些标准,有很强的政策倾向。实证研究方法排斥价值判断,通过一系列定义、假说来探索国际贸易活动中的规律,提出用于解释经济活动的理论,因而实证研究具有很强的"纯理论"色彩。不论从历史上看,还是从目前学者的研究来看,规范研究和实证研究都没有完全割裂开来,人们在研究国际贸易问题时要同时采用规范研究和实证研究结合的方法。如学者们在提出一种贸易政策时,总是指出其理论根据,而在阐述某一理论时也总是指出其政策意义。

五、静态分析与动态分析相统一的方法

静态分析的研究方法是指在假定其他因素不变,研究某一因素对行为的影响。在阐述某一贸易理论时,要注意理论产生的特定历史条件和社会经济条件,即要在不同历史层面下研究

国际贸易理论和实践活动。动态分析是指要对事物变化的过程进行分析,对国际贸易理论的形成和发展进行阐述,不但要说明不同历史阶段上的国际贸易理论的进步性,还要说明其局限性及新理论产生的必然性,要对不同阶段的理论加以比较分析,同时对变动中各个变量的影响进行分析。

六、实事求是的方法

用实事求是的方法学习和研究国际贸易学知识,是因为国际贸易学是一个比较新的研究学科和领域,我国这方面的研究比较少。同时,我国参与国际贸易和国际分工的深度和广度还远远不够,还没有建立起适合自己国家国情的理论和实践体系,因此我们应当实事求是的态度去引用和学习西方国家的国际贸易理论。另一方面,我们在学习和研究西方国际贸易理论时,要力求客观,反对断章取义,对其进行科学的分析和评价,取其精华,去其糟粕。

七、理论与政策相统一的方法

理论与政策的相互结合在国际贸易分析中要比一般微观、宏观经济学更为明显,它所阐释的理论大多具有强烈的政策内涵和政策取向。例如,国际贸易理论分析中总要和相应的贸易政策相结合,国际收支理论总要伴随经济失衡调整,购买力评价理论的分析也要与贸易中的实际运用相结合。因此,理论联系实际是国际贸易学的重要特征之一,在学习的时候要注重这方面的结合。

基本概念

国际贸易(International Trade)

对外贸易(Foreign Trade)

出口贸易(Export Trade)

进口贸易(Import Trade)

过境贸易(Transit Trade)

无形贸易(Intangible Goods Trade)

有形贸易(Tangible Goods Trade)

自由结汇贸易(Free-Liquidation Trade)

易货贸易(Barter Trade)

水平贸易(Horizontal Trade)

垂直贸易(Vertical Trade)

陆运贸易(Trade by Roadway)

海运贸易(Trade by Seaway)

空运贸易(Trade by Air)

邮购贸易(Trade by Mail Order)

管道运输贸易(Trade by Pipe)

多式联运贸易(Trade by Multi-modal Transportation)

自由贸易(Free Trade)

保护贸易(Protective Trade)

统制贸易(Control Trade)

管理贸易(Management Trade)

复习思考题

1. 国际贸易的研究对象是什么,与国内贸易的区别在哪里?

2. 国际贸易的发展经历了几个演进阶段?

3. 国际贸易学的研究范畴包括什么?

4. 二战后世界贸易飞速发展的原因是什么?

5. 国际贸易学与其他学科的联系有哪些?

参考文献

［1］Anderson，S.P.，de Palma，A. and Thisse，J.F. (1990)，Demand for Differentiated Products，Discrete Choice Models，and the Characteristics Approach，*Review of Economic Studies*，56，21－35.

［2］Brander，J.A. and Krugman，P.R. (1983)，A "Reciprocal Dumping" Model in International Trade，*Journal of International Economics*，15，313－23.

［3］Gartner，Manfred. Macroeconomics under Flexible Exchange Rates. Harvester Wheatsheaf，1993.

［4］Grossman，Gene and Kenneth Rogoff，Handbook of International Economics，Vol. 3，North-Holland，1995(GR).

［5］Hallwood，C. Paul and Ronald MacDonald，*International Money and Finance*，3rd Edition，Blackwell 2000.

［6］Helpman，E. (1984)，Incrasing Returns，Imperfect Markets and Trade Theory，in Jones，R. and Kenen，P.(eds)，*Handbook of International Economics*，Vol. I (Amsterdam：North-Holland)，325－15.

［7］海闻、P.林德特、王新奎:《国际贸易》,上海人民出版社,2012年。

［8］薛荣久:《国际贸易》,对外经济贸易大学出版社,2016年。

［9］[意]G. 甘道尔夫等:《国际贸易理论与政策》,上海财经大学出版社,2015年。

［10］保罗·R.克鲁格曼:《国际贸易(第十一版)》,中国人民大学出版社,2021年。

［11］张二震:《国际贸易政策的研究与比较》,南京大学出版社,2012年。

［12］余庆瑜:《国际贸易实务:原理与案例(第三版)》,中国人民大学出版社,2021年。

第 二 章

国际分工与国际贸易发展

本章重点

1. 分工的形成与特点
2. 分工与产业结构的关系
3. 国际贸易的基础
4. 国际贸易发展的阶段性特征
5. 中国对外贸易发展的特点

分工与贸易从来都是相伴相生的。生产力的提高和逐步实施的专业化分工,产生了为专业化分工服务的交换形式——贸易;各国为了提高自身的福利水平,参与生产的国际化分工,产生了为国际化分工服务的交换形式——国际贸易。作为人类社会分工的产物,国际贸易是在一定历史条件下产生和发展起来的,有一个产生与发展的过程,不同阶段具有不同的特点。因此,分工的细化和产业的形成促进了国际贸易的发展,国际分工形式的变化也将导致国际贸易形式的变化,研究国际分工与国际贸易的发展阶段有着重要的理论和现实意义。为此,本章首先介绍国际分工的形成和演进过程,然后介绍国际贸易的发展历程,尤其是突出不同阶段的贸易特点,最后对中国的贸易发展历程进行介绍。

第一节 国际分工的形成与演进

一、分工与产业的形成

早在古希腊和古罗马时代,柏拉图、亚里士多德和色诺芬等就提出分工决定产业发展的思想。他们认为人具有天生秉性的差异,从而有些人适合做一类工作,另一类人适合做另外的工作,因此分工是经济关系的基础,会形成人与人之间的不平等。那么,分工是如何促进产业的形成呢?

亚当·斯密指出产业结构是劳动社会分工的结果,劳动分工包括工艺分工和行业分工,而行业分工是产业结构的最初形态。在每一项工艺中的行业与职业划分也促进了产业结构的发展,特别是分工带来的"迂回生产"所引致的对其他行业分工的诱导性需求,促进了相关行业分工的深化和规模的扩张,致使行业和部门的发展和扩张,从而形成新的产业结构。马克思则指出社会分工是不同产业部门的形成基础,部门之间的独立是交换的前提。由于交换带动了部门之间的经济技术联系,进而促进了产业结构的形成。阿林·杨格将分工分解为个人的专业化水平、间接生产链条的长度以及此链条上每个环节中产品种类数,从动态的角度分析了分工与产业结构的关系,并提出了著名的杨格定理。他认为分工是一个累计的自我扩张循环的过程,是一个内涵式的增长过程,企业规模的扩张可以促使与本行业相关的其他中间产品或服务的独立化与专业化,促进社会分工的不断发展。

20世纪80年代以来,以 Rosen、Becker、Borland、杨小凯和黄有光等为代表的经济学家,用超边际分析的方法,将古典经济学中关于分工和专业化的思想数学化,进而讨论产业结构的形成。在图2-1中,A部分表示四个自给自足的个体。每个个体都是一个完全没有分化的原始生产系统,生产和消费相统一,消费者自己生产满足自己需要的所有产品服务。在该系统中,就生产而言,每个个体就是一个完整的体系,生产系统的范围限于本身。由于人类社会生产是以分工为基础的,任何一种组织本身都意味着分工,其区别只在分工的程度和范围上。在自给自足的经济中,从外部看是一个系统,从内部看仍是分工协作的,其基础就在于纯粹的生理差别的分工。

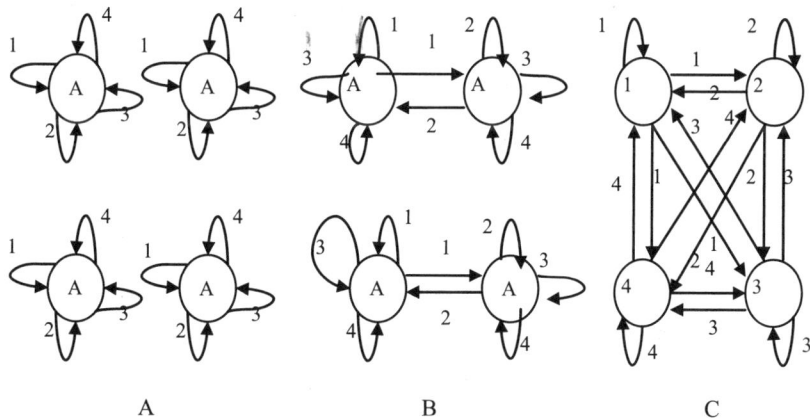

图2-1　分工与产业结构形成

资料来源:杨小凯、张永生:《新兴古典经济学与超边际分析》,社会科学文献出版社,2003年。

在自给自足的系统中,四个个体都能生产满足自身需要的产品,各个体之间没有关联。随着时间的推移,由于初始禀赋的不同,在不同产品的生产中逐渐体现出不同的优势,随之而来的是人们开始相互交换产品,原来的经济系统开始被打破,逐渐形成图2-1中B部分所显示的局部分工模型。由于分工的发展,交换的出现导致了原来的生产系统被打破,生产个体开始组合,形成两个相同的新生产系统。在新系统中,分工生产的产品除了满足自己的需要外,还被用来相互交换,满足对方的需要。随着分工的进一步深化,就形成图2-1中C部分中的完全分工状态,各个体只生产一种产品,其他产品需求全部通过交换来满足,因此形成了一个完全分工的经济系统。因此,随着分工的步步加深,专业化程度也步步提高,同时也带动了社会结构的多样化,产业结构就得以形成。

二、分工与国际贸易的产生

事实上,社会分工的形成过程是一个漫长的过程,马克思称之为自然分工,并指出:"由性别、天赋、需要、偶然性等方面引起的自然分工是社会分工的最初形态。"强调"自然分工发生在交换之前,产品作为商品的这种交换,起初是在各个共同体之间而不是在同一个共同体内部发展起来的。这种分工在某种程序上不仅以人本身的自然差别为基础,而且以各个共同体所拥有的生产的自然因素为基础。"①在早期的人类社会发展中,由于生产力极其低下,人们的生产方式、生活方式极大地依赖着自然界,受自然界束缚,基于自然分工的社会推动作用极其有限,产业结构处于最为初级的形态,可以认为不存在现代意义上的产业结构。然而,随着社会生产力的发展,人类社会开始由蛮荒时代步入文明时代,社会分工开始逐渐在经济发展中起到重要作用,并极大地推动着产业结构的发展。在这一过渡期中,先后出现了三次大的社会分工,使人类社会走向了农业文明,形成了较为初级的产业结构形态(表 2-1)。

表 2-1 早期社会分工与产业结构演进

时　　期	分工形态	产业结构
原始社会野蛮时代的中级阶段	农业劳动与采猎劳动的分离	种植业和畜牧业
野蛮时代高级阶段	手工业与农业分离	农业和工业
原始社会向奴隶社会过渡的时期	产业劳动与商业劳动的分离	农业、工业和商业

第一次社会大分工大约发生在原始社会野蛮时代的中级阶段。在长期的社会实践过程中,人类逐渐发明了弓箭,使得一部分人分离出来,形成了游牧部落,因此劳动形态也表现为农业劳动和采猎劳动。恩格斯指出:"由于有了弓箭,猎物便成了通常的食物,而打猎也成了常规的劳动部门之一。"②而另外一部分人则开始实施采集,逐渐发现了一些可供食用的植物,并实现了零星的植物栽培,种植业也在人类进化过程中得以形成。这样,原始人群之间形成了一种分工关系,出现了从事两种不同劳动的人群,尽管两类人群都是从事今天所谓的广义的农业,但这是第一产业的一种初级结构,对于产业结构的演进具有重要意义。

第二次社会大分工发生在野蛮时代高级阶段。在社会演进过程中的不同人群中,弓箭对于游牧部落具有重要作用,而对于从事种植业的人群来说,石器以及铁器的重要性也是显而易见的。这些工具的发明促进了人类智力的发展,有些人开始专门从事工具的制造,这种专业化的形态称为人类工业活动的开端。随着人类的进化,人类开始逐渐迈入高级阶段,在逐渐专业化的过程中,有两件事情对于产业结构的进一步分野具有重要意义,"第一是织布机,第二是矿石冶炼和金属加工"。③"织布业、金属加工业以及其他一切彼此日益分离的手工业,显示出生产的日益多样化和生产技术的日益改进,农业此时除了提供谷物、豆科植物和水果以外,也提供植物油和葡萄酒。如此多样的活动,已经不能由同一个个体来进行,于是手工业和农业分离

① 《马克思恩格斯全集(第 32 卷)》,人民出版社,1998 年,第 312 页。
② 《马克思恩格斯全集(第 4 卷)》,人民出版社,1998 年,第 19 页。
③ 《马克思恩格斯全集(第 4 卷)》,人民出版社,1998 年,第 161 页。

了。"①这样开始出现了专门从事工业的人群,产业结构得到进一步发展。

第三次社会大分工则发生在原始社会向奴隶社会过渡的时期。在人类社会的经济活动中,除了生产行为之外还存在着另一种重要的经济活动,即交换。在人类社会的低级阶段,人类的生产行为不能或者仅能满足人类自身的生存,但随着生产力的提高和社会的进步,人类可以获得更多的食物,人类自身的生产开始出现了剩余,于是交换开始在人类社会中存在,并逐渐有人专门从事交换活动。恩格斯对此有一个生动的论述:"在野蛮时代低级阶段,人们只是直接为了自身的消费而生产,间或发生的交换行为也是个别的,只限于偶然的剩余物。在野蛮时代中级阶段,我们看到游牧民族已经有牲畜作为财产,这种财产到了畜群具有相当规模的时候,就可以经常提供超出自身消费的若干剩余,同时我们也看到了游牧民族和没有畜群的落后部落之间的分工,从而看到了两个并存的不同的生产阶段,也就是具有进行经常交换的条件。在野蛮时代高级阶段,进一步又发生了农业和手工业之间的分工,于是劳动产品中日益增加的一部分是直接为了交换而生产的,这就把单个生产者之间的交换提升为社会的生活必需。"②这种交换的大量发展促使了一部分人专门从事这一活动,由此出现了生产劳动和非生产劳动的分离,从而商业行为开始得以形成,产业结构又得到了进一步的演化。

贸易是社会分工的产物。人类社会经过三次大分工之后,形成了初步的较为完整的农业、工业和商业的产业结构体系。社会中的生产交换发生了很大变化:在原始社会早期,人类只有部落内部按性别和年龄进行的自然分工,处于完全自给自足的状态,部落之间没有交换,即没有贸易;第一次社会大分工促进了生产力的发展,使产品有了剩余,在游牧部落和农业部落之间开始了剩余产品的相互交换,但这只是偶然的物物交换;第二次社会大分工出现了直接以交换为目的生产即商品生产,进一步推动生产力的提高,促进社会交换范围的扩大,并产生了货币,使物物交换发展为以货币为媒介的商品流通;第三次社会大分工致使商业被独立出来,也相应出现了专门从事贸易的商人,贸易范围逐步扩大。到原始社会末期原始公有制开始解体,出现了财产私有制和国家,于是部落之间的贸易发展为国家之间的贸易,形成了最早的对外贸易。可见,存在可供交换的剩余产品和各自为政的社会实体是国际贸易产生的两个前提条件。

三、国际分工的进一步演进

由于长期以来人类的社会分工进化缓慢,没有进一步专业化的动力,传统产业结构一直延续了数千年,国际分工和专业化变化缓慢。进入近代以来,在一些制度环境下,大量发明使得新兴工具有了用武之地,分工得到了迅速发展,出现了许多不同类型的组织形式。这种伴随着新的分工模式而来的组织模式又进一步推动了产业结构的发展,引起社会各部门、各行业之间分工的不断细化、深化发展,逐渐形成了现代社会的庞杂分工体系,具体见表2-2。

在13世纪到18世纪期间,包买商制度开始在大量国家流行,商人买进原材料,自己负责找人分配或者发给农村手工业者完成从原材料到制成品的生产过程,然后商人按件付费,再把收集来的产品销往各地。这种存在于生产者和交易者之间的分工模式促进了工业的泛化,尤

---

① 《马克思恩格斯全集(第4卷)》,人民出版社,1998年,第163页。
② 《马克思恩格斯全集(第4卷)》,人民出版社,1998年,第165页。

其是纺织业的发展。但是这种组织形式是基于家庭为基础的,缺乏有效的监督和控制,并且随着市场需求的急剧扩张,农村家庭手工业生产规模显得过于狭小,一些包买商开始把生产工具收集到自己家中,雇佣劳动者在自己家里进行某些工序的生产,这样开始出现了简单的手工工厂,这种形式出现于16世纪中叶到18世纪中叶,在英国集中并获得了较大的发展。由于产品性质的复杂性,一个人完成某一产品的所有工序具有较大的难度,早期的产品如钟表、马车制造多由各个独立的局部产品纯粹机械地组合而成,是由依次经过一些互相关联的过程和操作取得完成的形态,因此一种产品往往是在分散的手工工场完成,最后由手工工场工人将零件或半成品组装或加工成成品的,是典型的分工协作模式,这类似于现代的外包制。这样,专门的劳动工人的出现进一步促进了产业结构的分化。

表 2-2 分工和产业组织的演进

时 期	主流的生产组织模式	分工特点
13世纪—16世纪中叶	包买商	分户加工,主要存在于生产者与交易者之间
16世纪中叶—18世纪中叶	简单分工的手工工厂、分工协作的手工工厂	以劳动者技能为基础的分工
18世纪中叶—19世纪80年代	工厂制度	以机械为基础的分工,以企业内分工为主
19世纪80年代—20世纪七八十年代	大规模生产下的现代企业组织:M型组织、垂直一体化等	产业内企业间分工为主
20世纪七八十年代之后	大规模定制:网络式生产组织、虚拟组织、弹性专业化等	在全球范围内分工环节重组、整合,产品内分工开始盛行

随着市场扩张和技术进步,在18世纪的英国首先出现了利用机器代替手工劳动的工厂,从而导致了工厂制度的诞生。工厂制度的诞生是工业革命的结果,机器是把那些可固化程序的、可标准化操作的、不需处理太多不确定性事件的动作和任务交给机械力或电磁力去完成,或者是把那些人力无法做到的工作用自然力去完成,从而代替了手工劳动,节约了成本并提高了效率。由此,原来简单的人与人之间的分工开始演变为人和机器的相互替代,加速了国际分工的演变。

19世纪80年代,在美国出现了一种新的组织模式——大规模生产的现代企业组织,其特点是:专用的机器和可互换的零件、生产过程的标准化和规范化、劳动标准化、产品标准化、流水线生产、分层组织结构、垂直结合。这些生产特征不仅在制造技术上进行了创新,而且在管理模式和企业组织结构上均前所未有,极大地降低了产品的生产成本,并推动了国际分工的发展和大量产业门类的形成。

二次世界大战之后,全球化进程开始加快,国际分工出现了新的特点,包括精益生产、周期缩短、全面质量管理、层次扁平化、计算机集成制造、过程重组、服务重要性的提高、分化的市场、快速响应、柔性制造系统、数据资源经营等11个方面。在生产上的一个典型特征就是分工进入到产品内部,企业在全球范围内进行分工环节重组和整合,以实行资源的优化配置,生产组织上出现了大规模定制的特征,具体来说就是网络式生产组织、虚拟组织以及弹性专业化等现象的盛行。在产业结构上的表现就是大量生产性的服务业从原来的制造业部门中分离出来,国际分工得到进一步拓展。

第二节　二战以前国际贸易的发展

当社会分工发展到一定阶段,国民经济内部的分工超越国家界限广泛发展的时候,分工就衍生为国际分工。国际分工也就成为各国生产者通过世界市场形成的劳动联系,是国际贸易经济联系的基础。在早期社会,不同国家、不同地区和不同民族之间的经济交往也时有发生,人们之间生产并交换着不同的产品,如沿着丝绸之路,一些商人将东方的宝石、首饰、丝绸、香料和茶叶等运往西欧,而将欧洲的呢绒和铁制品等带到东方,这种国家间的交换上不能构成国际贸易,只是简单的国际交换行为。真正国际贸易的发生还是源自机器的广泛运用,自 15 世纪起,以二战为分界点,前后大致经历了五个发展阶段。这一进程当中,国际贸易的形式也发生了巨大的改变。

一、资本主义原始积累时期的国际贸易

16 世纪至 18 世纪中叶是西欧资本主义生产方式的准备时期,也是国际分工的萌芽阶段。这一时期,工场手工业的发展使劳动生产率得到提高,这为国际贸易的扩大提供了物质基础。而 15 世纪末到 16 世纪上半期的"地理大发现"和随后的殖民地开拓,更是加速了资本的原始积累,推动了世界市场的初步形成,从而大大扩展了国际贸易的规模。

在中世纪,西欧与东方国家的贸易主要是从中国长安到罗马的"丝绸之路",这条商路不但路途遥远,运输成本高昂,而且被盘踞中东的奥斯曼土耳其帝国控制,对过往商队横征暴敛,严苛盘剥,严重阻碍了国际贸易的发展。西欧各国很早就想探索一条直通东方的海上航路,以摆脱奥斯曼土耳其帝国的勒索。1487 年,迪亚士的探险队到达非洲南端,发现好望角,并进入印度洋;1498 年,葡萄牙航海家达·伽马绕过南非的好望角到达了印度,开辟了从大西洋绕非洲南端到印度的航线;1492 年,意大利航海家哥伦布向西航行发现了美洲;1519—1522 年,西班牙航海家麦哲伦进行了人类历史上首次环球航行。

"地理大发现"的结果,使西欧国家纷纷走上了向亚洲、非洲和美洲扩张的道路,从此资本主义进入血腥的资本原始积累时期。在这一时期,资产阶级一方面加强了对国内人民的剥削,另一方面用暴力、欺骗和贿赂等超经济强制手段,实行掠夺性的对外贸易,使广大亚非拉落后国家殖民化,把它们强制纳入国际分工中。殖民者在落后国家开发矿山,建立甘蔗、烟草等农作物种植园,将殖民地变成他们的商品销售市场和原料来源,出现了宗主国和殖民地之间的最初分工。这一时期,与奴隶社会和封建社会相比,国际贸易的范围和规模空前地扩大了,贸易商品结构也发生了变化,奢侈品虽然仍占主要地位,但是工业原料和城市居民消费品的比重上升。不过,最能体现资本主义原始积累时期国际贸易特征的是"黑奴贸易"。当时,西班牙、葡萄牙殖民者在征服美洲过程中大量屠杀土著居民印第安人,同时,为了开发广袤的美洲大陆,又从非洲大量捕获黑人贩卖去美洲当奴隶。据圣卢西亚历史学家乔利恩·哈姆森估计,从 15

世纪到 19 世纪的 400 多年间,约有 1000 万非洲奴隶被运到美洲,另有约 1000 万人在途中或被关押期间死亡。而圭亚那政治学家奥布雷·诺顿则认为,奴隶贸易使约 5000 万非洲人遭遇背井离乡、被奴役或被杀死的命运。[①]

二、资本主义自由竞争时期的国际贸易

18 世纪 60 年代到 19 世纪 60 年代是资本主义自由竞争时期。这一时期最大的变化是英国发生了工业革命。工业革命又称产业革命,是以机器大工业代替工场手工业的革命,极大地推动了社会生产力的发展,使各国内部的劳动分工向纵深发展,行业之间分工和区域之间分工也在发展,最终使社会分工超出了国家和民族的界限,真正的国际分工开始形成。原来的宗主国和殖民地之间的分工发展为以先进技术为基础的工业国和以自然条件为基础的农业国之间的分工。与此同时,可供交换的剩余产品急剧增加,交通运输和通信手段也发生了革命性的进步,交易成本大幅度地降低,国际贸易进入了空前繁荣的时代。工业革命从英国先后扩展到其他国家,并引发了资产阶级革命,从而巩固了资本主义生产方式,加快了国际贸易的发展。这一时期国际贸易的特点是:

1. 国际贸易发展速度迅速提高,国际贸易量迅速增加

在 1720—1800 年的 80 年间,国际贸易量总共只增长了 1 倍。而 19 世纪前 70 年中,国际贸易量增长了 10 多倍,其中前 30 年增长慢一些,主要受到了英法战争的影响,而增长最快的时期是 1860—1880 年。大机器工业为国际贸易的迅速发展奠定了物质基础,大机器工业使生产的规模和能力急剧扩大,不仅需要国内市场,而且越来越需要国外市场,同时生产的扩大导致对原料需求的急剧增加,开辟廉价的海外原料基地日益成为必要。大机器工业生产的物美价廉的商品既是征服国外市场的武器,也是破坏外国手工业生产,从而迫使外国变为自己原料产地的武器。这样,大机器工业从供给和需求两方面推动了国际贸易的迅速发展。

表 2-3 19 世纪的国际贸易额和国际贸易量

年份	贸易额 (10 亿美元)	贸易量 (1913=100)	贸易量年均增长率 (%)
1800	1.4	2.3	0.27
1820	1.6	3.1	1.5
1830	1.9	4.3	3.3
1840	2.7	5.4	2.3
1850	4.0	10.1	6.5
1860	7.2	13.9	3.2
1870	10.6	23.8	5.5
1880	14.7	30.0	3.5

资料来源:汪尧田、褚建中:《国际贸易》,上海社会科学院出版社,1989 年。

---

① 加勒比国家纪念废除奴隶贸易 200 周年[DB/OL]http://news.QQ.com/2007-03-26.新华网。

2. 国际贸易商品结构发生重大变化,工业品比重显著上升

18 世纪末以前的满足地主、贵族需要的奢侈品已不占主要地位,工业品贸易显著增加,其中以纺织品贸易的增加最为迅速。原本欧洲国家需要从中国和印度进口棉布,19 世纪英国完成产业革命后,成为棉布的主要出口国,其出口商品中有 1/3~1/2 是纺织品。煤炭、钢铁、机器等商品的贸易也有了增长。另一方面,国际贸易的大宗商品如小麦、棉花、羊毛、咖啡、铜、木材等也迅速增加。由于工业发展的需求和运输费用的降低,粮食占当时国际贸易额的 1/10。

3. 国际贸易方式和支付方式有了进步

这一时期,出现了凭样品交易、期货交易方式及信贷、汇票和票据等新的贸易支付手段。之前的国际贸易主要是现场看货交易,一手交钱一手交货,现在国际定期集市作用下降,出现了样品展览会和商品交易所,根据样品来签合同。1848 年美国芝加哥出现了第一个谷物交易所;1862 年伦敦出现了有色金属交易所;1870 年纽约成立了棉花交易所。期货交易也已经出现,小麦、棉花等常常在收获之前就已经售出,交易所里的投机交易应运而生。此外,国际的信贷关系也逐步发展起来,各种票据及汇票等开始广泛流行。

4. 国际贸易组织方式有了改进,出现了有限责任公司和各种专业化的国际贸易组织

18 世纪以前为了争夺殖民地贸易的独占权,英国、荷兰纷纷成立了由政府特许的海外贸易垄断公司,著名的有英国东印度公司、荷兰东印度公司。这些公司享受种种特权,拥有自己的行政机构、船队甚至军队等。如英国东印度公司的全称是"伦敦与东印度贸易公司",它的主要业务是垄断英国在好望角以东地区的贸易,1600 年 12 月 31 日组建,直到 1858 年解散。东印度公司拥有 27 万海陆军,比英国的国家军队还多,因为它除了垄断远东贸易外,还殖民印度,是亦官亦商的典型。随着贸易规模的扩大,特权的外贸公司逐步让位于在法律上负有限责任的股份公司,对外贸易经营组织日趋专业化,出现了许多专门经营某一类商品的贸易公司。同时,为国际贸易服务的组织也日趋专业化,出现了专门的运输公司、保险公司等。

5. 政府在对外贸易中的作用有了改变

自由竞争时期的资本主义在国内主张自由放任,反映在对外贸易上,就是政府对具体经营干预的减少。而在国际上为了调整各国彼此间的贸易关系,协调移民和其他待遇方面的问题,国家之间开始普遍签订贸易条约。这些条约最初是为了资本主义国家之间能够公平竞争,发展相互间的贸易往来,后来逐步演变成在落后国家谋求特权、推行侵略扩张的工具。这一时期英国大力鼓吹和实行自由贸易政策,推动了英国出口的迅速增长,形成了 19 世纪 50 年代以后又一次工业增长高潮。而美国、德国等后起的资本主义国家则实行贸易保护政策,政府竭力充当民族工业发展保护人的角色,采取各种措施限制进口,扶持本国幼稚工业的发展,但当工业发展起来以后,就转向了自由贸易。总之,自由竞争时期政府的作用和资本主义原始积累时期政府直接经营国际贸易有很大的不同。

6. 英国成为国际贸易的中心,形成垂直型的国际分工格局

这一时期英国成为"世界工厂",垄断了世界贸易。由于工业革命首先发生在英国,英国迅速成为制造业的中心。1870 年英国的工业产值在世界工业总产值中的比重为 32%,1850 年英国生产了世界上 40% 的机器,1870 年英国的煤产量 11200 万吨,占世界总产量的 2/3。生铁产量在 1848 年已超过了所有国家的总和,1870 年高达 597 万吨。纺织业更是独占鳌头,英国几乎消耗了全球原棉产量的一半。英国轮船的总吨位超过法德美俄等国的总和,占世界一半,几乎垄断了世界航运。出口占全球的1/3。英镑成为世界货币,伦敦成为国际贸易中心、国际金融中心和国际航运中心。这一时期形成的国际分工体系是典型的垂直型的国际分工体系:一头是以英国为中心,出口工业制成品,进口初级产品和矿产品;另一头是沦为"世界农村"的广大亚非拉国家和殖民地,成为英国的原料产地和商品销售市场。

三、资本主义垄断时期的国际贸易

19世纪末到20世纪初,各主要资本主义国家相继从自由竞争阶段过渡到垄断阶段。这一时期发生了第二次工业革命,电力和内燃机的广泛使用使人类历史从蒸汽时代进入了电气时代。机械、电气工业发展迅速,石油、汽车、电力、电器工业的建立,交通运输工具的发展,特别是苏伊士运河(1869年)和巴拿马运河(1913年)的相继建成,电报、海底电缆的出现,都大大促进了生产力的发展,使国际分工进入形成阶段。此时,垄断代替了自由竞争,资本输出成为主要经济特征之一。第一次世界大战前,英法是两个主要的资本输出国。过去亚非拉国家只是被卷入国际商品流通,现在则被卷入世界资本主义生产,从而使宗主国与殖民地、工业品生产国与初级产品生产国之间的分工日益加深,形成了以欧美少数发达国家为中心的国际分工新体系。这一时期国际贸易的特点是:

1. 国际贸易仍在扩大,但是增长速度下降

直到第一次世界大战前,国际贸易一直呈明显的增长趋势,但与自由竞争时期相比,增长速度下降了。例如在1840—1870年间国际贸易量增长了3.4倍,而在1870—1900年间国际贸易量只增长了1.6倍。据统计,世界工业产量在1870—1900年的30年间增长了2.2倍,在20世纪初的13年间又增长了66%。可见国际贸易量的增长速度已经落后于世界生产的增长速度,这表明世界市场的扩大速度已赶不上世界生产的扩大速度,生产与市场之间的矛盾已趋于尖锐化,主要资本主义国家争夺市场的斗争日益加剧。而两次世界大战期间(1914—1945年),国际贸易的发展几乎处于停滞状态,国际贸易只增长了3%,年增长率仅为0.7%,国际贸易值反而减少了32%,而且国际贸易的增长更为明显地落后于世界工业生产的增长。

2. 垄断组织控制了国际贸易,二次大战前国际卡特尔控制了世界主要市场

垄断组织早在19世纪60年代和70年代初就已经开始出现,不过直到19世纪末的经济高涨和1900—1903年的危机期间,垄断组织才在所有发达资本主义国家普遍发展起来,成为全部经济生活的基础。

由于各国的社会经济和历史条件不同,垄断组织发展的程度和形式也有很大差异。美国的垄断组织主要采取托拉斯的形式,美国出现的第一个托拉斯是洛克菲勒1879年成立的美孚石油公司。到1904年,美国共有318个工业托拉斯,拥有全部加工工业资本额的40%,其中最著名的是:美孚石油公司、美国钢铁公司、国际收割机公司、杜邦火药公司,以及福特、通用、克莱斯勒3家汽车公司等。德国垄断组织发展的程度仅次于美国,普遍采用"卡特尔"的形式,俄国垄断组织以"辛迪加"为主,日本的垄断组织大多采取"康采恩"的形式,其主要代表是三井、三菱、安田、住友等从事"多角经营"的财阀。在工业生产集中并形成垄断的同时,银行资本的集中和垄断也达到很高的程度。20世纪初,摩根和洛克菲勒两大银行集团统治着美国的整

个银行业；柏林的德意志银行等 9 家大银行及其附属银行支配的资本约占德国银行资本总额的 83%。随着银行资本与工业资本的融合，形成了所谓"金融资本"。

为了避免激烈的国际竞争导致两败俱伤，垄断组织在控制国内市场的基础上，通过缔结协议组成国际卡特尔垄断世界市场，使国际贸易成为垄断组织追求最大利润的手段。截至 1914 年，缔结正式协定的国际卡特尔共有 116 个，如果把那些口头的"君子协定"也包括在内，这个时期内国际卡特尔的数目更多。他们通过相互缔结协定，按一定比例瓜分世界市场，规定垄断价格、生产限额和出口数量，维持对市场的垄断，攫取高额垄断利润。如 1884 年在欧洲面临钢轨生产过剩危机的情况下，由德国、英国和比利时三国钢轨制造商成立的国际制造商协会规定三国分割国外市场的比例分别为：英国 66%、德国 27%、比利时 7%。

3. 发达国家开始了资本输出，通过资本输出控制国际市场

为了确保原材料的供应和对市场的控制，少数资本主义国家开始把大量"过剩资本"输出到国外，主要是输往落后国家或者是后起的资本主义国家。资本输出不仅带动了商品出口，而且还能以低廉的价格获得原材料，同时还可以排挤竞争对手。在第一次世界大战前，英国和法国是两个主要资本输出国。19 世纪末 20 世纪初，英国的资本输出占世界的第一位，大部分输往殖民地、半殖民地以及美国，并且很大一部分采取生产资本即直接投资的形式，主要投资在采掘业和铁路。当时英国资本输出平均达到 GDP 的 5%，在末期接近 GDP 的 10%。第一次世界大战前的几年中，英国每年在殖民地和国外的投资额与在本国的投资额比例是 6∶5。资本输出给英国带来惊人利润，仅 1912 年就达 17600 万英镑，殖民地对英国的兴衰具有极大的意义。因此，英国被称为"殖民帝国主义"。法国成为仅次于英国的第二大资本输出国，法国垄断资本家还把大量资本投在信贷领域，而不是生产领域；投资国外又远远多于投资国内。1892 年法国出售的债券及其他有价证券达 770 亿法郎，而投入工商业的资本只有 66 亿法郎，其输往国外的投资又大大多于国内投资，其 1890 年对外投资为 200 亿法郎，到 1914 年就达 600 亿法郎，法国成了欧洲的高利贷者。因此，法国被称为"高利贷帝国主义"。第一次世界大战后，美国也成为主要的资本输出国。

4. 发达国家竞相采取贸易保护主义，尤其是 1929 年大危机之后

1870 年达到自由贸易的最高峰后，1873 年爆发资本主义社会有史以来最大的一次危机。国内外市场的饱和与竞争的激化，导致各国政府加强了对国际贸易的干预。1875 年前后，除比利时、荷兰和美国外，西方工业国都大幅度地提高了关税。德国起了带头作用，在 1879 年首先提高进口关税，随后在 1885 年、1887 年、1902 年连续三次提高关税，使农产品的平均进口税率达到 36%，工业品达到 25%。大约同一时期，法国也连续三次提高关税。英国虽仍奉行自由贸易政策，但在保护主义浪潮的冲击下，也不得不逐步扩大关税的征收范围。

第二次保护主义浪潮发生在 1929 年经济大危机之后。空前严重的经济危机使市场问题十分尖锐，各国为了转嫁经济危机，保护本国市场，纷纷采用关税战、倾销战、货币战，并组织相互对立的经济集团，同时为了争夺国外市场，纷纷加强了奖励出口的政策。1930 年 6 月，美国通过《斯姆特—霍利关税法》，将 2000 多种进口商品平均税率提升到 53.2%，由此引起世界主要国家间的一场关税大战。40 个国家随后采取报复行动，纷纷提高关税，1931—1932 年有 76 个国家提高了关税。与此同时，主要国家间也爆发了一场货币战。1931 年英国率先

放弃金本位,令英镑贬值30%。两年后,美国也放弃金本位,使得美元贬值50%。经济危机期间,先后有56个国家实行货币贬值以争夺国际市场,并先后形成了英镑集团、法郎集团、德国双边清算集团等几个排他性的货币集团。贸易保护主义的结果使得国际贸易的发展几乎处于停滞状态。

5. 国际贸易格局发生变化,英国地位下降,亚非拉国家成为畸形出口单一作物的国家

第二次工业革命后,英国经济地位迅速下降,而美、德、法、日等后起资本主义国家迅速上升。英国工业生产占世界工业生产总额比重从1870年的32%下降到1913年的14%,位居世界第三;而德国则从13%上升到16%,位居世界第二;美国则从23%上升到36%,遥遥领先。与此相对应,英国贸易占世界的比重也迅速下降到1913年的13.1%,国际贸易中心从英国独霸变成以美国为首的发达国家。

另一方面,发达国家掀起了瓜分非洲的狂潮,到1912年为止的27年时间里,英、法、德、意、比、葡、西等国家已经占领了非洲96%的领土,只有埃塞俄比亚、利比里亚两国名义上保持独立,但实际上也已沦为半殖民地。发达国家通过人为的强制手段和市场力量,最后通过资本输出,逐步将亚非拉国家特别是非洲变为畸形地片面发展单一作物的国家。非洲经济的发展是以掠夺殖民地的自然资源和满足西方列强的需要为基础的。各个殖民地片面发展一种或几种供出口的农业经济作物或矿产品。如加纳的可可和黄金、苏丹和乌干达的棉花、塞内加尔和冈比亚的花生、南非的黄金和金刚石、津巴布韦的烟草和黄金、赞比亚的铜矿石、桑给巴尔的丁香、尼日利亚和塞拉利昂的棕榈产品、莫桑比克的甘蔗、喀麦隆和多哥的可可、坦桑尼亚的咖啡和剑麻、刚果的铜矿石和铁矿砂、几内亚的铝矾土等。传统的农业和手工业遭到扼杀,现代工业几乎等于零。非洲出现了非常奇特的现象,输出花生却进口花生食品,输出咖啡豆却进口咖啡饮料,输出棉花却进口纺织品,输出铁矿砂却进口铁器生产工具,输出铝矾土却进口铝制器皿……非洲人被迫生产他们所不消费的产品,而消费他们不生产的产品,由此造成了亚非拉国家的两种依赖性:一是经济发展对少数几种产品的高度依赖;二是对工业发达国家市场的高度依赖。

表2-4   非洲部分国家出口贸易对少数产品的高度依赖

国 家	商 品	占出口总额%	统计年份
乌干达	咖啡	79.6	1990
卢旺达	咖啡	58.8	1990
布隆迪	咖啡	74.7	1990
埃塞俄比亚	咖啡	66.4	1989
马达加斯加	咖啡和香料	59.5	1988
坦桑尼亚	咖啡和棉花	49.5	1988
喀麦隆	咖啡和可可	47.5	1989
肯尼亚	咖啡和茶叶	44.6	1990
中非共和国	咖啡	62.9	1990

国　　家	商　　品	占出口总额%	统计年份
圣多美和普林西比	可可	80.1	1988
赤道几内亚	可可	76.6	1988
加纳	可可	51.0	1989
科特迪瓦	咖啡和可可	39.1	1988
马里	棉花	50.3	1990
乍得	棉花	53.6	1990
贝宁	棉花	52.2	1987
布基纳法索	棉花	45.3	1988
苏丹	棉花	42.7	1989
毛里求斯	蔗糖	89.2	1986
斯威士兰	蔗糖	33.5	1989
马拉维	烟草	67.6	1990
几内亚比绍	腰果	53.1	1986
冈比亚	花生及其产品	82.1	1986
塞舌尔	椰干	61.9	1981
科摩罗	华尼拉	77.0	1986
毛里塔尼亚	鱼类	70.0	1990
索马里	活畜	50.6	1990
莫桑比克	虾	48.4	1986

资料来源:徐天新、梁志明:《世界通史·当代卷》,人民出版社,1997年。

从表2-4可以看出,直到20世纪90年代,非洲多数国家仍靠一两种产品出口为生,如毛里求斯1986年蔗糖出口竟占其出口总额的近90%,乌干达1990年咖啡出口仍占其出口总额的近80%,由此可以推断当年亚非拉国家经济殖民化的畸形程度。此外,这一时期国际贸易的商品结构也发生了变化,矿产品占贸易比重增加,食品和农产品原料占贸易比重下降,纺织品占贸易比重也下降,金属产品的生产和出口增加。

第三节　当代国际贸易的发展

第二次世界大战后发生了第三次科学技术革命,以美国为先导出现了电子、信息、服务、软件、航空航天、生物工程、原子能、高分子化学、网络等新型产业,并渗透到经济生活的各个方面,对国际贸易产生重大影响。同时,非殖民化过程开始,各殖民地政治上纷纷独立后,为了追求经济上的独立,普遍干预对外贸易以发展本民族的工业。战后资本输出的特征也发生了重大变化,跨国公司迅速发展,为了增强整体竞争能力,越来越多的国家"抱团出击",区域经济一体化飞速发展。进入20世纪90年代,以互联网为代表的现代信息技术革命又进一步推动了国际贸易的发展,既产生了新的产业,又为现代贸易的发展提供了新的信息交流方式和贸易模式。到了21世纪参与贸易的世界各国逐步嵌入了全球价值链,一张为实现商品或服务价值而连接生产、销售、回收处理等过程的全球性跨企业网络组织,涉及从原料采购和运输,半成品和成品的生产和分销,直至最终消费和回收处理的整个过程。包括所有参与者和生产销售等活动的组织及其价值、利润分配,当前散布于全球的处于价值链上的企业进行着从设计、产品开发、生产制造、营销、交货、消费、售后服务、最后循环利用等各种增值活动。而进入21世纪的第二个十年,国际贸易接连遭遇"黑天鹅"与"灰犀牛",中美贸易争端、新冠疫情等均对当下的国际贸易产生了巨大的影响。

这一时期国际贸易的特点是:

1. 国际贸易迅速发展,进入空前繁荣时期,增长速度大大超过世界生产的增长速度

二战后,世界贸易的增长速度大大超过世界生产的增长速度,世界贸易占世界生产总值(GDP)的比重、各种类型国家的对外贸易占各自国内生产总值的比重都增加了。世界商品出口规模1948年只有590亿美元,到2013年已经增加到188160亿美元,增长了317.9倍,65年来年均增长6%,远远超过同期世界GDP的增速。对外贸易占世界GDP的比重从1948年的10%左右增加到2013年的31.71%。

2. 国际服务贸易也发展迅速,增长速度超过货物贸易

二战后,国际贸易的一个突出现象是服务贸易异军突起,特别是20世纪80年代以来增长速度大大超过货物贸易,具体见表2-5。1970年国际服务贸易的出口额仅为710亿美元,2013年增加到46450亿美元,增加了64.42倍,平均增速8%,明显超过同期世界货物贸易的增长速度。此外,落后国家的服务贸易发展速度尤为突出。2000—2013年间,不发达国家的服务贸易出口增长率平均为14%,远远高于其他国家的增长率,平均为9%。2013年,不发达国家服务贸易出口增长率为13%,其他国家为6%。

表2-5　1970—2013年世界服务贸易发展　　　　　　　　　(单位:亿美元)

	1970年	2013年	1970—2013年增速(%)
服务出口总额	710	46450	8
货物出口总额	3146	188160	3.46
服务贸易相当于货物贸易的比重	22.56	24.69	

数据来源:中国对外贸易统计年鉴。

国际服务贸易不但规模迅速扩大了,而且结构也迅速变化。传统服务业如运输、旅游所占比重迅速下降,而金融、保险、通信、信息等新型服务业所占比重迅速增加。1970年国际运输服务占38.5%,国际旅游占28.2%,其他商业服务占33.3%。2013年国际运输服务下降到19.5%,国际旅游占25.5%,其他商业服务则上升到54.9%。

表 2-6 1970—2013 年各类服务贸易占世界服务贸易出口总额的比重 （单位:%）

	1970 年	2000 年	2005 年	2010 年	2011 年	2012 年	2013 年
世界服务贸易	100	100	100	100	100	100	100
运输服务	38.5	23.2	22.6	21.4	20.5	20.2	19.5
旅游服务	28.2	32.0	27.9	25.5	24.8	25.1	25.5
其他商业服务	33.3	44.8	49.3	53.1	54.5	54.5	54.9

数据来源:中国对外贸易统计年鉴。

世界服务贸易的迅速发展主要是因为二战后发达国家产业结构的变化,第三产业居于主导地位;还有商品贸易迅速发展对相关服务业的带动作用,跨国公司全球化生产导致的资金、技术和人员的国际流动,科技发展带来的交通运输和通信条件的革命,特别是在网络技术基础上的电子商务,使得各种服务"外包"非常盛行,大大推动了服务贸易的发展。

3. 国际贸易的商品结构发生重大变化

初级产品贸易比重下降,制成品贸易比重上升,而在制成品中,劳动密集型产品比重下降,资本、技术密集型产品比重上升。

二战后初级产品贸易比重继续下降,2013 年初级产品出口比重已经下降为 31.3%,与此相对应,制成品贸易比重 2013 年则上升到 64.7%,发达国家制成品出口比重都在 90% 以上。在初级产品中,石油贸易比重上升,而农产品和原料贸易发展缓慢。在工业制成品中,纺织服装、玩具等轻工产品比重下降,而汽车、机械、办公和运输设备、耐用消费品等资本、技术密集型产品比重上升,新商品大量涌现,特别是以电子产品为代表的高新技术产品贸易迅速增长。

4. 国际贸易格局发生重大变化

二战后国际贸易格局发生重大变化,北美地位迅速下降,中南美洲、非洲也在明显下降,而亚洲地位迅速上升,中东由于石油涨价地位也显著上升。就国家类型而言,发达国家地位下降,但仍占据统治地位,2013 年发达国家货物贸易仍占世界的 50% 以上,发展中国家上升到 40% 以上,其中变化最大的是美国与中国。1948 年美国货物出口占世界的 21.7%,雄居榜首,而中国只有 0.9%;到 2013 年美国下降到 8.4%,中国却上升到 11.7%,跃居首位。2013 年,世界商品贸易前十大出口国中除了中国外都是发达国家。

表 2-7 1948—2013 年各大洲商品贸易占世界贸易的比重 （单位:%）

	北美	欧洲	亚洲	中东	中南美洲	非洲
1948 年	28.1	35.1	14.0	2.0	11.3	7.3
1973 年	17.3	50.9	14.9	4.1	4.3	4.8
2003 年	15.8	45.9	26.1	4.1	3.0	2.4
2013 年	13.2	36.3	31.5	7.4	4.0	3.3

数据来源:WTO网站。

无论发达国家、发展中国家,还是不发达国家,贸易发展都极不平衡。发达国家除了美国贸易地位急剧下降外,还有意大利、加拿大等,而德国、日本贸易地位则急剧上升。从 1948 年到 2013 年,意大利出口占世界的比重从 11.3% 下降到 2.8%,加拿大从 5.5% 下降到 2.4%,德国则从 1.4% 上升到 7.7%,日本从 0.4% 上升到 3.8%。发展中国家国际贸易发展也不平衡,高度集中在少数"后起之秀"上,尤其是"四小龙"和"金砖四国"。2008 年"四小龙"和"金砖四国"出口占发展中国家出口的近 60%,其中,仅我国的出口就远远超过了中南美洲和非洲的总和,相当于发展中国家出口的近 1/4。2013 年,世界商品出口中,44% 来自发展中国家,52% 来自发达国家;G20 国家的商品出口占比为 75.5%,不发达国家的出口占比仅为 1.1%;"金砖五国"商品出口占世界贸易的比重为 18.5%。

表 2-8 2013 年世界商品贸易前十大出口国

国　　家	出口额(单位:10 亿美元)	比重(%)
中国	2209	11.7
美国	1580	8.4
德国	1453	7.7
日本	715	3.8
荷兰	672	3.6
法国	580	3.1
韩国	560	3.0
英国	542	2.9
俄罗斯	523	2.8
意大利	518	2.8
合计	9352	49.8
世界	18816	100

数据来源:WTO 网站。

5. 国际贸易地理流向发生重大变化

发达国家之间的贸易占主导地位,而发达国家与发展中国家之间的贸易占次要地位,区域内部贸易迅速发展。

与二战前国际贸易地理流向不同,二战后发达国家之间的贸易占主导地位,发达国家互为主要进出口国,而发达国家与发展中国家之间的贸易占次要地位。如 2013 年美国对加拿大出口 3002 亿美元,占美国出口总额 15796 亿美元的 19%;对欧盟出口 2638 亿美元,占 16.7%。日本 2013 年对美国出口 1345 亿美元,占日本出口总额 7151 亿美元的 18.8%;对中国出口 1294 亿美元,占 18.1%;对欧盟出口 718 亿美元,占 10%。2013 年欧盟内部相互出口 37694.5 亿美元,占欧盟出口总额 60764.5 亿美元的 62%;对美国出口 3828 亿美元,占 6.3%。总体来看,2013 年,发达国家商品出口中有 70% 以上出口到发达国家;发展中国家商品出口中,52% 出口到发展中国家,43% 出口到发达国家。

二战后,国际贸易地理流向发生的另一个重大变化是区域内部贸易迅速发展,形成了欧洲、亚洲和北美三大贸易圈。从表 2-9 可以看出,2013 年欧洲内部贸易的比重高达 68.6%,

北美占 49.2％,亚洲占 53.3％。

表 2 - 9 2013 年欧洲、亚洲和北美的总贸易和内部贸易的规模及比重

(单位:10 亿美元及％)

	欧洲		北美		亚洲		总额	占全球比重
	总额	比重	总额	比重	总额	比重		
欧洲	4560	68.6	506	7.6	667	10.0	6646	35.3
北美	368	15.2	1189	49.2	501	20.7	2418	12.9
亚洲	855	14.8	1012	17.5	3076	53.3	5773	30.7
全球							18816	

数据来源:WTO 网站。

6. 国际贸易商品流向也发生重大变化

同类产品相互交换的产业内贸易占主导地位,而不同类产品相互交换的产业间贸易占次要地位。

二战前的国际贸易主要发生在发达国家与发展中国家之间,发达国家出口工业制成品,而发展中国家出口农产品和矿产品。至于发达国家之间的贸易,也是相互出口不同的工业产品,如挪威专门生产和出口铝、比利时专门生产和出口铁与钢、德国出口化工产品、芬兰出口木工产品等。二战后随着国际分工从产业间分工转向产业内分工,无论发达国家还是发展中国家,同类产品相互交换的产业内贸易迅速发展并逐步占主导地位,而产业间贸易地位迅速下降。如印度 1970 年产业内贸易比重只有 22.3％,到 1999 年就增加到 88.0％;墨西哥更是从 29.7％增加到 97.3％;2011 年我国高技术产品产业内贸易指数达到 75％左右。[①] 至于发达国家产业内贸易比重更高,如法国 1970 年产业内贸易比重就高达 78.1％,1999 年更是高达 97.7％。具体见表 2 - 10。

表 2 - 10 1970—1999 年部分国家产业内贸易比重

(单位:％)

发达国家	1970 年	1987 年	1999 年	发展中国家	1970 年	1987 年	1999 年
美国	55.1	61.0	81.1	印度	22.3	37.0	88.0
日本	32.8	28.0	62.3	巴西	19.1	45.5	78.3
德国	59.7	66.4	85.4	墨西哥	29.7	54.6	97.3
法国	78.1	83.8	97.7	泰国	5.2	30.2	94.8
英国	64.3	80.0	91.9	韩国	19.4	42.2	73.3
意大利	61.0	63.9	86.0	新加坡	44.2	71.8	96.8
加拿大	62.4	71.6	92.8	阿根廷	22.1	36.4	48.7

资料来源:海闻等著:《国际贸易》,上海人民出版社,2012 年,第 161 页。

---

① 孙莹、耿心怡:《中国高技术产品产业内贸易影响因素研究》,《科研管理》,2014(7)。

7. 国际直接投资迅速增加,跨国公司内部贸易发展迅速①,中间产品贸易迅速增长

二战后国际投资规模迅速扩大,仅 2007 年就达到 1.9 万亿美元,超过了二战前的投资总和。之后受金融危机的影响,全球投资同比下降了 14%,为 1.7 万亿美元。2009 年仅为 1.11 万亿美元,比 2008 年大幅下降 34%。2010 年开始,全球经济形势好转,全球投资缓慢上升。2014 年为 1.23 万亿美元。二战后投资有其新的特点:

首先,发达国家既是国际投资主要来源地,但金融危机之后流入发达国家的国际投资逐渐萎缩。2007 年发达国家的外国直接投资流出量达到 16920 亿美元,流入量达到 12480 亿美元,分别占国际投资总额的 92.3% 和 68.1%。2010 年,流入发达国家的国际投资仅为 5270 亿美元,占国际投资总额的 42.8%。2014 年,流入发达国家的国际投资为 4990 亿美元,全年下降了 28%。相反,发展中国家在全球投资格局中的地位不断增强。2014 年,流入发展中国家的国际投资达到历史最高水平,为 6810 亿美元,占全球投资流量的 55%;同时,中国首次超过美国成为全球最大的国际投资流入国。

其次,发展中国家对外投资大幅上升,发达国家对发展中国家投资的单向流动变成发达国家与发展中国家之间的投资双向流动。2014 年,发展中国家跨国企业对外投资达 4680 亿美元,上升 23%。发展中国家占全球投资的比重也从 2007 年的 13% 上升到 2014 年的 1/3 以上。此外,亚洲发展中国家成为全球最大的对外投资来源地。在全球 20 大对外投资来源地中,9 个为发展中及转型经济体,包括中国香港、中国、俄罗斯、新加坡、韩国、马来西亚、科威特、智利以及中国台湾。2014 年,中国大陆对外投资大幅增长 15%,达 1160 亿美元,仅次于美国和中国香港,居全球第三位。

再者,投资方式和投资领域变化很大。与二战前新建企业不同,现在跨国兼并和收购(并购)成为最主要的投资方式。2007 年,跨国兼并和收购(并购)交易的金额达到 16370 亿美元,占全部投资额的 89.3%。二战前国际投资集中在农业种植园和矿山;二战后先集中在制造业,后集中在服务业。制造业中先集中在纺织服装、玩具等劳动密集型产业,后转向汽车、机械、电子、石化等资本、技术密集型产业。据 2004 年世界投资报告,20 世纪 70 年代初期,服务业投资仅占全球外国直接投资存量的四分之一,到 2002 年已上升到大约六成,估计为 4 万亿美元。2006 年,世界跨国公司 100 强中有 20 家是服务业跨国公司,而 1997 年仅有七家。

国际直接投资的主体是跨国公司,联合国贸发组织数据显示,全球跨国企业生产活动继续扩大,盈利处于历史较高水平。截至 2014 年底,全球最大的 5000 家跨国企业共持有 4.4 万亿美元现金,比 2008—2009 年危机期间的平均水平高 40%。美国经济增长有所恢复,有关地区区域一体化进程加快以及跨国企业继续在全球调整生产及经营布局,都有助于推动外国直接投资的增长。目前,跨国公司已控制了国际投资额的 90%、国际技术转让的 80% 和科研开发的 90%。

最后,全球外资政策总体上走向开放和便利化,但对国家安全、产业安全的关注度上升。国别层面看,各国出台的外资政策继续朝着投资开放、投资促进及便利化方向发展。2014 年,超过 80% 的外资政策涉及放宽外资准入条件或减少对外资的限制。新出台的对外资的限制及监管措施主要涉及国家安全考虑或一些战略性产业(如交通、能源等)。国际层面看,国际社

---

① 联合国贸易和发展会议历年世界投资报告 http://www.gotohui.com。

会制订新一代国际投资规则的努力持续进行。2014年，至少有50个国家或地区在重审或修订其国际投资协定范本。给予准入前国民待遇的国际投资协定尽管总量仍相对较少，但继续保持增长势头。目前，约有228个国际投资协定对外资"并购"及"设立"给予国民待遇。其中，多数涉及美国、加拿大、荷兰、日本以及欧盟，同时一些发展中国家也采取了这一做法，如智利、哥斯达黎加、韩国、秘鲁及新加坡等。

公司内贸易的主要商品是中间产品，由于跨国公司在全球优化价值链，将研发、核心部件和销售、品牌等高附加价值环节控制在自己手里，留在母国，而将低附加价值的劳动密集型组装环节外包出去，或在发展中国家直接投资，从而导致大量中间产品的往返运输和贸易。1995—2011年间，中间产品贸易在商品贸易中的比重稳定在47%左右，远高于初级产品和最终产品。因此，中间产品贸易在世界商品贸易中占据重要地位。中间产品贸易在不同行业之间差别也很大，最适合将组装环节外移的运输设备和电子产业中间产品贸易比重最高。以东亚为例，日本、韩国利用中国引进外资的机会向中国投资，然后向中国出口中间产品，在中国组装以后再向美欧出口最终产品。中国实际上是日、韩的出口"中转站"，导致了中国对日韩巨额贸易逆差、对欧美巨额贸易顺差的局面，也直接导致了中国出口以加工贸易为主导和以外资为主导的局面。

8. 国际市场的竞争重点发生变化，价格竞争让位于非价格竞争

长期以来，市场竞争的重点都是价格竞争，谁的生产效率高、成本低、价格低，谁就在国际竞争中占优势，因此，国际贸易主要发生在要素禀赋差距大的发达国家与发展中国家之间。现在价格竞争重要性下降，非价格竞争逐步占据主导地位，尤其是新型产品。由于供过于求、市场饱和导致的激烈竞争、消费者的需求逐步分化、工资成本的上升等因素的影响，发达国家的企业首先采用细分市场、提高质量、树立品牌等非价格竞争手段来避开发展中国家的廉价竞争，占领高端市场，攫取高额利润。最典型的是法国、意大利的服装、鞋类等日用消费品，通过加强设计、树立品牌等方法，普通商品摇身一变成为名牌商品，价格提高几倍甚至几十倍后仍然非常畅销，落后国家的廉价商品无法与之竞争。目前，发达国家品牌商品已经占到GDP的40%以上，世界最著名的100个商标绝大多数是发达国家的。

9. 区域经贸集团迅速发展，自由贸易协定成为区域经济一体化的主要形式

二战后，国际分工的发展导致经济一体化迅速推进，最典型的是区域经贸集团迅速发展。区域一体化集团的建立将国际竞争从国家间竞争推向区域集团间的竞争，这使得未加入一体化组织的国家倍感压力，从而产生"多米诺骨牌"效应，参加区域一体化的国家越来越多，经济一体化的层次也越来越高。据WTO统计，区域性贸易协定（RTA）的实施数量，最开始的时候发展很缓慢，但从20世纪80年代末90年代初开始进入了快速发展的时期，特别是进入21世纪以后，平均以每年10个以上的速度增加。根据WTO对RTAs分类型的数量统计，区域经济一体化协定主要分为关税同盟（CU）、自由贸易协定（FTA）、经济一体化协定（EIA）和优惠贸易协定（PSA）四种形式。在WTO分类统计的正在生效的398个RTAs（含重复统计）中，FTA为240个、EIA 118个、CU 25个、PSA 15个，所占比例分别为60.3%、29.6%、0.06%和0.037%。20世纪90年代以来，大部分国家之间签署的RTAs都为FTA或FTA&EIA，其中FTA或FTA&EIA占全部RTAs的90%，这说明自由贸易协定已经成为主流。主要国家和

地区签订自由贸易协定的具体覆盖情况可以见表2-11。

表2-11 主要国家和地区的FTA覆盖率① （单位:%）

国家或地区		覆盖率			对象国或地区(进出口)		
		进出口	出口	进口	第一位	第二位	第三位
日本		18.6	19.1	18.2	东盟(14.8)	印度(1.1)	瑞士(1.0)
美国		38.8	45.3	34.4	NAFTA(28.7)	韩国(2.7)	DR-CAFTA(1.6)
加拿大		67.1	76.0	58.7	NAFTA(64.4)	EFTA(1.3)	秘鲁(0.6)
墨西哥		81.4	92.1	70.7	NAFTA(67.0)	欧盟(8.1)	日本(2.7)
智利		91.2	89.8	93.0	中国(19.8)	欧盟(16.1)	美国(15.5)
秘鲁		75.6	75.0	76.3	中国(15.9)	美国(15.8)	CAN(8.5)
欧盟	贸易总额	73.8	72.8	74.9	欧盟(64.1)	瑞士(2.5)	EEA(1.6)
	域外贸易	26.4	29.6	23.6	瑞士(6.6)	EEA(4.2)	土耳其(3.7)
韩国		34.0	36.5	31.5	东盟(14.8)	欧盟(9.2)	美国(9.3)
中国		16.2	12.3	20.5	东盟(14.8)	台湾(4.4)	智利(0.9)
印度		17.9	21.6	15.4	东盟(14.8)	韩国(2.2)	日本(2.2)
新加坡		62.7	63.6	62.2	东盟(14.8)	中国(10.3)	美国(9.0)
东盟		60.0	59.2	60.8	东盟(14.8)	中国(13.7)	日本(10.4)
澳大利亚		26.0	18.2	35.0	东盟(14.8)	中国(7.2)	新西兰(3.1)

注:① 表中的EFTA指欧洲自由贸易联盟,EEA指欧洲经济区,CAN指安第斯共同体,NAFTA指北美自由贸易区, DR-CAFTA指多米尼加共和国与中美洲诸国签署的FTA。② FTA覆盖率的计算基于2011年的贸易数据。③ 资料来源:倪月菊:《日本的自由贸易区战略选择》,《当代亚太》,2013(1)。

10. 贸易自由化成为主流

国际贸易虽然摩擦频繁发生,但是国际贸易协调机制已经组织化、系统化,可以确保国际贸易平稳发展。二战后,美国极力主张贸易自由化,并在美国的推动下,美、英、法、中、印等23个国家于1947年10月30日在日内瓦签署《关税与贸易总协定》(GATT)。关税与贸易总协定成立后主要任务就是推进贸易自由化,为此组织了8轮多边关税减让谈判,大幅度降低关税并抑制非关税壁垒。1995年世界贸易组织(WTO)建立后一如既往地推进贸易自由化,现在发达国家关税平均水平只有3%左右,发展中国家关税平均水平在10%左右,比二战前大大降低,从而促进了国际贸易的迅速发展。当然,贸易摩擦不可能避免,特别是非关税壁垒引起的贸易摩擦越来越多,金融危机时更是愈演愈烈,但是GATT特别是WTO有一套完善的争端解决机制,争端各方可以通过和平方式解决争端,从而可以确保国际贸易平稳、可预测地发展。二战后没有爆发过以前的贸易保护主义浪潮就是明证。

11. 以供应链争端为表现形式的国际贸易摩擦,为贸易发展蒙上阴影

中美贸易争端是21世纪以来国际贸易所无法回避的重大问题,这其中尤以供应链争端的

---

① FTA覆盖率是指某国(或地区)与已经生效的FTA签约国(或地区)之间的贸易额占其贸易总额的比重。

矛盾最为突出。2018 年 3 月,美国贸易代表办公室发表长篇报告,认定中国在技术转移、知识产权和科技创新等领域存在不公平行为。同年 4 月,特朗普宣布将对总价值约 500 亿美元的中国输美商品加征 25% 的关税。此后直至 2019 年 9 月,美国累计对中国价值 5500 亿美元的中国输美商品加征关税。在这一过程中,中国采取了边斗争边谈判的应对策略,还分批对美国出口中国的商品加征相应关税。2020 年 1 月 15 日,经过艰苦的谈判,两国最终达成《中美第一阶段经贸协议》。美国将 3000 亿美元中国输美商品的关税税率下调至 7.5%,但作为未来谈判的筹码,保留了对 2500 亿美元中国输美商品加征的 25% 关税。中美"贸易战"对作为中美关系"压舱石"的两国经贸关系带来沉重打击。截至 2019 年 12 月,由于美国单方面加征关税,中国出口美国的商品平均关税已达到 20.9%。关税的大幅增加迫使美国的进口商纷纷寻找中国以外的替代供应商,导致部分企业在全球范围内调整生产布局,使中美两国紧密联系的产业合作链出现断裂。

在此基础上,中美间的供应链争端矛盾逐步显现,降低关键产品和行业供应链对中国的依赖是美国对华"脱钩"政策的主要内容之一。其中,稀土、药品和医疗用品、半导体、大容量电池等被美国政府划定为重点领域。就稀土而言,2017 年,美国在本土的帕斯山(Mountain Pass)矿场重新开始生产稀土。2019 年,美国开始在本土建立稀土加工设施。美国还同日本石油天然气金属公司和澳大利亚莱纳斯稀土公司(Lynas Corp)合作,以确保除中国以外的稀土供应链。就药品和医疗用品而言,特朗普政府抓住新冠肺炎疫情下多个国家的药品、口罩、呼吸机等关键医疗物资短缺的机会,大肆宣扬应将药品等医疗用品产业链迁回美国,并试图通过重新激活《购买美国产品法》、加大政策刺激等手段,鼓励美国企业回流。美国还提出旨在重塑全球制造业供应链的"经济繁荣网络"计划,重点与日本、韩国、澳大利亚、新西兰、印度和越南六国磋商,设立专门基金,鼓励企业及关键供应商撤离中国,推动供应链"去中国化",并通过加强彼此间的协调与合作,重新塑造全球供应链与贸易关系。在科技领域,美国着重打压中国科技企业和关键产业的国际竞争力,遏制中国的发展势头,利用出口管制阻止中国科技企业获取先进技术、设备、零部件和原材料等关键要素,刻意制造"卡脖子"难题,在美国市场和国际市场排除中国产品。

在供应链争端的矛盾中,日韩贸易争端也颇具有代表性,2019 年 7 月 1 日,日本政府宣布对出口韩国的三种半导体产业原材料加强管制。同年 7 月 12 日,日韩政府代表在日本首都东京举行工作级对话,进行首次接触;7 月 24 日世界贸易组织(WTO)总理事会议进行第二次谈判;8 月 1 日韩日外长在曼谷举行会谈。在三次会议中,韩日两国进行了激烈的争论,均无果而终。8 月 2 日,日本政府内阁会议正式决定修改《出口贸易管理令》,把韩国排除出"白色清单"。8 月 7 日,日本经济产业省颁布政令,在简化出口审批手续的贸易对象"白色清单"中删除韩国,政令定于 28 日施行。8 月 12 日,韩国政府将日本从本国"白名单"中清出,于 9 月生效。被日本方面禁止向韩国出口的三种半导体原料(氟化聚酰亚胺、光刻胶、氟化氢)主要用于智能手机面板以及电视的液晶屏,同时光刻胶也是半导体产品的核心材质。半导体产业出口平均占韩国出口总额的 25%,而日本在这三种材料上占全球比例分别为 90%、87% 和 60%。因此,日本此举被视为"掐住"了韩国经济的"咽喉"。而世界各国针对供应链的争端会在未来不断出现,这为国际贸易的发展蒙上了一层阴影。

12. 新冠疫情对国际贸易的冲击

新冠疫情是当今世界无法回避的重大问题，而以世界各国互联互通为基础的国际贸易更是首当其冲。疫情的全球蔓延引发的贸易限制和禁航禁运直接破坏了国际自由贸易体系。新冠肺炎疫情全球蔓延引发各国实施贸易限制举措和禁航禁运管制，直接破坏了 WTO 框架下国际自由贸易规则体系，短期内会严重扰乱、破坏各国抗击疫情的防疫物资贸易往来，直接危及患者生命，中长期内会因损害贸易规则产生严重的贸易破坏效应。疫情的全球蔓延，不仅给各国人民的身心造成了严重的伤害，也对全球的生产、运输和贸易通关等造成了严重冲击。各国海关实施贸易限制措施，甚至公开截留贸易往来中的防疫物资，直接破坏了贸易秩序。

同时，新冠疫情全球蔓延放大贸易保护主义，对国际贸易需求端产生严重冲击。一方面，因防控疫情蔓延需要，各国日常经济活动能力、生产活动将会大幅度下降，直接造成了全球货物贸易需求、服务贸易需求大幅萎缩。另一方面，疫情全球蔓延引发心理恐慌，放大了贸易保护主义，各国海关因此采取诸多贸易限制措施和检疫举措，更增加了贸易成本，直接损害本已虚弱的全球贸易。不过，疫情全球蔓延也造成了全球贸易需求端的非对称冲击增长。可以说，全球所有国家都紧缺口罩、检测设备和防护产品，也缺乏防疫经验。

此外，新冠疫情给国际贸易供给端带来了严重冲击。美国、德国、法国、意大利、韩国等国目前抗击新冠肺炎疫情形势严峻，这给中国有效恢复生产和贸易供给造成两难局面。一方面，如疫情进一步向全球扩散导致上述国家出现大规模停工停产，中国的中间品和资本品进口将面临主要贸易上游供给端韩国、日本、美国、德国、意大利等因疫情无法及时交付贸易供给困难；另一方面，疫情也会导致短期内中国交付贸易中间品供给困难。因此，作为国际贸易供给端的我国在此次疫情中受到了冲击。

第四节　中国对外贸易发展历程

中国是世界四大文明古国之一，历史悠久，经济发达，直到清朝中期以前，中国经济一直领先世界，对外贸易也不例外。由于中国对外贸易源远流长，故将其分为新中国成立前封建社会的对外贸易和新中国成立后的对外贸易，后者又分为改革开放前和改革开放后两个时期。

一、新中国成立前封建社会的对外贸易

（一）中国封建社会对外贸易的商路

中国封建社会长达两千多年，其对外贸易随着国内政局的变化和经济的兴衰而起伏。一般说来，国内政局稳定，经济繁荣，对外贸易就比较发达；而国内动乱，经济凋敝，对外贸易也就停滞、倒退。纵观中国封建社会，隋唐、两宋、明清对外贸易最发达。除了与近邻的朝鲜、日本互有贸易外，主要的对外贸易商路有两条：陆上"丝绸之路"和海上"丝绸之路"。前期以陆路为主，后期以海路为主。大约以唐朝为界，唐朝以前以陆路交通为主，唐朝时海陆贸易并重，宋元

明清时,陆路贸易下降,海路贸易地位日渐上升。中国主要出口商品是丝绸、瓷器和茶叶。下面将分别介绍。

1. 陆上"丝绸之路"

丝绸之路是古代横贯亚欧的商业通道。在西汉(公元前 202 年—公元 8 年)时期由张骞出使西域开辟的,其起点一般认为是长安(今西安),往西经甘肃、新疆,到中亚、西亚,并一直延伸到罗马。在通过这条漫漫长路进行贸易的货物中,有丝绸、瓷器、糖、五金等出口货物和香料、药材、宝石等进口货物,但以产自中国的丝绸最为出名。19 世纪末,德国地质学家李希霍芬将张骞开辟行走的这条东西大道誉为"丝绸之路"。希腊、罗马人称中国为赛里斯国,称中国人为赛里斯人。所谓"赛里斯"即"丝绸"之意。隋唐年代(589—896 年)是丝绸之路空前繁荣的时期,胡商云集东都洛阳和西京长安,定居者数以万计。唐中叶,战乱非常频繁,丝路被阻,后虽有恢复,规模远不如前,海上丝路逐渐取而代之。丝绸之路不仅是古代亚欧互通有无的商贸大道,还是促进亚欧各国和中国的友好往来、沟通东西方文化的友谊之路,是中国、印度、希腊三种主要文化交汇的桥梁。

2. 海上"丝绸之路"

海上"丝绸之路"形成于秦汉时期,发展于三国隋朝时期,繁荣于唐宋时期,转变于明清时期,是已知的最为古老的海上航线。起点一般认为是福建的泉州,主要港口还有广州、宁波、福州、扬州等。通常从广东沿海港口出发,向西沿海岸线、印支半岛南下,绕过今马来半岛、出马六甲海峡,到孟加拉湾沿岸诸国,抵达印度半岛南端和斯里兰卡、波斯湾。明代到达非洲东海岸和红海沿岸地区,与亚非 30 多个国家和地区直接贸易。海上通道在隋唐时运送的主要大宗货物是丝绸,所以大家都将这条连接东西方的海道称为海上"丝绸之路"。到了宋元时期,瓷器的出口渐渐成为主要货物,因此,人们也有将其称为海上"陶瓷之路"。另外,由于输入的商品历来主要是香料,还被人们称为海上"香料之路"。

(二)中国封建社会对外贸易的"中国特色":朝贡贸易

中国封建社会的对外贸易很大程度上有"朝贡贸易"的色彩。因为自商周以来,中原王朝都一直认为自己居天下之中,是"天朝上国",是世界的主体,故自称"中国""中华";而周边乃至更远的地区与国家都是蛮夷戎狄居住的化外之地。这样,他们与中原王朝的关系自然被限定为自下而上的朝贡关系。朝贡外交的实质是名义上的宗主认同外交,并不是扩张式的帝国外交,因而,在政策导向上是"王者不治夷狄,来者不拒,去者不追"。即凡肯朝贡的国家、地区、部族,不论远近,不论是否有过恩怨前嫌,一概慨然接纳;凡要与中原王朝建立关系、展开外交者,必须以朝贡方式进行。

与朝贡外交相配套的则是朝贡贸易。所谓朝贡贸易,就是中国官方贸易不以营利为目的,而是以经济手段"诱使"外国承认中国"天朝上国""中心大国"的地位。具体来讲,凡来朝贡者,中国王朝都奉行"厚往薄来"的"赏赐贸易"政策,都大量回馈,盛情相待;中国使臣之外行,则是多携礼物,大量赠送。在这一贸易体系中,政治动机大于经济目的,奢侈消费的需求大于对商业利润的追求。他们的根本动机是造就"四夷顺而天下宁""四海宾服,八方来仪"的宏大场面。

如郑和第一次下西洋,就有宝船 62 艘、士卒两万七千多人,并带有大量的绢帛、瓷器、茶叶以及金银钱币。每到一地,都是大加赠送,动员当地首领到中土朝贡,并不攻城略地或进行经济掠夺。郑和的七下西洋实际上是七次"送礼",东南亚的"朝贡者"们每次都免费搭乘郑和的伟大舰队,到中国大做朝贡生意,只要向中国政府说上几句好话,就可以得到大把的实惠。在利益的驱动下,朝贡贸易成为"藩属们"捞钱的手段。如一把在日本只值800—1000文的军刀,大明帝国的"赏赐价"高达5000文,日本人立即把这作为好生意,前两次每次"上贡"3000把,第三次增至9968把,第四次3000多把,第五次7000多把,第六次竟高达37000多把。明朝禁止民间持有武器,政府只好照单全收。这种生意致使朝贡使团络绎不绝地来到明朝"吃大户",明成祖在位年间(1402—1424年)总共接待了193个使团。这种"赏赐贸易"最终使明帝国财政不堪重负,以至于到了明成祖死前3年(1422—1424年),官员们的工资除了春夏两季能领到钞票外,秋冬两季只能领取各藩邦"进贡"的胡椒、苏木。成化年间,有太监鼓动明宪宗朱见深再下西洋,车驾郎中刘大夏因此烧毁了郑和下西洋的所有文件,阻挠再次远洋。这说明了没有商业价值的贸易是不可持续的。[①]

(三)中国封建社会对外贸易的主要商品简介

1. 丝绸

丝绸是由蚕的蚕茧抽丝后取得的天然蛋白质纤维,经精心编制而成的纺织品。中国是世界上最早饲养家蚕和缫丝织绸的国家。汉代中国丝绸的贸易和输出达到空前繁荣的地步,从而形成了著名的"丝绸之路"。唐朝是丝绸生产的鼎盛时期,无论产量、质量和品种都达到了前所未有的水平。丝绸是中国封建社会对外贸易中长期垄断的"拳头"产品,加上路途遥远,运输成本高昂,到了西方价格平均翻了1000倍。难怪在罗马帝国,只有皇帝和贵族才能享用。尽管中国丝绸产品出口量大,但在国际丝绸市场上实际上扮演的是一个原料和半成品出口大国的角色,原因是丝织设备与印染后整理设备落后,服装设计水平不高,缺乏世界知名品牌,主要生产中低档及初级产品。因此,中国要恢复昔日的丝绸强国地位任重道远。

2. 瓷器

中国是瓷器的故乡,英文中"瓷器"(china)一词即指"中国"的意思。真正的瓷器出现是在东汉时期(公元23—220年),唐、宋是中国瓷器空前发展的时期,明、清两代是中国瓷器生产最鼎盛时期,瓷器生产的数量和质量都达到了高峰。从公元8世纪末开始,中国陶瓷开始向外出口,明代中晚期至清初的200余年是中国瓷器出口的黄金时期,瓷器出口数量很大,17世纪每年输出约20万件,18世纪最多时每年约达百万件。据考察,1602—1682年间荷兰东印度公司贩运的中国瓷器即有1600万件以上。中国在历史上很长的一段时间中,是世界上最大的瓷器生产国及出口国,直到现在中国陶瓷产量与出口金额均居世界首位。2014年,中国日用陶瓷产量占全球总产量约70%左右,年出口额79亿美元以上,但是,与丝绸一样,生产技术落后,缺乏创新和著名品牌,只能靠廉价取胜。中国瓷砖出口的10亿平方米在世界上是巨大的数据,因为目前世界第二大瓷砖生产国巴西每年的产量也只有8亿平方米。但是,中国的瓷砖出口只占全国总产量的12%,而西班牙2012年的出口占到73.26%,意大利占了78.75%。此

---

① 雪珥:《与海为敌:被郑和舰队撞沉的商业文明》,《中国经营报》,2010 - 12 - 13(D1).

外,中国出口平均单价是 6.88 美金,进口平均单价是 16 美金,正好是一倍。因此,中国恢复陶瓷强国的地位还任重道远。

3. 茶叶

中国是茶树的原产地,是茶的故乡,是世界上最早发现茶树、利用茶树和栽培茶树的国家。秦汉时期饮茶风俗开始产生,到了唐代,饮茶蔚然成风。茶叶传到西方非常晚。1606 年,荷兰人首次从万丹将茶叶输往欧洲,随后茶叶逐渐成为风靡欧洲的饮料。从 1717 年起,茶叶逐渐成为中国最大的出口商品,直到 19 世纪 90 年代之前,茶叶在中国出口商品中始终名列第一。英国是中国茶叶出口的主要对象,从 17 世纪 20 年代起,英国东印度公司在绝大部分年份中,所购买的茶叶都占其从中国总进口值的一半以上,19 世纪以后都占 90% 以上,在其垄断中国贸易的最后几年中茶叶成为其唯一的进口商品。

由于当时中国处在高度的自给自足的自然经济时代,英国工业品在中国没有多大的市场,再加上清政府只开放广州一地对外贸易,因此,在与西方的贸易中,中国一直是巨额顺差,而西方一直是巨额逆差。根据估算,在 1700—1840 年间,从欧洲和美国运往中国的白银约 17000 万两,其中仅英国在 1710—1760 年期间进口茶叶就向中国支付了至少一亿两的白银,使中国进入银本位时代。欧洲人和美洲人输华的白银都来自西属美洲。当时,美洲是全球最大的白银产地。起先,英国通过非洲、美洲的三角贸易获得银子。英国货船先从本土装上制造品、烈酒等物品,运到非洲海岸卖掉,完成第一笔交易;再用得到的钱买下非洲黑人,装上船,运到中美洲,把黑人作为奴隶卖给那里的农场主,这是第二笔交易;这些利润一部分用来购买美洲白糖、棉花、咖啡,剩下的以银子的形式运回来,再运往东方。那时候,美洲产出的白银有一半最终留在了中国。

1790 年以后很多银矿枯竭;1807 年英国和美国通过法律,严禁贩卖奴隶的行为;1811 年西属美洲爆发独立革命战争。英国人之前位于美洲的"三角贸易链"彻底受阻,面对中国茶叶的贸易逆差日益增大,英国人不得不寻找新的出路,最终找到了像英国人需要茶叶一样中国人也需要的商品——鸦片。早在 18 世纪中期东印度公司就走私鸦片到中国,1790—1838 年输入中国的鸦片价值约两亿四千万两白银。鸦片贸易不仅使英国人平衡了 50 多年以来持续的对华贸易逆差,相反还有大量的盈余换成白银运出中国,至此一个新的"三角贸易链"开始形成。在这个英国、印度与中国的三边贸易圈里,东印度公司的货船依旧充当着载体,他们从英国装上制造品,运到印度卖掉,再装上印度盛产的鸦片,然后运到广东沿岸,把鸦片在中国卖掉,换成茶叶、丝绸、银圆,装上船运回英国。随后爆发的鸦片战争使中国走上了被动对外开放的道路。

在世界三大饮料茶叶、咖啡、可可中,只有茶叶成功地征服了全世界。现在中国仍然是茶叶的生产与贸易大国,2014 年中国茶园种植面积达 274 万公顷,茶叶产量 195 万吨,均居世界第一;茶业出口 30.1 万吨,出口金额 12.7 亿美元,位居世界第三。目前,肯尼亚与斯里兰卡的茶叶国际市场占有率一直处于领先地位,中国和印度的市场占有率呈现交替上升状态,前五大出口国茶叶国际市场占有率之和达到 80%。总体来看,中国茶叶出口贸易格局继续保持稳定:一是出口市场仍以欠发达国家和地区为主。2014 年中国茶叶出口至 125 个国家和地区,其中 70% 为欠发达国家和地区。二是出口产品结构仍以大宗散装原料茶为主。受中国茶叶企业实力水平限制,只能向国际市场输出多为散装、贴牌的、低附加值的大宗茶,企业利润微薄,市场开发积极性弱,不愿意投入更多。此外,消费习惯、茶功能用途、对茶的认知程度等也是重要影响因素。因此,中国茶叶在国际市场上的推广需要循序渐进且大有可为。其中,南美就是新兴的大市场,值得深入开发。目前,中国与南美国家关系稳定,贸易合作紧密,经济往来密切,拓展南美市场正逢其时。

二、新中国成立后的对外贸易

新中国成立后七十多年的经济社会发展可以划分成改革开放前和改革开放后两个重大历史时期,前后差别很大,对外贸易也不例外。因此,分改革开放前和改革开放后两个时期分别介绍。

(一)改革开放前的中国对外贸易

新中国成立后,中国立即废除了帝国主义在华的一切特权,收回了长期被外国霸占的海关管理权,取消了外国资本在金融、航运、保险、商检、公证仲裁等方面的垄断权,没收官僚资本的对外贸易企业和改造民族资本主义的外贸企业,建立国营外贸企业一统天下的高度集中的社会主义外贸体制。

由于新中国成立后中国政府实行对苏联“一边倒”的外交政策,导致以美国为首的西方国家对中国实行封锁、禁运,中国只有全力发展同苏联、东欧等社会主义国家的经贸关系;又由于中国实行计划经济,对外贸易的作用是“互通有无,调剂余缺”,外贸体制也只能是计划体制。具体而言:在对外经营方面,由国有外贸公司统一经营,1953 年全国按进出口商品的品种和类别分别成立了 12 个外贸专业公司;在对内经营方面,实行严格的出口收购制和进口拨交制;在管理体制方面,全国实行单一的直接计划管理体制,行政命令成为主要的管理手段,盈利一律上缴,亏损财政补贴;在外汇分配方面,国家实行严格的外汇管制。概括地说就是高度集中、国家统制、统负盈亏、政企合一的外贸体制,它不仅与高度集权的计划经济模式相吻合,也是应对当时国际经济环境和外交格局必然的产物。该体制的缺点是产销脱节、统得过死、不负盈亏。所以,对外贸易增长缓慢,不能满足国民经济发展的需要;而且不讲效益,只讲创汇,不讲创利,亏损严重,国家财政不堪重负。当时为了抢夺出口货源,各个外贸公司普遍抬价竞购;为了尽快出口,则竞相压价销售,导致巨额亏损,成为国家财政的沉重负担。

尽管如此,改革开放前中国对外贸易仍然是增长的。1950—1978 年中国进出口贸易总额从 11.35 亿美元增长到 206.38 亿美元,年均增长 10.91%,其中出口从 5.52 亿美元增长到 97.45 亿美元,年均增长 10.79%。1978 年,中国出口总额排在世界第 32 位。出口商品结构有所优化,1953 年初级产品和矿产品的出口占比达到近 80%,工业制成品只占 20% 左右,1978 年初级产品和矿产品的出口比重降到 53.5%,而工业制成品出口比重上升到 46.5%。

(二)改革开放后的中国对外贸易

以 1978 年十一届三中全会为标志,中国转向了以经济建设为中心,对内改革、对外开放的新的历史阶段。随着对外开放的推进和经济体制改革的深化,对外贸易体制改革也不断推进,大体分为四个阶段。① 1979—1987 年为外贸体制改革的探索阶段,主要是下放外贸经营权,打破独家垄断的局面;下放商品经营权,大体是中央经营一类出口商品,地方经营三类出口商品,二类商品在中央协调下由地方经营;开展工贸结合试点;建立海外贸易机构、实行政介分开、实行出口承包经营责任制等。② 1988—1993 年为外贸体制改革的整体推进阶段,主要有全面推行承包经营责任制,并逐步建立自负盈亏机制;进一步下放外贸经营权;改革外贸管理体制,由直接控制为主转向间接控制为主,综合运用法律手段、经济手段及必要的行政手段,调节市场关系,引导企业行为;改革外汇留成比例等。③ 1994—2000 年为外贸体制改革的全面深化阶段,也为"入世"做准备,主要有汇率并轨,实行经常项目自由可兑换;实行股份制改革,建立现代企业制度;完善出口退税制度;加强立法手段,1994 年 7 月 1 日实施的《中华人民共和国对外贸易法》标志着中国对外贸易发展开始进入法制化轨道;放宽生产企业经营外贸的审批标准等。④ 2001—2006 年为履行入世承诺、外贸体制全面接轨阶段,主要有转变政府职能,依法行政,因为世贸组织的法律文件主要是约束政府的;清理、修改和制订各种外贸法律法规;外贸企业由审批制改成登记制等。

外贸体制改革推动了中国对外贸易的飞速发展。自 2009 年,中国始终保持世界第一货物贸易大国的地位。2020 年,中国商品进出口额 46470.6 亿美元,位列世界第一,其中出口25905.9 亿美元,进口 20566.8 亿美元。1978—2020 年进出口规模翻了 225 倍,其中出口翻了266 倍,平均增速为 19.38%,明显超过 1951—1977 年进出口年均 9.98% 的增速。如此长时间持续地高速增长举世罕见。从表 2-12 可见,自 2002 年中国入世以后,中国对外贸易增速平均高达 36%,可以说入世是中国外贸发展的"强心剂"。20 世纪 80 年代以前,中国外贸多是逆差,90 年代以后则是顺差,且顺差越来越大。

表 2-12　1978—2020 年中国货物进出口额　　　　　　　　　　（单位:亿美元）

年份	进出口额	出口额	进口额	顺差（＋）或逆差（－）
1978	206.4	97.5	108.9	－11.4
1980	378.2	182.7	195.5	－12.8
1985	696.0	273.5	422.5	－149.0
1990	1154.4	620.9	533.5	87.4
1995	2808.6	1487.8	1320.8	167.0
2000	4743.0	2492.0	2250.9	241.1
2002	6207.7	3250.0	2951.7	304.3
2003	8509.9	4382.3	4127.6	254.7
2004	11545.5	5933.3	5612.3	321.0
2005	14219.1	7619.5	6599.5	1020.0
2006	17604.4	9689.8	7914.6	1775.1
2007	21765.7	12204.6	9561.2	2643.4
2008	25632.6	14306.9	11325.7	2981.3
2009	22075.4	12016.1	10059.2	1956.9

年份	进出口额	出口额	进口额	顺差(＋)或逆差(一)
2010	29740.0	15777.5	13962.4	1815.1
2011	36418.6	18983.8	17434.8	1549.0
2012	38671.2	20487.1	18184.1	2303.0
2013	41589.9	22090.0	19499.9	2590.1
2014	43030.4	23427.5	19602.9	3824.6
2015	39530.3	22734.7	16795.6	5939.1
2016	36855.5	20976.3	15879.3	5097
2017	41071.4	22633.5	18437.9	4195.6
2018	46224.4	24867.0	21357.5	3509.5
2019	45778.9	24994.8	20784.1	4210.7
2020	46470.6	25903.9	20566.8	5337.1

数据来源:中国对外贸易统计年鉴。

不但进出口规模迅速增长,而且进出口商品结构也迅速优化。1978 年,中国出口商品结构中初级产品比重超过一半,到 2020 年降到低于 4.5%,而工业制成品出口比重从不到一半上升到 95%以上,超过了发达国家的平均比重,这反映出中国制造业竞争力的迅速提高。而工业制成品出口结构也不断优化,自 1995 年机电类产品出口超过纺织服装类后,传统劳动密集型产品出口比重逐步下降,机电产品、高新技术产品等资本技术密集型产品出口比重逐步上升。2020 年,中国机械及运输设备出口总额达 12583.1 亿美元,同比增长 5.3%,机械及运输设备在出口中的占比达 48.6%,较 2019 年增加了 0.8 个百分点。机械及运输设备进口规模达 8285.88 亿美元,占进口总规模的 40.3%。在机械及运输设备对外贸易中,机电设备的贸易规模最大,2020 年,中国机电产品及配件出口额达 3958.2 亿美元,为第一大出口品类商品;电话通信音响制品为第二大出口品类商品,出口额达 3103.6 亿美元;办公用机械及自动数据处理设备为第三大出口品类商品,出口额达 2174.26 亿美元。在进口商品品类中,机电产品与配件的进口规模也高达 4769 亿美元,超过中国机电产品的出口规模,紧随其后的依次是石油、石油产品及原料,金属矿砂及废料,进口规模分别达 2042.85 亿美元和 1887.6 亿美元。

表 2-13　1978—2020 年中国出口商品结构的变化　　(单位:亿美元及%)

	1978 年		2002 年		2020 年	
	金额	比重	金额	比重	金额	比重
初级产品	52.2	53.5	285.40	8.8	1154.7	4.5
工业制成品	45.3	46.5	2970.6	91.2	24751.5	95.5
出口总额	97.5	100	3256.0	100	25906.2	100

数据来源:中国对外贸易统计年鉴。

1992 年以前,中国利用外资主要是对外借款,特别是政府贷款。1992 年,利用外商直接投资首次超过对外借款,成为中国利用外资最主要的方式。1983 年,中国吸收外商直接投资仅 9.16亿美元,2014 年已达到1196 亿美元。根据联合国贸发会议的数据,2014 年中国吸收外资金额首次超过美国,成为全球第一,表明中国始终是全球范围内对外直接投资最具吸引力的经济体。随着外商投资的增长,外资企业占中国进出口贸易的比重迅速增加,并迅速取代国有企业成为中国外贸的主体。2014 年,外商投资企业进出口总值 19840.45 亿美元,占全国进出口总值的46.1%。其中,出口 10747.35 亿美元,占全国出口总值的45.87%;进口9093.1 亿美元,占全国进口总值的46.39%。实际上,中国巨额贸易顺差和出口结构优化也与外资有关。2014 年外资企业顺差 1654.2 亿美元,占全国顺差总额的 43.25%。具体见表 2-14、图 2-2。

表 2-14 2014 年中国分贸易方式、企业性质的进出口情况 （单位:亿美元及%）

		出口		进口	
		金额	比重	金额	比重
贸易方式	一般贸易	12036.8	51.4	51.4	51.4
	加工贸易	8843.6	37.7	5243.8	26.8
	其他贸易	2547.1	10.9	3264.0	16.7
企业性质	国有企业	2564.9	10.9	4910.5	25.0
	外资企业	10747.3	45.9	9093.1	46.4
	其他企业	10115.2	43.1	5599.3	28.5
总额		23427.5	100.0	19602.9	100.0

数据来源:中国对外贸易统计年鉴。

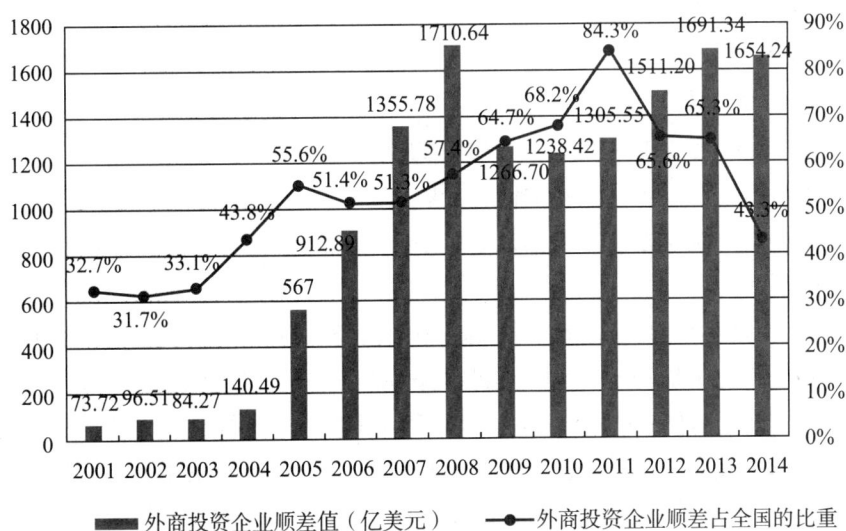

图 2-2 2001—2014 年外商投资企业进出口顺差情况

数据来源:中国对外贸易统计年鉴。

随着中国经济结构转型升级,货物贸易迅速发展的同时,服务贸易也取得长足发展。服务业规模不断扩大,带动服务贸易进入快速发展期,服务进出口额从 2007 年的 2509 亿美元攀升至 2014 年的 6043.4 亿美元,7 年时间里增长了 1.5 倍。其中,服务出口 2222.1 亿美元,比 2013 年增长 7.6%;服务进口 3821.3 亿美元,比 2013 年增长 15.8%。据世界贸易组织(WTO)最新统计,2014 年中国服务出口额与进口额的全球占比分别为 4.6% 和 8.1%,位居全球第五位和第二位。"十二五"以来,中国服务贸易在对外贸易总额(货物和服务进出口额之和)中的比重持续上升。2014 年,中国服务贸易增速高出货物贸易增速 10.3 个百分点,服务贸易占对外贸易总额的比重达 12.3%,比 2013 年提高 0.8 个百分点。此外,高端服务贸易增长迅猛,金融、通讯、计算机和信息服务进出口增速分别达到 59.5%、24.6%、25.4%。高端服务进出口快速增长提升了中国服务业现代化水平,为中国产业结构调整做出了积极贡献。

中国还鼓励企业积极"走出去"。一方面,在"一带一路"倡议背景下,越来越多的国家与中国加强投资合作的意愿强烈;另一方面,随着中国工业化水平日趋成熟、发展中国家工业化进程加快以及发达国家再工业化,中国经济与世界各国经济的融合更加紧密,中国资金、技术和设备越来越多地进入国际市场。2014 年,中国向全球 156 个国家和地区的 6128 家境外企业进行了直接投资,累计对外直接投资额达 1029 亿美元,首次突破千亿美元,同比增长 14.1%,继续保持世界第三位。从投资流向来看,中国对发达国家投资同比增长较快,对美国投资增长 23.9%,对欧盟投资增长 1.7 倍,远远高于总体增速;同期中国服务业对外投资也明显上升,同比增长 27.1%,占对外投资比重近三分之二。此外,受国内生产要素成本上升影响,企业"走出去"的愿望强烈,通过各种形式的对外投资合作积极转型升级。对外投资已从传统的在境外设立贸易公司发展到积极融入全球创新网络,在境外建立研发中心或通过并购等方式开展高新技术和先进制造业投资;对外承包工程已从最初的土建施工发展向工程总承包、项目融资、设计咨询、运营维护管理等高附加值领域拓展。从双向国际投资角度看,中国经济新常态也意味着吸引外资和对外投资两者间新的平衡关系。大规模"走出去"和高水平"引进来"在未来中国经济结构调整中仍将发挥重要作用。

(三)党的十八大以来中国对外贸易的新形势

经过长期的改革开放,中国的经济社会发展达到前所未有的水平,但也面临新的国内国际问题,国内发展形势和国际发展环境都发生了变化,需要与时俱进地进行政策的调整,应对国际贸易的新形势。

在我国所面对新的形势与环境中,首先是中国已经成为世界经济发展的发动机、引领者和稳定器,已经成为世界上最大的生产供给者,是国际生产链、价值链的重要一环,这也引起了西方国家的担忧。其次是随着我国人民生活水平的不断提升,中国成为世界上具有巨大潜力的消费市场,让全国人民充分享受世界先进产品和服务。此外,中国的生产与贸易能力的增强引发了西方国家的不安和恐惧,贸易与投资摩擦不断,中国发展的国际环境发生了变化。

在这一环境背景下,中国共产党顺应时代发展潮流和世界经济发展趋势,及时调整外向型经济发展战略,逐渐形成我国对外贸易的新形势。

首先是在继续办好广州中国进出口商品交易会基础之上,率先在上海开办了中国国际进口博览会,这是世界上第一个以进口为主题的国家级展会。开办中国(北京)国际服务贸易交易会,这既是全球唯一一个国家级、国际性、综合型的服务贸易平台,又是全球唯一涵盖服务贸易12大领域的综合型服务贸易交易会,充分体现了中国的市场自信和消费自信。其次是将经济特区建设经验应用于更大区域范围,在海南全岛建设自由贸易试验区和中国特色自由贸易港。这是党中央着眼于国际、国内发展大局,深入研究、统筹考虑、科学谋划做出的重大决策。其建设目标是着力打造中国全面深化改革开放试验区、国家生态文明试验区、国际旅游消费中心、国家重大战略服务保障区,体现了中国政府深化开放的决心和迎接世界的信心。此外在不确定的世界经济社会发展形势下,特别是在新冠疫情的严重影响下,中国为全球生产链、供应链和流通链做出了巨大贡献,为世界提供了稳定的产品和服务供给,为发展中国家提供了疫苗产品和防疫支持,体现了中国的生产与供给自信和国际人道主义精神。

基本概念

国际分工(International Division of Labor)

产业结构(Industrial Structure)

工业革命(Industrial Revolution)

朝贡贸易(Tribute Trade)

丝绸之路(Silk Road)

外贸体制(Foreign Trade System)

复习思考题

1. 国际分工是如何形成的?

2. 国际分工与产业结构的关系是什么?

3. 为什么工业革命前世界对外贸易不发达?

4. 简述自由竞争时期资本主义对外贸易的特点。

5. 简述垄断时期资本主义对外贸易的特点。

6. 简述中国古代对外贸易线路。

7. 中国出口的丝绸、瓷器、茶叶曾经在国际市场所向无敌,为什么现在都沦为地摊货? 如何解决?

8. 试分析郑和下西洋是促进了中国对外贸易,还是抑制了对外贸易?

9. 分析并讨论改革开放后中国对外贸易为何迅速发展? 如今面临怎样的挑战? 有哪些应对之策?

参考文献

[1] 奥林:《地区间贸易和国际贸易》,王继祖等译,首都经济贸易大学出版社,2001年。

[2] 海闻、P. 林德特:《国际贸易》,王新奎译,格致出版社、上海人民出版社,2019年。

[3] 马克思、恩格斯:《马克思恩格斯全集》,人民出版社,2016年。

[4] 汪素芹:《中国外贸增长方式转变的绩效研究》,南京大学出版社,2011年。

[5] 汪尧田、褚建中:《国际贸易》,上海社会科学院出版社,1989年。

[6] 徐天新、梁志明:《世界通史·当代卷》,人民出版社,2017年。

[7] 杨小凯、张永生:《新兴古典经济学与超边际分析》,社会科学文献出版社,2019年。

[8] 张二震、马野青:《国际贸易学(第五版)》,南京大学出版社,2019年。

[9] 张为付:《国际经济学(第三版)》,南京大学出版社,2016年。

[10] 张燕生、杨长湧、蒋钦云、程海星:《转型:要素成本上升与中国外贸方略》,中国经济出版社,2012年。

[11] 王直、魏尚进、祝坤福:《总贸易核算法:官方贸易统计与全球价值链的度量》,《中国社会科学》,2015(9):108-206。

[12] 沈国兵:《新冠肺炎疫情全球蔓延对国际贸易的影响及纾解举措》,《学术前沿》,2020(7):85-90。

[13] 张薇薇:《美国对华"脱钩":进程、影响与趋势》,《当代美国评论》,2021(2):42-57。

[14] 张为付:《中国近代三次对外开放及其世界意义》,《光明学术》,2021(12)。

[15] 杨继军:《增加值贸易对全球经济联动的影响》,《中国社会科学》,2019(4):26-48。

[16] 裴长洪、刘斌:《中国开放型经济学:构建阐释中国开放成就的经济理论》,《中国社会科学》,2020(2):46-69。

第三章

古典贸易理论

本章重点

1. 重商主义
2. 绝对优势
3. 比较优势
4. 贸易基础和贸易利益
5. 贸易所得及其分解

国际贸易思想源远流长。系统的国际贸易理论滥觞于亚当·斯密,是与经济学作为一门学科一道产生的。在此之前,贸易思想经历了长期的萌芽和发展,最早可追溯到古罗马、古希腊时代,后来又经历了重商主义和重农学派的演变;在此之后,大卫·李嘉图又对亚当·斯密的理论进行了必要的延伸和拓展。为此,本章首先介绍古典贸易理论的历史演进,然后分别介绍亚当·斯密的绝对优势理论和大卫·李嘉图的比较优势理论,最后是关于古典贸易理论的经验分析。

第一节 古典贸易理论的演进

任何一种理论的提出,往往都受到了前人思想的启发,古典贸易理论的产生与发展也不例外。本节拟从贸易学说史的角度,梳理古典贸易理论的历史演进过程,力图弄清古典贸易理论的来龙去脉。

一、斯密之前的贸易思想

(一)早期的贸易思想

1. 古罗马、古希腊的贸易思想

国际贸易作为一种交换活动,以分工为基础,其思想起源可追溯到出现分工与交换思想的古罗马、古希腊时代。荷马的史诗《伊利亚特》和《奥德赛》曾记述过"一个女奴隶等于四条公牛""一个铜制的三角鼎等于二十条公牛"。这表明当时的人们已经意识到交换可能带来好处。

最早提出分工学说的是古希腊思想家柏拉图(Plato,公元前 427 年—前 347 年)。在其代表作《理想国》中,柏拉图将分工作为理想国构成的原则,着重阐述了分工的必然性和分工的原则,以及如何将这一原则运用于理想国家的组织中。其分工思想可归结为如下两点:

其一,他从个人需要的多样性和个人才能的片面性角度来说明分工的必要性和国家的产生。他强调,每一个人的需求是多方面的,但是人们所具有的才能却是有限的,因此一个人不能无求于他人而自足自立,而不得不有待于互助。他进一步指出,一人而为多数之事,不如一人专心于一事。如果一个人专门做一种与他性情相近的事情,他所生产出来的产品必定会更多,也会更好。所以,一个国家中应该有专门从事各行各业的人。

其二,分工的原则应当适合人的禀赋。在柏拉图看来,人的禀赋是先天决定的。他说,有的人是上帝用金质或银质制造的,是天生的统治者;有的人是上帝用铜质和铁质制造的,是天生的被统治者。在柏拉图的理想国中有两个阶级:统治者和被统治者。前者被划分为护卫者与辅佐者等级(第二等级)和统治者等级(第一等级),后者则包括农民、商人、手工业者等。在被统治阶级里,由于他们从事生产与财富交换的职业,谁也不可能具备管理国家的才能。这两个阶级又可分成三个等级:哲学家、护卫者和平民。哲学家兼备智慧、美德和知识,能够洞察真理,理应管理国家,属于统治阶层;精选并加以严格训练的武士担负着守土抗敌、保卫国家的重责,这个阶层平时从事体育活动、锻炼体魄,不应从事任何经济活动;平民由农民、鞋匠等手工业者、商人等一切从事经济活动的人构成,为整个社会提供生产资料和消费资料,执行社会的经济职能。因此,他实际上把脑力劳动看作奴隶主贵族的天然职能,把体力劳动看作农民、奴隶、工匠的天然职能。[①]

2. 宗教神学中的贸易思想

早期的国际贸易思想还受宗教神学的影响。宗教中关于贸易的最早表述可追溯到公元前 4 世纪的利巴涅斯(Libanius)。他写道:"上帝没有把所有的产品都赠给地球的一个部分,他把礼物分布在不同的地区,到头来人们会力求建立起地区之间的社会关系,因为他们需要互相帮助。上帝使贸易产生,从而使所有的人都能共同享受地球上的果实,而无论这些果实是在何处生产的。"[②]

3. 基督教教会中的贸易思想

在西方早期的经济学中,基督教教会的思想占有十分重要的地位,托马斯·阿奎那(Thomas Aquinas,1225—1274 年)是其中著名的代表人物之一。在阿奎那之前,对于以赚取利润为目的的商业行为,教会是持否定态度的。虽然阿奎那从道德上也对商业贸易活动持怀疑态度,但他支持利巴涅斯的观点,承认即使完美的城市也需要商人进口所需要的产品和出口过剩的产品。[③]

(二)重商主义的贸易思想

对国际贸易的系统研究,开始于重商主义经济学时代。重商主义是 15—17 世纪欧洲资本

---

① 闫国庆、李汉君、陈丽静:《国际贸易思想史》,经济科学出版社,2010 年,第 4 页。
② 海闻、P.林德特、王新奎:《国际贸易》,格致出版社、上海人民出版社,2012 年,第 45 页。
③ 海闻、P.林德特、王新奎:《国际贸易》,格致出版社、上海人民出版社,2012 年,第 45 页。

原始积累时期代表商业资本利益的经济思想和政策体系。重商主义者认为,金银(货币)是财富的唯一形态,一切经济活动的目的就是为了获取金银(货币),一国金银(货币)拥有量的多寡反映了该国的富裕程度和国力强弱。那么,如何才能获得尽可能多的金银(货币)呢? 重商主义者认为,除了开采金银矿藏之外,只有保持对外贸易顺差才能增加一国的金银(货币)存量。从这个意义上说,重商主义中蕴含了国际贸易收支差额理论。重商主义者认为,在金属货币时代,只有发生贸易顺差,才能使外国的金银(货币)流入一国国内,并且只有通过对外贸易使金银(货币)发生净流入,才能算作获得了贸易利益。

重商主义经历了两个发展阶段:流行于 15 世纪到 16 世纪中叶的早期重商主义和流行于 16 世纪下半叶到 17 世纪的晚期重商主义。

早期重商主义的代表人物主要有英国的约翰·海尔斯(John Hales)、威廉·斯塔福(William Stafford)、马林斯(Gerard Malynes),法国的博丹(Jean Bodin)、安徒安·孟克列钦(A. Monthretien)等。早期重商主义者主张,国家应采取行政或法律手段禁止货币输出以防止货币外流。在对外贸易政策方面,早期重商主义鼓励出口、反对进口,多卖少买甚至是只卖不买,以便既保有国内原有的货币,又增加从国外输入的货币。恩格斯曾形象地指出,这一时期的重商主义者"就像守财奴一样,双手抱住他心爱的钱袋,用嫉妒和猜疑的目光打量着自己的邻居"。[①] 由于早期重商主义学说高度重视货币收支,因此又被称为重金主义或货币差额论。

晚期重商主义最著名的代表人物当数英国的托马斯·孟(Thomas Mun)。与早期的重商主义不同,晚期重商主义强调的是总体的贸易顺差和长期的贸易顺差。所谓"总体的贸易顺差",是指不一定要求一国对所有国家或地区都保持贸易顺差,允许对某些国家或地区的贸易逆差,只要整体出口额大于进口额即可。所谓"长期的贸易顺差",是指在一定时期内一国的贸易逆差是可以接受的,只要在长期来看能保证贸易顺差即可。因此,晚期重商主义又被人们称为贸易差额论。

重商主义者为了实现贸易顺差,主张国家干预对外贸易活动。重商主义者提出了一系列政策,以鼓励本国商品出口、限制外国商品进口。其中不少政策至今仍被许多国家采用,如"出口退税""出口奖励""关税与非关税壁垒"等。可以肯定的是,重商主义理论与政策在历史上曾经起过积极作用,促进了资本的原始积累,推动了资本主义生产方式的建立和发展。但重商主义的错误也很明显,该学说只把金银(货币)看作财富的唯一形态,由此导致国际贸易成为一种"零和博弈",这很难解释现实中双赢乃至多赢的国际贸易现象。正因如此,重商主义难以正确把握国际贸易产生的原因及其对社会经济发展的作用。

(三) 重农学派的贸易思想

重农学派流行于 18 世纪 50—70 年代的法国。从 17 世纪下半叶开始,首先在法国出现了反对重商主义政策、主张经济自由和重视农业的思想,从而逐步形成了重农学派。重农学派的代表人物有弗朗斯瓦·魁奈(Francois Quesnay)、杜尔阁(AR. J. Turgot)等。在他们的思想体系中,认为某些固定不变的规律支配着社会运行,自然界和人类社会存在着某些"自然秩

---

① 恩格斯:《政治经济学批判大纲》,《马克思恩格斯全集》(第一卷),人民出版社,1956 年,第 596 页。

序",不受任何地区、政府、集团的约束或干预,进而该学派认为政治经济学的基本任务在于阐明"自然规律",使"人为秩序"符合"自然秩序",而实现"自然秩序"的唯一途径则是经济自由。总之,重农学派反对重商主义提出的国家干预经济的各项政策,奉行"自由放任"的经济原则,其核心思想是主张自由经济(包括自由贸易)。魁奈在《经济表》(1758)、杜尔阁在《论财富的形成与分配》(1776)等著作中提出了在农业、工业、商业等经济活动中,只有农业劳动才能创造"纯产品"。

诚如"重农学派"这一名称所表达的,该学派对贸易并不重视,但他们从"自由经济"的基本理念和法国农民的实际利益出发,反对重商主义干预对外贸易的政策,进而提出了自由贸易的口号,尤其主张谷物的自由出口。法国重农学派的先驱者之一布阿吉尔贝尔(P. Boisguillebert,1646—1714)在其《谷物论》一书中用了长达十章的篇幅来说明为何应当实行谷物的自由贸易。他认为,如果限制谷物的出口,一旦国内谷物丰收时,就会出现可怕的跌价现象。而跌价必然造成谷物的销毁和生产的削减,从而成为将来谷物价格高涨的主要原因。布阿吉尔贝尔认为,"谷物的自由输出是平衡生产者与消费者利益或维持社会安定和公正的唯一方法"[1]。在重农学派看来,"自然秩序"(包括自由贸易)是保证市场均衡和物价稳定的重要机制。

当然,由于重农学派对商业的轻视和对农业的过分重视使得他们在国际贸易理论方面没有太突出的贡献,但他们的自由经济思想对后来的古典经济学家(尤其是亚当·斯密,他曾经在法国生活过三年,与许多重农主义者相识)产生了较大影响。[2]

二、斯密的绝对优势理论

专栏 3.1

亚当·斯密简介

亚当·斯密于 1723 年诞生在苏格兰法夫郡(County Fife)的克考第(Kirkcaldy)。斯密自小博览群书,在 14 岁时就进入了格拉斯哥大学(Glasgow University)学习。他选定了人文科学的方向,在逻辑、道德哲学、数学和天文学方面都成绩斐然。1740 年,他又进入牛津大学深造,闭门苦读了 6 年。由于某些政治事件的原因,斯密不得不于 1746 年回到克考第。之后,他经常到爱丁堡作演讲,内容涵盖法学、政治学、社会学和经济学。这时,斯密开始对政治经济学表现出了特殊的兴趣。

到了 18 世纪 50 年代,斯密就提出经济自由主义的基本思想。从 1751 年开始,斯密在格拉斯哥大学连续任教 12 年,先后讲授逻辑学和道德哲学(社会科学),颇受学生欢迎。在这段被他称为"一生中最幸福的时期"中,斯密参加了政治经济学俱乐部活动(被称为"俱乐部人"),而且,他每年总要到爱丁堡待上两三个月,宣扬他的经济自由思想。他曾在讲演

---

① 布阿吉尔贝尔:《布阿吉尔贝尔选集》,伍纯武、梁守锵译,商务印书馆,1984 年,第 269 页。

② 海闻、P.林德特、王新奎:《国际贸易》,格致出版社、上海人民出版社,2012 年,第 47—48 页。

中说道:"应该让人的天性本身自然发展,并在其追求自己的目的和实施其本身计划的过程中给予它充分自由……"

1759 年,斯密发表了他的第一部科学巨著《道德情操论》。这部著作标志着他哲学和经济思想的形成。反封建的平等思想在他的学说中占据显著地位,他否定了宗教道德和"天赋道德情操论",而代之以另一抽象原则——"同情心"。在《道德情操论》创作过程中,内在的兴趣和时代的需要(发展格拉斯哥工商业)使斯密沉湎于政治经济学的研究之中。在 1762—1763 年的讲稿里,他提出了一系列出色的唯物主义思想,在讲稿的经济学部分中,已出现了在《国富论》中得到发展的思想萌芽。

1765—1766 年在法国巴黎期间,斯密批判性地借鉴重农主义学派思想,沿着英国传统的道路,在劳动价值论的基础上创立了自己的经济理论。同法国唯物主义伦理学的重要代表爱尔维修结识后,斯密又将其关于新伦理的思想用于政治经济学,创造了关于人的本性和人与社会相互关系的概念,成了古典学派观点的基础。斯密通过"经济人"这一概念,提出了一个具有重大理论意义和实际意义的问题:关于人的经济活动的动因和动力问题。而"看不见的手"这一提法指出了客观经济规律的自发作用。斯密又把利己主义和经济发展自发规律相结合,提出了自然秩序这一概念。这是他放任主义政策的原则和目的。当他最后写作《国富论》之时,竞争和自由已成为他的经济学的基石,作为一条主线贯穿于整部《国富论》之中。

1767 年春,斯密回到克考第开始写作。1776 年 3 月,《国民财富的性质和原因的研究》(即《国富论》)在伦敦出版并被翻译成多种语言。斯密在著作中坚定地提出经济自由主义,重新定义了价值、劳动分工、生产过程、自由贸易、制度发展、天赋人权、政府的作用和资本的作用。书中所提出的尖锐的社会、政治问题很快引起了广大读者的注意。斯密将其渊博的学问、深刻的洞察力和别具一格的幽默贯穿于这部著作之中。《国富论》无疑是政治经济学史上最引人入胜的著作之一。当时有一位有名的学者指出,这不仅是一篇经济专题论文,而且是"一本描述时代的非常有趣的书"。

斯密成名后,曾在海关工作,但大部分时间还是致力于精练修改他的著作。1790 年 7 月,斯密逝世于爱丁堡,享年 68 岁。

资料来源:约翰·伊特韦尔、墨里·米尔盖特、彼得·纽曼:《新帕尔格雷夫经济学大辞典(第 4 卷)》,经济科学出版社,1996 年,第 384—404 页。

在《国富论》中,斯密对重商主义的思想进行了深刻批判。他指出,衡量一国财富的标准不是其所拥有贵重金属的多少,而是这些贵重金属所能购买到的商品数量。一国拥有的贵重金属再多,但如果可供消费的商品的数量和种类少得可怜,那么该国人民的实际生活水平不会太高。可供消费的商品增加,才意味着一国财富的增加。那么,怎样才能增加一国的财富呢? 斯密认为,扩大生产才能提高本国的生活水平,而扩大生产的根本动力是劳动生产率的不断提高,劳动生产率的提高又取决于社会分工的深化和细化。简言之,财富增加依赖于劳动分工。

在《国富论》中,斯密通过对国家和家庭的对比来表达国际贸易的必要性。他写道:

"如果一件东西在购买时所费的代价比在家里生产时所费的小,就永远不会想要在家里生产,这是每一个精明的家长都知道的格言。裁缝不想制作他自己的鞋子,而向鞋匠购买。鞋匠不想制作他自己的衣服,而雇裁缝制作。农民不想缝衣,也不想制鞋,而宁愿雇用那些不同的工匠去做。他们都感到,为了他们自身的利益,应当把他们的全部精力集中使用到比邻人处于某种有利地位的方面,而以劳动生产物的一部分或同样的东西,即其一部分的价格,购买他们所需要的其他任何物品。

在每一个私人家庭的行为中是精明的事情,在一个大国的行为中就很少是荒唐的了。如果外国能以比我们自己制造还便宜的商品供应我们,我们最好就用我们有利地使用自己的产业生产出来的物品的一部分向他们购买。"①

斯密的分析蕴含了如下两层意思:① 首次从消费者(裁缝)的角度强调进口(从鞋匠之处购买鞋子)的利益(比自己在家生产更便宜),进而从分工和交换的好处来分析贸易所得。在国际贸易活动中,不仅出口可给一国带来利益,进口也同样可带来利益。在斯密的理论体系中,无论出口还是进口,都是市场中的一种自由交换。交换所带来的结果是,贸易双方都能从中得到利益。② 国际贸易的基础是各国在生产技术上的绝对差别。他用一国中不同人之间的劳动生产率差异和职业分工来形象地解释国际贸易的原因。裁缝之所以不自己制鞋,是因为从鞋匠那里购买鞋子比自己在家生产要便宜;而裁缝擅长做衣服,在做衣服方面比鞋匠更能干,裁缝应该用衣服来向鞋匠换取鞋子。推而广之,一个国家之所以要进口别国的产品,是因为该国生产这种产品在技术上处于劣势地位,单位产品的生产成本比别国更高;而一国之所以能够向别国出口产品,是因为该国生产这一产品的技术比别国更先进,单位产品的生产成本比别国更低。

基于上述两点,斯密认为,国际分工与贸易的原因和基础是各国之间存在的劳动生产率和生产成本上的绝对差别。

三、李嘉图的比较优势理论

作为古典经济学的重要代表人物,李嘉图与斯密一样主张自由经济(包括自由贸易),认为每个个人在追求自身利益的同时会自然而然地促进社会福利的增加。与斯密类似,李嘉图也强调进口带来的利益。不过,李嘉图并非只是简单重复斯密关于分工与贸易好处的论述,而是提出了更加系统的自由贸易理论,他主要从资源有效配置(使用)的角度来分析专业化分工和自由贸易的必要性。

在斯密的理论中,鞋匠拥有制鞋的绝对优势,裁缝拥有做衣服的绝对优势,两者之间的分工比较明确。但如果两个人都能制鞋和做衣服,而其中一个人在两种产品的生产上都比另一个人强,那么分工该如何进行呢? 根据李嘉图的理论,这取决于两个人在两种职业上的劳动生产率相差多少。如果一个人比另一个人在制鞋上强三分之一,而在做衣服上强二分之一,那么这个较强的人应该做衣服,而那个较差的人应该去制鞋。这样的分工与自给自足的状态相比,可以带来资源配置效率的改善。

---

① 亚当·斯密:《国民财富的性质和原因的研究(下卷)》,郭大力、王亚南译,商务印书馆,1974 年,第 28 页。

专栏 3.2

大卫·李嘉图简介

　　大卫·李嘉图 1772 年出生于英国伦敦一个富有的交易所经纪人家庭。他所受的学校教育不多,14 岁就开始跟随父亲在交易所做事。后来,因婚姻和宗教问题与父亲脱离关系,自己经营交易所,干得非常成功,十年之后就拥有了 200 万英镑的财产。功成名就之后,他利用空闲时间学习了自然科学;1799 年李嘉图在巴思逗留期间偶然得到一本《国富论》,成为这本书的一个真正的"赞赏者"。同时,当时英国脱离金本位制的特定环境使李嘉图对政治经济学产生了很大的兴趣。最终,他在分析、批判前人经济理论的基础上,结合时代提出的问题,将经济理论推到了一个新的阶段。

　　李嘉图对经济理论的研究和所写的著作,几乎涉猎了经济学中的所有方面。他首先研究的是货币。李嘉图是货币数量论的倡导者。他在 1809 年、1811 年发表的几篇文章和几本小册子中,批判了当时的货币流通制度,并且拟定了一个实事求是的纲领,甚至提出要创立新的国家银行,显示了他极大胆的建议方式和雄辩的著述能力。他的货币理论思想主要有:① 稳定货币流通是发展经济的最重要条件;② 这种稳定只有在以黄金为基础的条件下才有可能实现;③ 在流通中黄金可以在相当大程度上,甚至完全为按固定平价兑换黄金的纸币所取代。之后,他出版了《论谷物低价对资本利润的影响》一书。在该书中,他主要研究了价值理论。他以斯密的价值理论为出发点研究价值问题,力图在基本点上纠正和揭露斯密价值学说的混乱和矛盾。他坚持了耗费劳动量决定商品价值的原理,并将这一原理始终贯穿在他的经济理论中。他考虑了劳动性质与价值的关系,认为各种不同性质的估价由市场决定,并且主要取决于劳动者的相对熟练程度和所完成的劳动的强度;最不利条件下的劳动决定价值;决定商品价值的是劳动总量,即不仅包括生产该商品时所需的劳动,而且包括生产用于该过程的资本物所需的劳动。

　　李嘉图对国际贸易理论有开创性的贡献,他是贸易自由的坚定支持者。在他的主要著作《政治经济学及赋税原理》中,李嘉图以一个有关国际贸易的一般理论支持了自己的观点。该理论包括了比较优势学说——该学说或许可以说是政治经济学中最广泛地为人所接受的"真理"。在《政治经济学及赋税原理》的《论对外贸易》一章中,他对苏格兰和葡萄牙的外贸进行了研究,用精彩的例子"葡萄酒"和"棉布"说明了比较成本,并得到了贸易的结果使贸易参与国更加富裕的结论,即后来所谓的比较优势原则。这个基本思想在后来被无数经济学研究者们引用并发展。他还从比较耗费原则得出了与他的"在贸易自由条件下和谐发展国际经济关系理论相适应"的结论。

　　终其一生,李嘉图都以严谨的思维、数学逻辑性和精确性著称。他是古典政治经济学的集大成者。他发展了斯密的工资、利润和地租的观点,即社会三个主要阶层最初收入的观点。他认为,地租只是从利润中扣除的部分,从而利润被说成是收入的最初的基本形式,而资本是收入的基础,即利润实质上就是剩余价值。这又是他在科学上取得的光辉成就之一。1817 年 4 月,他的名著《政治经济学及赋税原理》出版。该书包含了他丰富的经济思想,在经济学说史上有着很重要的地位。1819年,他成为一名议员,积极参与讨论银行改革、税收提议等问题,并成为伦敦政治经济俱乐部的奠基人。

资料来源:约翰·伊特韦尔、墨里·米尔盖特、彼得·纽曼:《新帕尔格雷夫经济学大辞典(第4卷)》,经济科学出版社,1996年,第196—213页。

在李嘉图看来,同样的道理也适用于国际分工和国际贸易。他写道:"由此看来,一个在机器和技术方面占有极大优势因而能够用远少于邻国的劳动来制造商品的国家,即使土地较为肥沃,种植谷物所需的劳动也比输出国更少,也仍然可以输出这些商品以输入本国消费所需的一部分谷物。"[1]也就是说,发达的资本主义国家在工业生产和农业生产方面都具有绝对优势,但在工业生产方面占有"极大优势",即比较优势,因而可以出口工业品以换取农产品。由此可推知,李嘉图构造的"比较优势"概念,既指绝对优势中的最大优势,又指绝对劣势中的最小劣势。

在此基础上,李嘉图提炼出"比较成本"的概念来分析国际分工与贸易的基础,从而建立了比较优势理论。该理论认为,国际分工与贸易活动的基础并不只限于不同国家之间在劳动生产率上的绝对差别,只要各国之间存在着劳动生产率上的相对差别,就会使产品的生产成本或价格出现相对差异,从而形成各国在不同产品上的比较优势,进而可能进行国际分工与贸易。根据李嘉图的比较优势理论,每个国家都应集中生产并出口具有"比较优势"的产品,进口具有"比较劣势"的产品。

值得指出的是,人们通常将比较优势与李嘉图联系起来,认为李嘉图是第一个提出比较优势的经济学家。然而,在贸易学说史上,托伦斯(Torrens)于1815年在《关于玉米对外贸易的论文》中就运用波兰和英国两个国家的玉米和棉布两种产品提出了"比较优势"概念。托伦斯认为,由于波兰在制造业方面与英国存在巨大差距,即使英国能够非常有效地生产玉米,英国也最好不要自己生产,而应从波兰进口。这样做对英国更有利,因为英国用生产玉米的资本生产出来的棉布,可以从波兰换取比从自己土地中生产出来的更多的玉米。不过,对比较优势理论的系统论证则与李嘉图于1817年在《政治经济学及赋税原理》中给出的"四个有魔力的数字"(萨缪尔森语)密切相关。在这段权威论述中,李嘉图写道:

"英国的情形可能是生产毛呢需要100人一年的劳动;而如果要酿制葡萄酒则需要120人劳动同样长的时间。因此,英国发现对自己有利的办法是输出毛呢以输入葡萄酒。

葡萄牙生产葡萄酒可能只需要80人劳动一年,而生产毛呢却需要90人劳动一年。因此,对葡萄牙来说,输出葡萄酒以交换毛呢是有利的。即使葡萄牙进口的商品在该国制造时所需要的劳动虽然少于英国,这种交换仍然会发生。虽然葡萄牙能够以90人的劳动生产毛呢,但它宁可从一个需要100人的劳动生产毛呢的国家输入,因为对葡萄牙来说,与其挪用种植葡萄的一部分资本去制造毛呢,还不如用资本来生产葡萄酒,因为由此可以从英国换得更多的毛呢。

---

[1] 斯拉法:《李嘉图著作和通信集(第1卷)》,郭大力、王亚南等译,商务印书馆,1997年,第114页。

因此,英国将以 100 人的劳动产品交换 80 个人的劳动产品。"①

其中,英国生产毛呢需要 100 个人劳动一年,酿制葡萄酒需要 120 个人劳动一年;葡萄牙生产葡萄酒需要 80 个人劳动一年,生产毛呢需要 90 个人劳动一年。这四个数字奠定了比较优势模型的现实和逻辑基础。也正因为这四个数字,后人在提到比较优势理论时往往只记住了李嘉图,而忘记了托伦斯或其他学者。

按照李嘉图的论述,建立在比较优势基础上的国际分工与贸易,主要好处有三个方面:第一,每个国家都专业化于特定产品的生产,有利于充分利用各种资源提高劳动生产率、增加产量;第二,每个国家都可以通过贸易满足自己对其他商品的需求,在贸易中用本国一定数量的商品能够换回比自己生产时在数量上要多的外国商品,从而提高本国的消费水平;第三,从全世界来说,每个国家充分利用本国优势的结果,可以有效提高全世界的生产总量,增进各国的共同利益。

四、古典贸易理论的概述

根据上文的分析,可将斯密之前的贸易思想到古典贸易理论的演进过程形象地表达为图 3 - 1。

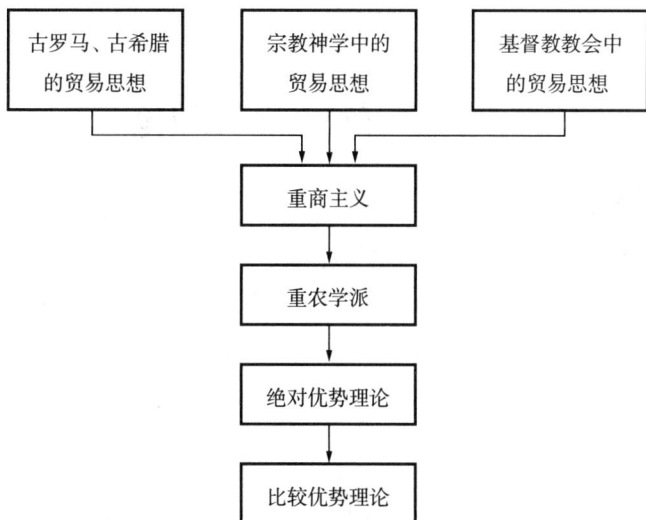

图 3 - 1　古典贸易理论的"来龙去脉"

其中,绝对优势理论和比较优势是古典贸易理论中的两大主要理论。表 3 - 1 简要概括了古典贸易理论产生与发展的过程,涵盖了各种思想或理论的年代背景、代表人物和主要观点等内容。

---

① 李嘉图:《政治经济学及赋税原理》,郭大力、王亚南译,商务印书馆,1962 年,第 113—114 页。

表 3 - 1 古典贸易理论的产生与发展

年代	代表人物	思想或理论	主要观点
古罗马、古希腊	柏拉图	分工思想	个人需要的多样性和个人才能的片面性决定了分工的必要性;应根据人的禀赋来确定分工的原则
公元前 4 世纪	利巴涅斯	交换思想	上帝使贸易产生
13 世纪	托马斯·阿奎那	交换思想	从道德上对商业贸易活动持怀疑态度,但承认即使完美的城市也需要商人进口所需要的产品和出口过剩的产品
15—17 世纪	约翰·海尔斯、威廉·斯塔福、托马斯·孟	重商主义	金银(货币)是唯一的财富形态;一国积累财富的唯一途径是保持贸易顺差
18 世纪50—70 年代	弗朗斯瓦·魁奈、杜尔阁	重农学派	主张自由经济(包括自由贸易)
1776 年	亚当·斯密	绝对优势理论	生产技术的绝对差异(绝对劳动生产率差异)是决定国际贸易模式的主要因素
1815 年1817 年	罗伯特·托伦斯、大卫·李嘉图	比较优势理论	生产技术的相对差异(相对劳动生产率差异)是决定国际贸易模式的主要因素

第二节　绝对优势理论

经济学作为一门学科诞生的标志是亚当·斯密(Adam Smith，1723—1790)于 1776 年出版的《国民财富的性质和原因的研究》(简称《国富论》)。在这部著作中,亚当·斯密提出并系统论证了绝对优势(Absolute Advantage)理论。在这个意义上可以说,系统的国际贸易学说是同经济学理论一道产生的。本节将系统介绍绝对优势理论的核心思想、基本假设与论证过程,并对其作简要评价。

一、核心思想

如果一国在某种产品上具有比别国更低的生产成本(或更高的劳动生产率),该国在这一产品上就具有绝对优势;相反,如果一国在某种产品上具有比别国更高的生产成本(或更低的劳动生产率),该国在这一产品上就具有绝对劣势。进而言之,各国应集中生产并出口其具有生产成本或劳动生产率的"绝对优势"的产品,进口其具有"绝对劣势"的产品,其结果比自给自足更有利。这一学说被称为"绝对优势理论"。

二、假设与论证

为进一步从逻辑和现实的角度阐述"绝对优势理论",在此我们通过一个简单的模型来加以说明。而经济学模型往往离不开其成立的具体假设前提,因此,我们先介绍绝对优势理论的基本假设,然后展开具体论证。

（一）基本假设

绝对优势理论包含如下基本假设：

（1）两个国家和两种可贸易产品。两个国家分别为 A 国和 B 国，两种产品分别为 X 产品和 Y 产品。

（2）两种产品的生产都只投入一种要素：劳动（L）。

（3）两国在生产同一产品时的生产技术不同，存在着生产成本（或劳动生产率）的绝对差别。

（4）给定生产要素（劳动）的供给。劳动可在国内不同部门之间流动，但不能跨国流动。

（5）规模报酬不变。这意味着，当投入的要素增加或减少时，产出与投入以同样的比例增加或减少。

（6）完全竞争的市场结构。这意味着，各国的单位产品价格（P）等于产品的平均生产成本（AC），经济利润为零。

（7）没有运输成本，也不存在任何阻碍国际贸易自由进行的障碍。

（8）两国之间的贸易是平衡的，既没有贸易顺差，也没有贸易逆差。

（二）理论分析

1. 贸易基础与模式

根据绝对优势理论的基本思想，衡量绝对优势有两种方法：

一是生产成本（劳动力投入量）衡量法。即用生产 1 单位产品所需要投入的要素数量来衡量。若一国投入 L 单位的劳动可生产出 Q_j 单位的产品 j，那么 1 单位产品 j 的生产成本可用 $\dfrac{L}{Q_j}$ 来表达。若一国在某种产品上的生产成本比别国更低，该国就具有生产这种产品的绝对优势。

二是劳动生产率（人均产量）衡量法。即用单位要素（劳动）投入的产出率来衡量。若一国投入 L 单位的劳动可生产出 Q_j 单位的产品 j，那么该国生产产品 j 的劳动生产率可用 $\dfrac{Q_j}{L}$（人均产量）来表达。若一国在某种产品上的劳动生产率比别国更高，该国就具有生产这种产品的绝对优势。

为展开具体分析，我们设定模型中的两个国家分别是 A 国和 B 国，两种产品分别是 X 和 Y，两国生产同种产品的生产技术不同，劳动是唯一的要素。由于两国生产技术不同，同样产出时的劳动力投入就是不一样的。假设：A 国生产 1 单位 X 产品的劳动投入量为 2，B 国生产 1 单位 X 产品的劳动投入量为 4；A 国生产 1 单位 Y 产品的劳动投入量为 6，B 国生产 1 单位 Y 产品的劳动投入量为 4。可将两国的生产成本状况（用劳动要素投入表示）列为表 3-2。

表 3-2　A、B 两国的单位产出所需的劳动量（生产成本）

	A 国	B 国
1 单位 X 产品的劳动投入量	2	4
1 单位 Y 产品的劳动投入量	6	4

首先从生产成本的角度分析。从表3-2可看出,1单位 X 产品在 A 国需要2单位的劳动投入,在 B 国则需要4单位的劳动投入,A 国具有生产 X 产品的绝对优势;1单位 Y 产品在 A 国需要6单位的劳动投入,在 B 国需要4单位的劳动投入,B 国具有生产 Y 产品的绝对优势。

然后从劳动生产率的角度分析。从表3-3可看出,A 国每单位劳动可生产1/2单位 X 产品,B 国每单位劳动可生产1/4单位 X 产品,A 国具有生产 X 产品的绝对优势;A 国每单位劳动可生产1/6单位 Y 产品,B 国每单位劳动可生产1/4单位 Y 产品,B 国具有生产 Y 产品的绝对优势。

表3-3　A、B 两国的劳动生产率

	A 国	B 国
X 产品的劳动生产率	1/2	1/4
Y 产品的劳动生产率	1/6	1/4

根据绝对优势理论,A 国应专门生产 X 产品,然后用其中的一部分去交换 B 国的 Y 产品;B 国则应专门生产 Y 产品,然后用其中的一部分去交换 A 国的 X 产品。

2. 贸易利益

这种专业化分工和交换的利益仍然可用上面的例子来说明。若没有发生贸易,那么两国都是封闭经济,通过自给自足满足自身的消费,此时两国都要分别生产两种产品。方便起见,我们假设 A 国8单位的劳动中,2单位劳动用于生产 X 产品,6单位劳动用于生产 Y 产品,那么 A 国可生产出1单位 X 产品和1单位 Y 产品,同时假设 B 国的8单位劳动中,4单位劳动用于生产 X 产品,4单位劳动用于生产 Y 产品,那么 B 国可生产出1单位 X 产品和1单位 Y 产品。在封闭经济下,两国的生产量同时也是它们各自的消费量。

两国进行专业化分工之后,由于规模报酬不变,A 国8单位劳动完全专业化生产 X 产品,一共可生产出4单位 X 产品;而 B 国8单位劳动完全专业化生产 Y 产品,一共可生产出2单位 Y 产品。

如果 A、B 两国之间以"1单位 X 换0.5单位 Y"的比例进行自由贸易,A 国拿出2单位 X 产品换取 B 国1单位 Y 产品,那么贸易带来的结果是,A 国贸易后还剩下2单位 X 产品,同时换得1单位 Y 产品,比自给自足时多出1单位 X 产品;而 B 国通过贸易换得2单位 X 产品,同时还剩下1单位 Y 产品,比自给自足时多出1单位 X 产品。[①]

可将上述分析形象地表示为表3-4。

表3-4　A、B 两国分工前后及贸易后的对比分析

阶　段	A 国(8单位劳动)	B 国(8单位劳动)
分工前	1单位 X 和1单位 Y	1单位 X 和1单位 Y
分工后	4单位 X 和0单位 Y	0单位 X 和2单位 Y
贸易后	2单位 X 和1单位 Y	2单位 X 和1单位 Y

---

① 这里的例子当中,A、B 两国的贸易利益均体现为对 X 产品的消费量的增加。在其他场合中,有可能出现贸易后两国对 X、Y 两种产品的消费量均增加的情形。对比较优势理论的介绍与分析中,与此类同。

通过分工和交换,A、B 两国均比贸易前增加了消费,都可以达到在自给自足条件下不可能达到的消费水平,这就是两国获得的贸易利益。

在上述例子中,我们设定 A、B 两国之间的交换比价是"1 单位 X 换 0.5 单位 Y",但实际中两国以什么样的比价进行交换,取决于产品的国际市场供给和国际市场需求。但可以肯定的是,A 国用 1 单位 X 产品换取的 Y 产品不能少于 1/3 单位,否则还不如自己生产;进口 1 单位 X 产品,B 国愿意支付的 Y 产品不会多于 1 单位,否则无利可图。综合而言,A、B 两国之间进行贸易时,1 单位 X 产品能换得的 Y 产品数量应介于 1/3—1 单位之间。

三、简要评价

（一）绝对优势理论的贡献

1. 将对贸易的分析从流通领域延伸到生产领域

重商主义重视从"流通"视角来研究贸易现象,尚未挖掘到贸易活动背后的本质,绝对优势理论从"生产"入手对贸易展开研究,与重商主义相比是一大进步。

2. 系统揭示了贸易活动的互利性

重商主义者将贸易看作一种"零和博弈",这与现实的贸易活动是格格不入的,而绝对优势理论首次论证了贸易双方都能从国际分工与贸易中获利的思想,即国际贸易可以是"双赢"的局面而非重商主义所表达的"零和博弈",从而开创了对国际贸易活动的经济学分析。

3. 对财富形态的认识更接近于现实

重商主义者之所以得出"贸易是一种'零和博弈'"这样的错误结论,源于其只将金银（货币）看作是唯一的财富形态。而在绝对优势理论中,参与交换的商品也可被视为财富形态,从而发现贸易可以呈现出"双赢"局面而非"零和博弈"。显然,绝对优势理论的财富观与现实更为相符。

（二）绝对优势理论的不足

1. 参与分工的主体具有局限性

绝对优势理论无法解释世界上绝对先进与绝对落后的国家之间的分工和贸易现象。在现实中,有些国家比较先进,有可能在各种产品上都具有绝对优势,而有些国家比较落后,有可能在任何产品上都处于绝对劣势,但贸易仍然在这两类国家之间发生。对此,斯密的绝对优势理论无法做出解释。

2. 在供求关系分析中存在片面性

绝对优势理论只是从供给面出发研究了国际分工和国际商品流动方向,忽略了对需求面的分析。在现实中,贸易基础、贸易模式、贸易利益是由供给、需求等两个方面的因素共同决定的,而绝对优势理论没有对需求面因素给予足够的关注,从而具有一定的片面性。

第三节　比较优势理论

进入 19 世纪之后,亚当·斯密的绝对优势理论在指导英国参与国际分工时逐步暴露出一定的局限性,难以有效说明其参与国际分工与贸易的模式。为此,1817 年,古典经济学家大卫·李嘉图(David Ricardo, 1772—1823)在其代表作《政治经济学及赋税原理》中提出并系统论证了比较优势理论,确立了国际分工与贸易分析的核心概念——比较优势(Comparative Advantage)。本节将系统介绍比较优势理论的核心思想、基本假设与论证过程,并对其作简要评价。

一、核心思想

李嘉图运用"比较成本"的概念来分析国际分工与贸易的基础,建立了比较优势理论。该理论认为,国际贸易的基础并不仅限于生产成本(或劳动生产率)的绝对差别,只要各国之间存在生产成本(或劳动生产率)的相对差别,各国就能找到各自的比较优势,进而发生国际分工与贸易。根据李嘉图的比较优势理论,每个国家都应集中生产并出口其具有"比较优势"的产品,进口其具有"比较劣势"的产品,其结果比自给自足更有利。在比较优势理论中,两国分工的基本原则是"两优取重、两劣择轻"。

二、假设与论证

(一)基本假设

比较优势理论包含如下基本假设:

(1)两个国家和两种可贸易产品。两个国家分别为 A 国和 B 国,两种产品分别为 X 产品和 Y 产品。

(2)两种产品的生产都只投入一种要素:劳动(L)。

(3)两国的生产技术存在相对差异,存在着生产成本(或劳动生产率)的相对差别。

(4)给定生产要素(劳动)的供给。劳动可在国内不同部门之间流动,但不能跨国流动。

(5)规模报酬不变。这意味着,当投入的要素增加或减少时,产出与投入以同样的比例增加或减少。

(6)完全竞争的市场结构。这意味着,各国的单位产品价格(P)等于产品的平均生产成本(AC),经济利润为零。

(7)没有运输成本,也不存在任何阻碍国际贸易自由进行的障碍。

(8)两国之间的贸易是平衡的,既没有贸易顺差,也没有贸易逆差。

可见,比较优势理论的基本假设与绝对优势理论基本相同,只是强调两国存在生产成本(或劳动生产率)的相对差别而非绝对差别。

(二)理论分析

1. 贸易基础与模式

根据比较优势理论的基本思想,衡量比较优势有如下三种方法:

一是相对生产成本(劳动力投入量)衡量法。所谓相对生产成本,是指一种产品的单位要素投入与另一产品的单位要素投入之间的比率。可将其计算公式写作:

$$\frac{X \text{ 产品的相对生产成本}}{(\text{相对于 } Y \text{ 产品})} = \frac{1 \text{ 单位 } X \text{ 产品的要素(劳动力)投入量}(a_{LX})}{1 \text{ 单位 } Y \text{ 产品的要素(劳动力)投入量}(a_{LY})} \tag{2.1}$$

如果一个国家生产某种产品的相对成本低于别国生产同样产品的相对成本,就称该国具有生产这种产品的比较优势,反之则具有比较劣势。

二是相对劳动生产率(人均产量)衡量法。所谓相对劳动生产率,是指一种产品的劳动生产率与另一种产品的劳动生产率之间的比。可将其计算公式写作:

$$\text{X 产品的相对劳动生产率}\atop\text{(相对于 Y 产品)} = \frac{\text{X 产品的劳动生产率(人均产量:}Q_X/L_X)}{\text{Y 产品的劳动生产率(人均产量:}Q_Y/L_Y)} \quad (2.2)$$

如果一个国家某种产品的相对劳动生产率高于别国同样产品的相对劳动生产率,则称该国具有生产这种产品的比较优势,反之则具有比较劣势。

三是机会成本衡量法。20 世纪 30 年代,经济学家哈伯勒(Haberler)通过引入"机会成本"概念重新阐述了比较优势理论。所谓机会成本,是某一主体做出一种选择所放弃的其他选择的最高价值。此处的机会成本则是指为了多生产某种产品(如 X 产品)而必须放弃的其他产品(如 Y 产品)的产量。用 Y 产品来衡量的生产每单位 X 产品的机会成本可表达为:

$$\text{X 产品的机会成本} = \frac{\text{减少的 Y 产品产量}(\Delta Q_Y)}{\text{增加的 X 产品产量}(\Delta Q_X)} \quad (2.3)$$

相应地,用 X 产品来衡量的生产每单位 Y 产品的机会成本可表达为:

$$\text{Y 产品的机会成本} = \frac{\text{减少的 X 产品产量}(\Delta Q_X)}{\text{增加的 Y 产品产量}(\Delta Q_Y)} \quad (2.4)$$

其中,Q_X 是 X 产品产量,Q_Y 是 Y 产品产量,Δ 表示变动。

为方便分析,我们设定模型中的两个国家分别是 A 国和 B 国,两种产品分别是 X 和 Y,两国生产同种产品的生产技术(或劳动生产率)存在相对差别,劳动是唯一的要素。假设:A 国生产 1 单位 X 产品的劳动投入量为 2,B 国生产 1 单位 X 产品的劳动投入量为 8;A 国生产 1 单位 Y 产品的劳动投入量为 6,B 国生产 1 单位 Y 产品的劳动投入量为 8。可将两国的生产成本状况(用劳动要素投入表示)列为表 3-5。

表 3-5 A、B 两国的单位产出所需的劳动量(生产成本)

	A 国	B 国
1 单位 X 产品的劳动投入量	2	8
1 单位 Y 产品的劳动投入量	6	8

在表 3-5 中,与 B 国相比,A 国无论生产 X 产品还是生产 Y 产品均具有绝对优势,按照斯密的绝对优势理论,在 A、B 两国之间无法展开国际分工与贸易。但依据李嘉图的比较优势理论,A、B 两国仍存在国际分工与贸易的可能性。那么,两国之间如何开展分工与贸易呢?在此我们可运用上述三种衡量比较优势的方法,分别展开具体分析。

首先从相对生产成本的角度分析。从表 3-6 可看出,生产 1 单位 X 产品在 A 国的劳动投入量为 2,生产 1 单位 Y 产品在 A 国的劳动投入量为 6,那么 A 国 X 产品的相对生产成本为 1/3;生产 1 单位 X 产品在 B 国的劳动投入量为 8,生产 1 单位 Y 产品在 B 国的劳动投入量为 8,那么 B 国 X 产品的相对生产成本为 1。显然,1/3<1,A 国 X 产品的相对生产成本低于 B 国,于是 A 国具有生产 X 产品的比较优势。A、B 两国 Y 产品的相对生产成本刚好相反:A

国为 3,B 国为 1,于是 B 国具有生产 Y 产品的比较优势。

表 3-6　A、B 两国的相对生产成本

	A 国	B 国
X 产品的相对生产成本	1/3	1
Y 产品的相对生产成本	3	1

然后从相对劳动生产率的角度分析。从表 3-7 可看出,A 国每单位劳动可生产 1/2 单位 X 产品,A 国每单位劳动可生产 1/6 单位 Y 产品,那么 A 国 X 产品的相对劳动生产率为 3 单位 X 产品/1 单位 Y 产品;B 国每单位劳动可生产 1/8 单位 X 产品,B 国每单位劳动可生产 1/8 单位 Y 产品,那么 B 国 X 产品的相对劳动生产率为 1 单位 X 产品/1 单位 Y 产品。显然 3>1,A 国 X 产品的相对劳动生产率高于 B 国,于是 A 国具有生产 X 产品的比较优势。A、B 两国 Y 产品的相对劳动生产率刚好相反:A 国为 1 单位 Y 产品/3 单位 X 产品,B 国为 1 单位 Y 产品/1 单位 X 产品,于是 B 国具有生产 Y 产品的比较优势。

表 3-7　A、B 两国的相对劳动生产率

	A 国	B 国
X 产品的相对劳动生产率	3 单位 X/1 单位 Y	1 单位 X/1 单位 Y
Y 产品的相对劳动生产率	1 单位 Y/3 单位 X	1 单位 Y/1 单位 X

最后从机会成本的角度分析。从表 3-8 可看出,根据表 3-5 中的数据可知,在给定的资源状况和技术条件下,A 国每单位劳动可生产 1/2 单位 X 产品,也可以生产 1/6 单位 Y 产品,但这个人不能同时生产 1/2 单位 X 产品和 1/6 单位 Y 产品。也就是说,在 A 国,每个人要想多生产 1/2 单位 X 产品,就不得不放弃 1/6 单位 Y 产品的生产,因此 1 单位 X 产品的机会成本就是 1/3 单位 Y 产品。在 B 国,每个人要想多生产 1 单位 X,就必须放弃 1 单位 Y 产品的生产,因此 1 单位 X 产品的机会成本就是 1 单位 Y 产品。同理,我们可算出 Y 产品的机会成本(X 产品机会成本的倒数):A 国为 3 单位 X 产品,B 国为 1 单位 X 产品。A 国生产 X 产品的机会成本低,于是具有生产 X 产品的比较优势;B 国生产 Y 产品的机会成本低,于是具有生产 Y 产品的比较优势。

表 3-8　A、B 两国的机会成本

	A 国	B 国
1 单位 X 产品的机会成本	1/3 单位 Y	1 单位 Y
1 单位 Y 产品的机会成本	3 单位 X	1 单位 X

由此可见,相对生产成本衡量法、相对劳动生产率衡量法、机会成本衡量法等三种方法在判别比较优势时得到的结论是相同的,都能用于确定一国生产相应产品的比较优势状况。在表 3-5 的情形下,根据比较优势理论,A 国应专门生产 X 产品,然后用其中的一部分去交换 B 国的 Y 产品;B 国则应专门生产 Y 产品,然后用其中的一部分去交换 A 国的 X 产品。

2. 贸易利益

这种专业化和分工和交换的利益仍然可用上面的例子来说明。若没有发生贸易,那么两国都是封闭经济,自给自足,此时两国都要分别生产两种产品。方便起见,假设 A 国的 8 单位劳动中,2 单位劳动用于生产 X 产品,6 单位劳动用于生产 Y 产品,那么 A 国可生产 1 单位 X 产品和 1 单位 Y 产品;同时假设 B 国的 16 单位劳动中,8 单位劳动用于生产 X 产品,8 单位劳动用于生产 Y 产品,那么 B 国可生产 1 单位 X 产品和 1 单位 Y 产品。在封闭经济下,两国的生产量同时也是它们各自的消费量。

两国进行专业化分工之后,由于规模报酬不变,A 国 8 单位劳动完全专业化生产 X 产品,一共可生产出 4 单位 X 产品;而 B 国 16 单位劳动完全专业化生产 Y 产品,一共可生产出 2 单位 Y 产品。

如果 A、B 两国之间以"1 单位 X 换 0.5 单位 Y"的比例进行自由贸易,A 国拿出 2 单位 X 产品换取 B 国 1 单位 Y 产品,那么贸易带来的结果是,A 国贸易后还剩下 2 单位 X 产品,同时换得 1 单位 Y 产品,比自给自足时多出 1 单位 X 产品;而 B 国通过贸易换得 2 单位 X 产品,同时还剩下 1 单位 Y 产品,比自给自足时多出 1 单位 X 产品。我们可将上述分析用表 3 - 9来表示。

表 3 - 9　A、B 两国分工前后及贸易后的对比分析

阶　　段	A 国(8 单位劳动)	B 国(16 单位劳动)
分工前	1 单位 X 和 1 单位 Y	1 单位 X 和 1 单位 Y
分工后	4 单位 X 和 0 单位 Y	0 单位 X 和 2 单位 Y
贸易后	2 单位 X 和 1 单位 Y	2 单位 X 和 1 单位 Y

通过分工和交换,A、B 两国均比贸易前增加了消费,都可以达到在自给自足条件下不可能达到的消费水平,这就是两国获得的贸易利益。

需要说明的是,虽然表 3 - 9 与表 3 - 4 看似一样,但其背后分工和贸易的动因存在一定差别。此外,与绝对优势理论中的交换比例类似,这里的 A、B 两国之间进行贸易时,1 单位 X 产品能换得的 Y 产品数量应介于 1/3 单位到 1 单位之间。

(三) 模型分析

1. 数学模型分析

(1) 从"四个有魔力的数字"到李嘉图比较优势模型

在前面介绍的李嘉图的"四个有魔力的数字"中,葡萄牙生产葡萄酒的生产成本(80)小于英国生产葡萄酒的生产成本(120),葡萄牙生产毛呢的生产成本(90)也小于英国生产毛呢的生产成本(100)。即:与英国相比,葡萄牙生产葡萄酒和毛呢均具有绝对优势。按照绝对优势理论,无法在葡萄牙和英国之间展开国际分工与贸易。但按照比较优势理论,葡萄牙生产葡萄酒的相对成本(80/90)小于英国生产葡萄酒的相对成本(120/100),故葡萄牙生产葡萄酒具有比较优势;同理,英国生产毛呢的相对成本(100/120)小于葡萄牙生产毛呢的相对成本(90/80),故英国生产毛呢具有比较优势。根据"两优取重、两劣择轻"的分工原则,葡萄牙可分工生产葡萄酒、英国可分工生产毛呢,然后葡萄牙以葡萄酒与英国的毛呢相交换,两国均能获得贸易利益。

① 基于劳动要素投入的分析

根据李嘉图模型的基本假设,设 L^i 表示 i 国的劳动力总量,L_j^i 表示 i 国生产 1 单位 j 产品所需的劳动力数量;w^i 表示 i 国的单位劳动力价格,即 i 国的工资率。那么,可将两国关于两种产品的劳动力投入情况列为表 3-10。

表 3-10　比较优势理论的古典情形

	A 国	B 国
1 单位 X 产品的劳动力投入	L_X^A	L_X^B
1 单位 Y 产品的劳动力投入	L_Y^A	L_Y^B

根据李嘉图模型,如果下面的(2.5)式成立,则 A 国生产并出口 X 产品,B 国生产并出口 Y 产品。

$$\frac{L_X^A}{L_Y^A} < \frac{L_X^B}{L_Y^B} \tag{2.5}$$

做一个简单的数学变换,发现(2.5)式等价于:

$$\frac{L_X^A}{L_X^B} < \frac{L_Y^A}{L_Y^B} \tag{2.6}$$

其中,(2.5)式蕴含的逻辑是,先分别对一国国内两种产品的劳动力投入量求相对数,再对两国之间的这一相对数展开比较。(2.6)式蕴含的逻辑是,先分别对一种产品在两国的劳动力投入量求相对数,再对两种产品之间的这一相对数展开比较。

② 基于生产成本的分析

显然,在只有劳动力一种要素的前提下,单位产品的生产成本等于单位产品的劳动力投入量与工资的乘积。在此引入 w^i 可知,i 国 1 单位 j 产品的生产成本 $PC_j^i = L_j^i w^i$,进而可将(2.5)、(2.6)式分别改写为:

$$\frac{L_X^A w^A}{L_Y^A w^A} < \frac{L_X^B w^B}{L_Y^B w^B} \tag{2.7}$$

$$\frac{L_X^A w^A}{L_X^B w^B} < \frac{L_Y^A w^A}{L_Y^B w^B} \tag{2.8}$$

(2.7)、(2.8)式分别等价于:

$$\frac{PC_X^A}{PC_Y^A} < \frac{PC_X^B}{PC_Y^B} \tag{2.9}$$

$$\frac{PC_X^A}{PC_X^B} < \frac{PC_Y^A}{PC_Y^B} \tag{2.10}$$

其中,(2.9)式蕴含的逻辑是,先分别对一国国内两种产品的生产成本求相对数,再对两国之间的这一相对数展开比较。(2.10)式蕴含的逻辑是,先分别对一种产品在两国的生产成本求相对数,再对两种产品之间的这一相对数展开比较。这种"双向纵横之比较"所蕴含的"相对比较"是"比较优势理论的思维逻辑的精髓"。[1] 显然(2.9)、(2.10)两式是等价的,可将它们所表达的思想称为"相对生产成本不等式"。该不等式可充分反映国家之间进行国际分工与贸易的可能性。一般而言,一国生产并出口相对成本低(具有比较优势)的产品给其贸易伙伴国,并从其贸易伙伴国进口本国相对成本高(具有比较劣势)的产品,这样双方都可能获得贸易利益(各国具体获得的贸易利益多少,则与交换比价存在密切关系)。李嘉图比较优势理论的分析思路虽然简单易懂,但表达了深刻的分工与贸易思想,尤其是作为其理论内核的"比较之比较"[2]思想,至今尚未被动摇。

在古典贸易理论的假设条件下,由于只存在劳动力一种要素,"劳动生产率"作为描述单位劳动力产出率的概念,是生产单位产品所需劳动力投入量的倒数。自然地,除了相对劳动力投入量之外,也可用相对劳动生产率来衡量一国的比较优势。前文对此已经给予了说明。当然,无论基于劳动力投入量还是基于劳动生产率来衡量比较优势,通过适当变形,它们均可表示为相对生产成本差异(或机会成本差异)所引起的比较优势。

(2) 基于机会成本的比较优势分析

按照机会成本的定义,在李嘉图的"四个有魔力的数字"中,设定英国生产 1 单位毛呢需要 100 个人劳动一年,酿制 1 单位葡萄酒需要 120 个人劳动一年;葡萄牙生产 1 单位葡萄酒需要 80 个人劳动一年,生产 1 单位毛呢需要 90 个人劳动一年。那么,英国生产 1 单位毛呢的机会成本是放弃了 100/120 单位葡萄酒的生产所可能带来的收益,而葡萄牙 1 单位毛呢的机会成本是放弃了 90/80 单位葡萄酒的生产所可能带来的收益,显然 100/120<90/80,这表明英国生产毛呢的机会成本更低,具有比较优势;同理,英国生产 1 单位葡萄酒的机会成本是放弃了 120/100 单位毛呢的生产所可能带来的收益,葡萄牙生产 1 单位葡萄酒的机会成本是放弃了 80/90 单位毛呢的生产所可能带来的收益,显然 120/100>80/90,这表明葡萄牙生产葡萄酒的机会成本更低,具有比较优势。从机会成本的角度看,比较优势其实表现为不同国家生产同一种产品的机会成本差异。

假定有 A、B 两个国家,生产 X、Y 两种产品。为生产这些产品,各国均须投入其国内若干种资源。A 国 X、Y 两种产品的单位成本分别为 C_X^A、C_Y^A,产量分别为 Q_X^A、Q_Y^A,B 国 X、Y 两种产品的单位成本分别为 C_X^B、C_Y^B,产量分别为 Q_X^B、Q_Y^B。对两国而言,为多生产 1 单位 Y,就不得不放弃一部分 X 的生产,反之亦然。因此,任一种产品的产量都不可能无止境地增长,假设 $Q_Y^A = q(Q_X^A)$,$Q_Y^B = Q(Q_X^B)$。为有效利用资源,各国都追求既定收益下的成本最小化。[3]

对于 A 国而言,为使成本最小,必然有:

$$\min C_A = C_X^A Q_X^A + C_Y^A Q_Y^A \tag{2.11}$$

$$s.t. Q_Y^A = q(Q_X^A) \tag{2.12}$$

---

[1] 梁琦、张二震:《比较利益理论再探讨——与杨小凯、张永生先生商榷》,《经济学(季刊)》2002 年第 2 卷第 1 期,第 239—250 页。

[2] "比较之比较"意指先求相对成本(第一次比较),然后再比较相对成本的大小(第二次比较)。

[3] 秦焕梅和许晓鸣(2010)讨论了两国收入最大化情况下的"相对价格不等式"及以此为基础的"广义比较优势"。其实,经济学意义上的"成本最小化"与"收入最大化"是相互对应的两个问题。可参阅秦焕梅、许晓鸣:《国际贸易的"相对价格不等式"与"广义比较优势"》,《经济与管理研究》2010 年第 7 期,第 94—101 页。

可构造拉格朗日函数如下:

$$L = C_X^A Q_X^A + C_Y^A Q_Y^A + \lambda [Q_Y^A - q(Q_X^A)] \tag{2.13}$$

分别令 $\dfrac{\partial L}{\partial Q_X^A} = 0$ 和 $\dfrac{\partial L}{\partial Q_Y^A} = 0$,整理得:

$$C_X^A - \lambda q'(Q_X^A) = 0 \tag{2.14}$$

$$C_Y^A + \lambda = 0 \tag{2.15}$$

综合(2.14)、(2.15)两式可得:

$$\frac{C_X^A}{C_Y^A} = -q'(Q_X^A) = -\frac{dQ_Y^A}{dQ_X^A} \tag{2.16}$$

如果 A 国的生产处于生产可能性曲线上,(2.16)式右边 $-\dfrac{dQ_Y^A}{dQ_X^A}$ 的经济学含义为 A 国生产 X 产品的机会成本 OC_X^A。同理,对于 B 国而言,有:

$$\frac{C_X^B}{C_Y^B} = -Q'(Q_X^B) = -\frac{dQ_Y^B}{dQ_X^B} \tag{2.17}$$

如果 B 国的生产处于生产可能性曲线上,(2.17)式右边 $-\dfrac{dQ_Y^B}{dQ_X^B}$ 的经济学含义为 B 国生产 X 产品的机会成本 OC_X^B。根据比较优势定义,当 $C_X^A/C_Y^A < C_X^B/C_Y^B$ 时,A 国在 X 产品上具有比较优势,在 Y 产品上具有比较劣势;B 国在 Y 产品上具有比较优势,在 X 产品上具有比较劣势,进而可解释 A 国生产和出口 X 产品并与 B 国的 Y 产品相交换的国际分工与贸易模式。

如果采用机会成本概念也可对上述分工和贸易模式加以解释。从数学上说,$\dfrac{C_X^A}{C_Y^A} < \dfrac{C_X^B}{C_Y^B}$ 与 $\dfrac{C_Y^B}{C_X^B} < \dfrac{C_Y^A}{C_X^A}$ 是等价的,根据前文分析可知 $\dfrac{C_X^A}{C_Y^A} < \dfrac{C_X^B}{C_Y^B}$ 等价于 $OC_X^A < OC_X^B$,同理可知 $\dfrac{C_Y^B}{C_X^B} < \dfrac{C_Y^A}{C_X^A}$ 等价于 $OC_Y^B < OC_Y^A$。也就是说,A 国 X 产品的机会成本更低从而具有比较优势,B 国 Y 产品的机会成本更低从而具有比较优势。此时,直接比较两国同种产品的机会成本大小即可判别比较优势和比较劣势,进而分析分工与贸易模式。

2. 几何模型分析

(1) 机会成本不变情形下的贸易基础、贸易模式与贸易利益

在李嘉图比较优势理论的分析框架下,产品的机会成本是不变的。在此我们采用一般均衡分析方法,通过引入生产可能性曲线(Production-Possibility Curve)和无差异曲线(Indifference Curve)等分析工具,对机会成本不变情形下的贸易基础和贸易利益展开分析。

① 贸易基础分析

如图 3-2 所示,通过分析一国自给自足状态下的生产和消费的均衡状况,我们发现,A、B 两国的消费与生产的均衡点出现在消费无差异曲线与生产可能性曲线相切的地方,此时 A 国的消费点 C_A 和生产点 S_A 重合,B 国的消费点 C_B 和生产点 S_B 重合,A、B 两国的消费无差异曲

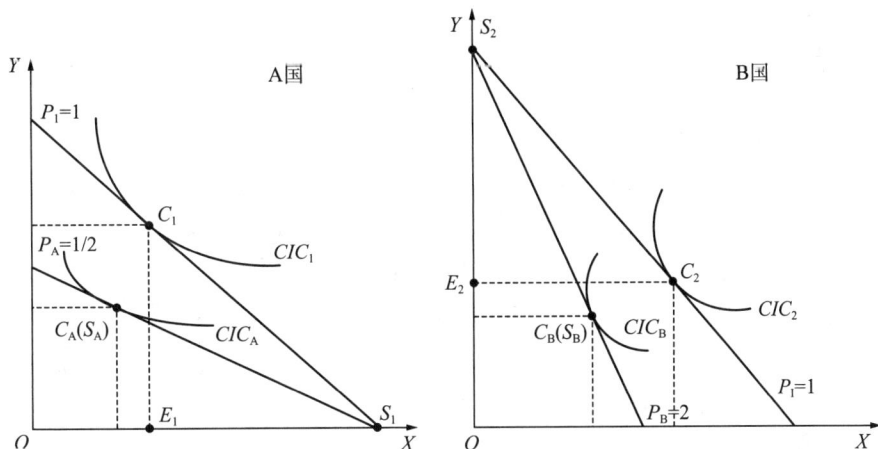

图 3 - 2 机会成本不变情形下的贸易基础、贸易模式和贸易利益

线分别为 CIC_A 和 CIC_B。如果 A 国 X 与 Y 的相对均衡价格是 $P_A=(P_X/P_Y)_A$(比如为 1/2),B 国为 $P_B=(P_X/P_Y)_B$(比如为 2)。[①] 同种产品在两国的相对价格差异是进行国际贸易的基础。

② 贸易模式分析

由于完全竞争的市场结构下,产品的单价等于其平均生产成本,因此价格比即为成本比。$P_A<P_B$ 表明,与 B 国相比,A 国的 X 产品的相对成本更低,具有比较优势;类似地,与 A 国相比,B 国的 Y 产品的相对成本更低,具有比较优势。如果 A、B 两国之间展开国际分工,各国将增加生产并出口自身具有比较优势的产品。如图 3 - 2 所示,A 国将沿着生产可能性曲线从 S_A 点向右下方移动至 S_1,完全专业化生产 X 产品;B 国将沿着生产可能性曲线从 S_B 向左上方移动至 S_2,完全专业化生产 Y 产品。那么,A、B 两国之间的贸易模式表现为:A 国生产并出口 X 产品,B 国生产并出口 Y 产品。

③ 贸易利益分析

如果国际价格为 $P_I=P_X/P_Y$(比如为 1)[②],即 1 单位 X 产品与 1 单位 Y 产品相交换。对于 A 国而言,自己生产 1 单位 Y 产品要牺牲 2 单位 X 产品,现在只需用 1 单位 X 产品即可换得 1 单位 Y 产品,无疑是愿意的;对于 B 国而言,生产 1 单位 X 产品要牺牲 2 单位 Y 产品,现在只需用 1 单位 Y 产品即可换得 1 单位 X 产品,当然也有贸易的意愿。自然地,A 国可用一部分 X 产品换得 B 国一定量的 Y 产品。A 国出口 S_1E_1 单位 X 产品,同时换得 E_1C_1 单位 Y 产品;B 国出口 S_2E_2 单位 Y 产品,同时换得 E_2C_2 单位 X 产品。由此可见,两国生产点与消费点之间的差别就是国际贸易量,$C_1E_1S_1$ 和 $C_2E_2S_2$ 所构成的三角形被称为"贸易三角"(由于贸易行为是双向的,不难证明这两个三角形是全等的)。通过分工与贸易,A 国的消费点落在 C_1,相应的消费无差异曲线为 CIC_1,高于分工与贸易前的消费无差异曲线 CIC_A;B 国的消费点落在 C_2,相应的消费无差异曲线为 CIC_2,高于分工与贸易前的消费无差异曲线 CIC_B。因此,分工与贸易使得两国的福利水平都获得了提高。

---

① 这里例子中的数字是我们构造的,意在反映比较优势的基本概念,而没有追求与前文的例子完全保持一致。

② 其实,根据前面的论证,国际价格只要介于 1/2 与 2 之间即可。

（2）机会成本不变情形下的贸易利益分解：交易所得与分工所得

在上述分析中，A、B两国所获得的利益实际上由两部分构成，分别为交易所得（Gains from Exchange）和分工所得（Gains from Specialization）。交易所得是指贸易后由于商品相对价格变化所引起的消费量的增加；分工所得则指因专业化生产而引起的消费量的增加，相当于贸易的总利益与交易所得之差。在此以A国为例对贸易所得的分解情况加以说明。

如图3-3所示，在开放条件下，当相对价格比例发生变化后，假设A国仍在S_A点生产，此时A国可在国际市场上以$P_X/P_Y=1$的价格比交换产品，所以A国可在通过S_A点的斜率绝对值为1的相对

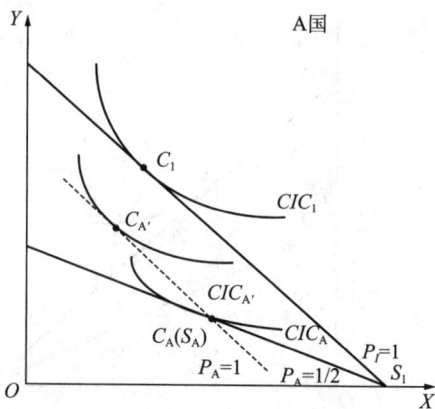

图3-3　机会成本不变情形下的交易所得与分工所得

价格比例线上进行消费，这时可能达到的最高的无差异曲线为$CIC_{A'}$，二者相切于$C_{A'}$点。C_A点到$C_{A'}$点所代表的社会福利变化即为交易所得。实际上，当相对价格比例发生变化后，生产点移动到了S_1点，而消费点可落在通过S_1点的相对价格线（$P_I=1$）上，此时可以达到的最高的无差异曲线为CIC_1，二者切于C_1点。扣除了因价格变动引起的变化后，从$C_{A'}$到C_1点即为分工所得，此时代表福利水平的无差异曲线从$CIC_{A'}$增加到CIC_1。

四、简要评价

（一）比较优势理论的贡献

1. 揭示了国际分工的普遍存在性

绝对优势理论无法说明当一个国家在所有商品上的劳动生产率都低于别国时，能否与别国之间展开国际分工与贸易。而比较优势理论证明，只要国家之间生产商品时存在相对劳动生产率的差别，就可以进行国际分工与贸易。一个国家无论多么落后，总能根据"两劣择轻"的原则找到相对生产成本较低的部门，从而可以把这样的产品出口到国外，进而获得进口商品的能力。这为发展中国家积极参与国际分工与贸易提供了理论依据。而一个国家无论多么发达，总会存在相对落后或相对成本较高的部门，根据"两优取重"的原则将资源集中于具有比较优势的部门，进而参与国际交换，会获得比自给自足条件下更高的福利水平。

2. 推动英国成为贸易强国

比较优势理论的提出在社会上产生了很大的影响，为英国当时的工业资产阶级争取自由贸易提供了有力的思想武器，最终促成英国国会废除了《谷物法》。而以比较优势理论为基础的自由贸易政策又推动了英国的资本积累以及生产力的发展，使英国逐步成为"世界工厂"和世界经济中心，并成为当时的贸易强国。

（二）比较优势理论的不足

1. 严格的假设前提与实际情况相去甚远

李嘉图通过一系列严格的假设前提将比较优势理论变成了一种抽象的逻辑推理，他不仅

把多变的经济情况抽象成静态的、凝固的状态,而且将现实的国际经济关系抽象掉。以严格的假设前提为基础,他提出的国际分工模式是:英国应当专业化生产各种工业产品,而美国和波兰应专业化生产谷物,法国和葡萄牙应专业化生产酒。事实证明,一国生产的相对优势若长期固定于少数几种产品(特别是初级产品)时,这样的国际分工对该国的经济发展是非常不利的。

2. 对劳动价值论存在误读

李嘉图的比较优势理论没有解释如下问题:为什么葡萄牙80个人一年的劳动能与英国100个人一年的劳动相交换?为什么这种交换能够实现互利双赢?交换中的利益来自何处?李嘉图写道:"支配一个国家中商品相对价值的法则不能支配两个或更多国家间相互交换的商品的相对价值。"李嘉图的这一错误结论,反映出他在思想上的矛盾:一方面,他坚持劳动时间决定商品价值的原理,力图用劳动价值论说明比较优势、国际分工和国际贸易;另一方面,国际市场上的交换比率这一复杂现象,又使他感到很难直接用等价交换的原则来说明。于是,他误以为价值规律只适用于国内贸易,而不适用于国际贸易。

第四节 对古典贸易理论的经验分析[*]

通常而言,一个经济学命题是否正确,往往要看其能否经得起逻辑检验和现实检验。一方面,命题构造的过程中从前提到结论的逻辑链条必须是无懈可击的;另一方面,命题必须能解释现实,从现实中收集的经验证据能支持该命题。本章前面对古典贸易理论的介绍,偏重于其逻辑推理过程,而没有过多关注对这些理论的经验分析。一般认为,古典贸易理论中,比较优势理论(李嘉图模型)是对绝对优势理论(斯密模型)的拓展。因此,对古典贸易理论的经验分析主要是针对李嘉图模型展开的。

如果从1817年李嘉图的比较优势理论问世算起,在134年之后的1951年,麦克杜格尔(MacDougall)首次对李嘉图模型进行了经验分析,随后一系列经济学家也展开了对比较优势理论的经验分析。纵观这些经验分析文献,大致可将其归结为两种类型:支持李嘉图模型的研究和质疑李嘉图模型的研究。

一、支持李嘉图模型的研究

(一)麦克杜格尔的研究

1951年,麦克杜格尔以1937年为例,考察了美国与英国各行业的出口绩效与劳动生产率之间的关系。他所要检验的命题是:对于根据工资差异调整后的美国劳动生产率相对高于英国的产业而言,美国在这些行业的出口也相对高于英国这些行业的出口。

根据麦克杜格尔的估计,1937年美国的平均工资是英国的2倍。因此,他假设如果美国某些行业的劳动生产率超过英国相应行业劳动生产率的2倍,那么美国在这些行业上就具有

---

[*] 本节为选学内容。

比较优势。为此,他用美国、英国两国各行业对世界其他国家的出口之比,作为判别比较优势的标准。根据李嘉图模型,如果美国某行业的劳动生产率是英国的 2 倍以上,则美国在该行业的出口份额应该比英国高;反之,英国的出口份额会更高。他发现,在选取的 25 个行业中,有 20 个行业的数据支持上述假说。需要注意,这是在美国制造业全行业平均工资是英国 2 倍的假设前提下得出的结论,而实际数据显示,美国制造业行业平均工资大约为英国的 1.5—2.5 倍不等。于是,麦克杜格尔又利用制造业不同子行业的工资数据进行了回归分析,发现:如果英国同时向美国出口两种商品 A 与 B,那么 A 商品的单位工人产出每高出 B 商品 1%,A 商品的出口将比 B 商品高出 3%—4%,这也同样支持李嘉图模型。此外,麦克杜格尔还用 1937 年数据考察了商品价格与出口(两者都取对数值)的关系,发现:商品价格与相对出口额的相关系数为 −0.8,商品价格每上涨 1%,相对出口额减少 4%—5%。随后基于 1922—1938 年的大样本数据,麦克杜格尔又单独用每年的数据进行了多次敏感性分析,也得到了同样的结论。然而,尽管在特定行业内,商品价格与出口额的关系在长期内是比较稳定的,但个别年份会存在异常偏离。为此,他用 1934—1938 年整体的相对价格对 1938 年的相对出口额进行回归分析,发现多年的相对价格比单独一年的相对价格对出口的影响更大。

(二)斯特恩的研究

1962 年,斯特恩(Stern)采取了与麦克杜格尔类似的方法,运用 1950 年的数据,将英国、美国作为研究样本,并用他们对"第三国"的出口来衡量比较优势,从而考察两国制造业中,相对劳动生产率差异和生产成本差异对两国出口的影响。

实证研究结果表明,美国制造业的平均工资大约是英国的 3.4 倍。这表明,若李嘉图模型成立,那么当美国与英国的单位工人产出的比值高于 3.4 时,则美国该行业的出口规模应该比英国大;反之,则英国的出口规模更大。初步的比较分析表明,在所研究的 24 个行业中,有 20 个行业的数据支持上述假说。不过,这一结论也以"全行业的工资相同"为基本的假设前提。于是,斯特恩又分别比较了美国和英国在 13 个不同行业的工资相对比值、单位工人产出比值和相对出口份额。新的比较分析表明,有 8 个行业的结果仍然支持李嘉图模型,而其他 5 个行业中,有 2 个行业在之前的比较分析中就已显示出与理论预期有偏离。这说明,整体而言,新的分析结果仍然证实了李嘉图模型的预测。

仿照麦克杜格尔的方法,斯特恩采用 1950 年的数据对美国和英国的单位工人产出比值和相对出口份额取对数后,进行回归分析,结果发现:两者的相关系数为 0.52,且工人相对产出比例每上升 1%,相对出口就提高 1.65%。这也符合李嘉图模型的预测。

随后,斯特恩又将研究的行业数目扩大到 39 个,然后进行比较分析。结果发现,当单位工人产出比值低于 2.6(而非 3.4)时,英国有 22 个行业的出口份额比美国要高;当单位工人产出比值高于 2.6 时,美国有 13 个行业的出口份额比英国要高。最终,只有 4 个行业的数据不支持李嘉图模型。此外,基于 39 个行业数据的回归分析在总体上与李嘉图模型的预测相一致。

在研究中,斯特恩还将美国、英国两国的工资比率除以单位工人产出比值,得到单位劳动成本比率,以此来衡量两国的相对劳动成本,并将其与两国的相对出口份额都取对数后进行回归分析,发现两者的相关系数为 −0.43,单位劳动成本比率每减少 1%,则相对出口提高 1.4%。

该结果从另一角度支持李嘉图模型的预测。

斯特恩在论文中还展示了麦克杜格尔研究中没有发现的一个新结论。他分析了 1937 年到 1950 年的数据变化,发现美国和英国有 18 个行业在两国的单位工人产出的比值上有明显增长。即美国的劳动生产率与英国相比提高了,而其中增长最快的主要集中在美国原来生产率较低的 12 个行业(1937 年英国的单位工人产出高于美国 2 倍的行业),而且其中 11 个行业的出口额也有所增长(尽管没有超过英国);到了 1950 年,在大多数原来美国生产率较高的行业,英国在该行业的出口也有显著扩张。这表明,比较优势会随着技术进步和扩散而有所削弱。

（三）巴拉萨的研究

1963 年,巴拉萨(Balassa)以英国和美国 28 个行业的数据为样本,采用"第三国"方法进行了相关实证分析。他首先考察了劳动生产率与出口的关系。其中,劳动生产率以每个工人的净产出(总产出减去非劳动投入)来衡量;针对出口,巴拉萨采用了出口货物价值的数据,而没有按照麦克杜格尔的方法采用出口数量计算。首先,分别计算出美国和英国各自的出口货物价值占两国向第三国出口货物总值的比重,并将两国的该比重相除,进而可得到英国与美国的出口比率。

需要注意,巴拉萨认为两国劳动生产率的差异对贸易的影响具有滞后性,因此该文在测算劳动生产率时采用的是 1950 年数据,但出口数据则用了 1951 年数据。一元回归结果表明,劳动生产率的回归系数为 0.721,与出口比率的相关系数为 0.8,在 5% 的置信度上,相关系数的区间为 [0.6, 0.9],这表明劳动生产率比率与出口比率显著正相关。这就验证了李嘉图模型的预测。

考虑到仅根据 1950 年一年的数据得到的结果不一定适用于其他年份,巴拉萨又用 1950 年的劳动生产率比率与 1954—1956 年的出口比率进行了回归分析,结果也支持李嘉图模型的预测。之后,巴拉萨又将两国的工资比率加入回归方程,结果显示:工资比率与出口比率在统计上并不显著相关。这说明,只分析工资比率而不考虑相对产出尚无法完整地解释两国的贸易模式。实际上,已有文献表明,二战以后,美国、英国、加拿大等国相同行业的工资结构相差并不大。而相对于生产率差异来说,一国不同行业的工资差距并不大,大部分行业的工资都位于全国的平均水平附近。

总体而言,巴拉萨的研究支持了李嘉图模型的预测。但正如回归结果所表达的,劳动生产率差异并不能完全解释贸易模式的差异,除此之外还应考虑运输成本、贸易政策、汇率等多种因素的影响。

二、质疑李嘉图模型的研究

（一）麦克尔夫雷和辛普森的研究

不同于上述研究广泛采用的"第三国"方法,1973 年,麦克尔夫雷(McGilvray)和辛普森(Simpson)直接以爱尔兰与英国对彼此的出口作为研究对象。1964 年的数据显示,爱尔兰对英国的商品出口占其本国商品出口总额的 70%,而从英国的商品进口则占其商品进口总额的

50％,两国之间较大的贸易流量为验证李嘉图模型提供了一个较好的样本。

麦克尔夫雷和辛普森选取了 47 个不同行业,分别计算出每个行业的单位劳动产出,进而得到爱尔兰和英国在各个行业的单位劳动产出比率,并将这个比率由低到高进行排序。为了估计一国是否更可能在某一行业出口或进口,作者用出口值除以国内生产总值,得到爱尔兰和英国各个行业的"出口倾向",同时将进口值除以国内生产总值与进口额之和,得到两国每个行业的"进口倾向"。得到出口倾向和进口倾向后,他们对其也进行了排序。

在计量经济学方法的选取上,这篇文章并没有采用 OLS 方法进行回归分析,而是对单位劳动产出的比率与出口倾向以及单位劳动产出的比率与进口倾向这两组序列进行了秩相关系数检验。尽管估计得到的相关系数都不显著,其符号却与李嘉图模型的预测相反,即单位劳动产出的比率与出口倾向负相关,与进口倾向正相关。这一结果显然对李嘉图模型提出了质疑。

（二）巴格瓦蒂的研究

1964 年,巴格瓦蒂(Bhagwati)在一篇评论性文章中用较大篇幅讨论了检验李嘉图模型的方法问题。根据之前的理论分析,如果两国出口产品的价格比率下降,则两国的出口比率应该上升,但巴格瓦蒂认为这种关系缺乏理论支撑,而且在不同行业的替代弹性存在差异的情况下更不可能成立。

巴格瓦蒂指出,检验李嘉图模型真正存在困难的地方在于,现实世界中的生产是由多种要素决定的,而李嘉图模型假定只有一种要素(劳动)。基于这一假设,学者们在验证李嘉图模型时往往只考虑劳动产出比,而忽略了其他要素。巴格瓦蒂认为这种处理方式并不合理。在他看来,Ⅰ国是否对Ⅱ国出口产品 i,最直接地取决于出口前该产品在Ⅰ国的价格是否低于在Ⅱ国的价格,即是否存在 $\frac{P_i^I}{P_i^{II}} < 1$;同理,Ⅱ国是否对Ⅰ国出口产品 j,最直接地取决于出口前该产品在Ⅱ的价格是否低于在Ⅰ国的价格,即是否存在 $\frac{P_j^I}{P_j^{II}} > 1$。将上述两个方面结合起来,则有 $\frac{P_i^I}{P_i^{II}} < \frac{P_j^I}{P_j^{II}}$。之前关于李嘉图模型的实证分析文献往往考察两国相对劳动产出比与出口比率的关系,这其实隐含着一个假设,即劳动产出之比在很大程度上可以代表该产品的价格,而由于 $P_i = a_i \cdot \frac{W_i}{L_i} \cdot \frac{TC_i}{W_i}$(其中,$a_i$ 为劳动与产出之比,W_i 为工资,L_i 为劳动力数量,TC_i 为总成本),因此,这意味着不同国家的 $\frac{W_i}{L_i} \cdot \frac{TC_i}{W_i}$ 应该是相似的。尽管有文献表明一些国家的 $\frac{W_i}{L_i}$ 差别确实不大,但没有证据表明不同国家的 $\frac{TC_i}{W_i}$ 相同。为此,巴格瓦蒂指出,与其假设 $\frac{W_i}{L_i} \cdot \frac{TC_i}{W_i}$ 相同,不如直接检验 a_i 与 P_i 的关系。

在此基础上,巴格瓦蒂借用斯特恩的数据分别对出口价格比率和劳动生产率比率、出口价格比率和单位产出劳动成本的比率进行了 8 次回归分析,发现其中的大部分相关系数都非常小,只有一个大于 0.5。这说明无论是劳动生产率比率还是单位产出劳动成本比率,都不适用于衡量价格差异对贸易模式的影响。

总之,在上述各位经济学家的经验分析中,既有支持李嘉图模型的,也有质疑李嘉图模型的。这表明,李嘉图模型中的劳动生产率是决定出口绩效的一个重要因素,但不是影响国际贸易格局的唯一因素。虽然李嘉图模型能在一定程度上解释国家之间的贸易模式,但其解释力仍然是有限的。

基本概念

绝对优势(Absolute Advantage)

比较优势(Comparative Advantage)

生产可能性曲线(Production-Possibility Curve)

无差异曲线(Indifference Curve)

分工所得(Gains from Specialization)

交易所得(Gains from Exchange)

复习思考题

1. 简述绝对优势理论与比较优势理论的异同点。

2. 简述比较优势理论的主要观点,并对其进行简要评述。

3. 作图分析机会成本不变情形下的交易所得和分工所得。

4. 作图分析机会成本不变情形下的贸易基础、贸易模式和贸易利益。

5. 有 A、B 两个国家,生产网球和球拍两种产品,单位产品的生产成本(劳动投入)如下表所示:

	A 国	B 国
1 单位网球的劳动投入	6	1
1 单位球拍的劳动投入	4	2

(1) 分别用相对成本分析法、相对劳动生产率分析法和机会成本法,分析 A、B 两国各自的比较优势。

(2) 假设国际市场上网球与球拍的价格比为 1∶1,请问 A、B 两国之间是否会发生国际贸易? 为什么?

参考文献

[1] 布阿吉尔贝尔:《布阿吉尔贝尔选集》,伍纯武、梁守锵译,商务印书馆,1984 年。

[2] 程大中:《国际贸易——理论与经验分析》,格致出版社、上海人民出版社,2009 年。

[3] 恩格斯:《政治经济学批判大纲》,《马克思恩格斯全集》(第一卷),人民出版社,1956 年。

[4] 海闻、P.林德特、王新奎:《国际贸易》,格致出版社、上海人民出版社,2012 年。

[5] 韩玉军:《国际贸易学(第二版)》,中国人民大学出版社,2017 年。

[6] 李嘉图:《政治经济学及赋税原理》,郭大力、王亚南译,商务印书馆,1962年。

[7] 李俊江、史本叶:《国际贸易学说史》,光明日报出版社,2011年。

[8] 李坤望:《国际经济学(第四版)》,高等教育出版社,2017年。

[9] 梁琦、张二震:《比较利益理论再探讨——与杨小凯、张永生先生商榷》,《经济学(季刊)》2002年第2卷第1期。

[10] 秦焕梅、许晓鸣:《国际贸易的"相对价格不等式"与"广义比较优势"》,《经济与管理研究》2010年第7期。

[11] 斯拉法:《李嘉图著作和通信集》第1卷,郭大力、王亚南等译,商务印书馆,1997年。

[12] 亚当·斯密:《国民财富的性质和原因的研究(下卷)》,郭大力、王亚南译,商务印书馆,1974年。

[13] 闫国庆、李汉君、陈丽静:《国际贸易思想史》,经济科学出版社,2010年。

[14] 余淼杰:《国际贸易学:理论、政策与实证(第二版)》,北京大学出版社,2021年。

[15] 约翰·伊特维尔、墨里·米尔盖特、彼得·纽曼:《新帕尔格雷夫经济学大辞典》第4卷,经济科学出版社,1996年。

[16] 张二震、马野青:《国际贸易学(第五版)》,南京大学出版社,2015年。

第 四 章

新古典贸易理论

本章重点

1. 要素禀赋理论
2. 要素价格均等化理论
3. 斯托尔帕—萨缪尔森定理
4. 罗伯津斯基定理
5. 里昂惕夫之谜

伴随着资本主义生产关系的兴起和发展,资本日益成为一种不可忽略的生产要素,产品生产过程不再由单一要素决定。19 世纪末 20 世纪初,以瓦尔拉斯、马歇尔等为代表的新古典经济学派逐步形成,随之产生了对国际分工与贸易现象展开分析的新古典贸易理论。一般认为,新古典贸易理论由四大理论或定理共同支撑,分别是要素禀赋理论(H－O 定理)、要素价格均等化理论(H－O－S 定理)、斯托尔帕—萨缪尔森定理(S－S 定理)以及罗伯津斯基定理(R 定理)。为此,本章首先介绍新古典贸易理论的历史演进过程,然后介绍要素禀赋理论,并在介绍要素价格均等化理论的过程中引入斯托尔帕—萨缪尔森定理,接着介绍罗伯津斯基定理,最后是对新古典贸易理论的经验分析。

第一节　新古典贸易理论的演进

一、新古典贸易理论的产生与发展

新古典经济学与古典经济学在分析前提和分析工具等方面存在着众多差别。其中较为重要的一个差别是,新古典经济学认为生产中存在多种要素投入。众所周知,在单一要素投入的情形下,投入产出关系通常较为简单,生产产品时的边际成本和机会成本都可视作是不变的,但若存在多种要素时,每一种要素的投入与产出的关系就要受到其他要素投入量的影响。在其他要素投入不变时,随着某一要素投入的增加,边际产出是递减的。

新古典贸易理论对古典贸易理论的发展主要体现在以下两个方面:(1) 研究前提的改变。

新古典贸易理论在多种生产要素的框架下分析产品的生产成本。在单一要素模型中,厂商在要素方面没有选择,产品成本完全取决于该要素的生产率和价格。而要素的生产率和价格都是外生给定的,由产品产量之外的因素所决定。在李嘉图模型中,一国要素供给的绝对量也不重要。但在多要素模型中,不同商品的生产过程中所使用的要素比例是有差别的,生产等量的同种产品,可以采取不同的要素组合。因此,要素的生产率不再是固定不变的,而是会受到产品生产中对要素比例选择(要素需求)和一国要素禀赋状况(要素供给)的影响,这两个方面决定要素价格进而影响产品的生产成本,从而成为决定比较优势和贸易模式的重要因素。在新古典贸易理论的分析框架下,生产要素的价格不再是外生给定的,而是与产品价格相互决定、相互影响的内生变量。

(2) 研究方法的拓展。与古典贸易理论不同,新古典贸易理论运用一般均衡方法分析国际贸易与要素价格变动的相互影响。国际贸易既影响产品市场,也影响要素市场,表现为:国际贸易活动在影响贸易双方的产品市场价格的同时,也会造成各国要素市场价格的变动。同时,产品价格和要素价格的变动同样会影响一国的生产和消费,也会引起各要素之间收入的再分配。进而言之,要素在国内各部门之间的流动或要素储备比例的变动也会反过来影响生产与贸易模式。这是一般均衡分析方法应用于国际贸易领域的一个典型范例。

新古典贸易理论中,瑞典经济学家埃利·赫克歇尔(Eli Heckscher,1879—1952)和伯尔蒂尔·俄林(Bertil Ohlin,1899—1979,1977 年诺贝尔经济学奖得主)做出了突出贡献。赫克歇尔和俄林的理论产生于对斯密和李嘉图等古典经济学派理论的质疑。

专栏 4.1

埃利·赫克歇尔和伯尔蒂尔·俄林简介

赫克歇尔简介:

赫克歇尔于 1879 年生于瑞典斯德哥尔摩的一个犹太人家庭。1897 年起,在乌普萨拉大学(Uppsala University)学习历史和经济,并于 1907 年获得博士学位。毕业后,他曾任斯德哥尔摩(University of Stockholm)商学院的临时讲师;1909—1929 年任经济学和统计学教授。此后,因他在科研方面的过人天赋,学校任命他为新成立的经济史研究所所长。他成功地使经济史成为瑞典各大学的一门研究生课程。他对经济学的贡献主要是在经济理论上的创新和在经济史研究方面引入了新的方法论——一种定量研究方法。

他在经济理论方面最重要的贡献是他最著名的两篇文章,分别是《外贸对收入分配的影响》和《间歇性免费商品》。他于 1919 年发表的《外贸对收入分配的影响》是现代赫克歇尔—俄林要素禀赋国际贸易理论的起源。他集中探讨了各国资源要素禀赋构成与商品贸易模式之间的关系,并且一开始就运用了总体均衡的分析方法。他认为,要素绝对价格的平均化是国际贸易的必然结果。他的论文具有开拓性的意义,其后,这个理论由他的学生俄林进一步加以发展。

《间歇性免费商品》(1924)一文提出的不完全竞争理论,比琼·罗宾逊和爱德华·张伯伦早了 9 年,文章中还探讨了不由市场决定价格的集体财货(所谓的公共财物)的问题。

　　在经济史方面,赫克歇尔更享有盛名,主要著作有《大陆系统:一个经济学的解释》《重商主义》《古斯塔大王朝以来的瑞典经济史》《历史的唯物主义解释及其他解释》《经济史研究》等。

　　赫克歇尔通过对史料提出更广泛的问题或假定,进行深入的批判性研究,从而在经济史和经济理论两个方面架起了桥梁,并把两者有机地结合起来。他是瑞典学派的主要人物之一。

俄林简介:

　　俄林于 1899 年 4 月生于瑞典南方的一个小村子克利潘(Klippan)。他于 1917 年在隆德大学获得数学、统计学和经济学学位。1919 年,在赫克歇尔的指导下他获得斯德哥尔摩大学工商管理学院经济学学位;1923 年在陶西格(Taussig)和威廉斯(Williams)的指导下获得哈佛大学文科硕士学位;1924 年在卡塞尔(Cassal)的指导下获得斯德哥尔摩大学博士学位。1925 年,俄林任教于丹麦哥本哈根大学;5 年后回瑞典在斯德哥尔摩大学商学院任教;1937 年在加利福尼亚大学(伯克利分校)任客座教授。俄林最为著名的工作是他对国际贸易理论的现代化处理,并由此获得 1977 年的诺贝尔经济学奖。

　　他的研究成果主要在国际贸易理论方面,1924 年出版《国际贸易理论》,1933 年由美国哈佛大学出版其名著——《区间贸易和国际贸易论》,1936 年出版《国际经济的复兴》,1941 年出版《资本市场和利率政策》等。俄林受他的老师赫克歇尔关于生产要素比例的国际贸易理论的影响,并在美国哈佛大学教授威廉斯的指导下,结合瓦尔拉斯和卡塞尔的总体均衡理论进行分析论证,在《区间贸易和国际贸易论》中最终形成了他的贸易理论。因此,俄林的国际贸易理论又被称为赫克歇尔—俄林理论。

资料来源:约翰·伊特韦尔、墨里·米尔盖特、彼得·纽曼:《新帕尔格雷夫经济学大辞典》第 2 卷,经济科学出版社 1996 年,第 666—667 页;约翰·伊特韦尔、墨里·米尔盖特、彼得·纽曼:《新帕尔格雷夫经济学大辞典》第 3 卷,经济科学出版社 1996 年,第 747—749 页。

　　在绝对优势理论(斯密模型)和比较优势理论(李嘉图模型)中,技术差异是各国在同种产品的生产成本上产生差异的主要原因。到了 20 世纪,世界各国尤其欧美各国之间的交流和交往已经相当频繁,技术的传播与扩散较为容易,诸多产品在不同国家的生产技术已经相当接近,但为何同种产品在不同国家之间仍然存在较大的成本差异呢?赫克歇尔和俄林以“要素禀赋”为基本视角,运用要素丰裕度、要素密集度等概念对此进行了解释。以此为基础,当代经济学家沃夫刚·斯托尔帕(Wolfgang Stolper)、保罗·萨缪尔森(Paul Samuelson)、罗伯津斯基(T. M. Rybczynski)等人则对新古典贸易理论进一步发展,进而形成了斯托尔帕—萨缪尔森定理、要素价格均等化定理、罗伯津斯基定理等新古典贸易理论的核心内容。表 4-1 简要概括了新古典贸易理论产生与发展的过程,涵盖了各种理论或定理的年代背景、代表人物和主要观点等内容。

表 4-1　新古典贸易理论的产生与发展

年代	代表人物	理论或定理	主要观点
1919 年	赫克歇尔	要素禀赋理论(H-O理论)	一国应该生产并出口密集使用本国相对丰裕要素的产品,进口密集使用本国相对稀缺要素的产品。
1924 年、1933 年	俄林		
1941 年	斯托尔帕、萨缪尔森	斯托尔帕—萨缪尔森定理(S-S定理)	某产品相对价格上升将导致该产品密集使用的生产要素的实际价格或报酬提高,而另一种生产要素的实际价格或报酬下降。
1948 年	赫克歇尔、俄林、萨缪尔森	要素价格均等化定理(H-O-S定理)	自由贸易会使各国的工资、利率等要素价格趋于均等化。
1955 年	罗伯津斯基	罗伯津斯基定理(R定理)	在两种产品、两种要素的情况下,如果产品(或要素)的相对价格、生产技术不变,且生产的规模报酬不变,那么生产要素的单一增长会导致密集使用该要素生产的产品产量绝对增加,而密集使用另一种要素生产的产品产量绝对减少。

二、新古典贸易理论中的基本概念

(一) 生产要素与要素价格

生产要素(Factor of Production)又称投入或资源,是指生产活动必须具备的主要因素或在生产中必须投入或使用的主要手段。一般而言,生产要素包括劳动、资本、土地、企业家才能等。其中,劳动是人们在生产过程中耗费的体力和脑力的总和;资本(通常指人造资本)是人造的用于生产其他物品的耐用品,如机器设备、厂房、工具等;土地(通常指自然资源)则指生产过程中大自然的恩赐,包括狭义土地、矿藏、森林、河流等;企业家才能是指使用和协调劳动、资本、土地等生产要素的能力。企业家必须要组织生产、经营管理、努力创新、承担风险和创造利润。在此基础上,也有人将技术、知识、信息、环境、制度等当作生产要素。

要素价格(Factor Price)是指生产要素的使用费用或要素报酬。例如,劳动的价格表现为工资,资本的价格表现为利息,土地的价格表现为地租。

(二) 要素密集度与要素密集型产品

要素密集度(Factor Intensity)是指生产某种产品所需投入的要素比例。若某种要素投入比例大,则该要素密集度高。根据在生产某产品的过程中所投入的生产要素中所占比例最大的生产要素种类不同,可将产品划分为不同种类的要素密集型产品(Factor Intensity Product)。在衡量一种产品的要素密集度时,重要的是看各类要素在生产过程中的相对比例,而不是生产产品时耗费的各类要素的绝对数量。一般而言,不同商品的生产需要不同的生产要素组合。有些产品的生产过程技术性较强,需要大量的机器设备和资本投入,这种在生产过程中所需资本投入比例较高的产品被称为资本密集型产品。有些产品的生产主要依靠手工操作,需要大量的劳动投入,这种在生产过程中所需劳动投入比例较高的产品被称为劳动密集型产品。

如果生产·单位某种产品的过程中既需要投入资本,也需要投入劳动。若以 K 表示资本投入量,L 表示劳动投入量,则可通过比较 $\dfrac{K}{L}$ 的大小来评判一种产品的要素密集型。设定在生产两种产品 X、Y 的过程中需要投入的要素比例(资本/劳动)分别为 $\left(\dfrac{K}{L}\right)_X$ 和 $\left(\dfrac{K}{L}\right)_Y$,若 $\left(\dfrac{K}{L}\right)_X > \left(\dfrac{K}{L}\right)_Y$,则称 X 产品为资本密集型产品,Y 产品为劳动密集型产品。请注意,这里的"密集型"是一个相对的概念,如果 X 产品的生产中所需要的资本/劳动比例高于 Y 产品生产中所需要的资本/劳动比例,那么 X 产品相对于 Y 产品而言就是资本密集型产品,Y 产品相对于 X 产品而言则为劳动密集型产品。但如果 Y 产品的生产中所需要的资本/劳动比例高于 Z 产品生产中所需要的资本/劳动比例,那么,Y 产品相对于 Z 产品而言就是资本密集型产品,Z 产品相对于 Y 产品而言则为劳动密集型产品。因此,在确立一种产品是哪种要素密集型时,必须明确其参照对象。

(三)要素丰裕度与要素丰裕型国家

要素禀赋(Factor Endowment)是指一国或地区拥有的各种生产要素的数量,它是一个绝对值。要素丰裕度(Factor Abundance)则是一个相对值,是一国的生产要素数量或价格之间的比值。根据一国所拥有的生产要素的数量比例状况,可将国家划分为不同种类的要素丰裕型国家(Factor Abundance Country)。现实世界中,有的国家资本相对雄厚,我们可称之为资本丰裕的国家;有的国家人口众多,可称之为劳动力丰裕的国家。若一国既拥有资本要素,也拥有劳动要素,以 K 和 r 分别表示资本存量和资本价格,L 和 w 分别表示劳动存量和劳动力价格,则可通过比较 K/L 或 w/r 的大小来评判一国的要素丰裕度。因此,在衡量一国属于哪种要素丰裕型国家时,就有两种方法,分别为:

(1)若 $\left(\dfrac{K}{L}\right)_A > \left(\dfrac{K}{L}\right)_B$,则称 A 国为资本丰裕的国家,B 国为劳动力丰裕的国家;

(2)若 $\left(\dfrac{w}{r}\right)_A > \left(\dfrac{w}{r}\right)_B$,则称 A 国为资本丰裕的国家,B 国为劳动力丰裕的国家。

需要注意:第一,这里的"丰裕"也是一个相对概念。以资本、劳动两种要素为例,可以通过资本/劳动的比例(人均资本)来衡量一国或地区的"要素丰裕"状况。如果美国的人均资本(或劳动力价格/资本价格)比中国高,那么美国是资本丰裕的国家,中国为劳动丰裕的国家。但如果中国的人均资本(或劳动力价格/资本价格)比柬埔寨高,那么中国又成为资本丰裕的国家,柬埔寨则是劳动丰裕的国家。第二,如果给定要素需求,那么要素价格唯一决定于要素供给,于是上述两种评判一国要素丰裕型的方法就是等价的。

第二节　要素禀赋理论

要素禀赋理论源自赫克歇尔和俄林的贡献。赫克歇尔 1919 年发表题为《国际贸易对收入分配的影响》的论文以及俄林 1924 年出版的博士论文《贸易理论》、1933 年出版的《区间贸易和国际贸易》奠定了要素禀赋理论的基础。因此,要素禀赋理论又名"赫克歇尔—俄林理论"或"H-O 理论"。

一、核心思想

要素禀赋理论认为,在国际分工与贸易中,一国的比较优势由其要素丰裕度决定。这意味着,一国应该生产并出口密集使用本国相对丰裕要素的产品,进口密集使用本国相对稀缺要素的产品。如果世界上有两个国家(分别为劳动力丰裕和资本丰裕的国家)、两种产品(分别为劳动密集型产品和资本密集型产品)和两种要素(分别为劳动和资本),那么,劳动力相对丰裕的国家就应该生产并出口劳动密集型产品,进口资本密集型产品;而资本相对丰裕的国家则应该生产并出口资本密集型产品,进口劳动密集型产品。通俗而言,要素禀赋理论蕴含了"靠山吃山,靠水吃水"的基本思想。

二、假设与论证

(一) 基本假设

要素禀赋理论的基本假设包括:

(1) 两个国家、两种产品、两种生产要素。假设两个国家分别为 A 国和 B 国,两种产品分别为 X 产品和 Y 产品,两种生产要素分别为劳动和资本。其中,A 国为劳动力丰裕的国家、B 国为资本丰裕的国家,X 产品为劳动密集型产品、Y 产品为资本密集型产品。

(2) 每个国家的生产要素都是给定的。劳动和资本可以在国内各部门之间自由流动,但不能在国与国之间流动。这意味着同种生产要素在国内的价格相等,但在国家之间存在差异。

(3) 假定两国的技术水平相同。这意味着两国同种产品的生产函数相同,进而言之,两国在生产同种产品时,使用相同数量的劳动和资本。

(4) 两国进行的是不完全专业化生产。这意味着,尽管各国在分工后会更多地生产其具有比较优势的产品,但并不完全放弃另一种产品的生产。

(5) 生产规模报酬不变。这意味着,如果任何一种产品的生产过程中劳动和资本投入量以一定比例增加时,该产品的产出量也以同样的比例增加。例如,劳动和资本投入量翻倍,那么产出也翻倍;劳动和资本投入量减半,那么产出也减半。

(6) 两国的消费偏好相同。这意味着表现两国需求偏好的无差异曲线的形状和位置是完全相同的。进而言之,如果两国的相对价格相同,则消费的两种产品比例也相同。

(7) 完全竞争的商品市场和要素市场。这意味着,两国国内任何单个的生产者和消费者都是给定的商品价格的"接受者",任何单个厂商和要素拥有者都是给定的要素价格的"接受者"。这同时意味着,商品价格(P)等于平均生产成本(AC),厂商没有经济利润。

(8) 无运输成本、无关税或其他阻碍国际贸易自由的障碍。这里所分析的情形是"没有摩擦力"的世界,在贸易过程中不存在任何形式的运输成本和交易成本。

(9) 两国之间的贸易是平衡的。这意味着,两国既不存在贸易顺差,也不存在贸易逆差。

（二）理论分析

1. 分析思路

要素禀赋理论的推导过程环环相扣,逻辑比较严密。具体是按照如下步骤展开的:

（1）国家之间的商品相对价格差异是国际贸易产生的主要原因。在完全竞争的市场结构下,产品的价格等于其单位生产成本,那么上述表述可转化为:国家之间的商品相对生产成本差异是国际贸易产生的主要原因。也就是说,基于生产成本而形成的比较优势仍然是国际贸易的基本动因。

（2）国家之间商品的相对价格差异由生产要素的相对价格差异所导致。在各国生产技术相同(生产函数相同)的条件下,国家之间要素相对价格的差异决定了商品相对价格的差异。

（3）国家之间要素的相对价格差异由各国要素禀赋比率的差异所造成。按照要素市场理论,决定要素价格的因素既有要素供给因素,也有要素需求因素。但在给定各国要素需求的条件下,要素相对价格差异主要由要素相对供给决定。各国不同的要素禀赋对要素相对价格产生不同的影响:供给相对丰裕的要素的相对价格较低,而供给相对稀缺的要素的相对价格则较高。因此,要素相对供给差异决定了要素相对价格差异。

经过上述逻辑推理不难得知:劳动力丰裕的国家具有生产劳动密集型产品的比较优势,资本丰裕的国家具有生产资本密集型产品的比较优势。若两国之间发生贸易,劳动力丰裕的国家应该生产并出口劳动密集型产品,进口资本密集型产品;资本丰裕的国家应该生产并出口资本密集型产品,进口劳动密集型产品。

当然,对于要素禀赋理论的分析还可借助于图 4-1 来表达。

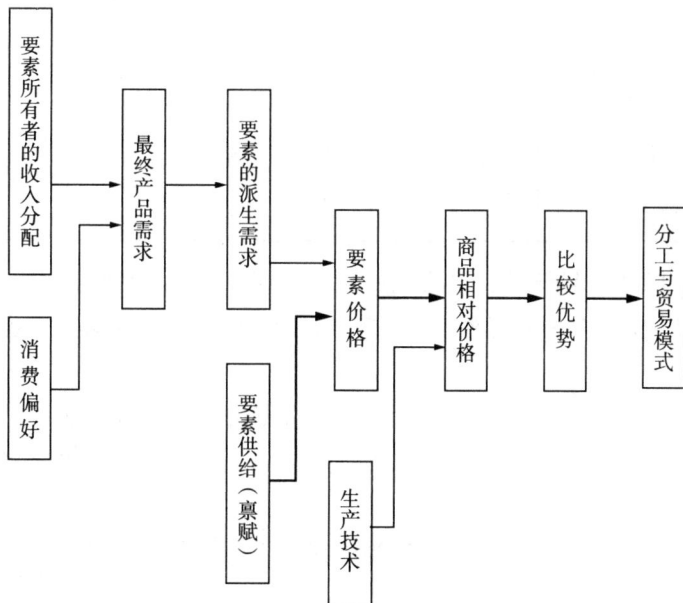

图 4-1 要素禀赋理论的分析框架

在图 4-1 中,要素所有者的收入分配状况和消费偏好共同决定对最终产品的需求,而对最终产品的消费需求导致了对生产要素的派生需求,要素需求和要素供给(禀赋)共同决定要素价格,而要素价格和生产技术共同决定商品价格,商品相对价格差异决定比较优势进而决定一国的国际分工与贸易模式。在要素禀赋理论的基本假设中,两国之间的消费偏好、要素所有者的收入分配相同,进而就给定了最终产品需求及对要素的派生需求,决定要素价格的主要因素便表现为要素供给,又由于两国的生产技术是相同的,那么决定商品相对价格的主要因素为要素价格。进而言之,不同国家的要素禀赋差异就构成了两国商品相对价格差异的原因,进而塑造比较优势从而决定了一国参与国际分工与贸易的模式。图 4-1 中的粗箭头可表示要素禀赋理论的分析思路与基本逻辑。

值得注意,在 H-O 理论中,决定一国生产与贸易模式的基础仍然是基于"生产成本(价格)相对比较"而产生的比较优势,而这一比较优势是由要素禀赋而非生产技术所决定。从这个意义上可以说,与古典贸易理论相比,新古典贸易理论又"发现"了塑造比较优势的一个新因素——要素禀赋。

2. 贸易模式分析

假设有 A 国和 B 国两个国家,生产 X 和 Y 两种产品,使用劳动(L)和资本(K)两种要素。根据基本假设,两国的技术水平一致,两种产品分属不同要素密集型产品。其中,要素投入比例、要素价格及单位产品成本等相关数据如表 4-2 所示。

表 4-2   要素投入比例、要素价格及单位产品成本

		要素投入比例		要素价格 (单位:美元)		单位产品价格(成本) (单位:美元)
		资本 (K)	劳动 (L)	资本价格 (r)	劳动价格 (w)	
A 国	X 产品	1	10	2	1	12
	Y 产品	5	1			11
B 国	X 产品	1	10	1	2	21
	Y 产品	5	1			7

从表 4-2 中可看出,生产 X 产品投入的资本/劳动(K/L)比率为 $1/10$,生产 Y 产品投入的资本/劳动(K/L)比率为 $5/1$,显然 $1/10 < 5/1$,那么 X 产品为劳动密集型产品,Y 产品则为资本密集型产品。

从表 4-2 中还可看出,A 国的劳动力价格/资本价格(w/r)比率为 $1/2$,B 国的劳动力价格/资本价格(w/r)比率为 $2/1$,显然 $1/2 < 2/1$,那么 A 国为劳动丰裕的国家,B 国为资本丰裕的国家。

由于是完全竞争市场,产品的单价(P)等于其单位生产成本(AC)。进而根据生产成本计算公式 $P = AC = wL + rK$ 有:

A 国的 X 产品与 Y 产品的价格比(或成本比)为 $(P_X/P_Y)_A = (1 \times 10 + 2 \times 1)/(1 \times 1 + 2 \times 5) = 12/11$;

B国的 X 产品与 Y 产品的价格比(或成本比)为$(P_X/P_Y)_B=(2\times10+1\times1)/(2\times1+1\times5)=3$。

显然 $12/11<3$,可知 A 国(劳动力丰裕的国家)生产 X 产品(劳动密集型产品)具有比较优势,B 国(资本丰裕的国家)生产 Y 产品(资本密集型产品)具有比较优势。因此,A 国应生产并出口 X 产品到 B 国、进口 B 国的 Y 产品,而 B 国应生产并出口 Y 产品到 A 国、进口 A 国的 X 产品。

(三) 模型分析

1. 数学模型分析*

赫克歇尔和俄林提出的要素禀赋理论坚持了古典贸易理论中完全竞争的市场结构、规模报酬不变等假设前提,但假定生产过程中所需投入的要素不仅有劳动,而且资本、土地等要素也发挥了重要作用。不同国家的要素禀赋差异造成了要素价格的相对差异,进而导致不同国家在产品生产成本上的相对差异,由此塑造了不同国家基于生产成本的比较优势。我们在两个国家、两种产品和两种要素的框架下对此给予分析和证明。

根据 H-O 模型的基本假设,假定 w^i 为 i 国工资率(劳动力价格),r^i 为 i 国利息率(资本价格),令 $p^i=\dfrac{r^i}{w^i}$ 为 i 国资本价格与劳动力价格之比。L_j^i 为 i 国生产 1 单位 j 产品所需投入的劳动力数量,K_j^i 为 i 国生产 1 单位 j 产品所需投入的资本数量,令 $k_j^i=\dfrac{K_j^i}{L_j^i}$ 为 i 国生产 1 单位 j 产品所需投入的资本与劳动力数量之比。设 A 国为劳动力充裕的国家、B 国为资本充裕的国家,X 为劳动密集型产品、Y 为资本密集型产品。那么,根据生产成本计算公式,可写出如下关系式。

A 国 1 单位 X 产品的生产成本为:

$$PC_X^A=L_X^A w^A+K_X^A r^A=L_X^A w^A\left(1+\frac{K_X^A r^A}{L_X^A w^A}\right)=L_X^A w^A(1+k_X^A p^A) \tag{3.1}$$

A 国 1 单位 Y 产品的生产成本为:

$$PC_Y^A=L_Y^A w^A+K_Y^A r^A=L_Y^A w^A\left(1+\frac{K_Y^A r^A}{L_Y^A w^A}\right)=L_Y^A w^A(1+k_Y^A p^A) \tag{3.2}$$

B 国 1 单位 X 产品的生产成本为:

$$PC_X^B=L_X^B w^B+K_X^B r^B=L_X^B w^B\left(1+\frac{K_X^B r^B}{L_X^B w^B}\right)=L_X^B w^B(1+k_X^B p^B) \tag{3.3}$$

B 国 1 单位 Y 产品的生产成本为:

$$PC_Y^B=L_Y^B w^B+K_Y^B r^B=L_Y^B w^B\left(1+\frac{K_Y^B r^B}{L_Y^B w^B}\right)=L_Y^B w^B(1+k_Y^B p^B) \tag{3.4}$$

---

* 本部分"数学模型分析"属于选学内容。

将(3.1)、(3.2)两式代入 $\dfrac{PC_X^A}{PC_Y^A}$，将(3.3)、(3.4)两式代入 $\dfrac{PC_X^B}{PC_Y^B}$，并对 $\dfrac{PC_X^A}{PC_Y^A}$ 与 $\dfrac{PC_X^B}{PC_Y^B}$ 作差，可得：

$$\frac{PC_X^A}{PC_Y^A}-\frac{PC_X^B}{PC_Y^B}=\frac{L_X^A w^A(1+k_X^A p^A)}{L_Y^A w^A(1+k_Y^A p^A)}-\frac{L_X^B w^B(1+k_X^B p^B)}{L_Y^B w^B(1+k_Y^B p^B)} \tag{3.5}$$

考虑到 A、B 两国技术水平相同，1 单位相同产品生产过程中投入的各类要素必然相同。可令 $L_X^A=L_X^B=L_X$，$K_X^A=K_X^B=K_X$，进而可令 $k_X^A=k_X^B=\dfrac{K_X}{L_X}=k_X$；令 $L_Y^A=L_Y^B=L_Y$，$K_Y^A=K_Y^B$ $=K_Y$，进而可令 $k_Y^A=k_Y^B=\dfrac{K_Y}{L_Y}=k_Y$。将其代入(3.5)式并化简，可得：

$$\begin{aligned}
\frac{PC_X^A}{PC_Y^A}-\frac{PC_X^B}{PC_Y^B}&=\frac{L_X w^A(1+k_X p^A)}{L_Y w^A(1+k_Y p^A)}-\frac{L_X w^B(1+k_X p^B)}{L_Y w^B(1+k_Y p^B)}\\
&=\frac{L_X[(1+k_X p^A)(1+k_Y p^B)-(1+k_X p^B)(1+k_Y p^A)]}{L_Y(1+k_Y p^A)(1+k_Y p^B)}\\
&=\frac{L_X(k_Y p^B+k_X p^A-k_Y p^A-k_X p^B)}{L_Y(1+k_Y p^A)(1+k_Y p^B)}\\
&=\frac{L_X(k_Y-k_X)(p^B-p^A)}{L_Y(1+k_Y p^A)(1+k_Y p^B)}\\
&=\frac{L_X(k_Y-k_X)\left(\dfrac{1}{p^A}-\dfrac{1}{p^B}\right)}{L_Y\left(\dfrac{1}{p^A}+k_Y\right)\left(\dfrac{1}{p^B}+k_Y\right)}
\end{aligned} \tag{3.6}$$

由于 X 为劳动密集型产品、Y 为资本密集型产品，有 $\dfrac{K_X}{L_X}<\dfrac{K_Y}{L_Y}$，即 $k_X<k_Y$；又由于 A 国是劳动力充裕的国家、B 国是资本充裕的国家，根据"物以稀为贵"的经济学原理，有 $\dfrac{r^A}{w^A}>$ $\dfrac{r^B}{w^B}$，即 $p^A>p^B$，亦即 $\dfrac{1}{p^A}<\dfrac{1}{p^B}$。已知 $L_X>0$，结合 $k_X<k_Y$ 和 $\dfrac{1}{p^A}<\dfrac{1}{p^B}$ 可知(3.6)式中分子 $L_X(k_Y-k_X)\left(\dfrac{1}{p^A}-\dfrac{1}{p^B}\right)<0$，而在(3.6)式分母中，$L_Y$、$\left(\dfrac{1}{p^A}+k_Y\right)$ 和 $\left(\dfrac{1}{p^B}+k_Y\right)$ 等三个因子均大于 0，故 $L_Y\left(\dfrac{1}{p^A}+k_Y\right)\left(\dfrac{1}{p^B}+k_Y\right)>0$，因此必有 $\dfrac{PC_X^A}{PC_Y^A}-\dfrac{PC_X^B}{PC_Y^B}<0$，即：

$$\frac{PC_X^A}{PC_Y^A}<\frac{PC_X^B}{PC_Y^B} \tag{3.7}$$

(3.7)式等价于：

$$\frac{PC_Y^B}{PC_X^B}<\frac{PC_Y^A}{PC_X^A} \tag{3.8}$$

(3.7)式表明，A 国 X 产品的相对生产成本低于 B 国 X 产品的相对生产成本；(3.8)式表明，B 国 Y 产品的相对生产成本低于 A 国 Y 产品的相对生产成本。换句话说，A 国生产 X 产品具有比较优势，B 国生产 Y 产品具有比较优势。那么，相应的贸易模式为：A 国生产 X 产品并出口到 B 国,进口 B 国的 Y 产品;B 国生产 Y 产品并出口到 A 国,进口 A 国的 X 产品。[①]

2. 几何模型分析

(1) 机会成本递增情形下的贸易基础、贸易模式与贸易利益

在此,我们仍然通过引入生产可能性曲线和无差异曲线等分析工具,对要素禀赋理论展开具体分析。

与古典贸易理论的模型相比,H-O 模型对一国生产可能性的假设有两个方面的差别:一是关于两国生产各种产品能力不同的原因分析。古典贸易模型将其解释为生产技术上的不同,H-O 模型则强调要素禀赋的差异。以中国和美国为例,中国的劳动力相对丰裕而资本相对不足,因此中国生产劳动密集型产品的能力比生产资本密集型产品的能力要强,其生产可能性曲线就会偏向劳动密集型产品。美国则与之相反,生产资本密集型产品的能力比生产劳动密集型产品的能力要强,其生产可能性曲线就会偏向资本密集型产品。二是关于机会成本的分析。古典贸易模型假设劳动是唯一的生产要素,且规模报酬不变。因此,一单位产品的机会成本是固定不变的,于是生产可能性曲线表现为一条直线。H-O 模型假设有两种要素投入,生产产品的机会成本是递增的。也就是说,当一国将其生产要素从某个产品的生产中转移到另一种产品的生产时,所必须放弃的该产品的数量会越来越大。机会成本递增的生产可能性曲线是凹向原点的。[②] 图 4-2 中 A、B 两国的生产可能性曲线反映了上述两大特征。

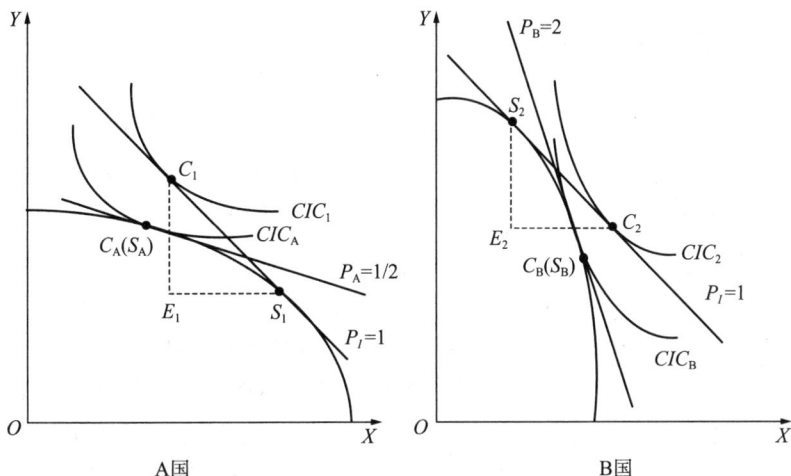

图 4-2　机会成本递增情形下的贸易基础、贸易模式和贸易利益

① 贸易基础分析

A 国是劳动力要素丰裕的国家,B 国是资本要素丰裕的国家。那么,A 国生产劳动密集型产品 X 具有比较优势,B 国生产资本密集型产品 Y 具有比较优势。如图 4-2 所示,通过分析

---

　　① 进而言之,H-O 模型归根结底表现为"相对生产成本不等式",两者可统一起来。事实上,古典、新古典贸易理论模型甚至部分新贸易理论模型的内核最终表现为"相对生产成本不等式",详细内容可参阅杨青龙:《论国际贸易中的"相对生产成本不等式"——从李嘉图模型到规模经济模型的集成与统一》,《石家庄经济学院学报》2012 年第 6 期。

　　② 海闻、P.林德特、王新奎:《国际贸易》,格致出版社、上海人民出版社 2012 年版,第 83 页。

一国自给自足状态下生产和消费的均衡状况,我们发现 A、B 两国的消费与生产的均衡点出现在消费无差异曲线与生产可能性曲线相切的地方,此时 A 国的消费点 C_A 和生产点 S_A 重合,B 国的消费点 C_B 和生产点 S_B 重合,A、B 两国的消费无差异曲线分别为 CIC_A 和 CIC_B。A 国 X 与 Y 的相对均衡价格是 $P_A=(P_X/P_Y)_A=1/2$,在 B 国这一相对价格则为 $P_B=(P_X/P_Y)_B=2$。同种产品在两国的相对价格差异是进行国际贸易的基础。

② 贸易模式分析

由于在完全竞争的市场结构下,产品的单价等于其平均生产成本,因此价格比即为成本比。$P_A<P_B$,表明与 B 国相比,A 国的 X 产品的相对成本更低,具有比较优势;类似地,与 A 国相比,B 国的 Y 产品的相对成本更低,具有比较优势。如果 A、B 两国之间展开国际分工,各国将增加生产并出口自身具有比较优势的产品。如图 4-2 所示,A 国将沿着生产可能性曲线从 S_A 点向右下方移动至 S_1,专业化生产 X 产品;B 国将沿着生产可能性曲线从 S_B 向左上方移动至 S_2,专业化生产 Y 产品。那么,A、B 两国之间的贸易模式表现为:A 国生产并出口 X 产品,B 国生产并出口 Y 产品。

③ 贸易利益分析

对于 A 国而言,出口 X 产品会减少国内 X 产品的供给,进而会使国内 X 产品的价格上升;进口 Y 产品会增加国内 Y 产品的供给,进而会使国内 Y 产品的价格下降。最终,A 国 X 产品的相对价格会上升(从 P_A 到 P_I)。对于 B 国而言,情况正好相反,出口 Y 产品会使国内 Y 产品的价格上升,进口 X 产品则会使国内 X 产品的价格下降,从而使得 B 国 X 产品的相对价格下降(从 P_B 到 P_I)。在自由贸易条件下,只要 A 国 X 产品的相对价格低于 B 国的该相对价格,A 国的 X 产品就会不断地出口到 B 国,B 国的 Y 产品则会不断地出口到 A 国,直到两国 X 产品的相对价格相等为止。这一相等的相对价格也是两国进行贸易的国际相对价格。如果国际价格为 $P_I=P_X/P_Y=1$,即 1 单位 X 产品与 1 单位 Y 产品相交换。A 国出口 S_1E_1 单位 X 产品,同时换得 E_1C_1 单位 Y 产品;B 国出口 S_2E_2 单位 Y 产品,同时换得 E_2C_2 单位 X 产品。由此可见,两国生产点与消费点之间的差别就是国际贸易量,$C_1E_1S_1$ 和 $C_2E_2S_2$ 所构成的三角形即为"贸易三角"(由于贸易行为是双向的,不难证明这两个三角形是全等的)。通过分工与贸易,A 国的消费点落在 C_1,相应的消费无差异曲线为 CIC_1,高于分工与贸易前的消费无差异曲线 CIC_A;B 国的消费点落在 C_2,相应的消费无差异曲线为 CIC_2,高于分工与贸易前的消费无差异曲线 CIC_B。因此,分工与贸易使得两国的福利水平都获得了提高。

需要注意的是,与古典贸易模型不同的是,H-O 模型中的分工是不完全的,各国只是"多"生产一些本国具有比较优势的产品,而非"完全"生产这种产品。主要原因在于,在 H-O 模型中机会成本是递增的,如果一国只生产一种产品而完全放弃另一种产品的生产,机会成本将趋近于无穷大。边际机会成本高于边际收益时,显然是不经济的。

(2)机会成本递增情形下的贸易利益分解:交易所得与分工所得

在上述分析中,A、B 两国所获得的利益实际上由两部分构成,分别为交易所得和分工所得。交易所得是指贸易后由于商品相对价格变化所引起的消费量的增加;分工所得则指因专业化生产而引起的消费量的增加,相当于贸易的总利益与交易所得之差。在此我们以 A 国为例,对贸易所得的分解情况加以说明。

如图 4-3 所示,在开放条件下,当相对价格
比例发生变化后,假设 A 国仍在 S_A 点生产,此时
A 国可在国际市场上以 $P_X/P_Y=1$ 的价格比交换
产品,所以 A 国可在通过 S_A 点的斜率绝对值为 1
的相对价格比例线上进行消费,这时可能达到的
最高的无差异曲线为 $CIC_{A'}$,二者相切于 $C_{A'}$ 点。
A 点到 $C_{A'}$ 点所代表的社会福利变化即为交易所
得。实际上,当相对价格比例发生变化后,生产点
移动到了 S_1 点,而消费点可落在通过 S_1 点的相对
价格线($P_I=1$)上,此时可以达到的最高的无差
异曲线为 CIC_1,二者切了 C_1 点。扣除了由于价
格变动引起的变化后,从 $C_{A'}$ 到 C_1 点即为分工所
得,此时代表福利水平的无差异曲线从 $CIC_{A'}$ 增
加到 CIC_1。

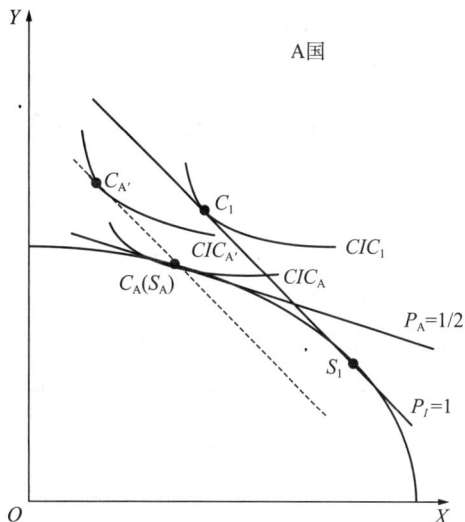

图 4-3 机会成本递增情形下的
交易所得与分工所得

3. 一个特例:基于不同偏好的贸易

在图 4-2 中,A、B 两国生产可能性曲线和贸易产品相对价格的差异塑造了两国各自的比
较优势。然而,即使两国在生产方面完全一致(即生产可能性曲线完全相同),只要消费者的消
费偏好存在差异,两国也能形成各自的比较优势,并通过分工和贸易获得相应的利益。

在此可用图 4-4 来说明基于不同偏好
的贸易。由于 A、B 两国在生产方面不存在
差异,故可用相同的生产可能性曲线来表示
两国的生产情况。由于两国的消费偏好存在
差异,在没有贸易的情况下,A 国在 $C_A(S_A)$
点实现消费与生产的均衡,产品相对价格为
P_A;B 国在 $C_B(S_B)$ 点实现消费与生产的均
衡,产品相对价格为 P_B。贸易前,A 国 X 产
品的相对价格较低,A 国在 X 产品的生产上
具有比较优势;B 国 Y 产品的相对价格较低,
B 国在 Y 产品的生产上具有比较优势。

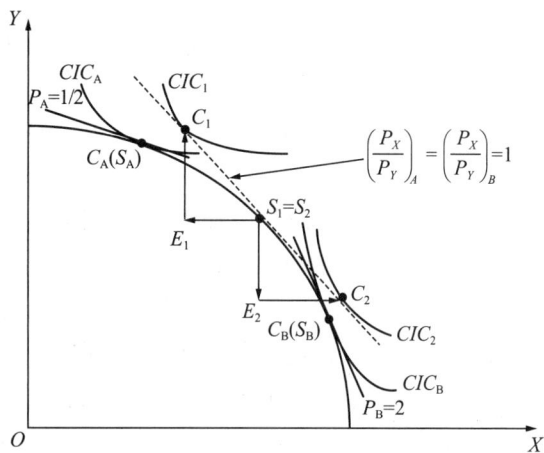

图 4-4 基于不同偏好的贸易

随着贸易的展开,A 国将增加 X 产品的
生产、减少 Y 产品的生产,即沿着生产可能
性曲线向右下方移动;B 国将增加 Y 产品的生产、减少 X 产品的生产,即沿着生产可能性曲线
向左上方移动。当两国的相对价格相等时,两国的贸易达到平衡。此时,A 国在 S_1 点生产,C_1
点消费;B 国在 S_2 点生产,C_2 点消费。由于两国的生产可能性曲线相同,又有相同的相对价
格,两国的生产点 S_1 点和 S_2 点重合。这时 A 国出口的 X 产品数量 S_1E_1 正好等于 B 国进口
的 X 产品数量 E_2C_2,B 国出口的 Y 产品数量 S_2E_2 正好等于 A 国进口的 Y 产品数量 E_1C_1。
贸易后 A 国的无差异曲线从 CIC_A 上升到 CIC_1,B 国的无差异曲线从 CIC_B 上升到 CIC_2,两

国的福利水平都增加了。因此,即使两国在生产方面不存在任何差异,只要消费偏好方面存在差别,分工和贸易仍然可以展开,并且各国均能从中获得相应的利益。

三、贸易条件与提供曲线

(一)贸易条件

在贸易理论中,我们常用商品贸易条件(Terms of Trade,TOT)来表示进出口商品的相对价格。众所周知,市场经济中,价格问题是经济学的中心议题,它直接关系到买卖双方的经济利益。在之前的理论分析中,通常假设不同国家之间按照介于两国国内价格比之间的比例来进行交换,各方都能从中获得贸易利益。在此,我们将具体分析国家之间究竟按照怎样的比例来进行商品交换。

所谓贸易条件,通常是从一国出口商品价格与进口商品价格相对比较的角度来进行分析的。比如 A 国以一定量的 X 产品与 B 国的 Y 产品相交换,两者的交换比例即可看作是贸易条件。具体而言,可将贸易条件分为如下四种:

1. 商品贸易条件

商品贸易条件又称净贸易条件,是指一国在一定时期内,出口商品价格指数与进口商品价格指数之比。用公式可将商品贸易条件 T 写作:

$$T = \frac{P_X}{P_M} \times 100 \tag{3.9}$$

其中,P_X 表示出口商品价格指数,P_M 表示进口商品价格指数。

商品贸易条件可反映一国在比较期相对于基期的国际分工地位和贸易利益的变化状况。若商品贸易条件上升,表明同样数量的出口品可以换回更多的进口品,我们称之为贸易条件改善;反之,若商品贸易条件下降,表明同样数量的出口品可以换回更少的进口品,我们称之为贸易条件恶化。

关于商品贸易条件,有如下三点值得注意:① 如果只有两个国家进行贸易,且只有两种商品,那么一个国家的出口品就是另一个国家的进口品,此时两国的贸易条件互为倒数。② 如果一国处于贸易平衡的状态,即进口值和出口值相等,此时该国的贸易条件等于进口数量与出口数量之比。③ 在现实中,世界各国都进口或出口多种商品,所以 P_X 和 P_M 通常表示出口商品和进口商品的加权物价指数。我们通常选择某一年为基期,设基期的贸易条件指数为 100,然后再根据出口商品和进口商品价格的相对变化来计算比较期的贸易条件指数。

2. 收入贸易条件

收入贸易条件是在商品贸易条件的基础上,把出口数量的变化考虑进来之后得到的贸易条件,它表示一国利用出口而获得的支付进口的能力。用公式可将收入贸易条件 I 写作:

$$I = \frac{P_X}{P_M} \times Q_X \times 100 \tag{3.10}$$

其中,Q_X 表示出口商品数量指数。

当该指数上升时,表示一国对外支付能力增强,可以购买更多的进口商品,收入贸易条件改善;反之,表示对外支付能力减弱,收入贸易条件恶化。

3. 单要素贸易条件

单要素贸易条件是在商品贸易条件的基础上,把出口商品的劳动生产率变化考虑进来之后得到的贸易条件。用公式可将单要素贸易条件 S 写作:

$$S = \frac{P_X}{P_M} \times Z_X \times 100 \tag{3.11}$$

其中,Z_X 表示出口商品劳动生产率指数。

单要素贸易条件体现了一国出口商品中每单位国内生产要素所得到的进口商品数量的变化。当该指数上升时,表示国内每单位生产要素所得到的进口商品数量增加,单要素贸易条件改善;反之,表示国内每单位生产要素所得到的进口商品数量减少,单要素贸易条件恶化。

4. 双要素贸易条件

双要素贸易条件是在商品贸易条件的基础上,把出口商品的劳动生产率和进口商品的劳动生产率变化都考虑进来之后得到的贸易条件。用公式可将双要素贸易条件 D 写作:

$$D = \frac{P_X}{P_M} \times \frac{Z_X}{Z_M} \times 100 \tag{3.12}$$

其中,Z_M 表示进口商品劳动生产率指数。

当该指数上升时,表示国内每单位生产要素换回其他国家的生产要素增多,双要素贸易条件改善;反之,表示国内每单位生产要素换回其他国家的生产要素减少,双要素贸易条件恶化。

（二）提供曲线

1. 提供曲线的概念

之前我们在讨论一个国家的市场均衡状况时,利用生产可能性曲线和无差异曲线这些工具,尚无法直接和准确地确定贸易的均衡价格和均衡产量,也不能确定贸易利益的分配状况。在此,我们将两国市场结合起来,以提供曲线(Offer Curve)为分析工具来考察两国贸易时的相对价格和贸易量,并分析贸易利益的分配状况。

提供曲线又称相互供给与需求曲线,反映了一国为进口其需要的某一商品而愿意出口的另一商品的数量。从另一个角度来看,提供曲线也反映了在不同价格水平下一国愿意进口和出口的商品数量。提供曲线的思想最早由约翰·穆勒(John Stuart Mill)于 1848 年提出,后经过马歇尔(Alfred Marshall)和埃奇沃思(Francis Ysidro Edgeworth)在 20 世纪初发展完成。

2. 提供曲线的推导

利用生产可能性曲线、无差异曲线和可能的相对价格即可推导出一国的提供曲线。在此,我们仍然假定一国生产两种产品,分别为 X 产品和 Y 产品,且生产可能性曲线凹向原点。

以 A 国为例,如图 4-5 所示,在初始状态下,A 国在 $C_A(S_A)$ 点消费和生产,且实现封闭状态下的均衡。如果贸易后商品相对价格变为 $P_{I'} = 3/4$,A 国将在 S_3 点生产,C_3 点消费,此时 A 国出口 S_3E_3 单位的 X 产品,进口 E_3C_3 单位的 Y 产品,我们将这种出口产品和进口产品的数量关系反映在右边的图中可得到 C_3 点。当两国之间进一步发生贸易后,相对价格变为 $P_I = 1$,A 国将在 S_1 点生产,C_1 点消费,此时 A 国出口 S_1E_1 单位的 X 产品,进口 E_1C_1 单位的 Y 产品,同样我们将这种出口产品和进口产品的数量关系反映在右边的图中可得到 C_1 点。依次类推,我们可找到若干类似的点,然后将这些点连接起来,便构成了 A 国的提供曲线。需要

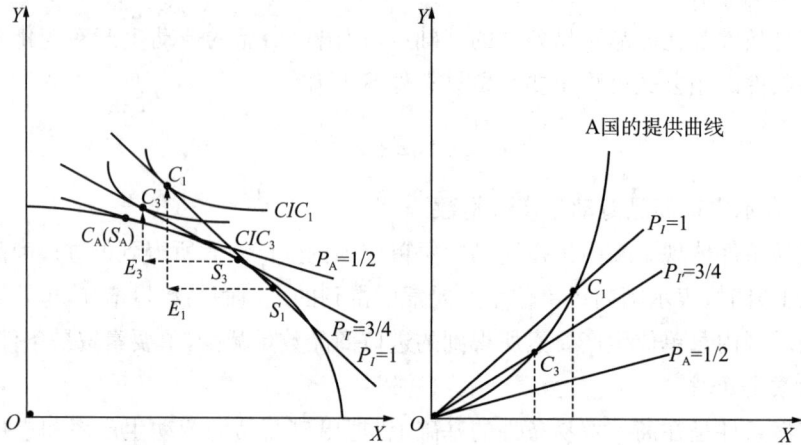

图 4 - 5　提供曲线的推导

指出,提供曲线在原点处切线的斜率为 P_A,即为本国不与外国进行贸易时的相对价格,此时贸易量为 0。当相对价格大于 P_A 时,A 国开始出口 X 产品、进口 Y 产品。[1] 按照同样的方法,可以得到 B 国的提供曲线。

一般而言,提供曲线具有如下几条性质:① 曲线上的任一点表示该国在某一相对价格下愿意进行国际贸易时的交换数量;② 原点与曲线上点的连线的斜率表示国际相对价格;③ 提供曲线的形状为过原点凸向比较优势产品(出口品)坐标轴的曲线;④ 提供曲线反映了产品的国际市场供求状况,可用于包含两种产品在内的一般均衡分析。

3. 提供曲线的应用

在图 4 - 6 中,我们将 A 国和 B 国的提供曲线在同一坐标轴中表示出来。

从图 4 - 6 中可以看出,A 国和 B 国的提供曲线交于 C_1 点,这一点对应的相对价格为 $P_I=1$,P_I 即为均衡状态下的国际交换比价,此时 A 国出口的 X 产品数量等于 B 国进口的 X 产品数量,而 A 国进口的 Y 产品数量等于 B 国出口的 Y 产品数量,两种产品在国际市场上的供给和需求都相等,处于均衡状态。当然,如果相对价格不等于 P_I,则必定会存在供求失衡。比如,如果国际市场相对价格 $P_2 > P_I$(就 A 国出口的 X 产品而言),则对应 A 国的出口和进口的组合为 M 点,对应 B 国的出口和进口组合为 N 点。此时在国际市场上,X 产品供过于求,Y 产品供不应求,经济处于失衡状态。此时若没有人为因素的干扰,通过市场的自发调节,X 产品的相对价格会下降,并逐步从 P_2 恢复到原来的均衡价格 P_I。

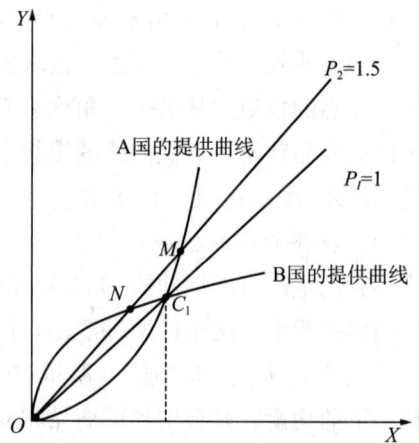

图 4 - 6　提供曲线与市场均衡

---

① 　相反,如果相对价格低于 P_A,A 国将出口 Y 产品、进口 X 产品,这种情形未在图中刻画出来。

四、简要评价

（一）要素禀赋理论的贡献

1. 拓展了比较优势理论的外延

H-O 理论在多要素的框架下分析了贸易的原因与结果，是对比较优势理论的重要拓展。李嘉图提出的比较优势学说侧重于从各国劳动生产率的相对差异这一角度寻求一国参与分工与贸易的动因。由于在现实的生产与分工中，除了劳动之外的资本、土地等其他各类要素也同样不可忽略，要素禀赋理论通过对要素外延的拓展，在多要素的框架下运用要素禀赋、要素丰裕度、要素密集度等基本概念对一国参与国际分工与贸易的原因与结果进行了较为严谨的分析。

2. 为资源小国积极参与国际分工与贸易提供了理论依据

在 H-O 理论中，国际贸易其实替代了生产要素的跨国流动，弥补了各国之间的要素禀赋差异。这对世界各国尤其是资源小国积极参与国际分工与贸易，进而实现自身的经济增长和发展具有重要的现实指导意义。

（二）要素禀赋理论的不足

1. 生产要素的同质性假设不符合实际

要素禀赋理论将生产要素视为同质的，这不符合现实。在实际生产中，同样的生产要素并非具有相同的生产能力，如熟练工人与非熟练工人的生产能力就存在较大差别。

2. 在一定程度上忽略了技术因素的作用

为了强调要素禀赋的重要作用，要素禀赋理论假设不同国家的技术水平相同，进而忽视了技术因素在国际分工与贸易中的作用。实际上，二战以后的国际分工与贸易模式中，国家间技术水平的差异仍然是产生国际贸易的重要原因之一。

3. 难以解释要素禀赋相似的国家之间的贸易现象

按照要素禀赋理论，国际贸易应普遍发生于要素禀赋存在较大差异的发达国家与欠发达国家之间。但在当代国际贸易实践中，大量的贸易发生于要素禀赋相似的国家之间，而发达国家与欠发达国家之间的贸易增长却相对缓慢。

第三节　要素价格均等化理论

20 世纪 40 年代，美国经济学家保罗·萨缪尔森（Paul Samuelson，1970 年诺贝尔经济学奖得主）在 H-O 理论的基础上，构造了要素价格均等化理论。由于要素价格均等化理论是 H-O 理论的延伸，所以又名 H-O-S 定理。如果说前一节主要讨论要素禀赋差异对分工与贸易的影响，本节讨论的主题则是分工与贸易的扩大反过来对要素价格的影响。对要素价格均等化理论的证明，需要以斯托尔帕—萨缪尔森定理为基础。

一、斯托尔帕—萨缪尔森定理

在论证要素价格均等化理论的过程中,有必要先探讨商品价格与要素价格之间的关系。对此,斯托尔帕、萨缪尔森在其 1941 年合作完成的论文《实际工资和保护主义》中,提出了"斯托尔帕—萨缪尔森定理"(S-S 定理)。

在完全竞争的市场结构下,生产要素在每一部门的报酬等于其边际产品价值,即等于其边际产出与产品价格的乘积。在实现均衡时,生产要素在所有部门的报酬应该是相等的。假设 X 为劳动密集型产品,Y 为资本密集型产品,则均衡时劳动力和资本的价格分别为:

$$w_X = P_X \cdot MPL_X = P_Y \cdot MPL_Y = w_Y \tag{3.13}$$

$$r_X = P_X \cdot MPK_X = P_Y \cdot MPK_Y = r_Y \tag{3.14}$$

(3.13)、(3.14)两式分别表示均衡条件下劳动力和资本的价格决定。其中,w_X 和 w_Y 分别表示 X 部门和 Y 部门劳动力的价格,r_X 和 r_Y 分别表示 X 部门和 Y 部门资本的价格,MPL_X 和 MPL_Y 分别表示劳动力在 X 产品和 Y 产品生产中的边际产出,MPK_X 和 MPK_Y 分别表示资本在 X 产品和 Y 产品生产中的边际产出。

如果 X 产品的相对价格上升,那么 X 生产部门的劳动和资本报酬与 Y 生产部门就不再一致,X 部门的劳动力和资本可获得比 Y 部门更多的报酬,于是劳动力和资本就会从报酬低的 Y 部门流向报酬高的 X 部门。作为劳动密集型部门 X,生产扩张过程中需要相对较多的劳动力和较少的资本相配合。但由于 Y 部门是资本密集型的,该部门只能释放出相对较少的劳动力和相对较多的资本,于是在生产要素重新配置过程中,对劳动力的新增需求(X 部门生产所需增加的劳动力)超过了劳动力新出现的供给(Y 部门所释放的劳动力),而对资本的新增供给(Y 部门所释放的资本)则超过了对资本的新增需求(X 部门生产所需增加的资本),从而在要素市场上,劳动力价格会上涨,资本价格会下跌。

当然,随着生产要素价格的重新调整,每个部门中的企业在生产中所使用的资本/劳动(K/L)比例也会发生一些变化。由于劳动力变得相对越来越贵,资本变得相对越来越便宜,所以每个部门的企业都会调整其要素投入比率,尽量多使用变得便宜了的资本,来替代一部分变得昂贵了的劳动。最后,每个部门所使用的资本/劳动(K/L)比率都要高于 X 相对价格变化之前的资本/劳动(K/L)比率。

上述分析表明,X 相对价格上升会导致它所密集使用的生产要素(劳动力)的名义价格上升,另一种生产要素(资本)的名义价格下降,但名义价格的变化不能说明实际价格的变化。只有将要素名义价格与商品价格对比之后,方能确定要素实际价格的变化状况。

在(3.13)和(3.14)两式中,令 $w = w_X = w_Y = P_X \cdot MPL_X = P_Y \cdot MPL_Y$,$r = r_X = r_Y = P_X \cdot MPK_X = P_Y \cdot MPK_Y$,那么就有:

$$w/P_X = MPL_X, w/P_Y = MPL_Y \tag{3.15}$$

$$r/P_X = MPK_X, r/P_Y = MPK_Y \tag{3.16}$$

式(3.15)和(3.16)中,左边均表示要素的实际价格,即用生产要素的名义价格(或报酬)分别用于购买 X 产品、Y 产品时所能购买到的 X 产品和 Y 产品的数量。其经济含义是:要素的实际报酬等于其边际产出。在规模报酬不变的条件下,生产要素的边际产出只取决于两种要素的使用比例,与两种要素投入的绝对量没有关系,因此产品相对价格的变化对要素实际收入的影响只取决于两种产品所使用的要素比例的变化。

X 产品相对价格的上升使两个部门投入的资本/劳动(K/L)比例上升,根据边际收益递减规律,当资本/劳动(K/L)比例上升时,意味着:劳动相对资本的投入减少,劳动的边际产出 MPL 提高;资本相对劳动的投入增加,资本的边际产出 MPK 下降。这表明,X 产品的相对价格上升后,劳动的实际价格上升,资本的实际价格下降。这就是斯托尔帕—萨缪尔森定理(Stolper-Samuelson Theorem):

某产品相对价格上升将导致该产品密集使用的生产要素的实际价格或报酬提高,而另一种生产要素的实际价格或报酬下降。

二、要素价格均等化理论

1948 年、1949 年,萨缪尔森分别发表了《国际贸易和要素价格均等化》以及《再论生产要素价格均等化》两篇论文,正式完成了对要素价格均等化理论的论证。也正因如此,该定理又被称为"赫克歇尔—俄林—萨缪尔森定理"(H－O－S 定理)。

根据斯托尔帕—萨缪尔森定理,可引申出一个重要推论:开展国际贸易会提高一国丰裕要素所有者的实际收入,降低稀缺要素所有者的实际收入。理由如下:一国参与国际贸易后,出口产品的相对价格会上升,根据 H－O 理论,一国出口产品密集使用的要素是其丰裕要素,故出口产品价格上升会导致一国丰裕要素的实际报酬上升,另一种要素(该国的稀缺要素)的实际报酬将会下降。

若 A 国是劳动丰裕的国家,B 国是资本丰裕的国家,A 国生产并出口劳动密集型产品 X、从 B 国进口资本密集型产品 Y,B 国则生产并出口资本密集型产品 Y、从 A 国进口劳动密集型产品 X。随着贸易的开展,A 国 X 产品的相对价格会上升,生产 X 产品密集使用的要素(劳动力)的价格也上升,而 A 国资本的价格则会下降。同理,在 B 国,贸易后 X 产品的相对价格下降(Y 产品的相对价格上升),于是 B 国的资本价格上升,劳动力价格下降。随着贸易的进行,两国之间的要素价格差异会不断缩小,最终趋于均等化,这就是要素价格均等化定理(Factor Price Equalization Theorem):

国际分工与贸易会导致贸易各国同质生产要素获得相同的相对收入和绝对收入。

要素价格均等化定理表明,在自由贸易条件下,参与贸易的两个国家不仅产品的相对价格相等,而且同质要素的相对价格和绝对价格也会相等。换言之,两国工人会获得同样的工资,资本(或土地)会获得同样的利润(或地租)。更进一步说,产品的跨国流动可以替代要素的跨国流动。

三、简要评价

(一)要素价格均等化理论的贡献

要素价格均等化理论集中于讨论国际贸易对贸易参与国要素价格变动的影响,说明了国际贸易影响贸易参与国收入分配格局的机制和路径,从而建立了国际贸易与收入分配之间的联系,这是对要素禀赋理论的进一步发展。

(二)要素价格均等化理论的不足

1. 诸多假设前提与现实不符

各国拥有相同的生产技术、完全竞争的市场结构、不考虑贸易壁垒和运输成本等假设前提与现实不符。具体表现为:① 现实中各国生产技术存在着较大差异。技术研发与一国的经济实力有较大的关系,国力较强的国家重视研发活动并通过大量投资推动技术进步,而国力较弱的国家则没有这样的条件,再加上一些国家的技术垄断,现实中各国之间技术水平相同的假设几乎不可能成立。② 现实的国际市场中,存在大量的垄断或寡头出口厂商,这导致"完全竞争的市场结构"之假设前提在现实中不能成立。③ 贸易保护主义和运输成本的存在导致"不考虑贸易壁垒和运输成本"的假设不成立。现实的国际贸易中,存在着各类关税与非关税壁垒,货物贸易中运输成本也必然为正,从而导致商品价格和要素价格都难以完全实现国家之间的均等化。

2. 理论推导的结果与现实之间存在一定差异

在要素禀赋理论中,不同国家之间要素禀赋的差异导致要素价格的相对差异,要素价格的相对差异导致产品价格的相对差异,产品价格的相对差异导致国际分工与贸易的发生。要素价格均等化理论却告诉我们,伴随着分工与贸易的开展,贸易前便宜的要素价格会上涨,昂贵的要素价格会下降,最终趋于均等化,从而要素的绝对价格和相对价格差异都会消失。根据要素禀赋理论,如果两国技术水平相同,在完全竞争的市场结构下,两国生产同种产品的绝对价格或相对价格会相等,从而难以找到各自的比较优势,国际分工与贸易便无从开展。在现实中,并没有出现要素价格的完全均等化,且国际分工与贸易也未停止发生。这说明,要素禀赋理论和要素价格均等化理论导出的结论与现实世界之间仍然存在一定差异。

第四节　罗伯津斯基定理

在要素禀赋理论中,我们一直假定一国的要素总量是固定不变的。本节中,我们将放松这一假设,探讨要素总量变动对国际贸易可能产生的影响。一般而言,一国要素禀赋的变化会导致生产可能性曲线发生移动,从而可能影响该国的贸易条件,甚至导致一国比较优势状况的变化。为了分析要素禀赋变动对生产可能性曲线的影响,在此引入罗伯津斯基定理(Rybczynski Theorem),该定理由英国经济学家罗伯津斯基于 20 世纪 50 年代提出,描述了在商品价格不变的条件下,一国的生产对要素禀赋变化所产生的反应。

一、核心思想

罗伯津斯基定理的核心思想可表述为:在两种产品、两种要素的情况下,如果产品(或要素)的相对价格不变、生产技术不变,且生产的规模报酬不变,那么生产要素的单一增长会导致密集使用该要素生产的产品产量绝对增加,而密集使用另一种要素生产的产品产量绝对减少。

二、假设与论证

（一）基本假设

罗伯津斯基定理的基本假设包括：

（1）两个国家、两种产品、两种生产要素。假设两个国家分别为 A 国和 B 国，两种产品分别为 X 产品和 Y 产品，两种生产要素分别为劳动力和资本。其中，A 国为劳动力丰裕的国家、B 国为资本丰裕的国家，X 产品为劳动密集型产品、Y 产品为资本密集型产品。

（2）不存在技术变化。这表明，生产 X、Y 两种产品时投入的资本/劳动比例始终不变。

（3）要素可在国内不同部门之间流动，但不能跨国流动，国内两部门中的要素价格相同并且是给定的。

（4）充分就业，新增要素全部得到允分利用。

（5）市场出清，消费结构与产出结构相适应。

（6）商品价格保持不变。

（二）理论推导

罗伯津斯基定理认为，在生产技术和产品价格不变的情况下，生产要素的价格也不变，这时两个生产部门投入的资本与劳动比例也不变。现在假设经济中出现资本增加、劳动不变的情形，可运用"反证法"的方式进行理论推导。

假设劳动密集型产品产量增加，则必须增加劳动力和资本投入。在要素充分利用的前提下，劳动力投入只能来自生产资本密集型产品的部门，当从资本密集型部门流出的劳动力全部流向劳动密集型部门时，只有部分从资本密集型部门流出的资本流入劳动密集型部门，剩下的资本加上新增的资本导致整个经济出现资本过剩现象，这违背了要素充分利用的前提，出现了矛盾。所以在资本要素增加时，劳动密集型产品的产量不可能增加，产量增加的产品只能是资本密集型产品。

如前述，两种产品的要素投入比例在单一要素增加前后维持不变。因此，资本密集型产品产量的增加意味着所需投入的劳动力和资本都会增加，而增加的劳动力投入只能来自劳动密集型部门，这意味着劳动密集型产品的产量将下降。由于劳动密集型产品流出的资本少于资本密集型产品产量增加所需要的资本，差额由新增的资本要素来弥补。至此，我们就从逻辑上完成了罗伯津斯基定理的证明。

如图 4-7 所示，对应于一个不变的相对价格 P_0，资本增加前，相对价格线 P_0 与生产可能性曲线相切于 S_0 点，资本增加后，相对价格线 P_0 与新的生产可能性曲线相切于 S_1 点。根据罗伯津斯基定理，新的生产均衡点 S_1 应位于原来的生产均衡点 S_0 的

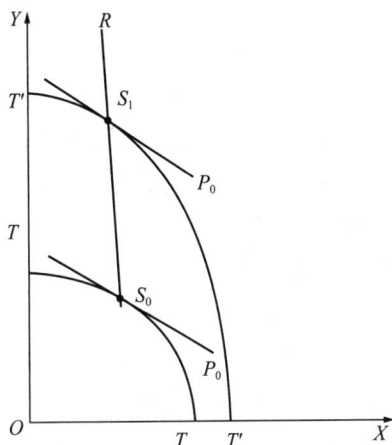

图 4-7 单一要素增长：罗伯津斯基定理

左上方,通过 S_0 与 S_1 的连线被称为罗伯津斯基线(Rybczynski Line),此时,该线向左上方倾斜。由于相对价格 P_0 可取任意值,因此对应于任意相同的商品相对价格,资本增加后,资本密集型产品 Y 的产出增加,劳动密集型产品 X 的产出减少,这意味着生产可能性曲线的外移在图 4-7 中相对偏向于纵轴,纵坐标上 Y 的产出增加比例要高于横坐标上 X 产出增加的比例。

类似地,如果资本不变、劳动力增加,则可画出一条向右下方倾斜的罗伯津斯基线和一条外移后偏向于横轴的生产可能性曲线。

1. 数理证明

假设某一生产要素总量增加,当所有生产要素都得到充分利用且产品价格保持不变的条件下,由于技术是给定的,那么要素相对价格也会保持不变,从而两种产品的要素密集度会固定不变。如果现在单一要素资本增长(ΔK)后,为了使新增的资本(ΔK)能够被全部利用,则需要资本密集型部门 Y 来吸收新增的资本。但要保证 Y 部门将新增的资本全部吸收,还需要一定的劳动力来与其配合。所以 X 部门不得不缩小生产规模,以便释放出一定的劳动力(ΔL_X),但 X 部门在释放出劳动力的同时,还会释放出一定的资本(ΔK_X),这部分资本也需要 Y 部门来吸收,最后达到如下状态:

$$k_X = \frac{K_X}{L_X} = \frac{K_X - \Delta K_X}{L_Y - \Delta L_X} \tag{3.17}$$

$$k_Y = \frac{K_Y}{L_Y} = \frac{K_Y + \Delta K + \Delta K_X}{L_Y + \Delta L_X} \tag{3.18}$$

其中,k_X、k_Y 分别表示 X、Y 产品生产中的资本/劳动(K/L)比例,K_X、K_Y 分别表示 X、Y 产品生产中的资本投入量,L_X、L_Y 分别表示 X、Y 产品生产中的劳动力投入量。当(3.17)、(3.18)两式成立时,所有要素都得到了充分利用,并且两个部门的要素密集度保持不变,结果 Y 部门(资本密集型部门)的生产扩大,而 X 部门(劳动密集型部门)的生产则缩小。同理可知,如果劳动总量增加而资本总量不变,则 X 部门(劳动密集型部门)的生产将扩大,而 Y 部门(资本密集型部门)的生产将缩小。

2. 图形证明

利用图示的方法,也可以证明罗伯津斯基定理。在图 4-8 中,横轴为劳动力(L)、纵轴为资本(K),E 点表示一国要素变化前的要素禀赋状况,此时该国劳动力存量为 L_0,资本存量为 K_0。射线 OX、OY 分别表示均衡状态下 X、Y 两个部门的要素使用比例状况。由于 X 是劳动密集型产品,生产 X 的过程中投入的资本/劳动比例就低于生产 Y 的过程中投入的资本/劳动比例,故射线 OX 在射线 OY 的右下方。坐标图中 X、Y 点对应的劳动、资本量分别表示两个部门的要素投入量。由于要素充分利用,数量为 L_0 的劳动恰好用于 X、Y 两个部门,数量为 K_0 的资本也恰好用于 X、Y 两个部门,$OXEY$ 为平行四边形才能满足这一点。此外,由于规模报酬不变,X、Y 的产出分别与线段 OX、OY 的长度成比例,所以不妨直接用线段 OX、OY 分别表示两个部门的产出规模。

如果劳动不变、资本增加,则图中资本增加后的要素禀赋状况可用点 E' 来表示,此时劳动存量仍为 L_0,资本存量增加为 K_1。由于商品相对价格不变,尽管要素禀赋状况发生变化,但 X、Y 两个部门的要素使用比例仍然保持原来的水平,此时要保证所有的要素充分利用,新的

平行四边形变为 $OX'E'Y'$,相应地,X、Y 两种产品的产出水平分别为 OX' 和 OY'。由此可知,Y 产品的产量将增加,而 X 产品的产量将减少。

同理可证,如果资本不变、劳动增加,则 X 产品的产量将增加,而 Y 产品的产量将减少。读者可自行画图进行证明。

"荷兰病"(Dutch Disease)是罗伯津斯基定理的一个典型例证。20 世纪 70 年代,荷兰、挪威、英国等国家开发了北海油田,生产了大量的石油和天然气,由此引发大量劳动力和资本流入石油和天然气行业,制造业的生产和出口则变得相对萎缩。这完全符合罗伯津斯基定理的结论。

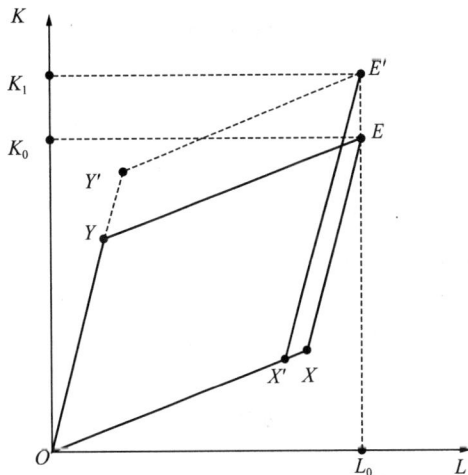

图 4-8 单一要素(资本)增长的影响

三、简要评价

(一)罗伯津斯基定理的贡献

该理论系统阐释了一国要素单一增长与其生产可能性状况之间的联系。在现实中,一国的要素存量和结构经常发生变化,罗伯津斯基定理证明了在商品相对价格和生产技术不变的前提下,某一要素的增加会导致密集使用该要素部门的生产增加,而另一部门的生产则下降。其政策含义在于:对资本存量增加的国家而言,可以预期其劳动密集型产业的规模会趋于萎缩;对劳动要素供给趋于增加的部分发展中国家,不合时宜地发展资本密集型产业则可能导致比较利益的丧失。但是,伴随着一国的经济增长和发展,其要素禀赋状况并非一成不变,进而其比较优势格局可能会发生动态变化。

(二)罗伯津斯基定理的不足

1. 诸多假设前提不符合实际

罗伯津斯基定理假设产品(或生产要素)的相对价格不变,而一国内部的产品(或生产要素)的相对价格往往是动态变化的;又如,根据该定理的假设条件可知,两个生产部门投入的资本与劳动比例始终不变,这也不一定符合现实。也就是说,要运用罗伯津斯基定理解释丰富多彩的大千世界,尚需对诸多假设前提进行修正。

2. 尚需进一步拓展才能用于分析多要素同时增加的情形

罗伯津斯基定理常常用于分析单一要素增长的情形,尚需进行进一步拓展才能用于分析一国的现实状况。现实中,许多国家的资本和劳动要素是同时增加的,此时两种产品产量的增长速度则由资本与劳动增长的速度快慢来决定。例如,如果一个国家的资本以每年 8% 的速度增长,而劳动每年的增速仅为 1%,这会引起资本密集型产品的产量增长速度高于 8%,而劳动密集型产品的产量增长速度低于 1%,甚至可能下降。这就是经济增长中的放大效应。

第五节 对新古典贸易理论的经验分析

按照赫克歇尔—俄林的要素禀赋理论,一国在密集使用本国丰裕要素的产品上具有比较优势,而在密集使用本国稀缺要素的产品上具有比较劣势。因此,只要知道一国的要素丰裕度状况,便可依此判别各国的比较优势,从而预见各国的专业化方向和贸易模式。自 20 世纪初赫克歇尔和俄林提出要素禀赋理论之后,在很长时间内 H—O 模型一直是人们解释工业革命后贸易产生原因的主要理论。第一个,也是最有影响的关于 H—O 模型的实证研究是由瓦西里·里昂惕夫(Wassily W. Leontief,1973 年诺贝尔经济学奖得主)展开的。

一、里昂惕夫之谜

二战后的美国是世界上资本最丰裕的国家,按照 H—O 理论,美国的贸易模式应该是:出口资本密集型产品,进口劳动密集型产品。里昂惕夫的初衷也是验证这一点。但是,里昂惕夫在 1953 年发表了《国内生产与对外贸易:美国资本地位再审查》一文,在该文中他采用了美国 1947 年的数据——美国各行业的"投入产出账目"以及美国的进出口贸易额来展开分析。利用这两类数据,里昂惕夫计算出美国对外贸易中每 100 万美元进、出口额所需要的资本和劳动力数量,得出如表 4-3 所示的结果。

表 4-3　美国每 100 万美元出口产品和进口替代品的资本和劳动需求

	出口品	进口替代品
资本(美元)	2550780	3091339
劳动力(人·年)	182.313	170.004
资本/劳动力	13700	18200

从表 4-3 中不难得出如下结果:美国生产进口替代品的资本/劳动比例大约比生产出口品的资本/劳动比例高出 30%。这意味着,美国进口的是资本密集型产品,出口的是劳动密集型产品。里昂惕夫写道:"美国之所以参加国际分工是建立在劳动密集型专业化基础上,而不是建立在资本密集型专业化基础上。换言之,这个国家是利用外资来节约资本和安排过剩的劳动力,而不是相反。"里昂惕夫的研究得到的结论刚好与 H—O 理论的预测相反,这在贸易学说史上被称为"里昂惕夫之谜"(Leontief Paradox)。

1947 年的数据仅仅是一个特例吗? 还是里昂惕夫的计算方法和数据处理方面存在问题? 以往为人们深信不疑的新古典贸易理论遭到了前所未有的挑战,里昂惕夫该文的发表在经济学界引起了不少争论。为此,里昂惕夫本人在 1956 年又运用此前的方法,对美国 1947—1951 年的数据进行了检验,并完成论文《要素比例和美国的贸易结构:进一步的理论和经济分析》。该文分析结果表明,当时的美国作为一个资本充裕、劳动力稀缺的国家,却出口劳动密集型产品、进口资本密集型产品。换言之,1947—1951 年的美国数据表明"谜"依然存在。

此外,还有许多学者也对要素禀赋理论进行了经验分析。为简明起见,在此将这些经验分析文献涉及的学者、研究样本和基本结论列为表 4-4。

表 4-4 对"要素禀赋理论"的经验分析

学者	研究样本	基本结论
里昂惕夫(Leontief,1954)	美国 1947 年数据	美国出口产品中的资本劳动比低于进口产品(进口替代品)中的资本劳动比,出现里昂惕夫之谜。
里昂惕夫(Leontief,1956)	美国 1947—1951 年数据	
鲍德温(Baldwin,1971)	美国 1962 年贸易数据和 1958 年投入—产出表数据	
王家瑜(1988)	中国 1981 年数据	1981 年中国存在里昂惕夫之谜。
维特尼(Whitney,1968)	美国 1899 年数据	美国出口产品中的资本劳动比高于进口产品中的资本劳动比,符合 H-O 理论的预测。
斯特恩、马斯库斯(Stern & Maskus,1981)	美国 1972 年数据	
建元正弘、市村真一(Tatemoto & Ichimura,1959)	日本 1951 年数据	从整体上看,日本作为劳动力丰裕的国家,输出的主要是资本密集型产品,输入的是劳动密集型产品;但从双边贸易看,日本向美国出口的是劳动密集型产品,从美国进口的是资本密集型产品;日本出口到不发达国家的是资本密集型产品。
巴哈德瓦奇(Bharadwaj,1962)	印度 1951 年数据	印度向美国出口资本密集型产品,进口劳动密集型产品,出现里昂惕夫之谜;印度与其他国家的贸易中却出口劳动密集型产品,进口资本密集型产品,支持 H-O 理论。

上述这些研究为我们判定该"谜"是一般现象还是特殊现象提供了前提和基础。不过与此同时,"谜"的存在与否显得更加扑朔迷离了。因为现有研究表明,同一个国家,有的时期存在"谜",有的时期不存在"谜";在同一个国家同一个时期的对外贸易中,对有的国家的对外贸易中存在"谜",对其他国家的对外贸易中则可能不存在"谜"。

二、对里昂惕夫之谜的解释

里昂惕夫的两篇经典文献奠定了对要素禀赋理论进行实证检验的方法论基础,他发明的投入产出分析方法是相关实证研究采取的主要方法。发端于这两篇文献的里昂惕夫之谜出现之后,以对要素禀赋理论进行实证检验为基本任务,以投入产出分析为基本方法,在世界范围内发现了不少国家或地区存在着里昂惕夫之谜。可以说,里昂惕夫的发现对国际贸易理论界产生了相当大的影响。在他之后,不少经济学家曾经试图从如下几个方面寻求对里昂惕夫之谜的解释。

(一)劳动效率说

劳动效率说又称劳动熟练说,最早由里昂惕夫自己提出。里昂惕夫认为,各国的劳动生产率是不同的,1947 年美国工人的生产率大致是其他国家的三倍。那么,在计算美国工人的人数时,就应将美国的实际工人数乘以三倍,进而美国的资本/劳动比率(人均资本)就会低于其他国家,从而成为劳动力丰裕的国家,所以美国出口劳动密集型产品而进口资本密集型产品,这与要素禀赋理论的预测是一致的。那么,为什么美国的劳动力比外国的劳动力效率高呢?

里昂惕夫认为是由于美国具有良好的企业组织管理技术和生产环境。但是,反对的意见针锋相对:既然这些因素能够使得美国的劳动力具有更高的效率,同样也应该能够使美国的资本具有更高的效率。另外,还有一些学者认为里昂惕夫的解释过于武断,比如美国经济学家克雷宁(Krelnin)1965 年的研究发现,美国工人的效率和欧洲工人相比较,最多只高 1.2～1.25 倍,按照这样的比例换算,里昂惕夫之谜并不能被消除。

无论这一解释是否能彻底消除里昂惕夫之谜,它至少表明,H-O 理论中将生产要素简单分为劳动、资本等,而没有考虑要素的异质性是不合适的。现实中,同样的要素在不同国家往往是存在差别的。因此,要更精确地运用 H-O 理论对各国的分工与贸易模式进行预测,有必要考虑同种要素在不同国家的异质性。

(二) 人力资本说

在里昂惕夫之后,一些经济学家如凯能(P. B. Kenen)、鲍德温(Baldwin)、基辛(D. B. Keesing)、舒尔茨(Schultz)等在要素禀赋理论的框架下引入"人力资本"这一因素来解释里昂惕夫之谜。他们认为,H-O 理论所说的资本要素实际上只包括物质资本(如厂房、机器、设备等),而不包括人力资本。所谓人力资本,是指所有能够提高劳动生产率的教育投资、工作培训、保健费用等开支。与物质资本一样,人力资本投入也能在给定的资源水平上增加产出。由于美国的生产投入了较多的人力资本,从广义资本(既包括物质资本,也包括人力资本)的角度看,美国出口的仍然是资本密集型产品。凯能提出了一个更为精确的修正方案,把美国熟练工人的收入高出非熟练工人的收入部分予以资本化,将其作为人力资本与物质资本相加,并计算资本/劳动的比率,从而与其他国家进行比较。经过这般计算,里昂惕夫之谜可被消除。

这一解释表明,在人力资本日益重要的当代社会,H-O 模型中资本要素的外延有进一步拓展的必要性,至少应涵盖物质资本和人力资本两大类型。换言之,需要重新认识生产要素的外延,方能更好地运用 H-O 模型来预测各国的分工与贸易模式。

(三) 贸易保护说

美国经济学家鲍德温(Baldwin)提出了用贸易壁垒来解释里昂惕夫之谜的观点。他认为,要素禀赋理论的假设前提之一是自由贸易,但现实中国际之间的商品流动总是受到各种关税或非关税壁垒的限制。事实上,美国政府为了保护国内非熟练劳动力和半熟练劳动力的就业,其保护程度较高的领域是劳动密集型产品。根据鲍德温的估算,如果剔除美国对进口设置的贸易壁垒,1947 年进口产品中的资本/劳动比例将比里昂惕夫计算的结果低 5%。里昂惕夫的估算表明,即使去除贸易壁垒的影响,也只能减轻而无法消除里昂惕夫之谜。

克拉维斯(Kravis)在 1956 年的研究发现,许多外国的劳动密集型产品均被美国的各种贸易壁垒排除于美国的进口品之外,这会影响美国的贸易模式,降低了劳动密集型产品的进口规模。由于受到贸易伙伴贸易保护措施的限制,美国的资本密集型产品的出口规模也会比自由贸易时低。也就是说,贸易保护措施的存在导致美国"该进口的产品进不来、该出口的产品出不去"。换言之,如果实行自由贸易政策,美国会进口更多的劳动密集型产品,或出口更多的资本密集型产品。

这一解释表明，H－O理论赖以成立的"自由贸易"的假设前提在现实中是不成立的，要考察真实的贸易模式，必须纳入对"贸易壁垒"的分析。事实上，现实中决定一国贸易模式的因素不仅有自由贸易条件下的技术和禀赋（或生产成本），还有纳入保护贸易政策之后的交易成本。

（四）自然资源说

美国学者凡耐克（J. Vanek）在1959年发表的一篇论文中，提出了以自然资源的稀缺性解释里昂惕夫之谜的观点。凡耐克认为，在H－O理论中，只考虑了两种生产要素（劳动和资本），而忽略了自然资源要素（如土地、森林、矿藏、水资源等）。自然资源说认为，许多贸易产品是资源密集型的，自然资源要素与资本要素存在一定程度的替代性。若一国生产某种产品的自然资源不足，就会投入更多的资本要素以替代自然资源。例如，美国的进口品中初级产品占60%—70%，而且这些初级产品大部分是木材和矿产品，自然资源密集程度很高，把这类产品划归为资本密集型产品在无形中就加大了美国进口产品的资本/劳动比率，从而产生里昂惕夫之谜。同时，美国的出口产品中也可能消耗大量自然资源，它们的开采、提炼与加工均投入了大量的资本，如将这部分资本投入量考虑进来，里昂惕夫之谜就可能消失。鲍德温对凡耐克的观点进行了验证，发现在美日贸易、美欧贸易中不存在里昂惕夫之谜，而在美加贸易以及美国与发展中国家的贸易中，美国进口的自然资源比重较大，从而出现了里昂惕夫之谜。鲍德温在1971年利用美国1962年数据展开研究时发现，在剔除自然资源产品后，出口产品的资本/劳动比率除以进口产品的资本/劳动比率的结果由0.79上升为0.96，尽管尚未完全消除里昂惕夫之谜，但已经减轻了里昂惕夫之谜。

这一解释表明，某些自然资源产品与资本密集型产品之间确实存在着替代关系，美国进口的一些自然资源产品具有资本密集型的特点。这就加大了美国进口的资本密集型产品的份额，从而产生了里昂惕夫之谜。这一解释同时表明，H－O理论赖以成立的"两要素"的假设前提，应该根据现实情况拓展为三种甚至更多的要素种类，并考虑各类要素之间的替代或互补关系，才能更为准确地认识一国的分工与贸易模式。

（五）研究与开发要素说

以基辛（D.B.Keesing）、格鲁伯（W.H.Gruber）、弗农（R. Vernon）、梅达（D. Mehta）为代表的经济学家将"研究与开发要素"（Research and Development，R&D）纳入对一国分工与贸易模式的研究，分析了R&D要素与贸易之间的关系，从而寻求对里昂惕夫之谜的解释。

基辛在1965年发表的一篇论文中，用美国在十个发达工业国各部门出口总额所占的比重来表示美国的竞争力，以美国用于R&D的费用占美国各部门销售额的比重和美国科学家、工程师占美国各部门就业人数的比重来表示R&D指标。通过计算发现，美国出口产品的国际竞争力和该产品的研究与开发要素密集度之间存在较强的正相关关系。具体而言，美国产品竞争力强、出口占本国出口总额比重大的部门，投入的研究和开发费用占美国销售额的百分比、科学家和工程师的人数占美国该部门全部就业人员的比重也大。格鲁伯、弗农和梅达于1967年发表的一篇论文中，根据1962年美国19个产业的有关资料进行了分类比较，并按照研究与开发费用占整个销售额的比重以及科学家、工程师占整个产业全部雇佣人员的比重进行排列。研究结果表明,运输、电器、仪器、化学和非电器机械这五大产业名列前茅;这五大产业中,研究与开发费用占 19 个产业的 78.2%、科学家和工程师人数占 85.3%、销售量占 39.1%、出口量占 72%。这些研究表明,一国出口产品的国际竞争力与该种产品的研究与开发要素的密集度存在着较强的正相关关系。一个国家越是重视研究与开发,这个国家投入到研究与开发活动中的资金就越多,其生产出的产品的知识或技术的密集度就越高,在国际竞争中就处于更有利的地位。

这一解释表明,伴随研究与开发要素在现代经济发展中的地位日益凸显,H-O 理论中"两要素"的假设前提有必要进行修正,以更好地解释一国的分工与贸易模式,从而破解里昂惕夫之谜。

（六）要素密集度逆转说

按照 H-O 理论的基本假设,不同国家关于同种产品的技术水平是相同的,那么在不同国家这种产品的要素密集型就是稳定的。但在现实中,由于不同国家要素相对价格的差异,或者技术水平的差别,同一产品在不同国家可能表现为不同的要素密集型。比如,同一产品在有的国家表现为劳动密集型产品,在有的国家则表现为资本密集型产品。这就是所谓的"要素密集度逆转"。

里昂惕夫在计算美国出口商品的资本/劳动比率时,用的均为美国的投入产出数据。对于美国进口的商品,他用的也是美国生产同类产品所需要的资本/劳动比率而不是该商品在出口国国内生产时实际使用的资本/劳动比率,这就可能出现美国出口劳动密集型产品而进口资本密集型产品的情况。但如果产品的要素密集度发生逆转,那么在逻辑上就存在一种可能性:美国出口的劳动密集型产品,可能从别国的角度来看表现为资本密集型产品;美国进口的资本密集型产品,可能从别国的角度来看表现为劳动密集型产品。因此,"要素密集度逆转"可以对里昂惕夫之谜给予一定程度的解释。

不过,明哈斯(Minhas)在 1962 年对 19 个国家的 24 个行业进行了统计分析,发现其中有 5 个工业部门在不同国家之间存在"要素密集度逆转"的现象。明哈斯还比较了美国和日本的 20 个工业部门的要素投入比例,结果发现两国的同一工业部门要素投入比例之间的相关系数很低。明哈斯由此认为,不同国家之间特定商品的要素密集度发生逆转不仅是完全可能的,而且是现实存在的。对此,里昂惕夫提出了质疑,他认为明哈斯的数据来源存在偏差,在纠正这些偏差后,出现生产要素密集度逆转的情形所占比例仅为 8%。鲍尔(Ball)在对明哈斯的结果进行重新检验后也发现,要素密集度逆转的情况在现实中鲜有发生。幸好"要素密集度逆转"只是一种特殊现象,否则依据要素禀赋理论将无从有效分析一国的分工与贸易模式,国际贸易的经典理论就必须重写了。

无论如何,基于"要素密集度逆转"的解释告诉我们,在 H-O 理论的假设前提逐步逼近现实世界的过程中,我们需要注意到世界各国之间存在着要素相对价格的差异或者技术水平的差异,从而在更为现实的假设前提中观察和分析各国的分工与贸易模式。

基本概念

要素密集度(Factor Intensity)

要素丰裕度(Factor Abundance)

产品相对价格(Relative Commodity Price)

要素禀赋理论(Factor Endowment Theory)

斯托尔帕—萨缪尔森定理(Stolper-Samuelson Theorem)

要素价格均等化定理(Factor Price Equalization Theorem)

罗伯津斯基定理(Rybczynski Theorem)

提供曲线(Offer Curve)

贸易条件(Terms of Tradc)

里昂惕夫之谜(Leontief Paradox)

人力资本(Human Capital)

研究与开发(Research and Development)

复习思考题

1. 简述 H-O 理论的主要内容,并对其进行简要评价。

2. 比较新古典贸易理论与古典贸易理论的异同点。

3. 简述要素价格均等化定理的主要内容。

4. 简述斯托尔帕—萨缪尔森定理的主要内容。

5. 简述罗伯津斯基定理的主要内容。

6. 何为里昂惕夫之谜? 围绕该"谜",经济学界有哪些解释?

7. 作图分析机会成本递增情形下的贸易基础、贸易模式和贸易利益。

8. 给定机会成本递增的假设前提,若两国的生产可能性曲线相同而消费偏好不同,两国之间存在分工与贸易的可能性吗? 请作图分析。

9. 已知:生产每单位 X 产品需要投入 1 单位劳动力和 6 单位资本,生产每单位 Y 产品需要投入 2 单位劳动力和 1 单位资本;又知:在发生国际贸易前,A 国每单位劳动力价格为 30 美元、每单位资本价格为 10 美元,B 国每单位劳动力价格为 60 美元、每单位资本价格为 12 美元。请问:两国之间可以进行分工与贸易吗? 如果可以,它们的贸易基础和贸易模式是怎样的?

参考文献

[1] 奥林:《地区间贸易和国际贸易》,王继祖等译,首都经济贸易大学出版社,2001 年。

[2] 陈绵水、赵应宗:《国际贸易》,山西经济出版社,1998 年。

[3] 海闻、P.林德特、王新奎:《国际贸易》,格致出版社、上海人民出版社,2003 年。

[4] 韩玉军:《国际贸易学(第二版)》,中国人民大学出版社,2017 年。

[5] 李坤望:《国际经济学(第四版)》,高等教育出版社,2017 年。

［6］里昂惕夫:《投入产出经济学》,崔书香译,商务印书馆,1980年。

［7］梁坚:《国际贸易理论与政策——基于比较优势统一框架的全新阐释》,中国人民大学出版社,2011年。

［8］杨青龙:《论国际贸易中的"相对生产成本不等式"——从李嘉图模型到规模经济模型的集成与统一》,《石家庄经济学院学报》2012年第6期。

［9］约翰·伊特韦尔、墨里·米尔盖特、彼特·纽曼:《新帕尔格雷夫经济学大辞典》第2卷、第3卷,经济科学出版社,1996年。

［10］张二震、马野青:《国际贸易学(第五版)》,南京大学出版社,2015年。

［11］张为付:《国际经济学(第三版)》,南京大学出版社,2016年。

第五章

新贸易理论

本章重点

1. H-O 模型假定放松的主要内容
2. 产业内贸易理论的概念、特点及成因
3. 技术差距论的主要内容
4. 产品生命周期理论的基本内容
5. 国家竞争优势理论的基本内容

前面介绍了曾占主流地位的古典与新古典贸易理论,本章介绍现代国际贸易理论。20 世纪 70 年代末是贸易理论发展的分水岭,此前几乎所有研究都以完全竞争为假设,它们成功地解释了产业间贸易、国际资本流动、技术优势决定分工与贸易格局的问题。此后的研究引入了各种形式的不完全竞争,去解释以完全竞争为假设的传统贸易理论所不能解释的问题,如产业内贸易、国际技术差距成因、国家竞争优势等。同时,通过政府干预,把寡头利润从国外企业转移到国内企业,可以增加本国福利。这些理论改变了传统贸易理论的假设条件,分析框架也不同,被称为"新贸易理论"。

第一节 新贸易理论的发展

一、新贸易理论产生的背景

二战后,国际贸易活动出现了许多新的现象,对传统国际贸易理论形成了挑战,迫使经济学家寻求新的贸易理论。具体表现为:

(一)同类产品之间的贸易量大幅增加

古典和新古典贸易理论认为国际贸易的根源在于各国在产品生产方面的差异,包括技术差异(比较优势理论模型)以及资源禀赋和产品要素密集度的差异(H-O 模型)。按照这些理论,各国之间的贸易主要是不同产品之间的贸易,即"行业间贸易",但二战后,国家间同类产品之间的贸易,即"行业内贸易"大大增加,这种现象突破了传统贸易理论框架下的贸易模式,因此是对传统贸易理论的一个挑战。

（二）发达国家间的贸易比重快速增长

传统国际贸易理论的资源禀赋论认为,国家间资源禀赋的差异是国际贸易的重要原因,据此,国际贸易应主要发生在发达国家(资本丰裕国)与发展中国家(劳动力丰裕国)之间(即"南北贸易"),20世纪50年代之前的国际贸易的确大部分是属于"南北贸易"。但是20世纪60年代后,发达国家之间的贸易("北北贸易")在国际贸易中所占的比率逐步上升,成为国际贸易的重要部分。那么,国际贸易为什么会在相似的资源禀赋国家(即同类国家)之间进行呢？这一现象显然是资源禀赋论所不能解释的。

（三）产业领先地位不断转移

当代世界贸易的发展中,有许多产品曾经由少数发达国家生产和出口,然而,战后这些产业的领先地位不断发生变化,一些原来进口的发展中国家开始生产并出口这类产品,而最初出口的发达国家反而需要进口。为什么在资源禀赋的模式基本不变的情况下,某些制成品的比较优势会从发达国家向发展中国家转移呢？这一问题也是在传统贸易理论的框架内难以找到答案的。

（四）跨国公司对全球许多产业形成垄断

许多商品市场中完全竞争不是经常存在的,而不完全竞争则经常存在,少数垄断企业由于规模报酬递增而获得市场地位,从而导致国际分工,而传统的国际贸易理论无法对此贸易现象做出合理解释。

以上现象在古典和新古典的传统国际贸易理论框架内难以得到解释,这就迫使经济学家寻求新的贸易理论来解释这些现象,经济学家的这种努力促成了现代国际贸易理论的形成。

二、新贸易理论分析的起点：对 H-O 模型假定的放松

国际贸易理论经历了以斯密、李嘉图等人为代表的古典主义阶段和以赫克歇尔、俄林等人为代表的新古典主义阶段后,20世纪六七十年代进入了一个相对平缓的时期。到了20世纪70年代后期,随着发达国家之间产业内贸易等的迅速发展,在赫克歇尔—俄林体系中徘徊了多年的国际贸易理论又活跃起来。由于 H-O 理论本身的局限及其假设条件的不切实际,使得 H-O 理论在解释现实的国际贸易问题时遇到了许多困难。一些学者从怀疑、放松 H-O 理论的假定条件入手,提出了各种新的能够从理论上解释国际贸易现实的理论。

赫克歇尔—俄林理论部分假设条件的放松,比如 $2\times2\times2$ 的模型、技术相同、不完全分工、生产要素在国际间不流动、要素充分利用和贸易平衡等,不会动摇其对贸易基础的解释这一理论根基。

但是,从以下几个方面进行假定的放松和分析扩展,我们将看到赫克歇尔—俄林理论在根本上的动摇。

第一,放松规模报酬不变假定。国际贸易也可以在规模报酬递增的基础上进行,而且规模经济本身可以成为贸易发生的一个独立源泉。这就解释了大部分赫克歇尔—俄林理论所未涵盖的国际贸易模式比如产业内贸易,这也正是新贸易理论的一个主要发展。

第二,放松完全竞争的假定。基于产品差别和规模经济的产业内贸易往往存在于不完全竞争的市场结构中,所以为了更有效地解释产业内贸易,需要把不完全竞争理论整合到国际贸易理论中来。

第三,从动态的角度考察国际贸易。技术差异及技术变化也可视为国际贸易的一种来源,这也是静态的赫克歇尔—俄林理论所无法解释的。

第四,放弃禀赋差异和偏好相似的假定。禀赋相似的国家仅仅因为偏好差异也能产生贸易。

第五,运输成本和贸易壁垒会影响贸易各方利益分配,对产品和价格扭曲足够大时会改变贸易模式。

第六,国家层面综合性的竞争优势也是影响国际贸易形成和发展的重要源泉,这一角度已经不同于传统的国际贸易理论。

另外,基于微观层面的异质性企业贸易和公司内生增长等的研究进一步扩展了国际贸易传统理论的研究边界,也是对公司内贸易和跨国企业贸易投资等经济现实给出的探索性理论解释。

新贸易理论分析的起点:H-O理论假设的放松

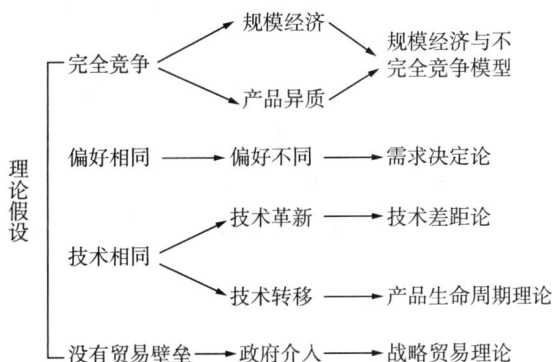

图 5－1　新贸易理论分析逻辑图

综上所述,放松赫克歇尔—俄林模型中大多数的假定仅仅是修正理论的有效性而不能推翻它的基础,但是放松模型规模报酬不变、完全竞争等几个关键假定后,要解释新的国际贸易模式,就需要新的贸易理论对贸易基础进行重构。本章将重点介绍基于以上假设改变和扩展的新国际贸易理论:产业内贸易理论、产品生命周期理论、国家竞争优势理论。本章第二节介绍基于规模报酬递增和不完全竞争的产业内贸易理论;第三节介绍基于技术差异和技术动态变化的产品生命周期理论;第四节介绍国家竞争优势理论。

第二节　产业内贸易理论

产业内贸易兴起于二战后,随着贸易、投资自由化和市场一体化的发展,产业内贸易逐渐活跃起来。在当今的全球贸易中,产业内贸易接近 70% 甚至更多,传统贸易理论无法解释这种现象。20世纪60年代初,一些应用经济学家,如美国的巴拉萨(B.Balassa)和格鲁贝尔(H.G.Grubel)等人对欧共体成立后其成员国间贸易格局演变进行研究;20世纪70年代中期,格鲁贝尔和劳埃德(Lioyd)通过对主要工业化国家的研究,提供了有关部门内贸易现象的详细证明,并于1975年出版了《部门内贸易》一书,对部门内贸易理论作了比较系统的说明。其间,默瑞·坎普(Murray C.Kemp,1964)提出了坎普模型,指出了外在规模经济与国际贸易的关系;保罗·克鲁格曼(Paul Krugman,1979)提出了规模经济理论,从规模经济的角度说明了国际贸易的起因和利益来源,这些理论充实了产业内贸易理论。

在这一节中,我们将对规模经济的概念及不完全竞争经济进行一个概括性的描述;然后分析产业内贸易理论重要的几个国际贸易模型;最后对产业内贸易理论进行简要的评价。

一、产业内贸易的概述

(一)产业内贸易的概念

"产业"是现代工业文明诞生后,随着资本主义机器大工业的出现而产生的一个概念。产业是一个集合的概念,是一种同一属性的生产经营活动、同一属性的产品服务、同一属性的企业的集合。波特(Poter)认为传统的产业定义过于宽松,他将产业定义为生产直接相互竞争产品或服务的企业的集合。

产业内贸易(Intra-industry Trade)是相对于产业间贸易(Inter-industry Trade)而言的,是指一个国家在出口某种产品的同时又进口同类型的产品,也常被称为双向贸易(Two-way Trade)或贸易重叠(Over-lap Trade)。联合国国际贸易标准分类(Standard International Trade Classification,SITC)中,将产品分为类、章、组、分组和基本项目五个层次,每个层次中用数字编码来表示。我们研究中所涉及的相同产品,指的是至少前三个层次分类编码相同的产品。即相同类型的商品是指至少属于同章、同类和同组的商品同时出现在一国的进出口项目中。

(二)产业内贸易的特征

(1)进口和出口的商品有非常高的相互替代性,并且生产中的要素投入基本相同。

(2)进口国和出口国在该商品的生产能力方面并无大的差别。产业内贸易在那些要素禀赋、技术水平等方面相类似的国家比较普遍。因此在经济发展水平比较接近的国家之间,产业内贸易成为相互贸易的主体,比如"南南贸易"。

(3)产业内贸易的产品可以同时进口和出口,具有双向性。

(4)由于产业内贸易是由不完全竞争市场上产品的差异性引起的,其贸易产品具有多样性。产业内贸易的对象既可以是初级产品,也可以是工业制成品。

产业内贸易往往是在生产力发展程度、人均国民收入水平等条件接近的国家之间进行,其形成基础和影响都不同于产业间工业品的相互贸易。

(三)产业内贸易的类型

格鲁贝尔和劳埃德(H. G. Grubel and P. J. Lloyd)是最早系统地从理论上研究同产业贸易现象的经济学家。1975年,格鲁贝尔和劳埃德出版《同产业贸易》一书,对同产业贸易理论作了较系统的说明,他们把产业内贸易分为同质产品的产业内贸易和差异产品的产业内贸易两大类。

1. 同质产品的产业内贸易

所谓同质产品(Homogeneous Products)是指可以完全相互替代的产品,或相同产品生产区位不同或制造时间不同。格鲁贝尔和劳埃德认为同质产品的产业内贸易是由于运输、储存、销售和包装等成本引起的。主要有以下一些类型:

(1) 大宗原材料的国际贸易。

(2) 转口贸易和再出口贸易。转口贸易和再出口贸易的商品其基本形式没有发生变化,只是通过提供仓储、运输等服务来实现商品的增值,成为同质产品产业内贸易的一种形式。

(3) 产量的季节性差别导致的国际贸易。一国供给和需求的不一致及其自然灾害可能会引起一个国家进口一些其他时候出口的产品,同样出现了产业内同质产品的贸易。

(4) 由于合作生产和特殊的技术条件,引起了一些完全同质的服务进行了国际贸易,如金融服务贸易中常常同时存在"进口"与"出口"。

此外,还可能会由于政府干预造成了国内价格扭曲,而作为以实现利润最大化为目标的企业便从事同时进口和出口的活动。

2. 差异产品的产业内贸易

差异产品(Differentiated Products)又叫异质产品,是产品具有差别性特征。产品差别可具体表现在同类产品的质量性能差别、规格型号差别、使用材料的差别等方面。

差异产品又分为垂直差异产品和水平差异产品。垂直差异产品是指仅仅在质量上存在差异的产品。水平差异产品是指有着同样质量,但其特色或特质不同的产品。差异产品往往既有垂直差异的特点,又有水平差异。

格鲁贝尔和劳埃德认为差别产品的同产业贸易可以根据产品的相互替代性的和生产投入相似性来分别进行统计:

(1) 能完全替代但生产投入很不同的产品,如木制和钢制家具,可用赫克歇尔—俄林的资源优势来解释,因为投入的不同从生产上来看必须视作不同的商品,产业内贸易只是一种现象。

(2) 投入相似但不大能替代的产品,甚至当中有一些属于"相关产品",这也可用资源优势来解释,因为其效用的不可替代性从需求角度看就是不同的商品。

(3) 投入相同的完全能替代的产品,传统贸易理论就无法解释。只能取消不变成本的假定,用规模经济效益这一因素来解释,即以一种差别产品的同一品种持续生产的时间长度(Length of Run)来解释。这就意味着需要一些和传统贸易理论不同的新理论来对同产业贸易现象进行分析。

(四) 产业内贸易的测度

产业内贸易理论的产生,起源于对发达国家之间相似产品贸易的研究,而对于禀赋和技术水平的差距较大的发达国家和发展中国家之间,似乎更多的应该是产业间贸易,能够以传统的贸易理论来解释。但是近年来,越来越多的发展中国家,以新兴工业化国家为主的很多发展中国家,产业内贸易在贸易总额中占的比重越来越大,产业内贸易也越来越重要了。于是,发展中国家纷纷将产业内贸易的水平作为判断其经济发展和工业化水平的一项重要指标。产业内贸易指数(Intra-industry Trade Index)衡量产业内贸易水平的高低。

1. 沃顿指数

1960年,沃顿考察了欧洲荷比卢集团的情况,根据两个时点,12种产品组合的样本,他用某一行业产品组 J 的出口(X_j)与相应的进口(M_j)的比例来检验贸易模式的变化。

当 $S_j = X_j / M_j$ 接近于1时,则表明贸易的结构属于产业内贸易;若该指数远离1,如无穷小或无穷大,则该贸易的结构为产业间贸易。目前,这一指标已经基本不被采用了。

2. 巴拉萨指数

$$A_j = | X_j - M_j | / | X_j + M_j | \tag{5.1}$$

X 为出口,M 为进口;

当 X 或 M 为0时,该值为1,为产业间贸易;

当 X 或 M 相等时,该值为0,为完全的产业内贸易。

该指数越大,则产业内贸易的程度越小。

3. 格鲁拜尔和劳埃德指数(G-L指数)

格鲁贝尔和劳埃德计算产业内贸易指数的计算公式为:

$$IIT_i = \frac{(X_i + M_i) - | X_i - M_i |}{(X_i + M_i)} \times 100\%$$

或者表示为:

$$IIT_i = 1 - \frac{| X_i - M_i |}{X_i + M_i} \tag{5.2}$$

即1减去巴拉萨指数。通过这个公式得到的指标在0到1之间变动。当该产业出口量恰好等于其进口量时,$\frac{| X_i - M_i |}{X_i + M_i} = 0$,即 $IIT_i = 1$,达最大值,即全部贸易都是同产业贸易;反之,当 $\frac{| X_i - M_i |}{X_i + M_i} = 1$ 时,则 $IIT_i = 0$,为最小值,完全没有同产业贸易。一般情况下,$0 < IIT_i < 1$。

练习题

利用格鲁拜尔和劳埃德指数计算产业内贸易指数(某一产业或产品群)。

某国2013年纺织服装出口100亿美元,同时进口纺织服装40亿美元,试测算该国本年度纺织服装业的产业内贸易程度。

解:$B_j = 1 - (X_j - M_j)/(X_j + M_j)$

$\qquad = 1 - (100 - 40)/(100 + 40)$

$\qquad = 1 - 60/140$

$\qquad = 0.57$

二、产业内贸易的理论解释

（一）不完全竞争与国际贸易

不完全竞争作为贸易的起因之一，是与垄断企业或垄断竞争企业的价格歧视行为紧密联系在一起的。价格歧视给企业所带来的收益是一种出口激励，能够解释在不完全竞争条件下企业的出口动力和贸易原因。

价格歧视必须具备三个条件：第一，必须是不完全竞争行业，也就是说企业有能力决定其销售价格；第二，市场必须是分割的；第三，在不同的市场上，厂商所面临的需求曲线的弹性不同。

在国际贸易中，价格歧视的三个条件都可以得到满足。换句话说，即使生产成本一样，厂商也可以在本国和外国市场上用不同的价格出售。

完全竞争企业面对的是一条水平的需求曲线，在完全竞争的情况下，每个厂商规模之小以至于无论它生产多少都可以按照市场价格出售。因此，只有当外国市场上的价格超过本国市场价格时，企业才有出口的动机。

垄断及垄断竞争的企业面对的是一条斜率为负、价格随数量增加而下降的需求曲线。企业并不能在国内无限制地生产和销售，垄断或垄断竞争企业每增加一个单位的产品销售，所有单位产品的价格就一齐下跌，企业的边际收益则下降得更快。企业为了保证利润的最大化，就不得不将在国内市场出售的产品数量控制在一定的范围里。这时，这些企业就有在国外市场上增加产品销售的动力。只要在国外市场上的价格超过产品生产的平均成本，企业出口就有利可图，而不论其价格是否高于本国市场。

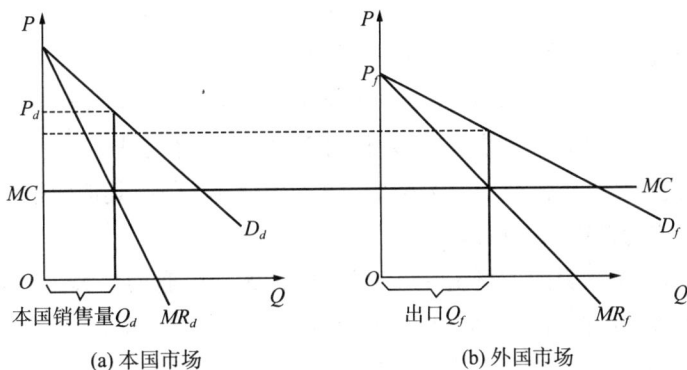

图 5-2　不完全竞争与国际贸易

假设这个垄断厂商面对的本国和外国市场的情况，厂商的边际成本（MC）是个常数，且没有运输成本，所以无论在本国市场还是在外国市场上销售，产品的边际成本都是一样的。

在本国市场上，该厂商拥有垄断地位。在利润最大化的目标下，企业只生产和销售 Q_d，即将产量控制在边际收益（MR_d）等于边际成本（MC）时的水平上。将这些产品销售到国内市场上，产品的价格可达到 P_d。为了保证利润不下降，企业不会再在国内市场上增加销售量。

另一方面，企业看到外国市场上亦有对这一产品的需求，并且存在着高于边际成本的一段边际收益($MR_d > MC$)。只要是边际收益大于产品生产的边际成本,企业就会生产并出口到外国市场。但由于企业在外国市场上的份额比较小,需求(D_f)的价格弹性较大,所以企业无法收取像本国市场那样高的价格。根据利润最大化原则,企业会向外国出口 Q_f,最高价格为 P_f(低于 P_d)。

（二）规模经济与国际贸易

1. 规模经济含义与分类

规模经济(Economies of Scale)是指在产出的某一范围内,平均成本随着产出的增加而递减。规模经济的存在可使资源和生产技术水平大致相同的国家之间发生国际贸易。规模经济可分为内部规模经济和外部规模经济。

（1）内部规模经济(Internal Scale Economies)指单个企业的规模扩大时,企业的单位产出的平均成本下降。在具有内部规模经济的行业中,大厂商比小厂商更有优势,该行业的厂商数量较少,厂商规模较大,就形成了不完全竞争的市场结构。

（2）外部规模经济(External Scale Economies)又称行业规模经济,是指随着整个产业的规模扩大时,各个企业的(长期)平均生产成本下降的现象。在一个只存在外部规模经济的行业,大厂商没有优势,该行业一般由大量较小的厂商构成,且处于完全竞争状态。

2. 规模经济决定国际贸易的理论解释

规模经济可以说是有别于比较优势的另一种国际贸易的起因,内部规模经济和外部规模经济分别从不同的角度决定了国际贸易的发生。

（1）内部规模经济下的国际贸易。具有内部规模经济的行业往往会形成不完全竞争的市场结构,主要是垄断竞争市场和寡头垄断市场,厂商生产有差异的产品。厂商数量及其生产的差异产品种类与市场规模有关。市场规模大的国家能够容纳的厂商数量多,生产的差异化产品种类也多。各国通过贸易满足消费者对差异化产品的需求。

（2）外部规模经济下的国际贸易。在外部规模经济下,大规模从事某一产品生产的国家往往有较低的生产成本,这有助于形成"先发优势"。即一国率先进入某一具有外部规模经济的行业后,外部规模经济会巩固其作为大生产者的优势地位,阻碍其他国家进入这一行业。具有先发优势的国家成为该产品出口国。

在开放条件下,两个国家的市场统一,市场规模扩大。厂商会扩大生产规模,产品的单位成本降低;同时,更多的厂商进入这个行业,生产更多的差异化产品。每个国家出口差异化产品,进口另一些差异化产品。建立在内部规模经济和差异产品基础上的国际贸易发生在同一个行业内,则产生了产业内贸易。

三、同质产品的产业内贸易

格鲁贝尔和劳埃德所述的相同产品的产业内贸易,在布兰德和克鲁格曼(J. Brander and P. Krugman,1983)看来是不同国家的寡头厂商相互作用的结果。

相互倾销模型(Reciprocal Dumping Model)假设了一个只有两个国家的世界;每个国家都有一个由少数企业组成的产业,企业之间按照古诺的双头垄断模式进行竞争,这样在均衡状态下价格会高于边际成本;并且假设这种产品在两个国家自给自足的条件下国内的均衡价格相同。

现在来考察最简单的双头垄断的情形:两国两厂商生产同质产品;产量是决策变量,那么每个厂商都要决定他的产品在国内外各出售多少(假定全部在国内生产)。用 X_{ij} 表示生产者 i 为市场 j 生产的产量,国内市场的总供给等于 $X_{11}+X_{21}$,国外市场的总供给数量为 $X_{12}+X_{22}$。

产品销往国外还要有运输成本,在寡占模型中通常是假定有一定比例的出口产品由于运输费用而被吸收,这被称为"冰山模型"(Iceberg Model),也就是说,当国内企业出口 X_{12} 数量的产品时,其中一部分在到达国外市场之前就消失掉了,最终只有 gX_{12} 的产品($0 \leqslant g \leqslant 1$)到达目的地。

假定需求函数是线性的,且在两国都一样,可表示为:

$$P_1 = a - b(X_{11} + X_{21}) \tag{5.4}$$

$$P_2 = a - b(X_{12} + X_{22}) \tag{5.5}$$

考虑运输成本后,两个企业的利润函数表示为:

$$\pi_1 = [a - b(X_{11} + X_{21})]X_{11} + [a - b(X_{12} + X_{22})]X_{12} - c[X_{11} + \frac{1}{g}X_{12}] - F \tag{5.6}$$

$$\pi_2 = [a - b(X_{11} + X_{21})]X_{21} + [a - b(X_{12} + X_{22})]X_{22} - c[X_{21} + \frac{1}{g}X_{22}] - F \tag{5.7}$$

其中,企业的成本函数表示为固定成本 F 加上可变成本 cX_{ij} 的形式。在确定它们的最优产出时,两个企业被假定按古诺模型行事,即每一个生产者都认为它的行动不会引起其竞争对手改变其生产过程。换言之,两个生产者对自己国内市场的反应函数没有改变,但对出口市场的反应函数必然受到影响。即在决定 X_{11} 和 X_{12} 时,国内企业把 X_{21} 和 X_{22} 作为参数来考虑,外国企业也是这样做的。

利润最大化的一阶条件为:

$$\frac{\partial \pi_1}{\partial X_{11}} = [-2bX_{11} - bX_{21} + a] - c = 0 \tag{5.8}$$

$$\frac{\partial \pi_1}{\partial X_{12}} = [-2bX_{12} - bX_{22} + a] - c/g = 0 \tag{5.9}$$

$$\frac{\partial \pi_2}{\partial X_{21}} = [-2bX_{21} - bX_{11} + a] - c/g = 0 \tag{5.10}$$

$$\frac{\partial \pi_2}{\partial X_{22}} = [-2bX_{22} - bX_{12} + a] - c = 0 \tag{5.11}$$

上述式(5.8)和式(5.10)可从式(5.9)与式(5.11)中分离出来,单独解出 X_{11} 和 X_{21},得到国内企业和外国企业在国内市场上出售的均衡数量。式(5.7)构成国内企业的古诺反应,该反应表现为图 5-3 中的 R_1R_1 线,式(5.9)是外国企业的反应函数,表现为图 5-3 中的 R_2R_2。交点 E 为国内市场均衡状态。

图 5-3 中表示的均衡状态是稳定的,任何偏离都会引起系统向 E 复归。例如,假定外国企业原生产 X_1 供出口,国内企业认定对手的产量就应选择生产 X_2 的产量,但是,外国企业对

国内产量 X_2 的反应是产量 X_3,相应的,国内企业的产量选择是 X_4。古诺游戏将继续下去,直到整个体系在 E 点达到均衡。

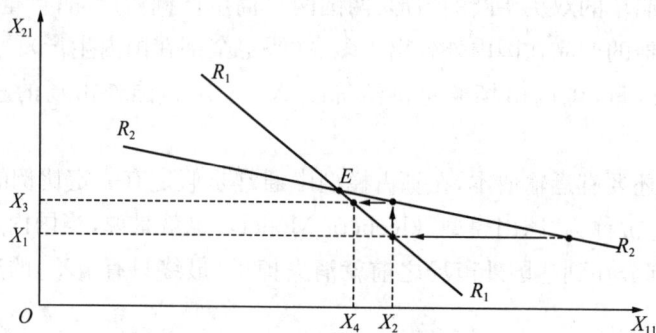

图5-3 古诺反应函数

布兰德和克鲁格曼指出,寡头垄断厂商为实现企业利润最大化,将增加的产品产量以低于本国市场价格的价格销往国外市场。尽管从表面上看,在国外市场上产品的销售价格降低了,但是从销售全部产品所获利润最大化的角度,如果这种销售不影响在本国销售的其他产品的价格,那么厂商所获得的总利润水平提高了。同样道理,其他国家的厂商也会采取同样的战略将增加的产品销售量销往对方国家市场,这种相互倾销行为所形成的贸易不是由于两家分属不同国家的厂商生产了差异产品,而是因为各自对自己最大限度利润的追求。

方程组的古诺均衡解可以求出。从式(5.8)可得到 X_{11}:

$$X_{11} = -\frac{1}{2}X_{21} + \frac{c-a}{2b} \tag{5.12}$$

上述4个方程式可分的,式(5.8)、(5.10)包括两个未知变量 X_{11} 和 X_{21},式(5.9)、(5.11)仅包含另两个未知变量 X_{22} 和 X_{12}。同时,两个子系统完全对称。因此,第一个子系统的解也就是第二个子系统的解,即 $X_{11}=X_{22}$ 和 $X_{12}=X_{21}$。以第一个子系统为例解出均衡产量:

$$X_{11}^E = \frac{a + \dfrac{c}{g} - 2c}{3b} \tag{5.13}$$

$$X_{21}^E = \frac{a + c - \dfrac{2c}{g}}{3b} \tag{5.14}$$

国际贸易的发生必然要求 $X_{21}^E > 0$,即 $g > 2c/(a+c)$。这表明,运输成本必须低于某一临界值,才有可能产生贸易。当运输成本趋近于零时($g \to 1$),古诺均衡解为:

$$X_{11}^E = X_{21}^E = \frac{a-c}{3b} \tag{5.15}$$

由此可见,根据相互倾销贸易理论,各国开展对外贸易的原因只在于垄断或寡头垄断企业的市场销售战略。国际贸易的结构既不受产品成本差别进而是要素禀赋差别的限制,也不受生产者和消费者对差异产品追求的限制。同时,相互倾销基础上国际贸易的利益来自各国企业通过"倾销"所获得的垄断利润和在本国市场上销售价格保持不变情况下所获得的垄断利润总和。

四、水平差别产品的产业内贸易

(一)新张伯伦模型

20 世纪 70 年代末,迪克西特(A. K. Dixit)、斯蒂格利茨(J. E. Stiglitz)、克鲁格曼(P. Krugman)等建立了新张伯伦模型,把张伯伦的垄断竞争理论运用到产业内贸易领域。新张伯伦模型将分析建立在解释水平差异产品的产业内贸易上,即在产品具有水平差异性,并且生产的平均成本递减的情况下,即使两个生产成本完全相同的国家也能发生产业内贸易,并通过贸易提高两国的经济福利水平。

在新张伯伦模型的分析中,假定:

(1) 只有一种生产要素劳动,并且供给是固定的。

(2) 存在许多厂商,每个厂商都生产 X 商品类中的一个品种;厂商可以自由进入或退出该产业,品种数目没有限制。

(3) 生产函数对所有厂商是一样的,每个厂商需要固定数量的劳动投入,然后每个厂商以不变的边际劳动投入要求来生产它的品种,因而厂商 i 所需要的总劳动投入(即为生产 X_i 数量的商品 i 的生产函数)为:

$$l_i = \alpha + \beta X_i \qquad \alpha, \beta > 0 \qquad (5.16)$$

其中,X_i 是 X 商品类 i 品种的产出。假定系数 $\alpha > 0$,在生产中存在规模经济,即随着产出增加,平均劳动投入下降。当规模收益递增时,即 X_i 增加时,l_i 要求 l_i / x_i 下降,每一种商品将只有一个生产者,生产者的数目与向市场提供的产品种类相同。

(4) 每个消费者的效用函数相同,而且所有的品种都对称地进入效用函数。这说明:第一,每增加一单位任何品种的消费,总效用的增加是相同的;第二,消费的品种越多,总效用也增加越多。效用函数的形式为:

$$u = \sum_i v(c_i) \qquad (5.17)$$

其中,$\dfrac{\partial v(c_i)}{\partial c_i} > 0$,在保持总消费不变的情况下,增加另一品种会提高福利水平。

每一个生产者都试图通过一个分割的市场来形成自己的垄断力量,这意味着边际收益与边际成本相等。如果每个厂商面临一个给定的工资率 w,那么其总成本就是 $w(\alpha + \beta X_i)$,如果品种 i 的价格为 P_i,每个厂商的利润就是:

$$\pi_i = P_i X_i - w(\alpha + \beta X_i) \qquad (5.18)$$

在已知效用函数和生产函数时,利润最大化的条件为:

$$P_i(X_i)\left(1 - \frac{1}{e}\right) = \beta w \qquad (5.19)$$

式中,e 是单个厂商面对的需求弹性,w 为工资率。

但是,如果厂商可自由进入,长期均衡中就必然有价格等于平均成本:

$$P_i X_i = (\alpha + \beta X_i)w \tag{5.20}$$

或 $$P_i = w[(\alpha/X_i) + \beta] \tag{5.21}$$

如果总收益大于总成本,即 $P_i X_i > (\alpha + \beta X_i)w$,新的企业会受到超额利润的吸引进入该行业。反之,若销售收入无法弥补生产成本,一些企业就会退出该行业。

产品的长期均衡要求每一个厂商都没有超额利润,张伯伦的零利润条件可以通过设 $w = 1.0$ 来进一步简化,即 $P_i X_i = (\alpha + \beta X_i)$;而封闭经济体中 $X_i = Lc_i$(L 表示劳动),那么就有:

$$P = \frac{\alpha}{Lc} + \beta \tag{5.22}$$

这里下标消失了,因为 P、X、c 的解都相等,即模型的对称性意味着,每个厂商都会以同样的平均成本将其选择的品种生产出同样数量的产出,并且以同样的价格销售。换言之,对所有的厂商都有 $X_i = X$,$L_i = L$ 以及 $P_i = P$。

如图 5-4 的 PP-ZZ 模型,PP 线表示利润最大化条件,向上扬起的原因是假设每个生产者所面对的需求弹性会随产量扩大而缩小;ZZ 线表示价格与成本的关系,即 $P = \frac{\alpha}{Lc} + \beta$。

两条曲线的交点 E 决定了均衡价格 P_0,每一种商品的人均消费水平为 c_0,每个企业的产出以 X_0 表示,可以通过用 L 乘以 c_0 获得。在充分就业条件下,有:

$$L = n(\alpha + \beta X_0) \tag{5.23}$$

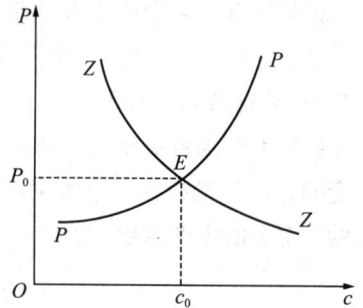

图 5-4 PP-ZZ 模型

此处唯一的未知数是 n,表示产品多样化水平。前面已经提及,对所有的厂商都有 $X_i = X$,因此有:

$$n = \frac{L}{\alpha + \beta X} \tag{5.24}$$

以上讨论的是"本国"的情形,现假定还有一个"外国",它在所有方面与本国相同,即生产同样数量的产品,其国内价格相同。没有一个国家在任何一种商品类别上具有比较优势,而且存在着一个贸易的基础,即需求的多样性。如果消费者得到比过去多的产品,则消费者的状况得到改善。

如果允许两国进行贸易,不考虑运输成本或其他障碍,那么一国生产与另一国完全相同品种的厂商会改变其生产的品种,转而生产其他任何厂商都没有生产的品种。这是因为,不论生产哪一个品种,生产成本都是一样的,并且厂商能销售的新品种的数量与老品种一样多。随着厂商的调整,到最后是每个厂商生产一个品种。

对两国来说,贸易使得它们的福利水平提高,在生产方面,两国也没有损失,因为两国的厂商数没有变,实际工资也没有变,而消费者消费总量不变,但品种范围扩大了。

这一模型表明,在产品具有水平差异性,并且生产成本递减的情况下,即使两个完全相同的国家之间,也能够展开同产业贸易,并增进两国福利。

(二)霍特林—兰卡斯特—赫尔普曼模型(新霍特林模型)

假定消费者并非偏好完全相同,不会像迪克西特—斯蒂格里茨—克鲁格曼模型假定的那样每种东西都买一点,而是只从一个供应商那里购买某种产品。这种偏爱的供应商可能是缘于地理上的接近,这时运输成本是重要的,所以区位是影响垄断竞争产业的重要因素。

霍特林(H. Hotelling)说明了双头垄断会导致差异极小化(假定排除了定价问题)。例如,在一报纸系列中(按某种标志排列,可用直线表示),每份报纸都会尽量贴近中间读者群。如果一份报纸处于中点以外,那么另一份报纸也可以通过将自己定位于稍微离开终点的位置来吸引更多读者,得到更多的业务和利润。

底阿斯皮里芒特(C. d'Aspremont)等人把定价和企业区位决策结合起来,假定运输成本为二次方程式(曲线型,意味着一定产品的负效用随消费者距其远近而增减),独立的寡头垄断者设定价格来使自己的利润最大化,其他决策则是作为既定的。那么,这些独立的寡头垄断者能够达到线的两端。国际贸易的好处是提供更多的选择,没有社会优化问题。

兰卡斯特(K. J. Lancaster)认为,产品由多种品质所组成的,某一特定产品具有特定的品质组合比例。在总体水平上或者就广义上来说,人们需要差异化产品的所有品种。但实际上,每个消费者或消费者群体有不同的偏好,因而只是对产品的某个或某些不同品种产生需求;与此同时,生产方面也只是有限的品种被生产出来,大部分消费者并不能得到规格品种与他们的精确需求相一致的产品。兰卡斯特将其对产品特征的分析应用于需求研究,将垄断竞争模型扩展到了国际贸易。

按照兰卡斯特模型,假定某种产品的具体品种按其品质规格差异可以进行排列,如图 5-5,并且假定消费者除了对产品需求的偏好外其他方面均相同。现在考虑某个消费者对该产品需求的具体品质规格为 G^*,再假定可获得的最接近 G^* 的产品品质规格为 G_1 和 G_2,两者的距离为 d,与 G^* 的距离分别为 t 和 $d-t$。

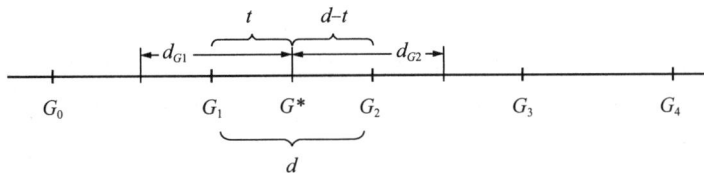

图 5-5 产品品种的市场范围

在考虑 G_1 和 G_2 的价格时,我们会发现,G^* 与 G_1 和 G_2 的距离越远,消费者个人对所选择的 G_1 或 G_2 商品的需求就越少。同时,对全体消费者也存在着这样一个关键性的 G^* 及相应的 t,其中偏好商品处于 G^* 右端的消费 G_2,偏好商品处于 G^* 左端的消费 G_1,G^* 这一点成为在给定价格条件下 G_1 和 G_2 市场的分界,如图 5-5,G_1 商品的市场范围为 d_{G1},G_2 商品的市场范围为 d_{G2}。

这种情况同时也意味着每一种商品的市场范围取决于该商品的价格水平,即消费者在其偏好条件下,对该品种的需求取决于收入和该品种的价格水平。当收入一定时,可以得出消费者对该品种的需求曲线,消费者对于距离越远的商品品种,即使价格相同,消费需求也越小。进一步,假定消费者均匀地沿线分布且偏好是对称的,那么,在线上的任何一点 G,都有相同数量的消费者(例如 N),对他们来说 G 是理想的产品品种。对该品种的市场需求曲线就是这些消费者个人对相邻两种产品各半个市场 (Two Half-markets)的个人需求曲线的和与 N 的乘积。

假定一种产品品种的价格为 p,相邻产品品种的价格为 p',对该种产品的需求就是 $D(p, p', d)$。D 具有以下特征:第一,D 是该产品品种价格 p 的减函数。在这种情况下,p 的上升将减少市场上消费者对该产品品种的需求,也减少市场上消费者的数量(即缩小市场范围),从而减少总的需求。第二,D 是其他产品品种价格 p' 的增函数。反映出相邻的其他产品品种是替代品的事实,具体体现为个人需求曲线和市场范围的变动。第三,D 是距离 d 的增函数。因为可获得产品品种间越大的距离代表更大的市场范围,因而有更多的消费者购买该产品品种,从而有更高的需求。

兰卡斯特模型的框架与前面的新张伯伦模型在某些基本方面不同,在兰卡斯特模型中,并非所有产品品种都是同等地可以相互替代,距离越远的产品品种替代性越差。此外,随着产品品种的增加,相邻产品间的距离将缩短。这里引出两个重要的应用:

第一,产品品种数越多,对每种产品品种需求的价格弹性和交叉价格弹性就越高,当相邻产品品种的距离逼近零的时候,需求的价格弹性和交叉价格弹性接近无穷大,即产品品种间具有完全替代性。这一点与新张伯伦模型的基础模型——斯潘塞—迪克西特—斯蒂格利茨模型(Spence-Dixit-Stiglitz Model,SDS Model)的论点是极为不同的。在 SDS 模型中,产品品种增多不会导致不同品种变成更接近的替代品。

第二,一个更大的产品品种范围意味着消费者理想的需求与可获得的最接近产品品种的距离缩小。这一点从结论上讲与 SDS 模型相同,即产品品种多样性对消费者是有利的。但兰卡斯特模型给出了不同的理由,SDS 模型认为偏好是对某一种产品品种的喜爱具体结合的,每一个消费者消费所有可获得的品种和喜爱一种不同的多样化产品以满足其强烈的偏好,而兰卡斯特模型则表明产品品种多样化是通过使消费者能够获得较为接近其理想品质规格的产品而得益的。

现在转到生产方面来看,假定厂商可以自由进出该市场,并能生产任何品种的产品,且生产任一品种的成本都相同,每一个生产者是在其他企业的品种和价格给定的情况下决定自己的价格和品种规格。还需假定任一品种的生产,其平均成本曲线表现为先是递减,然后当产出达到某个数量后转为递增,即 U 形曲线,这种假定使得一国厂商生产的品种是有限的,有的消费者可能买不到他最偏好的品种。

进一步考虑两个相同经济体间进行自由贸易的效果。在封闭经济条件下,一国厂商在生产市场上可以自由进入和退出,生产不同品种产品拥有同样的生产成本函数,消费者具有相同密度的偏好,即消费者理想的品种规格沿着直线的分布是均匀的,这样就可以得到产品品种沿线等距分布且以相同价格出售的纳什均衡。由此确定了在长期均衡中,实际生产的品种会均匀地分布在某范围内,厂商生产每一品种的数量相同、销售价格相同,最终在完全竞争的市场结构上,每一厂商都只能获得正常利润,使销售价格等于成本。

图 5-6 给出了典型的差异产品的平均成本曲线和边际成本曲线,D 是封闭情形下对某产品的需求曲线,初始均衡为 E_0,在这一点上厂商实现利润最大化(边际成本等于边际收益)。而厂商自由进入和退出时的长期利润为零,产出为 Q_0,国内价格为 P_0。

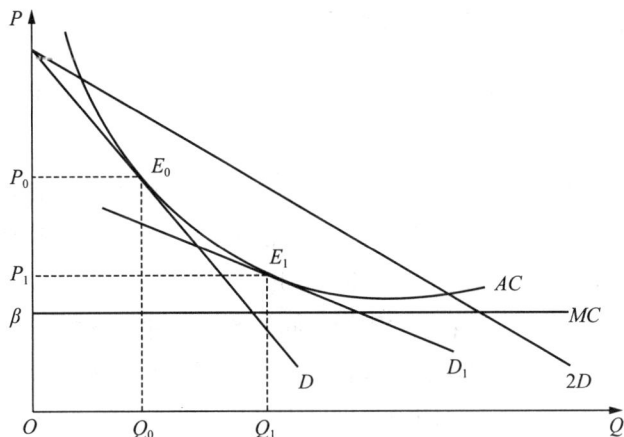

图 5-6　厂商均衡在贸易前后的变化

在开放经济条件下,两国开展自由贸易后,如果可获得的差异产品品种数量不变,对典型差异产品品种的需求增加一倍,即国内需求加国外需求。但差异产品的生产就会进行调整,这种调整类似于封闭条件下的国内长期均衡的过程,最终形成每一品种只有一个国家的一个厂商生产,每个厂商都将以同样的销售价格,生产出同样数量的每一品种。像新张伯伦模型一样,现在仍然不能预测哪个国家生产该产品的哪些品种,但知道每个国家生产总品种数的一半,并且每一品种都将平均地销售到国内市场和国外市场。在这种情况下,两国的贸易是平衡的。

由于只有一个厂商生产一个品种,两个国家中其中一国的一个厂商生产给定的品种,另一厂商必须生产别的品种。生产给定品种的厂商面临的总需求为 $2D$,即新的出口市场加上原有的国内市场。考虑到初始均衡点 E_0 利润为零,现在该厂商可以获得正的利润。即仍然能够生产原来自己生产的品种的厂商会由于销售量增加,产生规模经济,降低了生产的平均成本,从而获得超额利润。对超额利润的追求,会使新厂商加入竞争,这也将鼓励其他厂商生产新的品种。竞争的结果导致销售价格的下降,直到下降到等于平均成本。

最后的均衡点是 E_1,在这一点上需求曲线 D_1 与平均成本曲线 AC 相切。由于该品种的产品面临一个扩大的市场,需求变成了国内需求加国外需求的 D_1,厂商生产的产量就可以从 Q_0 增加到 Q_1,价格和平均成本降到了低于 P_0 的 P_1。

同时,我们还可以注意到,在开展贸易后,生产的差异产品数目会比一国封闭条件时多,但总数目会比封闭条件下两国生产的品种数目之和少。假设两国贸易前品种数目和产品特性都一样,贸易后的厂商竞争导致一半厂商退出,重新寻求新品种的生产。这样,当达到新的均衡时,品种的数目必然会比以前多,新品种的增加缩短了品种间的距离,从而提高对产品需求的弹性,使需求曲线向下移动。并且,所有品种仍旧均等地分布在产品的两种特性范围内。另一方面,假定对该产品所有品种的需求收入弹性大于1,且对价格不是完全无弹性的,这将导致品种增加后总数目又小于封闭条件下两国品种数目的总和。这样的结果使得每个厂商生产的数量会比封闭时大,平均成本和价格比贸易前会降低。贸易使两个国家的消费者可获得的产品品种增加,同时产品品种增加降低了垄断程度,从而降低价格,消费者从这两方面获得利益。

五、垂直差异产品的产业内贸易

垂直型产业内贸易是指不同质量的相同产业产品的同时进口和出口。

（一）新赫克歇尔—俄林模型

新赫克歇尔—俄林模型是尽可能符合赫克歇尔—俄林理论假设来解释产业内贸易的模型,最早是由法尔维(R. E. Falvey)就垂直差异产品的产业内贸易进行研究而提出相关观点,后来进一步体现在法尔维和基尔茨考斯基(R. E. Falvey and H. Kierzkowski)提出的模型中。

法尔维认为,由许多不同厂商生产的质量不同的产品品种,且这些产品品种都没有规模效应,那么垂直型产业内贸易就可能发生。垂直型产业内贸易与经典的以要素禀赋为基础的产业间贸易有相似之处,资本相对充裕的国家出口质量高的物品,劳动力相对充裕的国家出口质量低的物品。

法尔维和基尔茨考斯基认为,即使不存在不完全竞争和收益递增,垂直性产业内贸易也会存在。在供给方面,假设每一个国家只有两个部门,其中一个部门生产一个同质性产品,另一个部门生产同种商品中不同质量的产品(这些商品在国家之间的贸易将是垂直型产业内贸易)。每一个部门都雇佣劳动力,资本的使用随着产品质量的不同而有所不同,高质量的产品体现了相对较高的资本/劳动比率。技术(劳动生产率)在两国之间的差距使得它们之间的贸易不会引致各国工资均等化,资本的租金也不会相等。工资相对较低的国家在生产低质量产品上有比较优势,工资相对较高的国家在生产高质量产品上有比较优势(在这些国家,资本的价格相对较低)。在需求方面,假设两国消费者有相同的偏好,在相对价格一定的情况下,对不同质量产品的需求依消费者的收入而定:收入越高,越是倾向于消费更高质量的产品。由于分配不均,每一个国家都既有低收入的消费者,也有高收入的消费者,所以,每个国家都有对不同质量产品的需求。

现在先给出法尔维和基尔茨考斯基模型相关的假定:

(1) 两个国家;两种生产要素:劳动和资本;两个产业;劳动可以在两个产业间移动,资本是一种产业特定的要素。

(2) 法尔维为定义产品质量(垂直差异)引入了一个数值 α,产品质量越高,对应的 α 越大。进一步假设生产质量越高的产品,相应每单位劳动所需的资本数量越大。于是,就可以这样界定度量单位:生产质量为 α 的产品需要 1 单位的劳动和 α 单位的资本。

(3) 在完全竞争条件下,对于任何质量而言,价格都等于单位产品的生产成本,以 w 表示工资率,以 R 表示资本的报酬,下标 1 和 2 代表两个国家,有:

$$P_1(\alpha) = w_1 + \alpha R_1 \tag{5.25}$$

$$P_2(\alpha) = w_2 + \alpha R_2 \tag{5.26}$$

如果 $w_1 > w_2$,那么,国际贸易就会要求 $R_1 < R_2$(如果 $R_1 > R_2$,意味着国家 2 能以低于国家 1 的成本生产任何质量的产品,两国没有贸易的可能)。通过这一假定可以推出 $R_1/w_1 < R_2/w_2$,根据相对要素密集度的价格定义,于是可将国家 1 看作资本充裕的国家,国家 2 则是劳动充裕的国家。

在 $R_1 < R_2$ 的情况下,必定有一定的质量子集,包含的产品其质量在国家1是以低于国家2的成本生产,另一子集则相反。如图5-7,画出了两条由上述方程给出的线性价格—成本关系线,P_2 线要比 P_1 线陡峭,是因为 $R_2 > R_1$。对应于"边际质量" α_0,价格在两国是相等的,即:

$$w_1 + \alpha_0 R_1 = w_2 + \alpha_0 R_2 \tag{5.27}$$

$$\alpha_0 = \frac{w_1 - w_2}{R_2 - R_1} \tag{5.28}$$

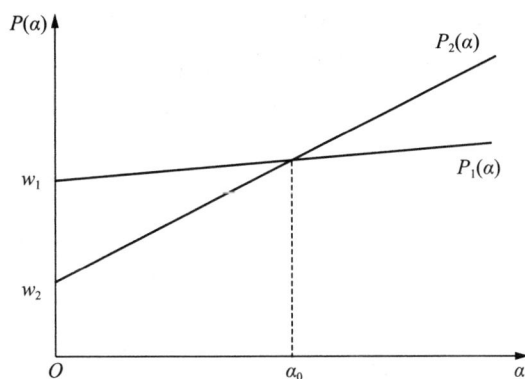

图5-7　产品质量与贸易优势

与此同时,国家2在较低质量的产品品种(即质量子集)上与国家1相比有比较优势,而国家1在较高质量的产品品种上有比较优势。

假定两个国家对较低质量和较高质量的产品品种都有需求,在典型的、没有运输成本的自由贸易条件下,必定存在国际贸易。国家1出口质量较高的产品品种到国家2,并从国家2进口质量较低的产品品种。因为分析的是同一产业的产品,只是产品品种质量上有差别,所以这种贸易是同产业贸易。

(二)自然寡占模型

萨科特和萨顿(A. Shaked and J. Sutton,1984)提出的模型,考察由于研发支出不同而造成的产品质量差异对市场的影响。模型假设不同企业的产品质量有差异,这种差异来自企业研发支出的多少,同时,如果质量不同的同类产品以相同的价格销售,消费者将选择质量高的产品。在这里,单位产品成本的差异不会因为质量的提高而很快地提高,因为质量提高的来源是已经支出的固定成本(研发成本),而不是劳动力或资本的投入。假设各国在封闭时的企业数多于2个,贸易将使一部分企业退出市场,不过留下来的企业数大于2个。这时有可能存在垂直型产业内贸易。

萨科特和萨顿的垂直差异产品产业内贸易模型是以寡头垄断市场假定为前提展开分析的。厂商是否进入一个既定市场、生产什么产品品种以及如何定价等决策,对于一些变量特别是对于收入分布的范围、消费者嗜好的性质以及平均可变成本与产品质量之间的关系是很敏感的。如果收入分布的范围很广,并且可变成本是随质量递增的,较多的厂商就可以并存。如果收入分布较窄,并且平均可变成本不随质量变动,则市场就可能只由一两个厂商占领,这种情况被萨科特和萨顿称为"自然寡占"(Natural Oligopoly)。

该模型的基本假定有：

（1）某产品有垂直差异性的许多品种。这种垂直差异反映在不同品种的质量上。

（2）厂商要开发一个质量较高的品种，需要在生产前投入大量的研究和开发（R&D）费用。我们把它看作生产产品的固定成本。厂商生产产品的平均可变成本是不同的。

（3）假定消费者都具有同样的嗜好，因此，消费者会对产品在质量方面有一个共同的排列顺序。

（4）消费者的收入水平不同，并且收入水平的高低与消费产品的质量相对应。

（5）产品市场是只有两家厂商进行生产的寡头垄断市场。

根据以上假定条件，可以得出一种垂直差异产品的双寡头垄断均衡，如图 5-8 所示。

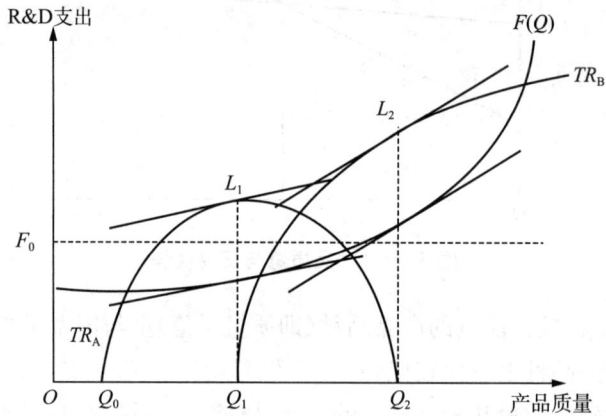

图 5-8　一种垂直差异产品的双寡头垄断均衡

图 5-8 中，$F(Q)$ 是开发质量为 Q 的品种所需的研究与开发支出。TR_A 是先进入市场的厂商 A 的总收入曲线，该厂商生产质量较低的品种 Q_1；TR_B 是厂商 B 的总收入曲线，是第二个进入市场并生产质量较高的品种 Q_2。

从图 5-8 中可以看出，厂商 A 生产品种 Q_1 时为最佳选择，因为此点的边际收益（TR_A 曲线上的斜率）与边际成本 $[F(Q)$ 在 Q_1 点上的斜率$]$ 正好相等。如果厂商 A 生产高质量的品种 Q_2，其总收益为零。相反的情况，它可以通过生产质量较低的品种得到收益。但如果一直以降低产品的质量来提高收益，最终消费者会转向购买质量较高的品种。

厂商 B 的情况正好和厂商 A 相反，他是不能一直通过提高质量来增加收益的。如果那样的话，消费者会转向消费质量较低的品种。如果厂商 B 生产质量较低的品种 Q_1，其总收益为零。在生产 Q_2 质量的产品品种上，其边际收益（TR_B 曲线上的斜率）与边际成本 $[F(Q)$ 在 Q_2 点上的斜率$]$ 相等，是收益最大化的选择。

假定有两个完全一样的国家，两国平均收入相同。在封闭条件下，两个国家中各自都有两个厂商生产同一种垂直差异产品。在自由贸易条件下，一个国家的厂商会直接面临另一个国家生产同样质量品种产品的竞争，两家厂商就各有一家要退出市场，因为在两家厂商并存的情况下没有一家能获利。竞争的结果会使一个品种只在一个国家生产，但不能预测哪两家厂商会生存下来，然而，每个生存下来的厂商会面对由国内和国外相加后扩大了的市场。扩大了的市场会导致规模经济,规模经济导致产品的生产成本和销售价格下降,消费者因此而收益。

在此模型中,产业内贸易是否会发生取决于撤出的两个厂商是属于同一个国家的还是属于不同国家的。如果是同一个国家的,则不会发生产业内贸易;如果是两个国家各自撤出一个,则产业内贸易可以发生,并且是一个国家出口质量较高的差异产品品种,另一个国家出口质量较低的差异产品品种。如果放松该模型中的两个国家完全一样的假定,即两个国家的收入水平不相同,那么,这种产业内贸易的不确定性就消除了。如果一个国家的平均收入水平比另外一个国家高,则该国在封闭经济条件下生产的产品质量也会比另一个国家的高。

两国开展国际贸易后,可供给的产品品种比上面收入相同模型中的要多。其中,高收入国家会专门生产质量高的品种,并出口其中的一部分,同时,从低收入国家进口某些质量较低的品种。低收入国家的生产和贸易模式与高收入国家正好相反。

值得注意的是,在长期,市场范围的扩大将进一步减少市场中企业的数量。原因在于,生存下来的企业都得益于它们的研发支出所带来的收益,研发支出的水平越高,市场占有的份额越大,这样,市场扩大将使产品质量普遍提高。产品质量的提高是固定成本(研发支出)提高的结果,随着产品质量的提高,可变成本的提高只是轻微的,价格并不随质量提高而大幅度上升。

六、简要评价

(一)产业内贸易理论的贡献

产业内贸易理论是对传统贸易理论的批判,其假定更符合实际。如果产业内贸易的利益能够长期存在,说明自由竞争的市场是不存在的。因为其他厂商自由进入这一具有利益的行业将受到限制,因而不属于完全竞争的市场,而是属于不完全竞争的市场。

产业内贸易理论不仅从供给方面进行了论述,而且从需求方面分析和论证了部分国际贸易现象产生的原因以及贸易格局的变化,说明了需求因素和供给因素一样是制约国际贸易的重要因素。这实际上是将李嘉图理论中贸易利益等于国家利益的隐含假设转化为供给者与需求者均可受益的假设。

产业贸易理论认为,规模经济是当代经济重要的内容,它是各国都在追求的利益,而且将规模经济的利益作为产业内贸易利益的来源,这样的分析较为符合实际。

这一理论还论证了国际贸易的心理收益,即不同需求偏好的满足,同时又提出了产业间贸易与产业内贸易的概念,揭示了产业间国际分工和产业内国际分工的问题。

(二)产业内贸易理论的不足

虽然在政策建议上,该理论赞同动态化,但它使用的仍然是静态分析的方法。这一点与传统贸易理论是一样的,它虽然看到了需求差别和需求的多样化对国际贸易的静态影响,但是,它没有能够看到需求偏好以及产品差别是随着经济发展、收入增长、价格变动而不断发生变化的。

只能解释现实中的部分贸易现象,而不能解释全部的贸易现象。这是贸易理论的通病。对产业内贸易发生的原因,我们还应该从其他的角度予以说明。产业内贸易理论强调规模经济利益和产品差别以及需求偏好的多样化对于国际贸易的影响无疑是正确的。但是，有些产品的生产和销售不存在规模收益递增的规律，对于这些产业的国际贸易问题，产业内贸易理论无法解释。

第三节 产品生命周期理论

要素禀赋理论假设之一是两国在生产中使用相同的技术，因此，技术及技术进步的国际差异对贸易的影响被忽略。然而，世界各国之间的技术和技术进步存在明显的差异。由于发达国家物质资本和人力资本雄厚，研究与开发投入强度大，创新能力强，这就形成了发达国家在技术上的明显优势。随着现代国际经济的发展，技术在现代经济活动中作为生产要素的地位越来越重要。最早指出技术在解释贸易模式中重要作用的是美国经济学家克拉维斯（Kravis Irving）。1956 年克拉维斯发表了《可获得性以及影响贸易商品构成的其他因素》，认为一国能够出口技术先进产品的关键因素是该国与其贸易伙伴相比具有技术上的优势。克拉维斯的这种可获得性分析方法（Availability Approach）受到美国经济学家的波斯纳（Michael V. Posner）的注意，后者正式提出了贸易理论中的技术差距论（Technology Gap Theory），对国际贸易产生的技术原因进行了静态分析。在技术差距论的基础上，美国经济学家弗农（Venlon. R）在 1966 年将市场营销学中的产品生命周期概念引入贸易理论，突破以往的静态分析惯例，采用动态的分析方法，提出了一个创新国—模仿国对新技术产品生产——消费——贸易演变周期的分析模型。他认为，产品生命周期理论可以解释发达国家出口贸易、技术转让和对外直接投资的发展过程。他在国际贸易理论方面的主要贡献就是创立了产品周期理论。本节将逐一介绍技术差距论和产品生命周期理论。

一、技术差距论

1961 年，波斯纳发表《国际贸易与技术变化》，正式提出了贸易理论中的技术差距论（Technology Gap Theory）。该理论将各国技术水平的差距作为理论假设的前提，对各国贸易产生的原因进行了分析。

（一）基本概念

波斯纳指出，从一国引进新技术或开发新产品到外国的消费者和生产者对这种创新、技术领先做出反应有一个时间上的滞后。他把这种反应滞后具体分为消费者的需求滞后和生产者模仿滞后。

需求滞后是指外国消费者对这种新产品从不了解即无需求，到接受该产品进行消费之间的时间间隔。

模仿滞后则是指从创新国的新产品问世到外国生产者感到进口此新产品已对其构成威胁，开始模仿并自行生产以抵制这种进口的一段时间间隔。

（二）主要内容

波斯纳在这⼀理论中阐述的主要思想是：当一国通过技术创新研究开发出新产品后，它可能凭借这种技术差距所形成的比较优势向其他国家出口这种新产品，这种技术差距将持续到外国通过进口此新产品或技术合作等方式逐渐掌握了该先进技术，能够模仿生产从而减少进口后才逐步消失。而创新国由于技术优势所获得的垄断利润的消失会促使其不断地引进新技术、新工艺，开发出新产品，创造出新一轮的技术差距。技术差距论的内容主要包括：

（1）一国能够出口新产品，是因为该国在该种产品的生产中具有比较优势。这种比较优势来自生产这种商品上的技术差距。

（2）这种技术差距主要是一国通过技术创新研究开发出新产品后，在世界市场上暂时居于垄断地位而形成的。

（3）这种技术差距将持续到外国通过进口此新产品或技术合作等方式逐渐掌握了该先进技术，能够逐渐模仿生产从而减少进口后才消失。

（4）技术领先是否会导致两个各方面均相似的国家开展贸易，取决于生产者模仿时滞和消费者需求时滞。

（5）创新国由于技术优势所获得的垄断利润的消失会促使其不断引进新技术、新工艺，开发出新产品，创造出新一轮的技术差距。如此循环下去，贸易就会不断持续下去。

技术差距模型证明了：即使在禀赋和偏好均相似的国家间，技术领先也会形成比较优势，从而产生贸易。这也很好地解释了实践中常见的技术先进国与落后国之间技术密集型产品的贸易周期。但该模型只说明了技术差距会随时间推移而消失，并未解释其产生和消失的原因，同时它也不能确定技术差距的大小，因而该理论模型还需进一步的发展。

技术差距论将技术看作是一种独立的生产要素的现实，实际上是对要素禀赋理论的应用和扩展。随着现代经济活动的日益复杂化和多样化，比技术差距更重要的技术变化也逐渐成为国际贸易的又一个决定因素。技术上领先的国家在贸易中往往处于垄断地位，但国与国之间的技术差距也经常处于不断的技术变化中。为了进一步解释国家之间技术差距产生的原因，以及时间的推移对技术变动的影响，在技术差距论的基础上又产生了产品生命周期理论。

二、产品生命周期理论

美国哈佛大学教授雷蒙德·弗农 1966 年在《生产周期中的国际投资与国际贸易》一文中分析了技术变化及其对贸易格局的影响，首次提出了国际贸易的新产品生命周期理论（Product Cycle Theory，PCT），从而使贸易理论高度动态化。产品的生命周期指的是新产品经历的创新、成长、成熟和衰退的全过程，以及伴随着这一过程各阶段的技术扩散和传播，比较优势在国家间进行转移过程的统称。与技术差距论中所谓模仿时滞的相对静态特征不同，该理论强调的是国际贸易中比较优势随产品生命周期的动态变化过程。

弗农把产品生命周期分为四个阶段，即创新阶段、成长阶段、成熟阶段和衰退阶段。这个周期在不同技术水平的国家里，发生的时间和过程是不一样的，其间存在一个较大的差距和时差,正是这一时差,表现为不同国家在技术上的差距。为了便于区分,弗农把这些国家依次分成创新国(一般为最发达国家)、模仿国(一般发达国家)、发展中国家。

（一）创新阶段

（1）从要素特性看,创新产品需要科学家、工程师和其他高度技术熟练工人的大量劳动,产品是技术密集型的。

（2）从产地特性看,由于新产品的研发需要投入大量技术和知识,因而创新国只能是技术要素丰裕的最发达国家(比如美国)。

（3）从成本和价格特性看,由于研究与开发需大量投入,产品的生产成本比较高,也没有竞争者和替代品,产品的价格相应也较高。

（4）从进出口格局看,制造新产品的企业垄断着世界市场,高价格的产品只有创新国和国外的高收入者能够购买。因此,产品主要在创新国销售,并少量向其他发达国家出口。在这一阶段,创新国垄断出口。

（二）成长阶段

（1）从要素特性看,技术已经定型,且由于出口增大,技术扩散到国外,仿制开始,技术垄断优势开始丧失。由于产品开始转入正常生产,只需使用熟练劳动力和扩大生产规模即可。因此,这时产品由技术密集型变为资本密集型。

（2）从产地特性看,一般发达国家(比如西欧)进口的增加、市场的扩大,一方面诱使进口国仿制,一方面创新国企业开始在进口国投资生产,以防丧失市场。

（3）从成本和价格特性看,由于一般发达国家的厂商不需像创新国一样在创新阶段投入大量的研发费用,因此生产成本降低。参加竞争的厂商数目增加,厂商只有降低价格才能扩大销路。

（4）从进出口格局看,原进口国的企业及创新国企业的子公司生产了这种产品并逐步占领国内市场,创新国对这些国家的出口逐渐减少。同时,虽然原进口国厂商在本国能和创新国企业的产品相竞争,但由于生产规模尚小,其产品无法在第三国市场上与创新国产品相竞争。所以,在这一阶段,创新国在对原进口国出口下降的同时,对其他绝大多数市场的出口仍可继续。

（三）成熟阶段

（1）从要素特性看,产品已经完全标准化,不仅一般发达国家已完全掌握该种生产技术,一些发展中国家也开始掌握这种生产技术,劳动熟练程度也不再是决定性因素,产品变为资本—劳动密集型。

（2）从产地特性看,产品产地开始向一般发达国家甚至发展中国家转移,范围不断扩大。

（3）从成本和价格特性看,由于其他发达国家厂商产量不断上升,经验不断积累,加之工资水平较创新国低,所以成本进一步下降。

（4）从进出口格局看,这阶段由于一般发达国家成本降低的程度更大,能够和创新国产品在第三国市场上进行竞争,并逐渐取代创新国产品。因而,其他发达国家到了净出口阶段。

（四）衰退阶段

（1）从要素特性看，因技术、生产设备的标准化，技术和资本已逐步失去重要性，这时产品的比较优势主要取决于劳动力成本的高低。因此，产品变为劳动密集型。

（2）从产地特性看，发展中国家因为劳动力便宜，在生产这类产品上具有优势，因此产品逐渐转移到发展中国家。同时，一般发达国家凭借生产规模也能使生产成本大幅下降，因此仍能从事生产。

（3）从成本和价格特性看，成本大大降低，产品已经非常便宜了。

（4）从进出口特性看，创新国放弃生产，这样创新国变为产品的净进口国，产品的生命周期在创新国结束。

上面四个阶段可以看出，产品生产技术发展的不同阶段造成对生产要素的不同需求。即使各国仍拥有原来生产资源储备比例，其生产和出口该商品的比较优势，也会由于产品生产要素密集性变动而转移。随着产品生命周期的不同阶段变化，比较优势将从一个国家组向另一国家组转移，如图5-9所示。

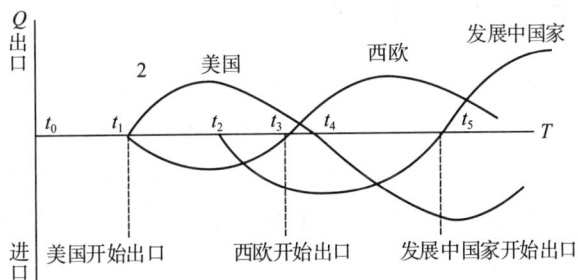

图5-9　产品阶段与进出口变化

图5-9中，t_0为美国新产品开始生产的时间，t_1为美国开始出口和西欧国家开始进口的时间，t_2为发展中国家开始进口的时间，t_3为西欧国家开始出口的时间，t_4为美国开始进口的时间，t_5为发展中国家开始出口的时间。产品创新国由出口到进口，产品模仿国由进口到出口，新技术和新产品如同波浪般地在传递和扩散中向前发展和推进。

三、简要评价

（一）产品生命周期理论的贡献

产品生命周期理论首次将对外直接投资与国际贸易、产品生命周期纳入一个分析框架，同时将静态分析和动态分析有效地结合起来。该理论的贡献在于：

（1）该理论运用动态分析法，从技术进步、技术创新和技术传播等方面对国际分工的基础和国际贸易的演变进行分析。

（2）引导人们通过产品生命周期，了解和掌握出口的动态变化，为正确制定对外贸易的产品战略、市场战略提供理论依据。

（3）揭示比较优势是不断在转移的，每一个国家在进行产品创新、模仿引进或扩大生产时,要把握时机。进行跨国经营时,要利用不同阶段的有利条件,保持长久的比较优势。

（二）产品生命周期理论的不足

（1）理论的出发点是二战后美国跨国公司在西欧的直接投资,因此难以解释后起投资国如西欧、日本与发展中国家的对外直接投资行为与规律。

（2）无法解释跨国公司全球生产体系建立起来以后遍及全球的投资行为,也无法说明非替代出口的投资增加以及跨国公司海外生产非标准化产品的现象。

第四节　国家竞争优势理论

20 世纪 90 年代,波特在其"竞争优势三部曲"之一的《国家竞争优势》一书中,把国内竞争优势理论运用到国际竞争领域,提出了著名的波特钻石体系理论,即国家竞争优势理论。它主要研究一个国家为什么能在某一领域取得领先地位。

一、国家竞争优势理论的核心思想

波特认为,在国际市场上竞争的是企业,而不是国家。在国际竞争中,企业的竞争优势来自改善、创新和升级。国家竞争优势实质上指一国产业的国际竞争优势。国家竞争优势理论要解决的核心问题是为什么一国会出现那些拥有国际竞争优势的产业并保持这种优势。一个国家要想在激烈的国际市场竞争中保持竞争优势,就必须要有生产力发展水平上的优势,而要保持较高的生产力发展水平,该国就要有适宜的创新机制和充分的创新能力。创新机制由微观、中观和宏观三个层面的竞争机制构成:

（一）微观竞争机制

企业具有活力和不断的创新能力是国家保持竞争优势的基础。企业应该在研究、开发、生产、销售、服务等方面和环节上不断进行创新,才能使企业具有长期的竞争优势与盈利能力。

（二）中观竞争机制

波特认为,产业因素与区域因素也在很大程度上影响着企业的盈利与发展。一个企业在其经营与创新的过程中不仅受制于企业内部因素,而且也受制于企业的前向、后向和旁侧关联产业的辅助与影响,同时还受制于企业的区域战略与政策。企业应把自己的不同部门（如设计、原料、部件、组装、销售部门等）依据资源合理配置原理设立在恰当的地区,以此来降低经营成本,提高产品竞争力。

（三）宏观竞争机制

波特认为,一个国家的经济环境对企业的竞争优势乃至对国家的竞争优势有着相当大的影响。这其中起决定影响作用的因素有四项,即生产要素、需求状况、相关产业与支持产业,以及企业战略组织与竞争。这四项因素互相发生着作用,共同决定着国家竞争优势。这就是波特的"国家竞争优势四因素模型",又被称为钻石体系。

二、国家竞争优势钻石体系

波特总结出一国能在某种产业取得国家竞争优势四项关键因素,加之两项辅助要素,它们之间彼此互动形成完整的钻石体系。

国家竞争优势,是钻石体系中的各个要素互相牵动,彼此长时间强化而衍生出来的。

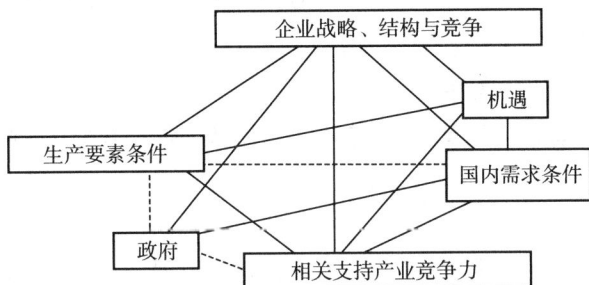

图 5 - 12　国家竞争优势钻石图

(一)钻石体系的关键要素

1. 生产要素条件

它是指影响竞争力的各种资源状况,包括自然的与后天的、物质的与精神的。波特根据等级将生产要素细分为初级生产要素和高级生产要素。基础要素包括自然资源、气候、地理位置、人口等;高级要素包括通信设施、掌握高级技术的熟练劳动力、科研设施和技术诀窍等。高级要素是个人、公司和政府投资的结果,其对竞争优势最重要。一个国家想要经由生产要素建立起产业强大而持久的竞争优势,则必须发展高级生产要素。

2. 国内需求条件

国内需求条件主要指对该产品的本国需求情况。波特认为:产品的最初销售一般都是在本国,国内买方市场的培育是获取国家竞争优势的重要途径。国内买方与公司在地理、文化上接近,公司容易嗅到最新的、最高层次的需求,并在买方压力下比国外竞争者更快创新,提供更先进的产品,并确立产品质量、性能和服务方面的高标准,从而赢得竞争优势,形成生产和消费良性循环。国内需求的重要性对国家竞争优势无可替代,国内需求在生产者决策中居重要地位,市场需求越苛刻、越高级,产业的竞争力越高。

3. 相关与支持性产业

相关与支持性产业是指国内是否具备国际竞争力的供货行业和相关产业。相关产业或辅助产业对高级生产要素的投入所产生的效益可以波及另一产业,从而帮助该产业在国际市场上确定竞争地位。相关产业必须是领先的或是一流的。如果相关行业比较发达,则有紧密合作的可能、互补产品的需求拉动、企业优良的信息环境等。一国在国际市场具有竞争力的成功产业一般是由很多相关产业组成的一个产业群。如美国在半导体工业的领先地位为其在 PC和其他技术先进的电子产品方面的成功提供了基础;瑞士在制药业方面的成功与其过去染料工业的国际性成功密切相关。

4. 企业战略、结构与竞争

企业战略、结构与竞争主要是指企业管理、价值观念、发展战略,包括企业在一个国家的战略及组织管理形态,以及国内市场竞争对手的表现等。国家发展目标、企业目标、个人事业目标、民族荣耀与使命感对提升国家竞争优势是重要的。此外,同业竞争能促使企业彼此竞相降低成本,是提供竞争优势升级的一条新途径。竞争对手越集中,竞争越激烈,竞争效果也越好。国内竞争最终迫使国内企业寻求全球市场并力求成功。只有经过国内激烈竞争的检验,企业才能赢得国际竞争优势。

(二)钻石体系的辅助要素

在国家环境与企业竞争力的关系上,还有机会和政府两个变数,构成国家竞争优势钻石体系中的辅助要素。

1. 机会

机会是可遇而不可求的有利状态。基础科技的发明创新;传统技术出现断层,如生物科技;生产成本突然提高,如能源危机;全球金融市场或汇率的重大变化;全球或区域市场需求激增;外国政府的重大决策;战争。这些"机会"因素可能为调整产业结构,提供一国的企业超越另一国企业的机会。

2. 政府

政府角色作用在于对四种要素的影响。波特强调政府不可能通过政策扶持创造有竞争力的产业,而应选择提高生产率的制度、政策和法律,为企业创造有利的环境,政府与其他关键要素之间的关系既非正面,也非负面。例如,政府的补贴、教育和资金市场等政策会影响到生产要素,对国内市场的影响也很微妙。政府被定位于平衡干预与放任之间的角色。政府在有些方面(比如贸易壁垒、定价等)应该尽量不干预,而在另外一些方面(诸如确保强有力的竞争,提供高质量的教育与培训),政府则要扮演积极的角色。

三、国家竞争优势发展阶段

每个国家可以根据产业表现,分成几个不同的竞争优势阶段,分别是要素导向、投资导向、创新导向和富裕导向阶段。前三个阶段是国家竞争优势发展的主要力量,通常会带来经济上的繁荣。第四个阶段则是经济上的拐点,有可能因此而走向衰落。

(一)要素导向阶段

在经济发展的最初阶段,几乎所有成功的产业都依赖基本生产要素。这个阶段的钻石体系,只有生产要素具有优势。

(二)投资导向阶段

在投资导向阶段,国家竞争优势基于从政府到企业之间积极投资的意愿和能力。这一阶段的企业投资行动频繁,它们会大量投资兴建现代化、高效率与大量生产的厂房。

(三)创新导向阶段

许多产业已出现完整的钻石体系,该体系内的关键要素不但发挥自己的功能,交互作用的效应也最强。各种产业和产业环节中的竞争开始深化与扩大,重要的产业集群开始出现世界级的支持性产业,具有竞争力的新产业也由相关产业中产生。

（四）富裕导向阶段

主导这个时期的力量是前三个阶段积累下来的财富。这一阶段中,国家经济目标与过去不同,重心放在社会价值上面,企业也开始丧失它们在国际上的竞争优势。经济体系创新速度减慢,产业投资利益降低。富裕导向阶段会导致经济衰退,加重社会两极分化。

四、简要评价

（一）国家竞争优势理论的贡献

（1）获得竞争优势和保持竞争优势是企业发展的动力;国家竞争优势来源于各种因素的综合。

（2）具有国家竞争优势与产品竞争力的企业将推动国际贸易。

（3）竞争优势的取得需要根据经济环境和经济发展的情况循序渐进地进行。

（二）国家竞争优势理论的不足

波特钻石理论的研究方法大多是综述性的,实际考察和量化分析存在一定的困难。

基本概念

规模经济（Economies of Scale）

产业内贸易（Intra-industry Trade）

同质产品（Homogeneous Products）

差异产品（Differentiated Products）

技术差距论（Technology Gap Theory）

产品生命周期理论（Product Cycle Theory）

钻石模型（Diamond Model）

复习思考题

1. 什么是规模经济？如何解释规模经济对传统国际贸易理论的挑战？

2. 何谓产业内贸易？其原因是什么？

3. 根据技术差距论,模仿时滞与需求时滞之间有何关系？这些关系会对贸易产生什么影响？

4. 试述国家竞争优势理论的基本内容。

参考文献

[1] Robert Zymek. Factor proportions and the growth of world trade. *Journal of International Economics*,2015,(1):42-53.

[2] Stephen J. Redding. Goods trade,factor mobility and welfare. *Journal of International Economics*,2016,(101):148-167.

［3］Ina C. Jäkel and Marcel Smolka. Trade policy preferences and factor abundance. *Journal of International Economics*,2017,(106):1 - 19.

［4］蔡玉彬、龙游宇:《国际贸易理论与实务(第三版)》,高等教育出版社,2012年。

［5］贾建华、阚宏:《新编国际贸易理论与实务》,首都经济贸易大学出版社,2012年。

［6］克鲁格曼:《国际经济学(第十一版)》,中国人民大学出版社,2021年。

［7］彭徽:《国际贸易理论的演进逻辑:贸易动因、贸易结构和贸易结果》,《国际贸易问题》2012年第2期。

［8］唐卫红、尹丽琴:《国际贸易理论与实务》,北京邮电大学出版社,2017年。

［9］王峰、赵登峰:《国际贸易理论与实务》,高等教育出版社,2020年。

［10］杨小凯、张永生:《新贸易理论、比较利益理论及其经验研究的新成果:文献综述》,《经济学(季刊)》2001年第10期。

［11］张二震、马野青:《国际贸易学(第五版)》,南京大学出版社,2015年。

［12］庄惠明、黄建忠:《国际贸易理论的演化:维度、路径与逻辑》,《国际贸易问题》2008年第11期。

第六章

新新贸易理论

本章重点

1. 新新贸易理论产生的背景
2. 异质性企业模型
3. 企业内生边界模型

古典贸易理论、新古典贸易理论、新贸易理论均是从国家和产业层面来解释贸易的发生、贸易结构以及贸易对社会福利的影响。以赫尔普曼和克鲁格曼为代表提出的新贸易理论在理论假定和研究方法上有新的突破,放弃了完全竞争市场结构和报酬递减的假设,引入了报酬递增和垄断竞争的条件,从而解释了二战之后日益增加的产业内贸易的现象,进而将贸易理论推向了一个新阶段。但新贸易理论的主要局限在于:其分析视角是从国家或产业层面入手的,且模型中的企业是同质的、无差异的,故无法解释国际贸易中更为微观层面上的许多现象。比如,为什么同一产业内有的企业从事出口,而其他企业却仅仅涉足国内市场等问题。对这些问题的研究又将贸易理论推向了一个更高层次,即新新贸易理论阶段。本章总共分为四节:第一节是贸易理论概述;第二节系统阐述了异质性企业模型及其发展;第三节是企业内生边界模型;第四节是对各类贸易理论的比较。

第一节　贸易理论概述

一、贸易理论概述

（一）传统贸易理论回顾

传统贸易理论包括比较优势理论和要素禀赋理论,他们主要强调两国要素禀赋或者技术水平的差异,认为贸易使两国专业化于各自的比较优势而实现了资源的有效配置,这种比较优势催生的贸易模式主要局限于产业间贸易（Inter-industry Trade）,即传统贸易理论只考虑了不同产业间产品的交换。也就是说,根据传统贸易理论,一国不可能同时出口和进口相同的商品。因而，传统理论不能解释当今世界普遍存在的产业内贸易现象。

（二）新贸易理论回顾

二战后，国际贸易的产品结构和地理结构出现了一系列新变化。同类产品之间以及发达工业国之间的贸易量大大增加，产业领先地位不断转移，跨国公司内部化和对外直接投资兴起，这与传统比较优势理论认为的贸易只会发生在劳动生产率或资源禀赋不同的国家间相悖。

古典与新古典国际贸易理论都假定产品市场是完全竞争的，这与当代国际贸易的现实也不相吻合，在这样的国际环境下，新贸易理论应运而生。20 世纪 60 年代以来，以克鲁格曼为代表的一批经济学家依据当今国际贸易的现实，拓展了贸易理论的研究领域，提出了一系列新的理论和模型，如坎普（Murray Kemp）和克鲁格曼（Paul P. Krugman）的"规模经济"贸易理论、弗农（Vernon）的"产品周期"学说、林德（Linder）的"需求变动"理论以及后期的战略性贸易理论等，这被称为当代贸易理论或新贸易理论。

传统贸易理论认为福利收益来自于跨国以及跨行业的产品机会成本差异，而新贸易理论认为福利收益产生于消费者能够消费范围更广的多样性产品。赫尔普曼和克鲁格曼将传统贸易理论与新贸易理论进行了整合，做出了开创性贡献，将水平产品差异性和规模收益递增纳入以要素禀赋为特征的比较优势模型中。这一理论的出现大大丰富和完善了传统的国际贸易理论，并且随着时代局势的发展和演变不断扩充。

（三）新新贸易理论产生

20 世纪 90 年代，国际贸易实践的发展使人们再次反思新贸易理论对现实的解释力，大量的经验证明，并非所有企业都选择对外贸易。美国 1999 年在对 30 多万家企业的普查中发现，仅有不到 5％的企业存在出口业务，而在出口企业中排在前 10％的企业，其出口总额占到全国出口总额的 96％。与此同时，对众多国家企业的研究发现，同一产业内部，出口企业和非出口企业在劳动生产率、资本技术密集度和工资水平上存在着显著差异。通常是从事出口业务的企业有着较大的生产规模和较高的劳动生产率，工资水平也较高。对此，无论是传统贸易理论还是新贸易理论都无法提供令人信服的解释，因此需要一种研究企业异质性作用的贸易理论，新新贸易理论应运而生。

新新贸易理论主要研究的是企业层面，虽然赫尔普曼和克鲁格曼的差别产品模型对企业的规模做出了限定，但选择的是典型企业，没有考虑企业间差异。正如任重（2015）所指出的："新新贸易理论的出现使得国际贸易理论的研究经历了一个革命性的变化，学者们开始运用企业层面的微观数据对出口行为与生产力之间的关系进行实证分析，并提出自选择假设"。所以，新新贸易理论与传统贸易理论、新贸易理论的区别在于"传统贸易理论"和"新贸易理论"将"产业"作为研究单位，而"新新贸易理论"则将分析变量进一步细化到企业层面，研究企业层面变量，从而开拓了国际贸易理论和实证研究新的前沿。新新贸易理论更关注企业的异质性与出口、FDI 决策的关系，关注企业在国际生产中对每种组织形式的选择。新新贸易理论有两个分支：一是 Melitz 为代表的异质企业贸易模型，另一个是 Antras 为代表的企业内生边界模型。异质企业模型在生产率异质性基础上，研究探讨国际生产方式、产品多样性和社会福利（李伟、路惠雯，2019），主要解释为什么有的企业会从事出口贸易而有的企业不从事出口贸易;企业内生边界模型主要解释什么因素决定企业选择公司内贸易、市场交易或者外包形式进行资源配置。

二、新新贸易理论的基本内容

(一)新新贸易理论主要解决和回答的问题

什么样的企业会选择服务于国际市场? 它们如何服务国际市场(是通过出口还是对外直接投资的方式)? 什么情况下企业会选择外包而不是一体化? 什么情况下企业会选择国际外包(Offshore Outsource)而不是国内外包? 什么情况下企业会在国内一体化而不是国际一体化? 图 6-1 归纳了新新贸易理论的主要研究内容与方向。

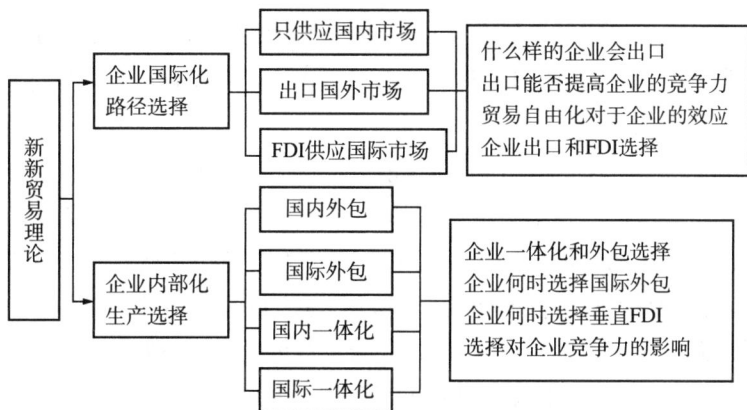

图 6-1　新新贸易理论的主要研究内容与方向

资料来源:李春顶:《新一新贸易理论文献综述》,《世界经济文汇》2010 年第 3 期。

(二)新新贸易理论的基本假定

(1)企业是异质的。企业的异质主要表现为企业(或工厂)生产率、组织结构、专用性技术、产品质量以及工人技能方面的差异,尤其是企业生产率的差异。

(2)不完全竞争市场和规模经济。

(三)新新贸易理论的贸易基础、贸易利益

1. 贸易基础

梅里兹首次将企业生产率的差异引入到垄断竞争模型中,形成了新新贸易理论的基本理论框架。由于企业异质性的存在,贸易会导致市场份额在企业间的重新配置,并倾向于流向高生产率企业,那些生产率低的企业可能被迫退出,结果提高了行业一般生产率水平。如果把生产率分为关门生产率和企业生产率 φ,且关门生产率包括:封闭经济下的关门生产率 φd、开放经济下的关门生产率 φa 和国际市场关门生产率 φx。封闭经济关门生产率最低,而国际市场的关门生产率最高,开放经济下关门生产率介于两者之间。

当 $\varphi < \varphi d$ 时,企业将退出所在行业。

当 $\varphi d < \varphi < \varphi a$ 时,在封闭情况下企业可以在国内市场生产,但在有国际贸易的情况下,

企业将被迫退出市场。

当 $\varphi a < \varphi < \varphi x$ 时，可以分为两种情况，如果企业国际市场损失能够通过国内市场利润来弥补，在考虑其他动机情况下，这部分企业可以进入国际市场。如果企业国际市场损失不能够通过国内市场利润来弥补的话，企业出现总体亏损，这部分企业是会退出国际市场的。

当 $\varphi x < \varphi$ 时，企业可以从事国际业务。

2. 贸易利益

因为贸易会导致市场份额在产业内企业间的重新配置进而可以提高行业生产率，所以，它可以提高社会福利水平，即使可能导致国内企业数量的减少，也不会使国内消费者的福利水平下降，因为国外市场可以提供价格更低且种类更丰富的产品。任志成等（2013）归纳了新新贸易理论的贸易福利效应，认为梅里兹模型中的贸易利益主要来自供给方的贸易利益，它对进口产品种类的影响具有不确定性。随着国内低效率厂商被淘汰，国内生产的产品种类会减少，虽然进口产品种类会增加，但是进口种类增加会被国内产品种类减少所完全抵消。

此后，一批新新贸易理论学家进一步将贸易的增长分解为集约边际（the Intensive Margin）和扩展边际（the Extensive Margin），前者意味着一国的出口增长主要源于现有出口企业和出口产品在单一方向上量的扩张，后者则表明一国出口增长主要基于新的企业进入出口市场以及出口产品种类的增加。如果一国出口增长主要源于集约边际，将极容易遭受外部冲击，从而导致增长大幅度波动，同时还可能因为出口数量扩张而导致该国贸易条件恶化；但如果一国出口增长源于扩展边际，那么将会增加贸易品的范围，不仅有利于出口国提升多元化的生产结构，也使逆向贸易条件不太可能发生（钱学峰、熊平，2010）。国内学者利用二元边际理论，对中国的出口贸易进行了分解，发现中国出口贸易的增长主要是依靠集约边际实现的，表现为对持续的产品与目标市场组合的扩张；而扩展边际的贡献十分有限，且主要表现在已有产品和市场组合的多元化（盛斌、吕越，2014）。

三、新新贸易理论的贡献和局限

以梅里兹模型为核心的新新贸易理论开启了国际贸易研究新领域，其贡献主要表现在以下两个方面：

（1）以梅里兹模型为核心的新新贸易理论突破了传统贸易理论，从企业异质性角度提出了新的贸易理论观点。作为当前最主流的贸易模型之一，梅里兹模型解释了许多之前贸易模型无法解释的贸易现象（佟家栋、王芊，2021）。

（2）与传统贸易理论从国家和产业研究层面不同，新新贸易理论是从企业这个微观层面来研究贸易的基本问题，使得国际贸易理论获得了新的微观基础和新的视角。

当然，虽然新新贸易理论相对于传统贸易理论有了一些突破，但仍然存在一定的局限性。首先，梅里兹模型假定只用生产率差异来反映企业的异质性差异，这就忽略了其他诸如企业组织结构、企业进入国际市场方式、企业战略、市场定位等因素的影响，特别是进入 21 世纪互联网和跨境电商使得许多较低生产率的中小企业得以进入国际市场（裴长洪、刘斌，2019），以及中国制造业企业存在的"出口—生产率悖论"等（李春顶，2010）都挑战了新新贸易理论这一假设；其次，早期的异质性模型假定对称性国家、市场规模一定，也不考虑政策因素的影响，并且没有充分考虑产品差异性。现代企业越来越重视产品差异化和市场细分，将市场分为高端和低端，一些企业的产品主要销往高端市场，而一些企业产品销往低端市场，新新贸易理论还不能解释如技术含量等差异带来的产业内贸易现象。再次，该理论也没有考虑家庭和企业的动态最优化决策，新新贸易理论的均衡是一般均衡分析法下得到的结果，没有考虑家庭和厂商的动态最优化均衡。最后，梅里兹模型虽然强调用生产函数描述企业的异质性，但没有给出具体的生产函数，而使用的效用函数却是差异性产品的 CES 效用函数，因此可能存在着生产函数与消费函数间的不匹配；其结论中企业规模、企业生产率之间是正相关的，而现实中国际市场上存在很多竞争力强的中小企业（崔凡、邓兴华，2014；王世军，2014）。

四、新新贸易理论的政策意义

新新贸易理论从企业的异质性角度着手，蕴含着丰富的政策含义。根据新新贸易理论，贸易或自由贸易带来的正向的企业选择效应（段顾等，2019）可以提高行业生产率水平和社会福利，所以对于落后的国家和地区来讲，也应该积极参与到国际、国内分工中去，提高其对外开放水平，鼓励发展对外贸易，提高其国家、地区行业生产率水平和社会福利。无论是中央政府，还是地方政府，推动出口导向和对外开放政策都非常重要，将有利于本地经济的发展和福利水平的提高。正如金毓（2014）所指出的："产业层面的生产率进步仅淘汰了低效企业，个体企业生产率没有改变。从个体企业的角度看，这是被动的选择。而企业层面的生产率进步，是企业内生的生产率改变，是主动的生产选择与调整，对企业未来的发展具有长远影响"。

樊瑛（2007）归纳了新新贸易理论的政策启示，具体表现在：第一，企业的出口决策会受到企业所处环境的影响，而政策的变化会影响企业的出口决策，政府应该在出口补贴、税收优惠等常规性贸易政策基础上，改善基础设施，提高信息沟通，促进企业集群。第二，贸易政策的选择对企业层面的微观数据提出了更高要求，如果缺乏足够的微观证据，对幼稚工业进行出口扶植并不一定是发展中国家的最佳选择。第三，除一般均衡贸易模型外，研究国际外包政策的局部均衡贸易模型也同样意义重大，一国如何采取相应的政策来提高本国企业承接国际外包的能力就属于局部均衡贸易模型研究的范畴。第四，跨国公司的内部贸易与跨国公司和其他公司之间的贸易有何不同？跨国公司的结构如何适应政策变化？那些在国外设立分支机构的企业其本土就业和工资如何对企业的国际化做出调整？这些问题都需要更详细的企业层面的数据来检验。

但是，有利必有弊。贸易或自由贸易在提高行业生产率水平和社会福利的同时，也可能给落后地区带来负面冲击：一方面，一些技术含量高但对地区未来经济发展却颇为关键的产业，可能由于外部高效率企业的进入而衰退，所以在引进外部企业的同时，还应考虑这些企业对本地区相关产业的带动效应。另一方面，贸易或自由贸易会引起资源的重新配置，使利润和市场份额向高生产率企业转移，这可能导致资源过度垄断而造成整体市场效率的损失。除此之外，如果贸易仅发生在部分地区，这可能会拉大地区内部的差距，固化地区分工。如我国的沿海和内地,由于受区位等因素的影响,沿海企业更易获得贸易带来的好处,而内地企业则更倾向于满足国内市场,这也是地区差距形成的重要原因。

第二节　梅里兹异质性企业模型

新贸易理论假设企业是同质性的,进入国际贸易和进入国内贸易是相同的;新新贸易理论则指出,出口企业和内销企业不同,其最明显的差异在于生产率异质性。梅里兹(Melitz)2003年在《计量经济学》杂志上发表了《贸易对产业内资源配置及总产业生产率的影响》一文,成为这一研究的代表性文献。本节内容旨在对其模型做一个简要的介绍。

一、基本假设

(1) 生产要素市场为完全市场,只有劳动力 L 一种生产要素,消费者偏好服从不变替代弹性的效用函数。

(2) 企业生产每种产品需要固定成本,行业内的产品是水平差异化的,每个厂商只生产一种产品。

(3) 每个企业在支付了进入成本后,可以从连续分布函数中抽取到自己的外生生产率,企业根据自己的生产率水平决定生产策略。

(4) 企业将分化为 X 型企业(Export Firms)、D 型企业(Domestic Firms)和 N 型企业(Non-producers)。其中,X 型企业的生产率最高,其同时在国内市场销售并出口国际市场;D 型企业的生产率居中,其只能在国内市场销售;而 N 型企业因其生产率最低、成本过高而被市场淘汰;i 国的企业只能通过出口服务 j 国的市场,出口过程中存在贸易成本。

二、模型的推导[①]

(一) 消费者行为

消费者效用函数服从 CES 形式,具体如式(6.1):

$$U = \left[\int_{\omega \in \Omega} q(\omega)^{\rho} d\omega \right]^{1/\rho} \tag{6.1}$$

其中,$\sigma = 1/1 - \rho$ 表示不同商品 ω 之间的替代弹性。借鉴 Dixit 和 Stiglitz(1977)的做法,假设用总商品 Q 代表商品束,且价格为:

$$P = \left[\int_{\omega \in \Omega} q(\omega)^{1-\sigma} d\omega \right]^{1/1-\sigma} \tag{6.2}$$

利用最优化理论,得到代表性消费者对 ω 类商品的需求函数和支出函数为:

$$q(w) = Q \left[\frac{p(w)}{P} \right]^{-\sigma}, r(w) = R \left[\frac{p(w)}{P} \right]^{1-\sigma} \tag{6.3}$$

[①] 受篇幅所限,本章省略了翔实的推导过程,具体可参考赵伟:《高级国际贸易学十讲》,北京大学出版社 2014 年。

其中，$R = PQ = \int_{m \in \Omega} r(\omega) d\omega$ 代表总支出。

（二）生产者决策

劳动生产率为 φ 的企业每生产 1 单位产品需要投入 $1/\varphi$ 单位的劳动力，因此生产 q 单位产品的总成本为：

$$l(q, \varphi) = f + \frac{q}{\varphi} \tag{6.4}$$

在垄断竞争市场中，由于每家厂商只生产一种商品，经济体生产的商品种类数和厂商的数目是相等的。如果生产的固定成本是 f，则企业总成本为：

$$TC(\varphi) = wf + \frac{w(\varphi)}{\varphi} = f + \frac{q(\varphi)}{\varphi} \tag{6.5}$$

设 $\hat{\pi}$ 为平均生产率 $\hat{\varphi}$ 对应的利润水平，则有：

$$\hat{\pi} = f\left[\left(\frac{\hat{\varphi}(\varphi^*)}{\varphi^*}\right)^{\sigma-1} - 1\right] \tag{6.6}$$

这就是企业的零利润条件（简称 ZCP 条件），可见，只有生产率大于 φ^* 的企业才会继续存在，$\pi(\varphi^*) = 0$。由于企业进入生产会产生沉没成本，只有当预期利润高于沉没成本时，企业才会选择进入，即：

$$\int_0^\infty v(\varphi) g(\varphi) d_\varphi = f_e \tag{6.7}$$

式（6.7）即为企业自由进入的条件（简称 FE 条件），进一步可得 $\hat{\pi} = \dfrac{\delta f_e}{1 - G(\varphi^*)}$。

（三）引入国际贸易

企业出口存在运输成本 τ 和出口的固定成本 f_X，贸易伙伴是对称的，则企业在国内的销售收入为：

$$r_d(\varphi) = p(\varphi) q_d(\varphi) = R \left(P\varphi \frac{\sigma-1}{\sigma}\right)^{\sigma-1} \tag{6.8}$$

若选择出口，企业的销售收入为：

$$r_X(\varphi) = p(\varphi) q_x(\varphi) = \tau^{1-\sigma} R \left(P\varphi \frac{\sigma-1}{\sigma}\right)^{\sigma-1} \tag{6.9}$$

三、模型的主要结论

在封闭经济中，一旦加权企业平均生产率确定，那么企业数量、价格水平和人均财富都被确定。在一定的技术水平下，如果我们得到了加权企业平均生产率和停止运营点生产率 A，那么生产率高于 A 的企业会继续从事生产，而生产率低于 A 的企业就会停止生产和退出。对于那些试图进入该行业的企业来说，他们进入后能够成功生存下去的条件也是生产率必须高于 A。因此，在其他因素不变的情况下，封闭经济中的国内贸易并不能提高行业的整体生产率水平，企业收入、利润、人均财富都随着企业加权平均生产率的确定而确定。在开放经济中，上述情况可以得到改善,自由贸易成了提高行业生产率的另一渠道。

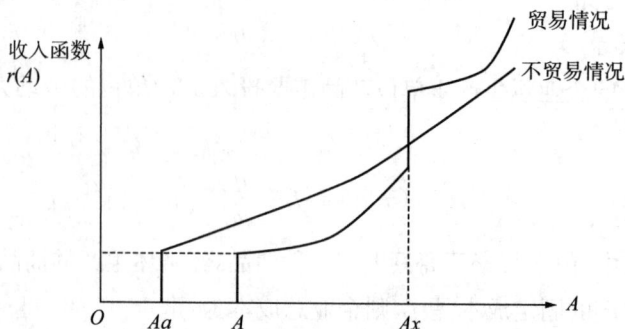

图 6‒2 开放经济中收入在行业内的再分配

资料来源:Melitz, M. J, "The Impact of Trade on Intra-Industry Reallocations and Aggregate Industry Productivity", *Econometrica*, 2003, 71 (6).

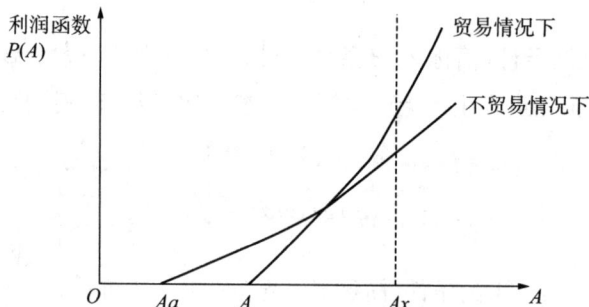

图 6‒3 开放经济中利润在行业内的再分配

资料来源:Melitz, M. J, "The Impact of Trade on Intra-Industry Reallocations and Aggregate Industry Productivity", *Econometrica*, 2003, 71 (6).

为了加以区别,如图 6‒2、6‒3 和 6‒4 所示,用 Aa 来表示不进行贸易的停止运营点生产率,A 表示进行贸易的停止运营点生产率,Ax 表示开放经济中国际市场的停止运营点生产率,且 $Ax > A > Aa$。[①] 由图 6‒2 和图 6‒3 可知:

(1)贸易使停止营业点生产率提高到 A,这使原本可以获得利润的部分企业因为生产率低于停止营业点生产率而被迫退出。

(2)生产率较高的企业也不是都从事国际业务,只有那些生产率大于 Ax 的企业才能在国际市场上获得额外的高额利润,而生产率在 A 和 Ax 之间的企业只能从事国内业务,除非其他动机导致他们在国际业务亏损的情况下,也仍然不退出国际市场。

(3)最低生产率的企业退出市场,市场份额向高生产率企业转移,从而使行业的整体生产率提高,同时国内企业数量降低。

梅里兹模型的企业异质性主要表现为企业生产率、专用性技术、产品质量的差异,尤其是

---

① 邓翔、路征:《新新贸易理论的贡献与发展》,《西南民族大学学报:人文社会科学版》2009 年 12 期。

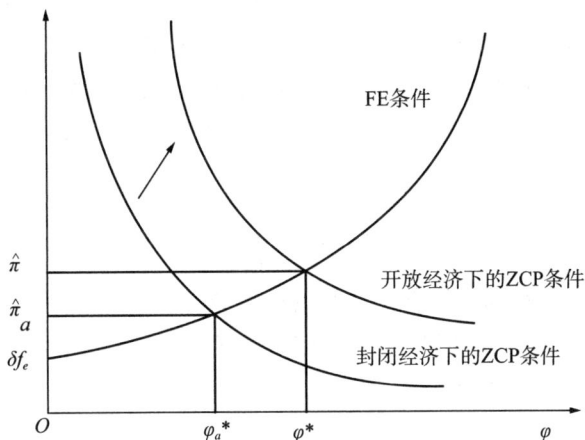

图 6-4　封闭条件和开放条件下的一般均衡

资料来源：Melitz, M. J, "The Impact of Trade on Intra-Industry Realloca-tions and Aggregate Industry Productivity", *Econometrica*, 2003, 71 (6).

企业生产率的差异。梅里兹的异质企业贸易模型就是探讨异质企业是如何从事国际贸易，贸易对企业的生产率增长和福利究竟会产生哪些影响等问题。他将竞争性技术、国际贸易成本和具备异质性技术水平的工人归结为企业异质性的主要原因。模型指出：生产率最高的企业才会选择出口，中等生产率水平企业服务国内市场，而低生产率企业则会退出市场。国际贸易进一步使得资源重新配置，并流向生产率较高的企业。产业的总体生产率由于资源的重新配置获得了提高，这种类型的福利是以前的贸易理论没有解释过的贸易利得。当削减关税、降低运输成本或增加出口市场规模时，整个产业的生产率也会得到相应提高，这些贸易措施都将提高本土和出口市场销售的平均生产率。尽管贸易导致国内企业数量降低，进而导致国内提供产品的种类减少，但是贸易使得更多的国外高生产率企业向国内销售产品，自由贸易的净福利仍然是可观的。

第三节　企业内生边界模型

　　企业在国际化过程中面临着两个关键选择：一是是否进入国际市场，是继续做一个本土的企业还是选择进入国际市场？二是以何种方式进入国际市场，是选择出口还是 FDI 的形式？原有的国际贸易模型只能解释为什么本土企业有在外国进行生产的激励，却无法解释这些海外生产为什么会发生在企业边界之内，而不是通过常见的市场交易、分包或许可的形式进行海外生产。企业内生边界模型从单个企业的组织选择问题入手，将国际贸易理论和企业理论结合在一个统一框架下（樊瑛，2007）。该模型考虑一个南北两国贸易的情况，并假定企业会选择不同的组织形式、产权结构和生产地，这些差异反映了企业异质性的存在，新的企业内生边界模型发现生产率差异影响了企业进入国际市场的决策。

这里以 Antras(2003)模型为基础加以具体说明。[①] 生产中有 Y 和 Z 两个部门,雇佣资本和劳动两种要素,要素供给是无弹性的且在部门间自由流动。企业的组织形式有两种:垂直一体化 V 和外包 O。组织形式的不同,也造成了不同的固定成本,并且在南北之间存在差异,南方生产的固定成本大于北方,同时垂直一体化形式下要求的固定成本大于外包形式下要求的固定成本。代表性消费者的效用函数为:

$$U = \left(\int_0^{n_Y} Y(i)^\alpha d_i \right)^{\mu/a} \left(\int_0^{n_Z} z(i)^\alpha d_i \right)^{1-\mu/a} \tag{6.10}$$

n_Y 和 n_Z 分别表示 Y 部门和 Z 部门产品的种类数,消费者支出中有 $\mu \in (0,1)$ 部分在 Y 部门和 $1-\mu$ 部门在 Z 部门,在任何一个部门内不同种类产品之间的替代弹性为 $1/(1-\alpha)$。生产服从柯布—道格拉斯形式,$K_{x,k}(i)$ 和 $L_{x,k}(i)$ 代表在部门 $k \in \{Y,Z\}$ 中 i 类别产品生产中投入的资本和劳动数量,生产函数为:

$$x_k(i) = \left(\frac{K_{x,k}(i)}{\beta_k} \right)^{\beta_k} \left(\frac{L_{x,k}(i)}{1-\beta_k} \right)^{1-\beta_k}, \ k \in \{Y,Z\} \tag{6.11}$$

由式(6.10)可得 Y 部门 i 类别产品的需求为:

$$y(i) = A_Y p_Y(i)^{-1/(1-a)} \tag{6.12}$$

其中,$A_Y = \dfrac{\mu E}{\int_0^{n_{Y,V}} p_{Y,V}(j)^{-a/1-a} dj + \int_0^{n_{Y,O}} p_{Y,O}(j)^{-a/1-a} dj}$,$E$ 代表经济中的总支出。进一步可得 Y 部门产品的最优价格为:

$$p_{Y,V} = \frac{r^{\beta_Y} \omega^{1-\beta_Y}}{\alpha \bar\phi^{\beta_Y} (1-\bar\phi)^{1-\beta_Y}}, \bar\phi = \delta^\alpha + \phi(1-\delta^\alpha) > \phi \tag{6.13}$$

式(6.13)表明,面对不变替代弹性需求,最终产品生产者会在边际成本基础上索取一个加成率,并且不完全竞争合同索取的加成率是完全竞争合同的 $1/\bar\phi^{\beta_Y}(1-\bar\phi)^{1-\beta_Y}$ 倍。垂直一体化情形下最终产品生产者的利润为:

$$\pi_{F,Y,V} = [1 - \alpha(1-\beta_Y) + \alpha\phi(1-2\beta_Y)] A_Y p_{Y,V}^{-a/1-a} - fr^{\beta_Y}\omega^{1-\beta_Y} \tag{6.14}$$

外包形势下最终产品生产者的利润为:

$$\pi_{F,Y,O} = [1 - \alpha(1-\beta_Y) + \alpha\phi(1-2\beta_Y)] A_Y p_{Y,O}^{-a/1-a} - fr^{\beta_Y}\omega^{1-\beta_Y} \tag{6.15}$$

其中,$p_{Y,O} = r^{\beta_Y}\omega^{1-\beta_Y} / [\alpha\phi^{\beta_Y}(1-\phi)^{1-\beta_Y}]$。

垂直一体化下,$n_{Y,O} = 0$,所以 $A_{Y,V} = \mu E p_{Y,V}^{-a/1-a} / n_{Y,V}$;企业自由进入下 $\pi_{F,V} = 0$,从而得到 Y 部门的产品种类数为:

$$n_{Y,V} = \frac{1 - \alpha(1-\beta_Y) + \alpha\bar\phi(1-2\beta_Y)}{fr^{\beta_Y}\omega^{1-\beta_Y}} \mu E \tag{6.16}$$

外包情形下,每个企业索取价格 $p_{Y,O}$,$A_{Y,O} = \mu E p_{Y,O}^{-a/1-a} / n_{Y,O}$,得到企业自由进入下,$Y$ 部门的产品种类数为:

① Antràs, P. (2003). Firms, contracts, and trade structure (No. w9740). National Bureau of Economic Research.

$$n_{Y,O} = \frac{1 - \alpha(1 - \beta_Y) + \alpha\phi(1 - 2\beta_Y)}{fr^{\beta_Y}\omega^{1-\beta_Y}}\mu E \tag{6.17}$$

因此,对于企业来说,它们的最优化行为是选择一种组织形式 $K(K \in \{V, O\})$ 和一个生产地 $I(I \in \{N, S\})$ 使企业利润最大化。和梅里兹模型一样,对于任何一个行业来说,必然存在一个停止营业生产率水平,使得利润恰好为零。在自由进入的情况下,新进入企业必须保证进入后的利润能弥补初始投资。当生产率高于停业点时,企业会获得利润,它们会通过组织形式的选择使得利润最大化。企业内生边界模型显示,高生产率的企业选择在南方生产中间产品,而低生产率企业只能在本国生产产品;在一国内部企业的组织形式选择上,低生产率企业倾向于外包形式,而高生产率企业倾向于垂直一体化形式;在跨国外包地选择上,低生产率企业选择本国,而高生产率企业选择外国;在总部密集度较低的行业,企业一般不会进行垂直FDI,而只会选择外包(丛静、张宏,2015)。同时,模型还发现行业特征依赖于生产率分散程度,生产率越分散的行业,越依赖进口中间产品,并且行业内部服务密集程度越高,行业也越倾向于一体化。

表 6-1　企业的一体化与外部决策

		投入品生产的地区	
		国内	国外
购买或销售	企业外包	外包	离岸外包
	企业内部	国内供给	FDI

资料来源:赵君丽、吴建环:《新新贸易理论评述》,《经济学动态》2008 年第 6 期。

国内学者赵君丽和吴建环(2008)认为,产业组织是动态的,FDI 和外包的出现是由于产业组织随时间变化发生了变革(具体如表 6-1 所示)。如果把由于特定关系投资、寻找摩擦与匹配、信息不充分等契约的不完全性造成的成本视为交易成本,则企业在做出 FDI 与外包的国际化选择时必须权衡两种成本:FDI 存在较高的固定成本与管理成本,外包存在交易成本。资本密集型产品倾向于企业内贸易,采取一体化模式;劳动密集型产品倾向于企业间贸易,采取外包模式。产业数据中,出口产业的资本密集度越高,企业内进口占总进口的比例越高,而劳动密集型产品倾向于从非附属公司进口;国家层面,出口国家的资本劳动比越高,企业内进口占总进口的比重越高。

第四节　贸易理论的比较

一、贸易理论比较

古典贸易理论、新古典贸易理论、新贸易理论的视角是从国家和产业层面上来解释贸易的发生、贸易结构以及贸易对社会福利的影响(表 6-2 为各种贸易理论的区别)。以赫尔普曼和克鲁格曼为代表的新贸易理论在方法和理论假定上有新的突破,放弃了完全竞争市场结构和报酬递减的假设，引入报酬递增和垄断竞争，解释了二战之后日益增加的产业内贸易的现象，将贸易理论推向了一个新阶段。但当代贸易理论的主要局限是，其分析视角是从国家或产业层面入手的，模型中的企业是同质的、无差异的，无法解释国际贸易中微观层面上的诸多现象，比如同一产业内为什么有的企业从事出口，而其他企业却仅仅涉足国内市场？

表6-2　国际贸易理论的比较

	传统贸易理论	新贸易理论	新新贸易理论
基本假设	同质企业、同质产品、完全竞争市场、无规模经济	同质企业、产品差异化、不完全竞争市场、规模经济	企业异质性、产品差异、不完全竞争市场、规模经济
主要结论	贸易是按照比较优势和资源禀赋差异进行的；解释了产业间贸易的情况	市场结构差异和规模经济存在以及产品差异化扩大了贸易；解释了产业间贸易的情况	企业的异质性导致企业的不同贸易决策选择；主要解释公司内贸易和产业间贸易，也解释了产品间贸易

资料来源：朱廷珺、李宏兵：《异质企业假定下的新新贸易理论：研究进展与评论》，《国际经济合作》2010年第4期。

二、贸易理论对现实的解释力

进入20世纪90年代，国际贸易实践的发展使人们反思新贸易理论对现实的解释力，因为大量的经验证明，并非所有的企业都选择对外贸易。美国1999年在对30多万家企业的普查中发现，仅有不到5%的企业存在出口业务，而在出口企业中排在前10%的企业，其出口总额占到全国出口总额的96%。与此同时，对众多国家的企业的研究发现，同一产业内部，出口企业和非出口企业存在着劳动生产率、资本技术密集度和工资水平上的显著差异。往往是从事出口业务的企业有着较大的生产规模和较高的劳动生产率，同时其工资水平也较高。对此，无论是传统贸易理论还是新贸易理论都无法提供令人信服的解释。

21世纪初，以异质企业贸易模型和企业内生边界模型为代表的新新贸易理论应运而生，该理论突破了传统贸易理论和新贸易理论中企业同质性假定，将异质性纳入对企业的微观分析框架中，并且进行了大量的实证分析，对国际贸易结构和贸易量给予了足够的解释力，成为当前国际贸易理论研究的新热点。

（一）传统贸易理论

传统国际贸易理论解释了不同国家之间依据比较优势（产品机会成本的差异）的商品流动，生产率差异（"李嘉图"比较优势）或跨产业的要素密集度差异与跨国家的要素丰裕度的结合（"赫克歇尔—俄林"比较优势）是比较优势产生的原因。古典国际贸易理论暗含着"产业间贸易"：不同国家的一系列产业将出口，同时其他产业将进口。禀赋驱动的古典贸易理论模型也提供了一种国际贸易影响相对要素报酬（从而也影响收入分配）的机制，因为要素密集度不同的产业之间的专业化改变了产品对不同要素的相对需要。

（二）新贸易理论

大量的国际贸易发生在相对来说比较相似的贸易伙伴之间（尤其是相似的产业内）。例如，德国和美国之间相互出口汽车，这个事实以及其他相似的事例导致了新贸易理论模型的出现。规模经济与消费者多样性偏好的结合导致同质企业专业化生产不同水平的多样性产品，促进国家间双向或产业内贸易。传统贸易理论认为福利收益来自跨国以及跨行业的产品机会成本差异，而新贸易理论认为福利收益产生于消费者能够消费范围更广的多样性产品。克鲁格曼将传统贸易理论与新贸易理论进行了整合，做出了开创性贡献，将水平产品差异性和规模收益递增纳入以要素禀赋为特征的比较优势模型中，这种综合框架迅速成为本领域的标准分析范式。当允许改变技术差异、要素价格不均等以及贸易成本之后，这个综合框架为总的国际贸易模式提供了一个非常有说服力的解释。

（三）新新贸易理论

新新贸易理论对传统贸易理论和新贸易理论提出了挑战，其主要关注了国际贸易与微观企业生产率之间的关系，基本结论是出口企业比不出口企业拥有更高的生产率。出口和生产率关系主要分为两类：

其一，具有较高生产率的出口企业可以反映出具有效率的生产者进行自我选择进入更具竞争力的出口市场，即"自我选择"效应。这种自我选择效应主要体现在企业出口时要面临额外的营销成本、冰山运输成本和其他沉没成本，只有高生产率的企业有能力支付这些固定成本和贸易成本，进而进入国际市场（李丽霞等，2020）。以韩国和中国台湾的制造业为例，我们可以分析生产者的全要素生产率和其参与出口市场的决策之间的关系，结果发现，这两个经济体之间在出口选择效应和出口学习效应上存在差异。中国台湾的企业进入和退出出口市场的转变反映了生产率的系统性转变，这与自我选择模型中预测的结果一致；韩国企业进入或退出出口市场并没有引起生产率的明显变化，这与出口学习效应是一致的。这两个经济体的对比显示：韩国的要素比其他生产率更能对企业的出口决策起决定性作用。

其二，出口企业从出口市场中学到了新技术，因而可以采用更先进的生产方法，从而提高了生产率，即"出口中学习"效应。这种"出口中学习"效应带来的国际市场知识和技术的溢出，有利于其产品质量和管理水平的提高（李丽霞等，2020）。出口企业与不出口企业相比，往往具有更大的规模，更高的生产率，更高的资本密集度、技术密集度以及更高的工资，因而具有更强的竞争力，能够获得更大的利润，提供更多的就业机会。

假定对贸易实践具有更强的解释力，我们知道李嘉图的比较成本论和赫克歇尔—俄林的要素禀赋论，这些传统贸易理论只是单纯地从技术差异或要素禀赋的差异来分析贸易的动因，但是，它们无法回答国家间技术、要素禀赋差异较小甚至无差异情形下贸易发生的机理，这个缺陷由新贸易理论予以弥补。然而，新贸易理论却无法解释为什么企业一开始不直接选择国际贸易，而偏要从国内贸易开始。如今，经济学家紧密联系"不同的出口企业与非出口企业同时存在于同一产业内部"这个贸易现实，以企业生产率异质为由，解释了不同企业从事国际贸易的原因，回答了为什么有的企业会从事出口贸易而有的企业则只从事国内贸易。由此可以看出，新新贸易理论关于企业异质性的假定，是对传统贸易理论和新贸易理论的一次重大改进。它使国际贸易理论对现实的贸易实践具有更强的解释力，也拉近了理论与现实的距离，具体见表6-3。

表6-3　贸易理论及其对现实的解释力

现　实	传统贸易理论	新贸易理论	整合模型	异质性企业模型	整合的异质性企业模型
	李嘉图(1817)，H-O(1919)	克鲁格曼(1980)	赫尔普曼和克鲁格曼(1985)	梅利茨(2003)，伯纳德(2003)	伯纳德、雷丁、肖特(2007)
贸易					
产业间贸易	是	是	是	否	是
产业内贸易	否	是	是	是	是
产业内部的出口商和非出口商	否	否	否	否	是
贸易和生产率					
产业内出口商的生产率高于非出口商	否	否	否	是	是
贸易自由化通过再分配效应提高了整个产业的生产率	否	否	否	是	是
贸易和劳动力市场					
自由化之后跨产业的劳动力净变动	是	否	是	否	是
贸易自由化之后工作岗位的创造和破坏	否	否	否	是	是
贸易自由化影响相对要素收益	是	否	是	否	是

资料来源:赵海斌:《贸易自由化视角下新新贸易理论的再审视》,《国际经贸探索》2011年第3期。

基本概念

国际外包(Offshore Outsource)
集约边际(the Intensive Margin)
扩展边际(the Extensive Margin)
异质企业贸易模型(Trade Model with Heterogeneous Firm)
企业内生边界模型(Endogenous Boundary Model of the Firm)
新新贸易理论(New-New Trade Theory)

复习思考题

1. 新新贸易理论与古典贸易理论、新古典贸易理论相比,其前提假设方面有哪些不同?
2. 集约边际和扩展边际的含义分别是什么?
3. 新新贸易理论的主要结论是什么?其理论贡献有哪些?

4. 论述 Melitz 的异质性企业模型。

5. 论述 Antras 的企业内生边界模型。

参考文献

[1] 丛静、张宏:《生产率异质性,产业要素密集度与中国对外直接投资》,《经济与管理评论》2015 年第 2 期。

[2] 崔凡、邓兴华:《异质性企业贸易理论的发展综述》,《世界经济》2014 年第 6 期。

[3] 邓翔、路征:《新新贸易理论的贡献与发展》,《西南民族大学学报:人文社会科学版》2009 年 12 期。

[4] 段顾、张维迎、马捷:《比较优势、要素有偏向的异质性与自由贸易的企业选择效应》,《经济学(季刊)》2019 年第 2 期。

[5] 樊瑛:《新新贸易理论及其进展》,《国际经贸探索》2007 年第 12 期。

[6] 李春顶:《新—新贸易理论文献综述》,《世界经济文汇》2010 年第 3 期。

[7] 李春顶:《中国出口企业是否存在"生产率悖论":基于中国制造业企业数据的检验》,《世界经济》2010 年第 7 期。

[8] 李伟、路惠雯:《FDI 对我国出口产品质量的影响分析——基于企业异质性理论的视角》,《经济问题探索》2019 年第 10 期。

[9] 李丽霞、李培鑫、张学良:《开发区政策与中国企业"出口—生产率悖论"》,《经济学动态》2020 年第 7 期。

[10] 马颖、李酬:《新—新贸易理论、企业异质性与外贸产业发展》,《国外社会科学》2011 年第 2 期。

[11] 金毓:《"新新贸易理论"中的选择效应与生产率进步》,《国际经贸探索》2014 年第 8 期。

[12] 克鲁格曼:《国际贸易新理论》,中国社会科学出版社,2001 年。

[13] 裴长洪、刘斌:《中国对外贸易的动能转换与国际竞争新优势的形成》,《经济研究》2019 年第 5 期。

[14] 钱学锋、熊平:《中国出口增长的二元边际及其因素决定:经验研究》,《经济研究》2010 年第 1 期。

[15] 任重:《基于企业异质性的出口学习效应研究评述与展望》,《中央财经大学学报》2015 年第 3 期。

[16] 盛斌、吕越:《对中国出口二元边际的再测算:基于 2001—2010 年中国微观贸易数据》,《国际贸易问题》2014 年第 11 期。

[17] 佟家栋、王芊:《基于异质性企业贸易理论的量化贸易模型:理论和应用》,《国际贸易问题》2021 年第 5 期。

[18] 王世军:《生产函数与消费函数不匹配:梅里兹模型的主要缺陷探讨》,《国际贸易问题》2014 年第 12 期。

[19] 王海军:《新新贸易理论综述、发展与启示》,《经济问题探索》2009 年第 12 期。

[20] 赵海斌:《贸易自由化视角下新新贸易理论的再审视》,《国际经贸探索》2011 年第 3 期。

[21] 赵君丽、吴建环:《新新贸易理论评述》,《经济学动态》2008 年第 6 期。

[22] 赵伟:《高级国际贸易学十讲》,北京大学出版社,2014 年。

[23] 朱廷珺、李宏兵:《异质企业假定下的新新贸易理论:研究进展与评论》,《国际经济合作》2010 年第 4 期。

[24] Antràs, P., Firms, contracts, and trade structure, NBER Working Paper, 2003.

[25] Krugman, P. R. "Scale Economies, Product Differentiation, and the Pattern of Trade", *American Economic Review*, 1980, 70 (5).

[26] Melitz, M. J. "The Impact of Trade on Intra-Industry Reallocations and Aggregate Industry Productivity", *Econometrica*, 2003, 71 (6).

第七章

保护贸易理论

本章重点

1. 重商主义的思想与政策主张
2. 李斯特幼稚产业保护理论
3. 超贸易保护理论
4. "中心—外围"理论
5. 战略性贸易保护理论与政策

自由贸易理论所揭示出的理论和政策含义基本是相同的：自由贸易可以促进经济发展，增加各国福利。但是，各国对外贸易政策演变的事实表明，真正意义上的自由贸易从来就没有实施过。如何去解释这一矛盾，诠释实行保护贸易的原因和必要性，为贸易保护提供理论依据？本章将对贸易保护理论进行系统的历史考察和简要评述，并为研究保护贸易提供一个系统的理论分析框架。

第一节　重商主义

一、重商主义产生的背景

随着新大陆和新航线的发现，商品交易的费用空前扩大，西欧对美洲、非洲、亚洲的殖民掠夺，使大量金银流入西欧各国，社会财富的中心由土地转向金银货币。在经济思想和政策方面，就表现为重商主义（Mercantilism）的兴起，它是贸易保护的起点。它是资产阶级最初的经济学说，出现在西欧封建制度向资本主义制度过渡时期（资本原始积累时期），反映这个时期商业资本的利益和要求。它对资本主义生产方式进行了最初的理论考察，是 15—18 世纪初受到普遍推崇的一种经济哲学。重商主义又分为早期重商主义和晚期重商主义两个阶段。历史上对国际贸易的研究最早几乎都出自重商学派的著作。

二、重商主义的核心思想与发展阶段

重商主义的财富观认为贵金属（货币）是衡量财富的唯一标准，是国家富强的象征，因此该

学说主张一切经济活动都要注重积累财富，也就是金银货币的积累。一个国家获取金银的方式无非有两种：一种是通过开采金银矿藏，直接生产金银；另一种就来自国际贸易，通过多卖少买的原则，使一个国家的金银得到积累。由于金银生产会受到自然条件的限制，对外贸易就成为财富增长的主要源泉，重商主义应运而生。重商主义所注重的"商"就是指对外经商，重商主义学说实质上是重商主义者的对外贸易学说，是巨商大贾、学者、政府官员等所谓重商主义者关于对外贸易的理论观点和政策主张。他们认为获取财富就是要实现对外贸易顺差，因而主张国家干预经济活动，鼓励本国商品输出，限制外国商品输入，"多卖少买"，使货币流入国内，以增加国家财富和增强国力。

重商主义的发展经历了早期重商主义和晚期重商主义两个阶段。早期重商主义以"货币差额论"为中心，代表人物为英国的威廉·斯塔福。早期重商主义产生于 15～16 世纪，在对外贸易上强调少买，严禁货币输出国外，力求用行政手段控制货币运动，以贮藏尽量多的货币，因而又被称为货币差额论（重金主义）。晚期重商主义以"贸易差额论"为中心，代表人物为英国的托马斯·孟（Thomas Mun）。晚期重商主义盛行于 17 世纪，强调多卖，主张允许货币输出国外，认为只要购买外国商品的货币总额少于出售本国商品所得的货币总额，就可以获得更多的货币。晚期重商主义为保证对外贸易中的出超，采取保护关税的政策。由于晚期重商主义力图控制或调节商品的运动并发展工场手工业，又被称为贸易差额论。早、晚期重商主义的差别反映了商业资本不同历史阶段的不同要求。重商主义促进了商品货币关系和资本主义工场手工业的发展，为资本主义生产方式的成长与确立创造了必要的条件。

三、重商主义者的政策主张

重商主义者在其国际贸易观的基础上，提出了一系列强制性的保护贸易政策主张，并对后世产生了深远影响，主要有以下几个方面：

（一）货币政策

早期实行重商主义的国家通过颁布各种法令，规定严厉的刑罚，禁止充当货币的金银输出。例如，英国规定外国商人必须将所售货物所得的全部金银用于购买当地商品，而在西班牙输出金银者甚至可能被判处死刑。到晚期重商主义阶段，货币政策有所放宽，允许输出适量货币，以期获得更多的货币。

（二）奖出限入政策

重商主义者极力主张由国家管制对外贸易，通过奖出限入政策来增加出口，减少进口，实现贸易顺差。在进口方面，重商主义者对一般制成品进口采用严格的限制政策，对进口制成品设置关税壁垒，限制进口；在出口方面，重商主义者主张用制成品出口替代原料出口，以获得更高的价格差，对本国出口商品给予津贴，降低或免除一些商品的出口关税，实行出口退税等，并现金奖励在国外销售本国产品的商人。

（三）发展本国工业的政策

重商主义者主张实施鼓励国内工业发展的政策，通过工业的发展增强出口能力，从而使国家保持贸易顺差。当时的制造业还是以手工劳动为主，重商主义者提出了鼓励工业发展的具体建议,如高薪聘请外国工匠;禁止本国熟练技工和机器设备输出;鼓励增加人口,以增加劳动力供应;实行低工资政策以降低生产成本;向工场手工业主发放贷款和给予各种优惠条件等。

四、简要评价

（一）重商主义的贡献

重商主义学说是西方最早的国际贸易学说,反映了西欧从封建制度向资本主义过渡时期经济发展的现实,具有积极的意义。

首先,重商主义学说对加速资本的原始积累,以及资本主义生产方式的建立起到了一定的推动作用。

其次,重商主义学说开始了对资本主义生产方式的最初考察,指出了对外贸易能使国家富足。

最后,晚期重商主义学说对货币的资本职能有了更深层次的认识,推动了货币投资流通尤其是对外贸易的发展。

（二）重商主义的不足

由于时代发展的阶段性,重商主义也存在不少缺陷。

首先,重商主义者把货币与其他商品对立起来理解财富的概念,错误地认为货币是衡量一个国家富强程度的唯一标准。

其次,它对社会经济现象的探索仅限于流通领域,未深入到生产领域,无法揭示财富的真正来源,从而得出对外贸易是财富的源泉,对外贸易的目的就是从国外取得货币的错误结论。

最后,它对国际贸易的认识有根本性错误,认为国际贸易是一种零和博弈,即一方所得必定是另一方所失。

尽管重商主义学说存在诸多的不足,但至今仍有重要的影响,从本质上讲没有任何一个国家能彻底摆脱重商主义思想的影响。

第二节　幼稚产业保护理论

一、幼稚产业保护理论产生的背景

18世纪率先完成工业革命的英国成为世界工厂,开创了机器大工业取代手工场的时代。同时,一系列资本主义国家也相继开始进行工业革命,资本主义制度开始在世界普遍建立。资本主义是一种开放的经济形式,它要求对外扩大市场以满足国内工业产能,以避免造成产能过剩,否则就会违背资本主义资源最优配置的要求。率先完成工业革命的英国无疑在国际竞争中拥有绝对优势,但尚未完成工业革命的美国、德国等国家则处于劣势状态。同时,传统的国际贸易理论——亚当·斯密的"绝对优势理论"指出的劳动分工——生产优势产品——然后进行交换的模式已经不能再解释是否应该对幼稚产业进行保护的问题。

按照传统的理论自己处于劣势的产业应当将资源转移出来投入到拥有优势的产业之中，才能使资源达到优化配置，但尴尬的是在有些情况下，一些重要的产业如农业或者装备制造业这些关系到国家安全的支柱产业会处于劣势地位，如果按照"绝对优势理论"来说这些产业都应当放弃。但事实上这些产业是不能被放弃的，传统的国际贸易理论在幼稚产业的问题上便得不到令人满意的答案。

现实的需求刺激了幼稚产业保护理论的产生，18世纪后半期刚刚结束战争的美国迫切需要发展国内产业，第一任财政部部长汉密尔顿在《关于制造业的报告》中最先提出保护思想，在19世纪中叶由德国的史学派先驱弗里德里希·李斯特加以系统化。李斯特认为生产力是决定一国兴衰存亡的关键，而保护民族工业就是保护本国生产力的发展，所以国家和政府需要作为民族工业发展强有力的后盾，而不是秉承古典学派的自由放任原则。同时，他的《政治经济学的国民体系》则标志着幼稚产业保护理论的初步完成。

二、幼稚产业保护论的基本思想和理论基础

（一）基本思想

1. 汉密尔顿的制造业保护论

亚历山大·汉密尔顿（Alexander Hamilton，1757—1804）是美国独立后的首任财政部部长，他最早提出了幼稚产业保护理论。当时，美国经济凋敝，工业落后，北方的工业资产阶级要求实行保护贸易，南方的种植园主则反对。汉密尔顿代表工业资本家的利益，向国会提出《关于制造业的报告》，阐述保护制造业的必要性。汉密尔顿指出：一个国家如果没有工业的发展，就很难保持其独立地位。制造业对国家利益关系重大，发展制造业可促进社会分工，推广机器使用，扩大就业，诱使移民流入，发挥个人才能，提供开创各种事业的机会，保证农产品的销路等。美国工业起步晚，技术落后，生产成本高，根本无法同英、法等国家的廉价商品进行自由竞争。因此，美国应实行保护关税制度，帮助新建立起来的工业生存、发展和壮大。

2. 李斯特幼稚产业保护理论

李斯特保护贸易理论的核心是生产力理论。他认为应根据生产力水平的发展阶段来决定对外贸易政策（自由贸易或保护贸易政策）。因此，自由贸易制度和政策不适合经济落后国家，它们应当实行保护贸易制度，使本国的幼小产业得到保护。他指出，采取保护性贸易政策可能会失去某些比较利益，特别是在开始阶段，国内产品的价格可能会高一些。但是经过一段时间保护之后，本国产业生产力水平会提高，国内产品的生产成本会大幅下跌，其价格也会随之落到国外进口商品的价格以下，收获远大于之前的损失。

（二）理论基础

汉密尔顿理论的主要出发点在于强调国家制造业的重要作用。他较为详细地论述了发展制造业的直接和间接利益。他认为，制造业的发展有利于推广机器使用，提高整个国家的机械水平，促进社会分工的发展；有利于扩大就业，促进移民流入，加速美国国土开发；有利于提供更多的开创各种事业的机会，使个人才能得到发挥；有利于消费农业原料，保证农产品的销路

和价格稳定,刺激农业发展,等等。

李斯特从历史阶段出发,以生产力论作为其保护贸易的理论基础,以国民原理学说说明国家与政策的关系。

1. 经济发展阶段学说

李斯特把各国的经济划分为五个阶段:原始未开化时期、畜牧时期、农业时期、农工业时期、农工商业时期。不同时期国家应实行不同的对外贸易政策。

处于原始未开化时期、畜牧时期或农业时期,使自己获得发展的“最迅速有利”的方法是同先进的工业国实行自由贸易,输入国外工业品,输出本国产品,以此为手段,使自己脱离未开化或落后阶段,实现向更高阶段的演进。

在农工业时期要实行贸易保护政策,对本国有发展潜力的工业采取贸易保护措施,防止外国的竞争,以实现本国工业的建立与发展。

到了农工商业时期,本国工业已有了相当的基础,已没有理由害怕外国的竞争,这时应该恢复到自由贸易政策,使国内外市场进行无所限制的竞争。

2. 国民经济原理

普遍的自由贸易理论是无边无际的世界主义经济学,它完全忽视了国家的存在,不考虑如何满足国家利益,而以所谓增进全人类利益为出发点。国民经济利益是贸易政策选择的重要依据。

三、幼稚产业保护论的政策主张

(一)汉密尔顿保护论的政策主张

汉密尔顿的具体政策主张主要包括:① 向私营工业发放政府信用贷款,为企业提供发展资金;② 实行保护关税制度,保护国内新兴工业;③ 限制重要原料出口,免税进口极为紧缺的原料;④ 为必需品工业发放津贴,为各类工业发放奖励金;⑤ 限制改良机器输出;⑥ 建立联邦检查制度,保证和提高制造品质量。

汉密尔顿的制造业保护理论对美国制造业的发展产生了积极影响,开创了后起国家保护新兴产业的先河。

(二)李斯特幼稚产业保护理论的政策主张

1. 保护对象(选择标准)和时间

保护对象包括:目前处于起步阶段的、受到外部竞争强大压力的同时又具有发展前途的工业,即受保护对象经过一段时期的保护和发展之后能够成长起来的工业;关系国计民生的重要工业,即建立与经营时需要大量资本、大规模机器设备、高度技术知识,生产最主要的生活必需品的工业部门,应该给予高度保护;那些次要的部门,保护程度要相对低一些。时间应以 30 年为限。

2. 国家干预论

要发展生产力,就必须依靠国家,而不能听信古典学派的自由放任原则。李斯特认为,政府不能作为“守夜人”,要做“植树人”,应制定积极的产业政策,利用关税等手段来保护国内市场。

3. 关税保护制度

保护的主要手段是关税措施,这是抵御外国竞争,促进生产力发展的必要手段。对于保护关税的实施,李斯特认为当本国工业具有竞争力后应逐步降低保护程度,以竞争来刺激本国工业的进一步发展。

李斯特贸易保护的根本目标就是通过国家干预,促进国家综合生产力的发展,而在生产力的发展中,工业的作用比农业的作用要大得多。在一个工业生产力发达的国家里,各种生产资源都会得到积极有效的利用,使社会财富以更快的速度增长,从而增强国家的总体实力。

四、理论扩展

围绕着李斯特的幼稚产业保护理论,以后的经济学家从如何确定幼稚产业、为本国失去优势地位的产业寻求保护依据及论证保护贸易的合理性等角度出发,对其做出补充和发展。幼稚产业(Infant Industry)的选择标准的主要代表人物有约翰·穆勒(John Mill)、巴斯塔布尔(Bastable)、肯普(Kemp)和小岛清(Kiyoshi Kojima)等。

1. 穆勒—巴斯塔布尔—肯普标准

19世纪英国经济学家穆勒认为,受保护的国内产业在保护结束后必须具有成本优势,成为本国的比较优势产业。只有这样的产业才可作为幼稚产业加以保护,否则该项产业就不能作为幼稚产业给予保护。穆勒上述确定幼稚产业的标准其实并没有超出李斯特对幼稚产业的界定。经济学界之所以将其称为穆勒标准,是因为李斯特虽然是著名的幼稚产业保护的倡导者,但其在经济学领域的影响力远不如穆勒。穆勒在著作中对幼稚产业保护表示支持,才引起经济学界对幼稚产业问题的关注。

巴斯塔布尔补充了穆勒关于确定幼稚产业的标准,作为幼稚产业进行保护的产业除了在一定时期后能够自立外,其将来所产生的利益必须超过现在实行保护而受到的损失。巴斯塔布尔标准考虑了贸易保护的成本与收益问题,比穆勒的标准前进了一步。

肯普将穆勒和巴斯塔布尔的标准结合在一起,称为"穆勒—巴斯塔布尔准则(Mill-Bastable Dogma)",同时又补充了一个更为严格的标准,即只有先行企业获得的经验具有外部经济时,保护才是正当的。在一国建立新型产业,本身是一个学习的过程,面临许多风险。如果先行企业获得经验可以保留在企业内部,其他企业不能从中受益,那么先行企业的投资和风险可以从新产业建立后的市场领先地位中获得补偿,无须政府给予特殊保护。如果先行企业取得的经验具有外部经济,其他企业可以无偿受益,市场竞争将使先行企业的投资和风险不能获得应有的补偿,企业将失去投资新兴产业的积极性,因而需要政府给予保护。

图7-1描述了肯普的幼稚产业保护标准。图中横轴表示时间(t),纵轴表示成本与价格(p)。d和w分别表示本国和外国相同产品的平均成本与价格。本国刚开始生产时,成本较高,本国价格高于国外价格,P_d>P_w。但本国生产成本和价格下降较快,在t_1后,国内产品价格低于外国产品价格。

如果本国最先开始生产该产品的企业在学习过程中积累的经验被控制在企业内,那么在t_1之后先行企业具有市场垄断地位,其他企业无法直接从先行企业的经验中受益,要进入该行业必须自己摸索与学习,初始成本同样很高。这样,先行企

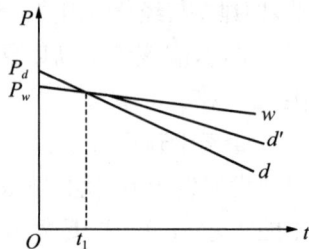

图7-1　肯普标准

业可以将国内价格定在高于 d 的水平,比如 d',两者之差即为先行企业的超额利润。在这种情况下,无须政府保护,盈利前景会吸引企业投资于新兴行业和新产品的生产。

如果先行企业在学习过程中积累的经验具有外部效益,其他进入该行业的企业会大大缩短学习过程,成本会迅速降低,在 t_1 后先行企业和后来企业的成本与价格都是 d,先行企业开始时付出的较高成本和承担的巨大风险将无法获得补偿。如果没有政府在开始阶段的特殊保护,企业将不会进入新兴行业。如果政府能够给予保护,比如在 t_1 之前按照国内外产品价格的差距对进口产品征收关税,这样国内产品的价格会上升,国内企业得以收回生产成本,消除了企业进入新兴行业的障碍。在这种情况下,政府对幼稚产业的保护具有合理性。

2. 小岛清标准

日本经济学家小岛清认为,穆勒、巴斯塔布尔、肯普等人只是根据个别企业或产业的利弊得失来寻求确定幼稚产业的标准,这种方法是片面的。要根据要素禀赋和比较优势的动态变化来选择一国经济发展中应予保护的幼稚产业。只要是有利于国民经济发展的幼稚产业,即便不符合巴斯塔布尔或肯普确定的标准,也是值得保护的。小岛清对如何确定有利于国民经济发展的幼稚产业提出了如下具体标准:

(1)所保护的幼稚产业要有利于潜在资源的利用。通过实施保护政策,建立新兴产业,开发利用潜在资源,带动经济增长。

(2)对幼稚产业的保护要有利于国民经济结构的动态变化。一国的要素比率是变化的,当资本积累率超过劳动力增加率时,社会资本—劳动比率就会发生改变。如果资本密集型产业属于幼稚产业,对其进行保护,有利于国民经济结构的转变。

(3)保护幼稚产业要有利于要素利用率的提高。如果新兴产业经过保护能迅速实现技术进步,使单位产品的要素消耗大大降低,或者取得显著规模经济优势,都会提高要素利用率。

五、简要评价

(一)幼稚产业保护理论的贡献

(1)幼稚产业保护理论的提出,是贸易保护理论体系形成的标志。它确立了贸易保护理论在国际贸易理论体系中的牢固地位,对当前国际贸易决策和理论研究仍具有重要的指导和借鉴意义。

(2)该保护贸易理论对经济不发达国家有重大参考价值,该理论的保护对象以幼稚工业为限,对国际分工和自由贸易的利益也予以承认,保护贸易为过渡时期,而以自由贸易为最后的目的。

(二)幼稚产业保护理论的不足

(1)该理论把生产力理论同古典学派的价值论对立起来,片面强调国家对经济发展的决定作用。

(2)该理论是以资本市场发育不完全为前提假设。

(3)其经济发展阶段论是按部门在经济发展中的地位和作用来划分的,把社会历史的发展归结为国民经济部门的变迁,撇开了生产关系这个根本因素,因此不能反映社会经济形态变化的真实情况。

第三节　超保护贸易理论

一、超保护贸易理论产生的背景

科学技术的进步促进了国际分工和世界市场的迅速发展，垄断资本已远远不满足在国内市场上的发展，迫切需要进行经济扩张。20 世纪 30 年代的大危机，使资本主义国家陷入长期萧条中，市场问题非常尖锐，国外市场的争夺日益激烈。面对这一局面，资本主义国家过去所实行的自由放任政策显得无能为力。正因为如此，资本主义国家开始运用政权力量直接干预对外经济活动，力求通过人为措施，扩大出口、限制进口，以缓和国内危机，保护在国外市场的竞争能力。1929—1933 年世界经济大危机之后，各国相继放弃了自由贸易政策，强化了国家政权对经济的干预作用。许多资本主义国家都提高了关税，实行外汇限制、数量限制；同时，国家积极干预外贸，鼓励出口。

二、超保护贸易理论的基本内容

（一）对古典派自由贸易理论的批评

凯恩斯与其追随者认为传统的外贸理论不适用于现代社会。古典派的贸易理论是建立在国内充分就业这个前提下的。他们认为，国与国之间的贸易应当是进出口平衡，以出口抵偿进口，即使由于一时的原因或由于人的力量使贸易出现顺差，这也会由于贵重金属移动和由此产生的物价变动得到调整，进出口仍归于平衡。他们认为不要为贸易出现逆差而担忧，也不要为贸易出现顺差而高兴，故主张自由贸易政策，反对人为的干预。

凯恩斯与其追随者认为古典派自由贸易理论过时了。首先，20 世纪 30 年代，大量失业存在，自由贸易理论"充分就业"的前提条件已不存在。其次，凯恩斯与其追随者认为，古典派自由贸易论者虽然以"国际收支自动调节说"说明贸易顺差、逆差最终均衡的过程，但忽略了在调节过程中对一国国民收入和就业所产生的影响。他们认为应当仔细分析贸易顺差与逆差对国民收入和就业的作用。

（二）鼓吹贸易顺差有益，贸易逆差有害

凯恩斯主义认为，总投资包括国内投资和国外投资，国内投资额由"资本边际收益"和利息率决定，国外投资量则由贸易顺差大小决定。贸易顺差可为一国带来黄金，也可扩大支付手段，压低利息率，刺激物价上涨，扩大投资，这有利于国内危机的缓和与提高就业率。贸易逆差会造成黄金外流，使物价下降，招致国内经济趋于萧条和增加失业人数。贸易顺差能增加国民收入，扩大就业；贸易逆差则会减少国民收入，加大失业。

（三）提出贸易保护的主张

凯恩斯认为总收入决定于总就业量，总就业量决定于有效需求，经济危机和失业是由有效

需求不足引起的。只有通过国家积极干预经济生活,制定一系列的政策来刺激有效需求,能提供足以保证充分就业水平的有效需求量,危机可以避免,失业问题就能迎刃而解。主张政府干预对外贸易,奖出限入,实行超保护贸易政策。采取各种手段和保护措施,减少进口,扩大出口,造成对外贸易顺差,增加国民收入,扩大就业,促进国内经济发展。

三、理论扩展

凯恩斯的《通论》中并没有系统的国际贸易理论,但其后的经济学家提出的贸易保护理论都是建立在他的就业理论与乘数理论基础上的。

（一）就业理论

一国的就业水平是由有效需求（社会商品的总需求价格和总供给价格相等的社会总需求）决定的。在现代经济生活中,不仅存在着摩擦失业、自愿失业,而且存在着非自愿失业。正是有效需求的不足导致了失业的出现,有效需求的不足使经济体系在低于充分就业的水平就达到了稳定均衡的状态。有效需求由消费需求和投资需求组成,边际消费倾向、边际资本效率和灵活偏好三条基本心理规律造成消费需求的不足,投资需求则取决于利息率和贸易收支状况。由于消费倾向在短期内十分稳定,因此,要实现充分就业就必须从增加投资需求这方面着手。为保护国内就业,国家应对对外贸易进行干预,采用财政政策,增加公共投资和政府开支,保持贸易顺差,以促进就业和产出的增加。

（二）对外贸易乘数理论

为进一步说明增加投资对就业和国民收入的益处,强调政府干预的必要性,凯恩斯提出了投资乘数理论。新增加的投资引起对生产资料的需求增加,从而引起从事生产资料的人们（企业主和工人）的收入增加;这些人收入的增加又引起对消费品需求的增加,从而又导致从事消费品生产的人们收入增加。如此推演下去,结果由此增加的国民收入总量会等于原增加投资量的若干倍,而增加倍数（即乘数）的大小取决于边际消费倾向。

在国内投资乘数理论的基础上,凯恩斯的追随者们引申出对外贸易乘数理论（Foreign Trade Multiplier Theory）。他们认为,一国的出口与国内投资一样,属于"注入",对就业和国民收入有倍增作用;而一国的进口则与国内储蓄一样,是"漏出",对就业和国民收入有倍减效应。因此,只有当贸易为出超或国际收支为顺差时,对外贸易才能增加一国就业量,提高国民的收入,而此时,国民收入的增加量将为贸易顺差的若干倍。

四、超保护贸易理论的政策主张及特点

（一）政策主张

在超保护贸易理论基础上,西方发达国家采取了为维护国内市场的垄断价格和夺取国外市场一种侵略性的对外贸易政策,称为侵略性保护贸易政策（Aggressive Protective Trade Policy）。其主要手段包括:对进出口贸易实行许可证制及外汇管制;对进出口商品规定进口限额,征收高额关税或禁止进口;对出口商品予以补贴或关税减免。

（二）政策特点

与第一次世界大战前贸易保护主义相比,超保护贸易主义有以下特点:

（1）保护的对象扩大化。超保护贸易不但保护幼稚工业,而且更多地保护国内高度发达或出现衰落的垄断工业。

（2）保护目的趋于垄断性。超保护贸易不再是培养自由竞争的能力,而是巩固和加强对国内外市场的垄断。

（3）保护转入进攻性。以前贸易保护主义是防御性地限制进口,超保护贸易主义是要在垄断国内市场的基础上对国内外市场进行进攻性的扩张。

（4）保护的阶级利益从一般的工业资产阶级转向保护大垄断资产阶级。

（5）保护的措施多样化。保护的措施不仅有关税,还有其他各种各样的奖出限入的措施。

五、简要评价

（一）超保护贸易理论的贡献

（1）该理论把国际贸易作为影响整个经济运行的一个重要因素,认为国际贸易是决定宏观经济均衡的一个不可忽视的变量,利用对外贸易可以促进国内经济发展的良性循环。对外贸易乘数理论,在一定程度上反映了对外贸易与国民经济发展之间的内在规律性。

（2）该理论主要是从政策入手,认为实行超保护贸易政策的根本宗旨是保护国内先进的、发达的工业,以增强在国际市场上的垄断地位。

（二）超保护贸易理论的不足

（1）只注重有效需求而忽视解决供给方面的重要性,只强调刺激需求以缓和资本主义生产过剩的经济危机。

（2）各个国家从本国利益出发实行贸易保护政策,使世界贸易量减少或停滞不前,对各个国家都有害无益。

（3）该理论是为发达国家转嫁经济危机服务的,因而会使发展中国家的贸易条件恶化。

第四节 "中心—外围"理论

一、"中心—外围"理论产生的历史背景

第二次世界大战造成国际经济关系的严重混乱并使世界经济受到极大破坏,整个帝国主义阵线遭到严重削弱,在一些殖民地附属国,民族经济有了一定的发展,工人和广大劳动人民的革命运动进一步加强,这就为一系列国家摆脱帝国主义、殖民主义的统治和奴役创造了新的极其有利的局面,并使得帝国主义殖民体系的危机越来越深刻化。发展中国家的前身主要是帝国主义时期的殖民地,发展中国家的经济一般都是在殖民地经济的基础上发展起来的。为了实现民族经济的独立,发展中国家渴望脱离旧的国际经济秩序尤其是旧的国际分工和贸易

体系。在这一历史背景下,代表落后国家民族经济利益的经济学家(既有社会改良主义者,也有马克思主义者)以不平等交换理论为基础,从不同角度提出并论证了"中心—外围"结构的存在,批判传统自由贸易理论会使发展中国家通过自由贸易表现出来的相对优势和加速经济发展之间存在着冲突,并会使发展中国家的贸易条件恶化。在这些理论流派中,最具有代表性的是阿根廷的普雷维什提出的"中心—外围"理论。

二、"中心—外围"理论的主要内容

(一)普雷维什将世界经济体系划分为中心和外围两大类

"中心—外围"(Core and Periphery)体系具有整体性,是整个资本主义世界经济体系的组成部分,而不是两个不同的经济体系。维系这一体系运转的是国际分工。在国际分工中,首先取得技术进步的国家就成了世界经济体系的"中心",而处于落后地位的国家则沦为这一体系的"外围"。在经济发展的自主性、经济发展的结构以及技术进步带来的利益分配等方面,这两类国家都处于不平等的地位。从经济上来讲,中心国家是由以西方七国集团为代表的高度工业化的少数发达国家组成的,它们能够独立自主地发展本国的经济,出口工业品或高附加值产品而进口原材料或初级产品,是绝大多数技术知识的创造者和传播者,因此能够占有几乎全部利益;而外围国家则是由发达国家之外的绝大多数发展中国家组成的,它们在经济和技术发展上依附于发达国家,难以获得技术进步带来的利益,相反技术进步却压低了主要出口商品——初级产品的价格,因此它们与中心国家之间进行着不平等的经济贸易往来。从政治上来讲,中心国家实行帝国主义的霸权政策,不仅拒绝改变它们与外围国家的关系,而且不惜使用卑劣的政治颠覆、军事干预等手段搞乱、搞垮外围国家新生的政权。一旦外围国有意无意地损害了这种经济和政治利益时,中心国——特别是主要中心国——往往就会采取惩罚的措施,在极端的情况下甚至会通过军事干预的手段进行报复。

(二)外围国贸易条件不断恶化("普雷维什命题")

建立在西方比较优势理论基础上的国际贸易不利于发展中国家,从而使外围国的贸易条件恶化。普雷维什研究了1876—1938年间英国进出口产品的平均价格指数,研究结果表明,如以1876—1880年间世界原材料和制成品价格之比为100的话,除1881—1885年的价格为102.4略有上升外,此后绝大部分时间里该比价一直呈递减趋势,到1936—1938年已降到64.1,反映出中心国家的贸易条件日益改善,而外围国家的贸易条件在以下三方面因素的综合作用下越来越恶化:① 技术进步引致利益分配不均;② 进口的制成品市场结构具有垄断性,需求收入弹性较大;③ 中心国家的周期性经济危机对它们出口初级产品的需求极不稳定。同时,中心国家通过资本输出、凭借技术和管理优势获取垄断利润,最大限度地剥削外围国家,强化外围国家对中心国家在经济上的依附性,使外围国家实际上成为中心国家的食品和原料产地,进而利用跨国公司的侵入使外围国家的国民经济畸形化,这样只会使它们与中心国家的经济发展水平相去甚远。

(三)外围国必须实行工业化,独立发展民族经济

普雷维什认为,要打破"中心—外围"的既定格局,外围国家就必须实现本国的工业化,独

立自主地发展自己的民族经济。为此，外围国需要实行贸易保护政策，既要采用传统的关税手段，也要采用外汇管制、进口配额等非关税手段。在工业化发展的出口替代阶段，还要实行有选择的出口补贴政策等。他认为采用这些贸易保护政策对外围国家的经济发展可以起到以下作用：限制进口的保护关税可以削弱外国商品的竞争能力，也有利于贸易条件的改善；可以开辟新产业，吸纳技术进步所产生的剩余劳动力和解决原料产品部门的隐蔽失业；使原料产品出口和进口替代并举，可以有效推动本国工业化进程；限制进口措施还可以减少外汇支出，改善国际收支状况。

（四）外围国家实施保护贸易政策有利于世界经济的发展

普雷维什强调外围国家与中心国家的保护贸易政策在性质上的差异。外围国家是为了保护本国的幼稚工业，有利于世界经济的发展；中心国家的保护贸易政策是为了对外围国家实行歧视和遏制，不仅对外围国家不利，对整个世界经济发展都是不利的。

三、政策主张

（1）外围的发展中国家应通过实行工业化，独立自主地发展自己的民族经济来彻底摆脱不合理的国际分工体系，打破旧的国际经济秩序。

（2）采取保护贸易政策，通过关税、非关税及外汇管制等手段限制进口以减少外汇支出，削弱外国商品的出口能力和竞争能力，扩大国内工业产品的国内需求，才能保证外围国家工业化的顺利实施。

（3）进口替代工业化战略。工业化应分阶段发展，即通过发展出口替代工业、建立和发展国内进口替代工业及建立和发展制成品的出口替代工业这三步，逐步产生一个独立的、体系完整合理的国民经济。

普雷维什赞成进口替代工业化战略，在其1950年发表的《拉美经济发展及其主要问题》中指出："由有节制、有选择的保护政策刺激起来的进口替代，是取得某些合意效果，经济上明智稳妥的好办法。这种政策有助于纠正发展受外国约束的趋势，产生这种趋势的原因是中心国家对初级产品进口需求的收入弹性低，而外围国家对来自中心国家的制成品的收入弹性高，通过保护而实行的进口替代，可以避免把多余的生产资源配置到初级产品生产，并将其转向工业生产，从而抵消贸易条件恶化的趋势。"

四、简要评价

（一）"中心—外围"理论的贡献

（1）该理论是以发展中国家的利益为基础的，对当代国际分工体系和国际贸易体系中存在的发达国家控制和剥削发展中国家的实质进行了深刻的剖析。它从理论上揭示了实际中发达国家与发展中国家之间的不平等交换关系，指责了发达国家自由贸易政策的虚伪性。

（2）发展中国家贸易条件不断恶化的论点得到了普遍的证实。其倡导发展中国家应实施贸易保护政策、走工业化道路的主张和政策建议对经济落后的广大发展中国家有积极的指导意义。

（二）"中心—外围"理论的不足

（1）该理论从发达国家工会组织对产品价格的影响、技术进步利益分配不均及需求收入弹性对收入转移的分析等方面出发来解释发展中国家贸易条件日趋恶化,因此具有理论上的局限性。

实际上,发达国家长期以来对本国初级产品实行贸易保护政策也是发展中国家初级产品贸易条件逐渐恶化的主要原因之一。

(2)并未对以"比较优势"理论为核心的传统自由贸易理论造成发达国家与发展中国家贸易利益分配不均的原因做出根本性揭示,从而其在理论分析上就存在不全面性。

第五节　战略性贸易理论及其他保护贸易的依据

一、战略性贸易理论产生的背景

20世纪70年代末期至80年代初期,由于规模经济、不完全竞争的普遍存在,迪克西特和斯蒂格里茨、克鲁格曼、兰开斯特等经济学家从不同角度阐述了新贸易理论的若干观点。新贸易理论最重要的贡献就是奠定了规模经济和不完全竞争在国际贸易理论中的地位。自该理论出现以来,对国际贸易理论体系以及许多国家对外贸易政策的制定都产生了重大影响。尽管对该理论的尖锐批评此起彼伏,同时其基本模型自身也有待进一步完善,但重要的是,它确实动摇了传统国际贸易理论的统治地位,并且在很大范围内,该理论转化为了实际的政策建议并得到了有效实施。以最具有战略性特征的高科技产业为例,政府运用包括R&D补贴在内的各种政策工具扶持本国的高科技产业已经是司空见惯的现象。而事实上,战略性贸易政策理论的实际影响力更为深远,绝非对一些产业进行扶持本身所能反映的。

1992年后美国经历了很长时间的经济高速增长期,而与此同时,世界上其他国家和地区的经济却表现不佳。当然,这其中与当时一些国家正经历计划经济向市场经济的转变,同时欠发达国家以及新兴工业国家分别遭遇债务问题和金融危机有很大关系,但依然不能完全解释两者迥然不同的境遇。许多经济学者认为,正是战略性贸易政策和管理贸易政策的实施导致了世界财富向超级强国的集中。因此,对该理论的产生背景、演进路径以及实施进行深入研究有助于从另一个角度理解经济发展过程中这种巨大的不平衡效应。

二、战略性贸易政策理论的主要思想和产业选择

战略性贸易政策(Strategic Trade Policy)是指一国政府在不完全竞争和规模经济条件下,为把国外垄断企业的一部分垄断利润转移给本国企业和消费者,凭借生产补贴、出口补贴或保护国内市场等政策手段,扶持本国具有寡头垄断的所谓战略性产业,使该产业及企业具有竞争的绝对优势,并且带动一系列产业的发展。战略性贸易政策是建立在不完全竞争、规模经济基础上的,主要针对寡头垄断的市场结构。其理论体系可分为"利润转移"理论和"外部经济"理论。

(一)"利润转移"理论

它是指一国政府在不完全竞争和规模经济条件下,可以凭借生产补贴、出口补贴或保护国

内市场等政策手段,扶持本国战略性工业的成长,增强其在国际市场上的竞争能力,从而谋取规模经济之类的额外收益,并借机劫掠他人的市场份额和工业利润。即在不完全竞争环境下,实施这一贸易政策的国家不但无损于其经济福利,反而有可能提高自身的福利水平。战略性贸易政策是与产业政策紧密结合在一起实施的,它的有效推行不仅要在不完全竞争和规模经济的前提下,而且还应具备以下条件:接受补贴的产业确实能在一个相对较长的时期内保持自己的垄断优势;被保护的目标市场存在新厂商进入障碍;产品市场需求旺盛,能够保证企业的规模收益递增;政府掌握齐全可靠的信息并对实行补贴所可能带来的利润做到心中有数;不会招致别国政府采取相应的报复措施。

以欧洲空中客车和美国波音的竞争为例。飞机制造业投资很大,规模效益明显,因此世界上只有少数飞机制造商。目前在客机制造业最大的两家企业是美国波音公司(Boeing)和欧洲空中客车公司(Airbus)。假定两公司都有能力为世界市场生产一种新型飞机。由于市场需求总量一定,如果两家都生产,都会亏损 500 万美元;如都不生产,当然既无亏损,也无利润;如只有一家生产,则会获得利润 1 亿美元。两公司生产和盈亏情况如表 7-1 上半栏。

两家公司完全依靠本身的力量展开博弈,结果带有不确定性。现在假定欧盟对航空制造业进行保护,给予空中客车公司 2500 万美元的出口补贴,美国政府未对波音公司采取保护措施。欧盟的出口补贴使两家公司的盈亏情况发生变化(见表 7-1 下半栏)。如果只有空中客车公司一家生产,利润为 1.25 亿美元;如果两家都生产,空中客车公司赢利 2000 万美元(2500万美元补贴减去 500 万美元亏损),波音公司仍亏损 500 万美元。

表 7-1 政府补贴预期收益模拟表 （单位:百万美元)

在双方都无任何补贴的情况				
		空中客车		
		制造		不制造
波音	制造	空中客车	−5	空中客车	0
		波音	−5	波音	100
	不制造	空中客车	100	空中客车	0
		波音	0	波音	0

在欧洲空中客车进行补贴的情况				
		空中客车		
		制造		不制造
波音	制造	空中客车	20	空中客车	0
		波音	−5	波音	100
	不制造	空中客车	125	空中客车	0
		波音	0	波音	0

空中客车公司在享受欧盟给予的出口补贴支持后,只要生产就有利润,因而该公司肯定会投入生产。而波音公司面临两种选择:生产,亏损 500 万美元;不生产,即无亏损亦无利润。波

音无获利可能,只能退出市场。欧盟以 2500 万美元的出口补贴换取了 1.25 亿美元的盈利,福利得到改善。

从这个模拟分析中可以看出,在不完全竞争的市场结构和双头垄断竞争的条件下,政府采用积极的干预政策可以改变厂商的竞争行为和结果,使本国企业在国际竞争中获得占领市场的战略性优势,并使整个国家获益。而且从长远看,如果假定存在规模经济和全部产业都存在动态的外部经济,那么政府可以对其未达到规模经济的行业进行保护,在该行业达到最佳规模并拥有与国外竞争对手竞争时的优势后再转向下一个行业,从而使本国厂商获得更大的市场份额以转移垄断租金。这实际上为保护幼稚工业理论提供了现实基础。

（二）外部经济理论

外部经济得以产生的途径主要有两个:一是企业通过同一产业或相关产业中其他企业的技术“外溢”（Spillovers）和从“干中学”（Learning by doing）获得技术和知识,从而带来生产率提高和成本下降;二是企业从同一产业或相关产业的聚集中获得的市场规模效应,包括从这些产业的集中和扩展中便捷、廉价、可靠地获得原材料、中间产品、技术工人和专门化的服务,从而得以提高生产率和降低成本。

具有外部经济的产业,其创造的知识、技术和创新产品将对全社会的科技进步与经济增长起到极大的推动作用。但这些产业在创建的过程中,通常成本高昂且风险巨大,且企业的私人成本与社会成本、私人收益与社会收益之间出现偏离,市场出现失灵。如果这些企业得不到政府某种形式的补偿或扶持,它们就会丧失投资于高新技术产业的原动力和积极性,从而对整个国家的未来发展造成不利局面。因此,需要通过政府的贸易干预政策,使这些产业能借助国内、国际市场来获得更大的外部经济,进而在外部经济的自我强化作用下获得更强的国际竞争优势。

三、政策主张及前提条件

（一）政策主张

1. 政府大力支持战略产业的发展

技术、知识密集型产业,比如计算机和信息产业等,产业关联极强,外部经济效益明显,一旦成为主导产业,就能对社会经济发展起到巨大的推动作用。

2. 政府协助企业争夺出口市场

在不完全竞争的条件下,政府对本国出口企业的鼓励,能够增强企业的国际竞争优势,扩大市场份额,获得规模经济效益,取得更多的出口利润。

3. 政府限制进口以培育本国进口竞争产业的竞争能力

由于垄断和规模经济的存在,贸易保护可以促使本国的进口竞争产业成为出口产业。

（二）前提条件

1. 规模经济

贸易的基础不再主要是资源禀赋、技术等方面的差异,规模经济已经成为国际贸易的重要基础。

2. 不完全竞争

在国际市场上，自由竞争的理想状态并不存在，企业垄断和政府干预使得市场竞争不完全。

3. 其他

(1) 接受补贴的产业确实能在一个相对较长的时期内保持自己的垄断优势。

(2) 被保护的目标市场存在新厂商进入障碍。

(3) 产品市场需求旺盛，能够保证企业的规模收益递增。

(4) 政府掌握齐全可靠的信息并对实行补贴所可能带来的利润做到心中有数。

(5) 不会招致别国政府采取相应的报复措施。

四、简要评价

(一) 战略性贸易理论的贡献

(1) 它以不完全竞争和规模经济理论为基础，是国际贸易新理论的反映和体现。

(2) 它广泛借鉴和运用产业组织理论与博弈论的分析方法和研究成果，是国际贸易理论研究方法上的突破。

(二) 战略性贸易理论的不足

(1) 战略性贸易政策的实现依赖于一系列严格的限制条件，往往成为贸易保护主义者加以曲解和滥用的口实，恶化全球贸易环境。

(2) 缺乏有力的政策干预效应的统计分析、定量分析和实证研究。

(3) 战略性贸易政策的成功实施是在那些具有成熟市场经济体制、干预有效的政府、国内产品市场需求旺盛的发达国家。

五、其他贸易保护的依据

(一) 促进产业多元化及产业结构转换

主张实施贸易保护政策，保护和促进国内落后产业的发展，消除国民经济结构的脆弱性。发达国家通过贸易保护对传统工业部门、垄断行业进行保护，而发展中国家通过贸易保护对新兴工业部门进行扶植，从而在当前的政治经济背景下实现产业结构的转换和高级化发展。

(二) 改善贸易条件和国际收支

该论点主要针对发展中国家而言。如果是一个大国，它在某种商品的世界进口总量中占有相当大的份额，那它就成为一个具有垄断优势的购买者。如果这种商品在进口国的需求弹性要大于供给弹性，那么该国实行关税(应为最优关税——通过改善一国的贸易条件，克服由于减少贸易量而产生的负效应而使净福利达到最大化)保护措施使进口商品由于价格上涨而需求锐减，国际价格下降，这时如出口国对该产品的供给弹性小，即使价格下跌也无法削减生产、减少供给或找到替代性市场，而只能以较低价格出口，从而改善进口国的贸易条件。

(三) 保护和增加就业论

该论点主要是西方发达国家为采取贸易保护政策而寻求的依据。提出的观点是贸易保护可以从宏观和微观两个方面影响就业。

一方面,在凯恩斯贸易保护理论基础上,实行奖出限入的贸易保护措施来保持贸易顺差,并通过对外贸易乘数效应对国内生产总值产生积极的影响,增加对国内产品的有效需求,从而有利于输出失业,增加本国的就业机会。

另一方面,发达国家主要进口国内劳动成本较高的劳动密集型产品,因而对已失去比较优势的传统的劳动密集型行业采取贸易保护政策就会保证该行业的生存,从而使得生产增加,就业也增加。

（四）贸易政策的非经济论据

从非经济目标论的观点来看,作为独立利益体的国家以贸易保护政策来促进国内生产的发展,缩减对国外产品需求,可以达到以下目的:调整社会收入的再分配以减少社会矛盾和冲突,维护国家安全。出于国防安全的考虑,应对生产战略物资的行业进行保护,增强国内生产能力。

基本概念

重商主义（Mercantilism）

幼稚产业（Infant Industry）

对外贸易乘数（Foreign Trade Multiplier）

战略性贸易政策（Strategic Trade Policy）

"中心—外围"理论（Core and Periphery Theory）

复习思考题

1. 简评幼稚产业论对发展中国家经济发展的意义。

2. 评析凯恩斯主义的超贸易保护主义。

3. 试论战略性贸易理论,并说明其推行条件。

4. 试运用有关贸易保护理论来分析解释近年来美国对钢铁业实施的保护行为。

参考文献

1. Krolikowski Pawel M. and McCallum Andrew H, "Goods-market Frictions and International Trade", *Journal of International Economics*, 2021, (129).

2. Metiu Norbert, "Anticipation Effects of Protectionist U.S. Trade Policies", *Journal of International Economics*, 2021, (133).

3. 海闻:《国际贸易》,上海人民出版社、格致出版社,2012 年。

4. 户可英:《自由贸易与国际贸易保护理论的应用及当代启示——评〈贸易自由化、贸易保护与经济利益〉》,《国际贸易》2020 年第 8 期。

5. 克鲁格曼、奥伯斯法尔德:《国际经济学:理论与政策（第十一版）》,中国人民大学出版社,2021 年。

6. 唐宜红、符大海：《经济全球化变局、经贸规则重构与中国对策——"全球贸易治理与中国角色"圆桌论坛综述》，《经济研究》2017 第 5 期。

7. 佟家栋：《分工与国际经济保护主义：驳"中国威胁论"》，《世界经济》2017 年第 6 期。

8. 张海波等：《国际贸易理论与政策》，清华大学出版社，2017 年。

9. 张素芳：《国际贸易理论与实务(英文版)》，对外经济贸易大学出版社，2018 年。

10. 张向先：《国际贸易概论(第二版)》，高等教育出版社，2012 年。

第 八 章

关税措施

本章重点

1. 国际贸易政策的内容
2. 关税的概念与特点
3. 关税的分类
4. 关税的经济效应
5. 关税的有效保护率

国际贸易理论是从理论上论述一个国家在国际贸易的时候应该如何做,才能使两国获得贸易利益,具体到现实中,一个国家就要考虑自身的利益,考虑在对外贸易活动中采取干预或者不干预手段使得本国利益最大化,这就是国际贸易政策措施。国际贸易政策措施主要分为关税和非关税措施。

这一章中,我们将介绍国际贸易政策的含义、形式和国际贸易政策的演变,讨论关税的作用和征收标准,研究关税的经济效应和关税的有效保护率;关税对国际贸易的影响。

第一节　国际贸易政策概述

一、国际贸易政策的含义

(一)国际贸易政策

国际贸易政策(International Trade Policies)也称对外贸易政策,是各国或地区间一定时期进行商品和服务交换时采取的政策。如果从一个国家的角度看,国际贸易政策表现为一国的对外贸易政策。一般而言,对外贸易政策包括以下三个方面的内容。

(1)对外贸易总政策:包括货物进口与服务贸易总政策和货物出口与服务贸易总政策。

(2)商品贸易政策:根据总贸易政策、国内经济结构与市场供求状况针对不同商品分别制定。

(3)国别贸易政策:根据总贸易政策,以及与别国或地区的政治、经济关系分别制定。

(二)国际贸易政策的目的

(1)保护本国市场。它可以使本国产品市场少受外来产品的威胁。

（2）扩大本国产品的国外市场。尽可能让本国产品占领外国市场。

（3）优化产业结构。通过对外贸易使得本国产业结构尽量得到优化。

（4）积累发展资金。通过对外贸易获得外汇收入，积累经济发展所需的资金。

（5）维护和发展与其他国家和地区的政治、经济关系。

（三）对外贸易政策的制定与执行

对外贸易政策是一国经济总政策和外交政策的重要组成部分。各国对外贸易政策的制定与修改任务是由国家立法机构承担。各国的对外贸易政策主要通过以下方式执行：首先，通过海关对进出口贸易进行管理。各国设置在对外开放口岸的海关，除对进出境的商品、运输工具实行监管，稽征关税和代征法定的其他税费外，还承担着查禁走私的艰巨任务。其次，国家设立各种机构，负责促进出口和监管出口。再次，国家政府出面参与各种国际贸易、关税等国际机构与组织，进行国际贸易、关税方面的协调和谈判。

二、国际贸易政策的基本形式

（一）自由贸易政策

自由贸易政策是指政府取消对进出口贸易的限制，不对本国商品和服务的进出口商提供各种特权和优待，力图消除各种贸易障碍，使商品和服务能够自由地输出入，在世界市场上实行自由竞争与合作，从而使资源得到最合理配置。

（二）保护贸易政策

保护贸易政策是指政府采取各种措施限制商品和服务的进口，以保护本国的产业和市场不受或少受外国的竞争。同时，政府对本国商品和服务的出口实行补贴和各种优待，以鼓励出口。

其他类型的贸易政策都是在这两种形式的基础上演化而来的，是这两种贸易政策的变形。

三、国际贸易政策的演变

在国际贸易形成和发展的不同阶段，各国对外贸易政策都有一定的不同，这种对外贸易政策的演变在一定程度上反映了经济发展过程的要求。

（一）中世纪时期：鼓励进口的政策

11—15世纪，西欧各国大都奉行鼓励进口、限制甚至禁止出口的政策，这是与当时许多国家的物资短缺情况相适应的。鼓励进口的政策是在生产力水平低下、本国商品生产不足的情况下，鼓励商品进口以满足封建贵族和特权阶级的奢侈生活需要。

（二）资本主义生产方式准备时期：保护贸易政策

在资本主义生产方式的准备时期，即从16世纪到18世纪中期，为促进资本主义的原始积累，西欧各国普遍实行重商主义的保护贸易政策。通过限制贵重金属货币外流和扩大贸易顺差的办法扩大货币的积累，为资本主义生产方式的建立提供了充足的财富积累。

（三）资本主义自由竞争时期：自由贸易政策

从18世纪中期到19世纪后期，资本主义进入自由竞争时期。这一阶段资本主义生产方式占据了主导地位,世界经济进入了商品资本国际化阶段,自由贸易便成为外贸政策的基调。英国是这一阶段自由贸易政策的主要倡导者和受益者,而这一时期的德国、美国等起步较晚的国家采取了保护贸易政策。

（四）二战前的垄断资本主义时期:超保护贸易政策

19世纪70年代到二战结束前,资本主义逐步向垄断过渡,这一时期各资本主义国家大都实行了不同于以往的保护贸易的超保护贸易政策。尤其是1929—1933年经济大危机的爆发使得市场问题急剧恶化,争夺产品市场的矛盾更加激烈,主要的资本主义国家开始实行带有垄断性质的超保护贸易政策。这一时期的保护贸易政策与自由竞争时期的保护贸易政策有明显的区别,是一种侵略性的保护贸易政策,因此被称为超保护贸易政策。

超保护贸易政策具有以下特点:保护的对象不再是国内幼稚工业,而是国内高度发达或出现衰落的垄断工业;保护的目的不再是培植国内工业的自由竞争能力,而是垄断国内外市场;保护的手段不仅仅是关税壁垒,还出现了各种各样的限进奖出的措施;保护不设定期限。

（五）二战后:短暂的贸易自由化

第二次世界大战结束后,随着生产国际化和资本国际化,国际上出现了世界范围内的贸易自由化。主要资本主义国家大幅度削减关税,降低或取消非关税壁垒。从商品类型来看,工业品的贸易自由化程度大于农产品的贸易自由化程度;工业品贸易中,运输和机械产品、高科技产品等尖端产品贸易自由化程度大于消费品的贸易自由化程度。从国家来看,发达资本主义国家之间的贸易自由化程度大于它们同发展中国家的贸易自由化程度;区域经济集团内部的贸易自由化程度大于集团对外的贸易自由化程度。

（六）20世纪70年代:新保护贸易政策

20世纪70年代中期,由于石油危机和普遍的经济衰退,国内经济发展的缓慢,使得结构性失业率不断上升,市场矛盾越来越尖锐,主要的发达国家纷纷采取新保护贸易主义。新贸易保护主义不同于以往的贸易保护政策:首先,它不再以关税为主要保护措施,而是以名目繁多的非关税壁垒的设置为特征;其次,保护的重心是在产业调整中陷于停滞的部门,即对那些即将失去生产优势的"夕阳工业"的保护。奖出限入措施的重点从限制进口转向鼓励出口;保护不设定期限。

（七）战略性贸易政策

战略性贸易政策产生于20世纪80年代,其理论依据源于不完全竞争贸易理论,或称新贸易理论。二战后,产业内贸易的兴起和发展,加速了各国经济间相互融合、渗透的过程,使得国际贸易不可简单地归因于出口国的自然优势,越来越多的贸易来源于规模经济和因技术创新而形成的人造优势。

所谓战略性贸易政策是指在"不完全竞争"市场中,政府积极运用补贴或出口鼓励等措施对那些被认为存在着规模经济、外部经济的产业予以扶持,扩大本国厂商在国际市场上所占的市场份额,把超额利润从外国厂商转移给本国厂商,以增加本国经济福利和加强在有外国竞争对手的国际市场上的战略地位。

（八）20 世纪 80 年代：管理贸易政策

管理贸易政策是 20 世纪 80 年代以来,在国际经济联系日益加强而新贸易保护主义重新抬头的双重背景下逐步形成的。为了既保护本国市场,又不伤害国际贸易秩序,保证世界经济的正常发展,各国政府纷纷加强了对外贸易的管理和协调,从而逐步形成了管理贸易政策。管理贸易政策又称"协调贸易政策",是指国家对内制定一系列的贸易政策、法规,加强对外贸易的管理,实现一国对外贸易的有序、健康的发展;对外通过谈判签订双边、区域及多边贸易条约或协定,协调与其他贸易伙伴在经济贸易方面的权利与义务。管理贸易是介于自由贸易和保护贸易之间的一种对外贸易政策,是一种协调和管理兼顾的国际贸易体制。

第二节　关税的概念和分类

一、关税的概念及特点

（一）关税的定义

关税(Tariff)是指进出口商品经过一国关境时,由政府设置的海关对进出口商品所征收的一种税。关税是一种国家税收,与其他税负一样,具有强制性、无偿性和固定性的特点。强制性是指关税由海关凭借国家权力依法征收,纳税人必须无条件服从。无偿性是指海关代表国家单方面从纳税人方面征收,而国家无须给予任何补偿。固定性是指关税由海关按照规定比例或数额加以征收,海关与纳税人都不得随意变动。

（二）关税的特点

关税是间接税,由进出口商支付,最终由消费者负担;税收主体是本国进出口商人;税收客体是进出口商品;征税机构是海关。

（三）关税的作用

征收关税可以有以下作用:保护国内市场;保护本国幼稚工业;调节产业结构;调节国际收支差额;增加政府收入。

专栏 8.1

中国大幅度降低关税

2001 年,中国正式加入 WTO,中国大幅度调整关税水平。中国政府承诺在 2005 年将工业品总体关税水平降到 10%。经过逐年的关税削减后,中国 5669 个工业品关税税号中,约 60% 的工业品关税税率下降到 10% 以下,约 30% 工业品的关税税率在 10%—20%,仅有 2.5% 的工业品税率在 25% 左右或以上。2007 年 1 月 1 日,中国将进口关税、综合税率降到了 9.8%,其中,工业品平均税率为 8.95%,农产品为 15.2%。截至 2020 年 12 月,中国关税的总体水平从入世前的 15.3% 大幅降低至 7.5% 以下,远低于入世时承诺的 10%;关税收入占总税收比重也呈现大幅度下降趋势,关税收入占比从 2001 年的 5.49％ 下降至 2020 年的 1.66％。

加入 WTO 以来,中国通过遵守国际贸易规则,积极履行关税减让承诺,不仅促进了国际贸易迅猛发展,而且为中国经济增长以及世界经济发展带来更多的活力和动力。

资料来源:蒋琴儿:《国际贸易概论(第 3 版)》,浙江大学出版社,2021 年。编者略作改动。

二、关税的种类

关税的种类繁多,可以从不同角度进行分类。

（一）按征收对象或商品流向划分

1. 进口税

它是指外国商品进口时,向本国进口商征收的一种关税。它通常在外国商品进入关境或国境时征收,或者在外国商品从海关保税仓库提出进入国内市场时征收。

征收进口税的目的是提高进口商品的成本和价格,从而削弱进口商品的竞争能力。用高额进口关税来维护本国市场,在具体征收时,不是对所有进口商品都征收高额进口关税,而是根据本国的利益决定其税率的高低。一般地,对工业制成品的进口征收高关税,对半制成品的进口征收较高关税,对原材料和能源的进口征收低关税,甚至免税。

2. 出口税

它是指本国商品出口时,向本国出口商征收的一种关税。由于征收出口关税,势必增加出口商的负担,从而提高出口产品在国外市场的销售价格,削弱其在国外市场的竞争能力,不利于扩大出口。因此,各国出于鼓励出口的需要,一般都不征收出口税。一些发展中国家不同程度地征收出口税,目的是为了增加财政收入,或是为了保护本国产品生产,或是为了保障本国重要原料的供应。

3. 过境税

又叫通过税,是指外国商品通过本国国境或者关境时所征收的一种关税。由于征收过境税会增加商品的负担,影响国际贸易的进行,尤其是在交通运输条件大为改进以后,征收过境税只会使进出口商选择更方便的运输线路。现在,绝大多数国家都不征收过境税,只收取少量的过境费用。

（二）按征收目的划分

1. 财政关税

又称收入关税,它以增加国家财政收入为主要目的而课征的关税。财政关税的税率比保护关税低,因为过高就会阻碍进出口贸易的发展,达不到增加财政收入的目的。随着世界经济的发展,财政关税的意义逐渐减低,而为保护关税所代替。

2. 保护关税

它是以保护本国经济发展为主要目的而课征的关税。保护关税主要是进口税,税率较高。

通过征收高额进口税，使进口商品成本较高，从而削弱它在进口国市场的竞争能力，甚至阻碍其进口，以达到保护本国经济发展的目的。保护关税是实现一个国家对外贸易政策的重要措施之一。

（三）按差别待遇划分

1. 普通税

又称一般关税，是指对与本国没有签订任何关税互惠协议的国家进出口商品征收的关税。通常而言，此类关税税率最高。

2. 最惠国待遇税（Most Favored Nation Rate of Duty，MFNT）

它是正常的关税，适用于签订有最惠国待遇条款的贸易协定的国家，一般邦交国家之间都是按这种关税征税。它既适用于双边贸易条约，又适用于多边贸易条约，WTO 成员方之间实行这种税率。

3. 普惠税（Generalized System of Preferences Tariff，GSP）

普惠税是指发达国家对从发展中国家或地区输入的商品，特别是制成品和半制成品，给予普遍的、非歧视的和非互惠的优惠关税。

普惠税的原则是普遍的、非歧视的、非互惠的。普惠税的目的是增加发展中国家的外汇收入，促进其工业化和经济增长。普惠税具有两个特点：普惠税是单向的，不需要受惠国给给惠国同样的关税优惠；普惠税税率低于最惠国税率，高于特惠税。

普惠税有以下主要规定：第一，对受惠国家和地区的规定；第二，对受惠商品范围的规定；第三，对受惠商品减税幅度的规定；第四，对给惠国保护措施的规定，包括免责条款、预定限额、竞争需要排除、毕业条款；第五，对原产地的规定，包括原产地标准、直接运输规则、原产地证明。

4. 特惠税（Preferential Duty）

它的全称为特定优惠关税。它是指对从特定国家或地区进口的全部商品或部分商品，给予特别优惠的低关税或零关税待遇，其税率低于最惠国税率。特惠关税一般在签订有友好协定、贸易协定等国际协定或条约国家之间实施的。任何第三国不得根据最惠国待遇条款要求享受这一优惠待遇。特惠税有的是互惠的，有的是非互惠的（单向的）。

（1）非互惠的特惠关税。国际上影响最大的非互惠特惠税是《洛美协定》（Lome Convention）。它是欧洲共同市场（现为欧盟）向参加《洛美协定》的非洲、加勒比和太平洋地区的发展中国家单方面提供的特惠税。《洛美协定》关于特惠税方面的规定主要有：欧洲共同市场国家将在免税、不限量的条件下，接受这些发展中国家全部工业品和96％农产品进入欧洲共同市场，而不要求这些发展中国家给予"反向优惠"。2000 年，它被《科托努协定》取代。又如，中国为扩大从非洲国家的进口，促进中非双边贸易的进一步发展，自2005 年1 月1 日起，对贝宁、布隆迪、赞比亚等非洲25 个最不发达国家的部分输华产品给予特惠关税待遇，对涉及水产品、农产品、药材、石材石料、矿产品、皮革、钻石等十多个大类的190 种商品免征关税，其中宝石或半宝石制品的关税由35％降至零。

(2) 互惠的特惠税,但不一定是对等的相同税率。互惠的特惠关税主要是区域贸易协定或双边自由贸易协定成员间根据协定实行的特惠税。如欧盟成员之间、北美自由贸易协定成员之间、中国与东盟国家之间实行的特惠税均属于这一类型。

专栏8.2

《科托努协定》

2000 年 6 月 23 日,欧盟 15 国和非洲、加勒比和太平洋地区国家集团(简称"非加太集团",Group of African, Caribbean and Pacific Region Countries—Group of the ACP)77 个成员国在贝宁首都科托努签订《非加太地区国家与欧共体及其成员国伙伴关系协定》,即《科托努协定》(Cotonou Agreement)。该协定前身是《洛美协定》。

2000 年 2 月,非加太集团和欧盟就第 5 期《洛美协定》达成协议,并于同年 6 月在科托努正式签署,称《科托努协定》。《洛美协定》就此宣告结束。经欧盟 15 国和非加太集团 76 国政府的正式批准,《科特努协定》自 2003 年 4 月 1 日起正式生效。

根据规定,《科托努协定》有效期为 20 年,每 5 年修订一次,前 8 年为过渡期,后 12 年为执行期,主要内容包括双方进行全面政治对话,扩大经贸合作,实现贸易自由化等。欧盟在 8 年过渡期中向非加太国家提供 135 亿欧元的援助,非加太国家 97% 的产品可以免税进入欧盟市场。

资料来源:http://baike. baidu. com/link? url = _ cNjkjVW5sapNqCvE68oQNpmTlnhxUWtmCtH4ROaIPP_irMCETZhjXmwmf_WGAVRAcy0DGrVIXiDxlIaIAplvK

---

5. 进口附加税

进口附加税是指在征收了正常的进口关税之外,对进口商品再加征的一种附加税。我们通常把前者称为正税,后者称为进口附加税。征收进口附加税通常是为了限制商品进口和倾销,或者是为了应对国际收支困难,或者是对某国实行歧视性贸易政策。

进口附加税可以对所有进口商品征收,也可以对个别商品或者个别国家征收。进口附加税的形式主要有反补贴税和反倾销税。

(1) 反补贴税

反补贴税(Countervailing Duty)是指为抵消进口商品在制造、生产或输出时直接或间接接受的任何奖金或补贴而征收的一种进口附加税,又称抵消关税。它是差别关税的一种重要形式。

反补贴税最早出现于 19 世纪末。1897 年,欧洲几个国家对精制甜菜砂糖给予了高额的出口补贴,出口量大增,使其他国家甘蔗砂糖的销售受到很大损失。英国首先声称对其进口糖征收重税,美国随后做出了对从这些国家进口的精制糖另外征收与出口补贴额相等关税的决定,以后印度等国也加以效仿。

反补贴税的目的在于抵消国外竞争者得到奖励和补贴产生的影响,使其他国家补贴的产品不能在进口国市场上进行低价竞争或倾销,以保护进口国同类商品的生产商。

补贴分为直接补贴和间接补贴。直接补贴是指直接付给出口商的现金补贴,间接补贴是政府对出口商品给予财政上的优惠。这种奖励和补贴包括对出口国制造商直接进行支付以刺激出口,对出口商品进行关税减免,对出口项目提供低成本资金融通或类似的物质补助。

征收反补贴税必须具备如下三个条件:① 须有补贴的事实,即出口成员国对进口产品直接或间接地给予补贴的事实;② 须有损害的结果,即对进口国国内相关产业造成损害或损害威胁,或严重阻碍进口国某相关产业的建立;③ 须有因果关系,即补贴与损害之间有因果关系存在。只有同时具备上述三个条件,成员国才能实施征收反补贴税措施。

(2)反倾销税

反倾销税(Anti-Dumping Duty)是对实行倾销的外国商品所征收的一种进口附加税,其目的在于抵制商品倾销,保护本国产业和国内市场。

倾销就是将一国产品以低于正常价格的办法输入另一国的贸易行动。正常价格是指相同产品在出口国用于国内消费时在正常情况下的可比价格;如果没有这种国内价格,则是相同产品在正常贸易情况下向第三国出口的最高可比价格,或产品在原产国的生产成本加合理的费用和利润。

倾销分为偶然性倾销、掠夺性倾销和长期性倾销。偶然性倾销(Sporadic Dumping)指销售旺季已过或转产,企业以低于成本的价格抛售库存或过剩商品;掠夺性倾销(Predatory Dumping)指为了侵占和垄断特定市场,企业以低于成本的价格销售商品,以便打垮竞争对手,在垄断进口国市场后再提高价格;长期性倾销(Persistent Dumping)指企业一贯以低于国内市场的价格向国外销售商品,依靠国内市场或者第三国市场的利润补贴该进口国市场的亏损,以达到占有该国市场的目的。

征收反倾销税必须符合下列要求:倾销事实存在;倾销对该国工业造成严重损害或威胁;严重损害是倾销所致。在征收反倾销税之前,进口国应对倾销的进口产品对国内市场的同类产品和国内同类产品生产者的影响进行客观调查,并应考虑该产品的进口数量是否有明显增加等因素,进口国要证明该倾销品的进口与对国内产业的损害之间有因果关系。只有这些事实成立,进口国才可以征收反倾销税。

6.差价税(Variable Levy)

它是进口国按照其国内市场和国际市场的价格差额对进口商品征收的关税。当某种商品在征收了进口关税后仍然低于进口国国内价格时,为了削弱进口商品的竞争能力,保护国内生产厂商和国内产品市场,进口国按照国内价格和进口价格之间的差额征收关税,这种关税就叫差价税。

差价税有的是正税,有的是进口附加税,它是一种滑动关税。一个典型的例子是欧共体国家对农产品进口征收的关税。欧共体成立后为促进本地区农业的发展和保护农场主的利益,实施共同的农业政策,制定了农产品的目标价格,作为干预农产品市场标准,目标价格高于世界市场价格。为了免受外来低价农产品的冲击,欧共体对进口农产品实行差价税。具体做法是,用目标价格减去从内地中心市场到主要进口港的运费,确定可以接受的最低进口价格,称为门槛价格(Threshold Price);然后计算农产品从世界主要市场运至欧共体主要进口港的成本加运费加保费价(CIF),通过比较确定差价税的征收幅度。因而,差价税＝门槛价格－CIF价格。

第三节　关税的征收和海关税则

一、关税的征收方法

关税的征收方法又称征收标准,有从量征收、从价征收、混合征收和选择征收四种。

（一）从量税(Specific Duty)

它是按照商品的重量、数量、容量、长度和面积等计量单位为标准计征的关税。其中,重量是较为普遍采用的计量单位。

从量税额计算的公式是：税额＝商品的数量×每单位从量税。

征收从量税的优点:课税标准一定,计税手续较为简便;对廉价进口商品抑制作用较大;当商品价格下降时,其保护作用加强。

征收从量税的缺点:税负不合理,同种类的货物不论等级高低,均课以同税率的关税,使得课税有失公平;对质优价高的商品,其保护作用相对减弱;当商品价格上涨时,税额不能随之变动,使税收相对减少,保护作用下降。

（二）从价税(ad Valorem Duty)

按商品的价格为标准计征的关税,保护效果不随价格变化而变化。从价是各国征税时通用的一个原则,即征税时按商品价格的一定百分比确定税额,商品价格高,税额负担重;商品价格低,税额负担轻。从价税是与"从量原则"对应的。

征收从价税的优点:税负合理,按货物的品质、价值等级比率课税,品质佳、价值高者纳税较多,反之则较少;税负公平,物价上涨时,税款相应增加,财政收入和保护作用均不受影响;税率明确,便于比较各国税率;征收方式简单,对于同种商品,可以不必因其品质的不同再详细分类。

征收从价税的缺点:完税价格不易掌握,征税手续复杂;通关不易,在估定货物价格时,海关与报关者容易引起争议;调节作用弱,保护性不强,商品价格下跌时,会减少关税收入。

（三）复合税(Compound Duty)

又称混合税,是对某一进出口货物或物品既征收从价税,又征收从量税。即采用从量税和从价税同时征收的一种方法。

复合税可以分为两种:一种是以从量税为主加征从价税;另一种是以从价税为主加征从量税。这种税制有利于为政府取得稳定可靠的财政收入,也有利于发挥各种税的不同调节功能。混合税率大多应用于耗用原材料较多的工业制成品。美国采用混合税较多,例如它对提琴除征收每把 21 美元的从量税外,加征 6.7％ 的从价税。混合税兼有从价税和从量税的优点,增强了关税的保护程度,缺点是征收麻烦。

(四)选择税(Alternative Duty)

它是指对同一物品同时订有从价税、从量税和混合税税率,征税时由海关选择征收,通常是按税额较高的一种征收,有时也会按照税额低的一种征收。选择税具有灵活性的特点,可以根据不同时期经济条件的变化、政府征税目的以及国别政策进行选择。选择税的缺点是征税标准经常变化,令出口国难以预知,容易引起争议。

二、关税征收依据

(一)海关税则

海关税则是一国对进出口商品计征关税的规章和对进出口应税与免税商品加以系统分类的一览表。它是关税制度的重要内容,是国家关税政策的具体体现。

海关税则一般包括两个部分:一部分是海关课征关税的规章条例及说明,另一部分是关税税率表。其中,关税税率表主要包括:第一,税则号列;第二,商品分类目录;第三,税率。

(二)税则目录

最初海关税则中的商品分类,是各国根据自身需要和习惯编制的,由于商品的分类非常复杂,其中包含了商品本身和各国贸易政策方面等原因,使得各国海关统计资料缺乏可比性。为了减少各国海关在商品分类上的矛盾和不方便,国际经济组织开始制定和完善国际通用的统一税则目录。

1.《海关合作理事会税则商品分类目录》

《海关合作理事会税则商品分类目录》(Customs Co-operation Council Nomenclature,CCCN)是1950年12月15日海关合作理事会在布鲁塞尔召开的国际会议上制定的公约,1953年9月11日生效,该公约最初被称为"布鲁塞尔税则目录",于1975年正式改名为《海事合作理事会税则商品分类目录》。该目录的分类原则是按商品的原料组成为主,结合商品的加工程度、制造阶段和商品的最终用途来划分。它把全部商品共分为21类、99章、1015项税目号。每个商品税则号由四位数组成。

2.《国际贸易标准分类》

1950年,出于贸易统计和研究的需要,联合国经社理事会下设的统计委员会编制并公布了《国际贸易标准分类》(SITC)。从1960年开始先后进行了多次修订,最近的第四次修订版(SITC Rev.4)于2006年3月由联合国统计委员会第三十七届会议通过,将贸易产品分为10大类、66章、262组、1023个分组和2652个基本项目。由于它是由联合国主持编制的,具有一定的权威性,全球有100多个国家采用。

3.《商品名称及编码协调制度》

两种商品分类目录在国际上同时并存,虽然制订了相互对照表,但仍给国际贸易带来很多不便。为了更好地协调这两种国际贸易分类体系,海关合作理事会于1970年成立协调制度委员会和各国代表团组成的工作团,研究探讨建立一个同时能满足海关税则、进出口统计、运输和生产等各部门需要的商品名称和编码的"协调制度"目录。60多个国家和20多个国际组织参加了研究工作,经过十多年的努力,终于完成制定了一套新型的、系统的、多用途的国际贸易商品分类体系——《商品名称及编码协调制度》(HS)，并于1988年1月1日正式生效实施，简称《协调制度》。

《协调制度》基本上按商品的生产部类、自然属性、成分、用途、加工程度、制造阶段等进行编制，共有21类、97章、1241个税目、5019个子税目。每个商品税则号由六位数字组成。与《海关合作理事会税则目录》相比，《协调制度》使用更广泛，它不仅使用于普惠制，还大量地使用于航运业、国际经济分析及国际贸易中。从1988年1月1日至今，世界上包括欧盟、美国、加拿大、日本在内的绝大多数国家都采用《协调制度》。我国自1992年1月1日起也正式实施了《协调制度》。

（三）海关税则的种类

海关税则中的同一商品可以按一种税率征税，也可以按两种或两种以上税率征税。按照税率表的栏数，可以将海关税则分为单式税则和复式税则两类。

单式税则又称一栏税则，是指一个税目只有一个税率，即对来自任何国家的商品均按照同一税率征税，没有差别待遇。目前只有少数发展中国家如委内瑞拉、巴拿马、冈比亚等仍实行单式税则。

复式税则又称多栏税则，是指同一税目下设有两个或两个以上的税率，对来自不同国家的进口商品按照不同税率征税，实行差别待遇。其中，普通税率是最高税率，特惠税率是最低税率，在两者之间还有最惠国税率、协定税率、普惠制税率等。目前，大多数国家都采用复式税则。

第四节　关税的经济效应

一、贸易小国的关税经济效应

（一）局部均衡分析

关税对贸易小国的经济效应和福利的影响如图8-1所示。其中，S_X是X产品的国内供给曲线，D_X是X产品的国内需求曲线，那么S_X和D_X的交点E就是供需平衡点，此时X产品的国内需求正好等于国内供给，经济完全自给，无须进行贸易。P_X是世界市场上X产品的价格，沿P_X的水平线实际上就是外国对该国的出口供给曲线，由于该国是小国，其市场需求量对外国出口商而言很小，因而存在对这一小国的无限出口供给，使该曲线呈现水平状。在没有征收关税前，按世界价格P_1，将有Q_1单位的X产品在国内生产，而在这一价格水平上，国内需求量却为Q_2；供需缺口Q_1Q_2就需要通过从外国进口来填补。

现在该国政府决定对外国进口的X产品征收一定税率的进口关税。由于该国是小国，对世界价格没有影响力，世界价格不会因为该国征收关税造成的进口需求降低而有所下降，仍维持在原有P_1水平上，关税所带来的产品价格的提高全部都反映在该国X产品的国内价格上，国内价格上升到P_2。在这样一个价格水平上，国内生产受到鼓励，由Q_1提高到Q_3；而国内消费需求受到抑制,从 Q_2 下降到 Q_4,进口也由没有征税前的 Q_1Q_2 减少至征税后的 Q_3Q_4,表现出了关税对进口的抑制。

关税对一国经济福利的影响是怎样的呢?以及这种福利影响如何在各方进行分配呢?

对于消费者来说,在 P_1 的价格和 Q_2 的需求数量下,其消费者剩余是由 D_X 曲线以下和 P_1 价格线以上的面积来衡量。现在由于征收关税,提高了进口商品的价格,减少了国内消费需求量,在新的国

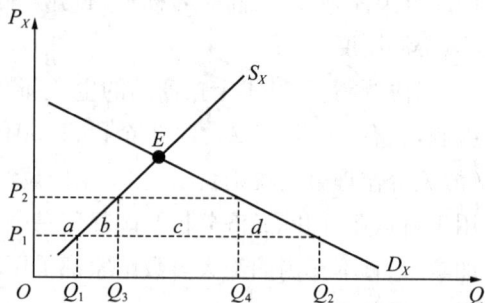

图 8-1　小国征收关税的经济效应

内价格 P_2 水平上,消费者剩余现在为 D_X 曲线以下和 P_2 价格线以上的面积,所以由于征收关税,消费者剩余减少了 $(a+b+c+d)$ 的面积。同时,价格的提高刺激了国内产品的生产,保护了国内产品和市场。在 P_1 价格水平上,国内生产者必须和众多外国制造商竞争,其生产者剩余仅为 S_X 线以上 P_1 线以下的部分面积,而现在由于征税导致产品国内价格的提高,生产者剩余增加到 P_2 线以下 S_X 线以上部分,净增 a 部分的面积。所以 a 部分面积的收益只不过是收入的再分配而已,由消费者转移到生产者手中。对于该国政府,由于征收关税而获得了税收收入,其收益为进口数量乘以税率,也就是图中 c 部分的面积。这样,c 部分面积的收益也是消费者转移到政府的收入再分配。最后剩下的 b 和 d 部分虽也是消费者损失,但其他人谁也没有得到,因而是社会福利的净损失。我们可以把上述关税的福利效应简要概括如下,"—"号代表福利损失,"＋"号代表福利盈余。

消费者剩余变化:$-(a+b+c+d)$

生产者剩余变化:$+a$

政府关税收入:$+c$

社会总福利的变化:$-(b+d)$

分解 $-(b+d)$ 的社会福利净损失会发现,其中 b 部分是关税的生产影响,即在自由贸易下原先由高效率的国外生产商生产的产品,现在由于关税的保护作用转而由低效率的国内生产者供应所带来的效率损失。d 部分是关税的消费影响,即由于关税导致的国内价格的提高而使消费者被迫减少产品消费所造成的消费损失。

(二) 一般均衡分析

一般均衡分析考虑的是多种产品和多个市场的均衡过程。在对关税的经济效应进行一般均衡分析时,需要引入生产可能性曲线和贸易无差异曲线等概念。在贸易无差异曲线上,任何进口数量和出口数量的结合都对一个国家产生同样的福利效应。通过贸易无差异曲线和设定不同的贸易条件进而可以推导得出生产可能性曲线。

图 8-2 中给出一国的生产可能性曲线,在自由贸易条件下,该国的生产均衡点在贸易条件曲线下与生产可能性曲线相切的 P_0 点,消费均衡点在 T_0 线与消费无差异曲线 Ⅰ 相切的 C_0 点。显然,此时该国的贸易三角形是 C_0GP_0,即该国将出口数量为 P_0G 的 X 产品,进口数量为

C_0G 的 Y 产品。

当该国对 Y 产品征收进口税后，国内 Y 产品相对于 X 产品的价格高于国际市场上 Y 产品的相对价格，国内贸易条件曲线变为比国际贸易条件曲线 T_0 平直的曲线 T_1（表示用较多的 X 产品才能换等量的 Y 产品）。由于受到关税保护使 Y 产品的国内相对价格上升，X 产品国内相对价格下降，促使国内生产者把资源从 X 产品转向 Y 产品，直到生产 Y 产品的边际成本与 Y 产品的国内相对价格趋于一致，这种资源转移才会停止，新的生产均衡点在国内贸易曲线 T_1 与生产可能性曲线相切的切点 P_1 处。同时，由于国内价格的变化也使国内消费做出相应的调整，即增加价格相对下降的 X 产品的消

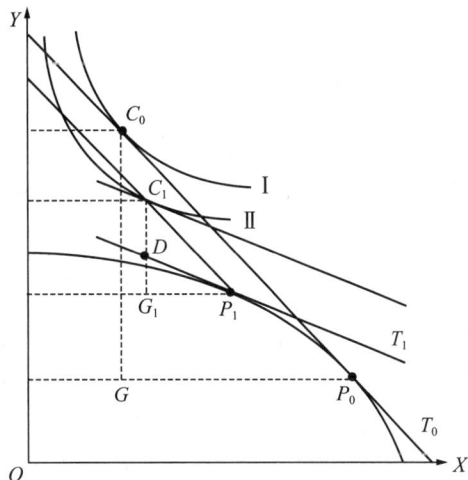

图 8 - 2 生产可能性曲线与关税效应

费，减少价格相对上升的 Y 产品的消费，直到使两种商品的边际效用比率与国内相对价格趋于一致，也就是使国内贸易条件 T_1 与消费无差异曲线 Ⅱ 相切于 C_1 点，C_1 点就是新的消费均衡点。需要注意的是，由于消费无差异曲线有一组，与国内贸易条件曲线就有一组切点，最终唯一的均衡点 C_1 是在国际贸易条件曲线上的那一点（由于假设该国为贸易小国，所以国际贸易条件曲线不因征收关税而变化）。此时，受关税影响的新的贸易三角形由征税前的 C_0GP_0 变为 $C_1G_1P_1$，表示该国出口的 X 产品由征税前的 P_0G 变为 P_1G_1，进口的 Y 产品由征税前的 C_0G 变为 C_1G_1。也就是说，征收关税使国内 Y 产品供给增加与需求减少造成进口减少，并使国内 X 产品供给减少与需求增加造成出口减少。

显然，从图 8-2 中可以看出，新的消费均衡点 C_1 所处的消费无差异曲线 Ⅱ 必然要比征税前的 C_0 点所处的消费无差异曲线 Ⅰ 要低，表示征收关税使本国的福利水平下降。从各个利益集团所受的影响来看，政府通过税收获得了 C_1D 价值的收入（以 Y 产品数量表示）。国内 X 产品的生产减少，减少的数量由 P_1 点到 P_0 点的水平距离表示，Y 产品的生产增加，增加的数量由 P_1 点到 P_0 点的垂直距离表示。因此，X 产品的生产者遭受到价格下降、产量减少的损失，Y 产品的生产者则获得了价格上升、产量增加的收益。另外，国内消费者减少了 Y 产品的消费（数量由 C_1 点到 C_0 的垂直距离表示），增加了 X 产品的消费（数量由 C_1 点到 C_0 点的水平距离表示），总的消费效用水平则下降了（由 C_1 点低于 C_0 点表示）。而且，这一消费均衡点 C_1 是在政府把所有税收都以某种形式交还消费者时才可能达到。否则，征收后的消费均衡点在 D 点，总的消费效用水平还要低。

二、贸易大国的关税经济效应

如果征收进口关税的国家为一贸易大国，其进口贸易量足以影响国际市场价格，那么，征收进口关税后，不仅会使本国价格上升，还会因为进口商品的国内价格上升造成进口需求减

少,从而使国际市场价格下降。下面分别从局部均衡和一般均衡角度对贸易大国的关税经济效应进行分析。

（一）局部均衡分析

如图8-3,S_H和D_H是某商品本国需求与供给曲线。S_F是该商品国外的供给曲线,S_{H+F}是该商品的总供给。在自由贸易的条件下,由于国内市场均衡价格高于国外市场均衡价格,本国会从国外进口该种产品,直至两个市场的价格趋于均等,形成唯一的均衡价格P_0。在这一均衡价格下,本国进口量为Q_1Q_2,与国外出口量相等,满足供求平衡的均衡条件。

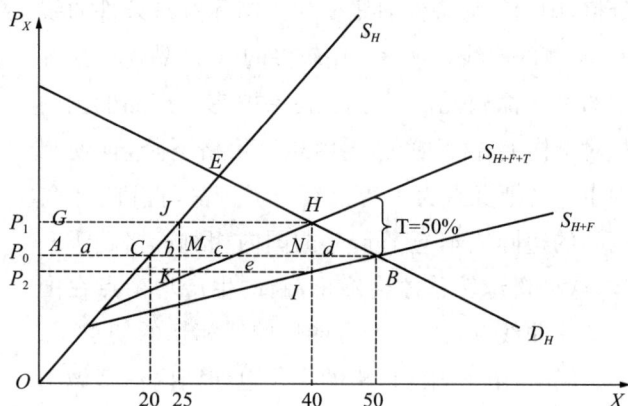

图8-3 大国征收关税的经济效应

当大国征收进口关税时,供给曲线为S_{H+F+T},国内价格上升为P_1,由于征税必然导致进口数量的下降,减少对国际市场该商品的需求,使得该商品国际市场的出口价格降低,在图中表示为P_2,这一部分的利益e以价格下降换取出口市场的方式转移给了进口国。消费者剩余减少了$a+b+c+d$的面积,生产厂商获得a的面积,政府获得$c+e$的面积,社会净福利损失为$-(b+d)+e$,与小国相比有了改善。同时,世界其他的出口国有相应的损失,整个世界净经济效应为负,说明大国征收关税在给自己改善福利的同时,给出口国和世界带来的都是福利净损失。我们把上述大国关税的福利效应简要概括如下,"—"号代表福利损失,"+"号代表福利盈余。

消费者剩余减少:$-(a+b+c+d)$

生产者剩余增加:$+a$

政府关税收入:$+(c+e)$

社会总福利的变化:$-(b+d)+e$

（二）一般均衡分析

如图8-4所示,当一国为贸易大国时,对Y产品征收进口关税会使本国的对外贸易条件改善。即通过关税减少Y产品的进口需求,使国际市场上的Y产品相对价格曲线T_0变为T_2(倾斜程度增加),而关税使国内相对价格曲线由自由贸易时的T_0(与国际市场一致)变为T_1(倾斜程度减少)。这样,新的消费均衡点C_1就有可能高于征税前的C_0点,表示福利水平有可能因征收关税而提高。其他方面的影响则基本与贸易小国的情况相似。

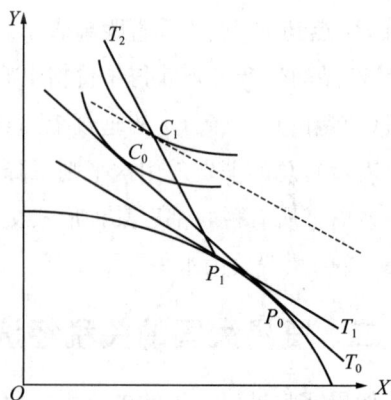

图8-4 贸易大国关税效应的一般均衡分析

三、最优关税和报复关税

(一) 最优关税

当大国征收关税后，其贸易量减少了，贸易条件却改善了。一方面，由于该国贸易量的减少将减少该国的福利；另一方面，贸易条件的改善，又会增加该国的福利。

最优关税(Optimum Tariff)是指这样一种税率，它使得一国贸易条件的改善相对于其贸易量减少的负面影响的净所得最大化。即以自由贸易为起点，当一国提高关税率时，其福利逐渐增加到最大值(最优关税率)，然后当关税率超过最优关税率时，其福利又逐渐下降。最终，这个国家又将通过禁止性关税回到自给自足的生产点。因此，一国如果在最优关税的税率水平上征收关税，将使本国的福利最大化。

图 8-5 中两国自由贸易条件下的提供曲线分别是 1 和 2，由两条提供曲线的交点 E 和原点的连线确定了自由贸易条件下的贸易条件线 P_w。当 A、B 两国征收进口关税时，两国的提供曲线分别向本国的进口产品轴方向移动，使得国际交换比价线变得对本国有利。

B 国的提供曲线逐步向本国的进口产品轴方向移动，使得贸易条件逐步改善，同时，贸易量也不断减少。当 B 国的提供曲线移动到图中 2^* 时，提供曲线 2^* 与 A 国的提供曲线 1 相交，表明两国的贸易条件线为 $P_w{}^*$，同时，该国的贸易无差异曲线 Ⅱ 与 A 国的提供曲线相切于 E^*，表示这时 B 国贸易条件的变化使 B 国能够达到最高的贸易无

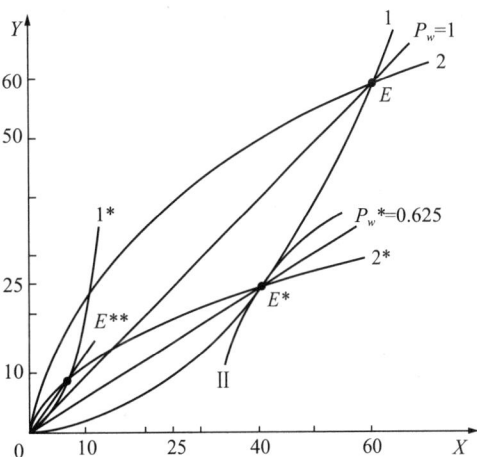

图 8-5 最优关税与报复关税

差异曲线，使 B 国由于贸易条件的改善而增加的福利超过了由于贸易量的减少而减少的福利，这时的关税代表了 B 国通过征收关税能获得的最大福利，即最优关税。

(二) 报复关税

然而，随着关税的征收，一国的贸易条件改善了，而其贸易伙伴的贸易条件却恶化了，因为他们贸易条件变化与征税国是相反的。贸易伙伴国面临着更低的贸易量和恶化的贸易条件，该国的福利无疑会下降，结果是贸易伙伴国极有可能采取报复行动，也对自己的进口产品征收最优关税。当贸易伙伴国通过征收关税使得贸易条件得到改善从而挽回大部分损失时，它的报复性关税无疑会进一步减少双方的贸易量。此时，第一个国家也会采取报复行动，如果这个过程持续下去，最终的结果是所有国家都损失全部或大部分的贸易所得。

由于贸易条件恶化和更小的贸易量，A 国肯定要比在自由贸易下更糟糕。结果，A 国可能采取报复行动，也对进口商品征收最优关税，如提供曲线 1^* 所示。提供曲线 1^* 和 2^* 使均衡点移至 E^{**}。现在 A 国的贸易条件更加有利，而 B 国却要比征收最优关税时更差，但贸易量大大减少。针对 A 国的行为，B 国也可能采取报复行动。最终，两国贸易量越来越接近原

点,意味着两国都独立生产,自给自足,使得全部贸易所得都丧失了。

注意,即使当一国征收最优关税,其贸易伙伴并不采取报复行动时,征收关税国家的所得也要小于贸易伙伴所受的损失。这样,对整个世界而言,征收关税要比在自由贸易条件下总体福利水平下降。正是从这个意义上考虑,自由贸易化是各国政府及世界贸易组织始终追求的目标。

四、有效保护率

(一)有效保护率的概念

有效保护率的概念由加拿大经济学家巴勃(C·L·Barber)于 1955 年首先提出。

名义保护率也叫名义关税率,它是指某种进口商品进入该国关境时,海关根据海关税则所征收的关税税率。在其他条件相同和不变的条件下,名义关税率愈高,对本国同类产品的保护程度也愈高。

有效保护率(Effective Rate of Protective)是指一国实行保护使本国某产业加工增值部分被提高的百分比。

名义保护率只考虑了关税对某种成品价格的影响,而不考虑对其投入原材料的保护;有效保护率不但注意了关税对成品的价格影响,也注意了投入的原材料和中间产品由于征收关税而增加的价格。因此,有效保护率计算的是某项加工工业中受全部关税制度影响而产生的增值比。有效保护率是对一种产品的国内外加工增值差额与其国内增值部分的百分比。这里所说的国内增值是指在自由贸易条件下该商品的加工增值。

(二)有效保护率的计算公式

根据有效保护率定义,其计算公式为:

$$T_e = \frac{V' - V}{V} \times 100\%$$

其中,T_e 为有效保护率,V' 为征收关税后的加工增值,V 为自由贸易时的加工增值。例如,在自由贸易条件下,美国钢材的价格为 300 美元,原料成本为 240 美元,增值 60 美元。当美国开始对进口商品征税后,10% 的钢材进口税使国内汽车价格上升到 330 美元,而 5% 的原料进口税使成本上升为 252 美元,增值为 78 美元,因此,钢材获得的有效保护率为 30%。

$$T_e = \frac{V' - V}{V} \times 100\% = \frac{78 - 60}{60} \times 100\% = 30\%$$

具体计算时使用下面的公式:

$$T_e = \frac{T - \sum a_i t_i}{1 - \sum a_i}$$

其中,T 为某产品的名义关税率;a_i 为自由贸易条件下,某项投入原料的价值占该产品价值的比例;t_i 为该项投入原料的名义关税。

上例中,T 为 10%,t_i 为 5%,a_i 为 240/300 = 80%。

$$T_e = \frac{T - \sum a_i t_i}{1 - \sum u_i} = \frac{10\% - 80\% \times 5\%}{1 - 80\%} = 30\%$$

（三）对有效保护率的评价

从对公式的检验及其结果我们可以得出以下关于有效保护率和最终商品的名义关税率两者之间关系的重要结论：

（1）如果 $a_i = 0$，有效保护率 $= T$。

（2）对给定的 a_i 和 t_i，T 值越大，有效保护率越大。

（3）对给定的 T 和 t_i，a_i 值越大，有效保护率越大。

（4）当 t_i 小于、等于或大于 T 时，有效保护率值大于、等于或小于 T。

（5）当 $a_i t_i$ 值大于 T，有效保护率是负的。

为了避免出现有效保护率为负的现象，并且尽可能提高有效保护率，目前各国普遍采用"升级式"关税结构。即产品的税率随着产品的加工程度而上升，最终产品的税率大于中间产品、零配件的税率，后者又大于原材料的税率，使得整个产业的有效保护率大大高于名义保护率。

基本概念

关税（Tariff）

进口税（Import Duty）

出口税（Export Duty）

过境税（Transit Duty）

最惠国待遇税（Most Favored Nation Rate of Duty）

普惠税（Generalized System of Preferences Tariff）

特惠税（Preferential Duty）

反倾销税（Anti-Dumping Duty）

反补贴税（Countervailing Duty）

有效保护率（Rate of Effective Protection）

复习思考题

1. 国际贸易政策的演变有哪几个阶段？

2. 关税的主要特点是什么？

3. 简述征收关税的方法。

4. 征收反补贴税必须具备的条件是什么？

5. 普惠制的概念和原则是什么？

6. 作图分析贸易小国的经济效应。

7. 作图分析贸易大国的经济效应。

8. 有效保护率概念是什么？分析有效保护率有何意义？

9. 已知一台机器设备的进口价为 2000 美元,生产每台机器设备需投入价值 1200 美元的钢材和价值 200 美元的零部件。试计算:当机器设备、钢材和零部件的进口税分别为 10%、8%、5% 时,机器设备的名义保护率与有效保护率各是多少?

参考文献

1. 保罗·R.克鲁格曼、茅瑞斯·奥伯斯法尔德、马克·J.梅里兹:《国际经济学:理论与政策(第十一版)》,中国人民大学出版社,2021 年。

2. 冯德连、邢孝兵:《国际贸易教程(第二版)》,高等教育出版社,2019 年。

3. 蒋琴儿:《国际贸易概论(第三版)》,浙江大学出版社,2021 年。

4. 韩玉军、郭洪林、于春海:《国际贸易学(第二版)》,中国人民大学出版社,2017 年。

5. 张二震、马野青:《国际贸易学(第五版)》,南京大学出版社,2015 年。

6. 窦祥胜:《国际贸易学》,中国人民大学出版社,2021 年。

第 九 章

非关税措施

本章重点

1. 非关税壁垒的概念和特点
2. 限制进口的非关税措施的主要种类
3. 进口配额的经济效应分析
4. 鼓励出口的非关税措施的主要种类

非关税壁垒(Non-Tariff Trade Barriers)也称非关税措施,是指除关税以外的一切影响一国对外贸易的主要政策措施。它是一国政府对本国的对外贸易进行调节、管理和控制的一切政策与手段的总和。

与关税相比,非关税壁垒具有以下特点:第一,非关税措施具有较大的灵活性和针对性。关税税率的制定往往需要一个立法程序,一旦以法律的形式确定下来,便具有相对的稳定性;且受到最惠国待遇条款的约束,进口国往往难以做到有针对性的调整。非关税措施的制定和实施通常采用行政手段,进口国可根据不同的国家做出调整,因而具有较强的灵活性和针对性。第二,非关税措施更易达到限制进口的目的。关税措施是通过征收高额关税,提高进口商品的成本来削弱其竞争力。若出口国政府对出口商品予以出口补贴或采取倾销的措施销售,则关税措施难以达到预期效果。非关税措施则能更直接地限制进口。第三,非关税措施更具有隐蔽性和歧视性。一国的关税一旦确定下来之后,往往以法律、法规的形式公布于世,进口国只能依法行事。而非关税措施往往不公开,或者规定为烦琐复杂的标准或程序,且经常变化,使出口商难以适应。而且,有些非关税措施就是针对某些国家的某些产品设置的。

第一节　限制进口的非关税措施

一、进口配额

(一)进口配额的定义

进口配额(Import Quota)是指一国政府在一定时期内,对某些商品进口的数量和金额事先规定一个限额,在限额内可以进口;超过限额的不准进口或征收较高的关税或罚款的制度,又称"进口限额制"。

（二）进口配额的种类

进口配额主要有绝对配额和关税配额两种。绝对配额是指在一定时期内,对某些商品的进口数量或金额规定一个最高数额,达到这个数额后便不准再进口。绝对配额具体分为三种:一是全球配额,即对于来自世界任何国家和地区的商品一律适用,直到配额用完为止;二是国别或地区配额,即对于来自不同国家和地区的进口商品分别规定不同的限额,超过配额的便不准进口;三是进口商配额,即按不同进口商分配给一定配额。

关税配额是指对商品进口的绝对数额不加限制,而在一定时期内,对规定的关税配额以内的进口商品给予低税、减税或免税的优惠待遇,对规定的关税配额以外的进口商品,则征收较高的关税、附加税和罚款。

关税配额按商品进口的来源,可分为全球性关税配额和国别性关税配额。按照征收关税的目的,可分为优惠性关税配额和非优惠性关税配额。前者是对关税配额内进口的商品给予较大幅度的关税减让甚至免税,而对超过配额的进口商品征收原来的最惠国税率。后者是在关税配额内仍征收原来的进口税,但是对超过配额的进口商品征收极高的附加税或罚款。

表 9-1　2000 年美国对各国的进口配额

进口的商品	配额数量(千克/年)
浓缩牛奶(澳大利亚)	91625
浓缩牛奶(丹麦)	605092
脱水牛奶(德国)	9997
脱水牛奶(荷兰)	548393
蓝纹奶酪(阿根廷)	2000
蓝纹奶酪(智利)	80000
切达奶酪(新西兰)	8200000
意大利奶酪(波兰)	1325000
意大利奶酪(罗马尼亚)	500000
瑞士奶酪(瑞士)	1850000

资料来源:U.S. International trade Commission, Tariff Schedules of the United States, Washington, DC, Government Printing Office,2000.

二、进口许可证制

（一）进口许可证制的定义

进口许可证制(Import License System)是指商品在进口之前先由进口商向国家有关机构提出申请,经过审查批准并发给进口许可证后,方可进口;没有许可证,一律不准进口。

（二）进口许可证制的种类

从进口许可证与进口配额的关系上看,进口许可证可分为定额的进口许可证和无定额的许可证两种形式。定额的进口许可证,即国家有关机构预先规定有关商品的进口配额,然后在配额的限度内,根据进口商的申请,对每一笔进门商品发给进口商一定数量的进口许可证,当进口配额用完时,不再发放许可证。另一种是无定额的进口许可证,国家不预先公布配额,而是根据进口商的申请,在个别考虑的基础上,决定对某种商品的进口是否发给许可证。由于没有公开的标准,因此起到更大的限制进口的作用。

从进口商品的许可程度上看,进口许可证一般可分为公开一般许可证(公开进口许可证或一般许可证)和特种进口许可证两种。公开一般许可证在通常情况下控制较宽,没有进口国别和地区的限制,进口商只要填写一般许可证后,都可获得进口的许可。特种进口许可证一般控制较严,申请时必须经审查批准后才发放进口的许可。

三、自愿出口限制

自愿出口限制(Voluntary Export Restriction),又称自动出口配额(Voluntary Export Quotas),是出口国在进口国的政府或行业的要求或者压力下,自动规定某些商品在一定时期内对进口国的出口数量或者金额。自愿出口限制是对所有限制出口的双方协议措施的通称。但是严格说来,自愿出口限制是由出口国单方面采取和执行的行动,出口国具有取消或修改限制措施的正式权利。

自愿出口限制又可分为非协定自愿出口限制和协定自愿出口限制两种。前者是不受国际协定约束,出口国迫于来自进口国方面的压力,自行单方面规定的限制商品出口的一种配额。后者是进出口双方通过谈判签订自愿出口限制协定,确定在协定规定的有效期限内某些商品的出口配额。出口国应根据配额实行出口许可证制或出口配额签证制,自行限制这些商品的出口;进口国则由海关负责统计和检查。从已实施的自愿出口限制措施来看,自愿出口限制大多属于后者。

四、歧视性政府采购

歧视性政府采购政策是指国家通过法令和政策明文规定,政府机构在采购商品时必须优先购买本国货。这种政策实际上是歧视外国产品,起到限制进口的作用。

歧视性政府采购政策是对外国商品的歧视。目前,一些国家歧视性政府采购政策限定的货物主要有军火、办公设备、电子计算机和汽车等。

美国从 1933 年开始实行,并于 1954 年和 1962 年两次修改的《购买美国货物法案》是最为典型的政府采购政策。该法案规定,凡是美国联邦政府采购的货物,都应该是美国制造的,或是用美国原料制造的。凡商品的成分有 50% 以上是国外生产的就称外国货。以后又做了修改,规定只有在美国自己生产数量不够或国内价格过高,或不买外国货有损美国利益的情况下,才可以购买外国货。英国规定政府机构使用的通信设备和电子计算机必须是英国产品。日本也规定,政府机构使用的办公设备、汽车、计算机、电缆、导线、机床等不得采购外国产品。由于发达国家政府采购的数量非常庞大,因此,这是一种相当有效的限制进口的非关税壁垒措施。

五、进出口的国家垄断

进出口的国家垄断是指国家对某些商品的进出口规定由国家直接经营,或者是把某些商品的进口或出口的经营给予某个垄断组织。各国国家垄断的进出口商品主要有三大类:烟酒、农产品、武器。

六、进口限价和禁止进口

进口限价是进口国政府规定进口商品必须在国家指定的价格水平之上进行销售,增加商品销售的难度。进口限价的极端措施是对某些商品完全禁止进口。

例如,20 世纪 70 年代,美国为了抵制欧洲和日本等国的低价钢材和钢制品的进口,在 1977 年对这些产品的进口实行所谓的"启动价格制"。1985 年,智利对绸坯布进口规定每千克的最低限价为 52 美元,若低于该限价,将征收进口附加税。

七、外汇管制

外汇管制(Foreign Exchange Control)又称外汇管理,是指一国政府对外汇的收支、结算、买卖和使用所采取的限制性措施。外汇管制的目的在于有效地使用外汇,防止外汇投机,限制资本流动,改善国际收支和稳定汇率。

外汇管制分为数量管制和成本管制。前者是指国家外汇管理机构对外汇买卖的数量直接进行限制和分配,通过控制外汇总量达到限制出口的目的。后者是指国家外汇管理机构对外汇买卖实行复汇率制,利用外汇买卖成本的差异,调节进口商品结构。

外汇管制的方法可分为直接管制和间接管制。前者由外汇管制机构对各种外汇业务实行直接、强制的管理和控制。后者则是通过诸如许可证制度、进口配额制度等间接影响外汇业务,从而达到外汇管制的目的。从另一角度,外汇管理的方法又可分为数量管制、汇价管制和综合管制三种,即从外汇业务的数量上,或从外汇价格上,或从二者的结合上实行外汇管理。

八、进口押金制

进口押金制 (Advanced Deposit)又称"进口存款制"或"进口预付款制",是限制进口的一种非关税壁垒和外汇管制的措施之一。在这种制度下,进口商在进口商品时,必须预先按进口金额的一定比率和规定的时间,在指定的银行无息存入一笔现金才能进口。这样就增加了进口商的资金负担,影响了资金的周转,从而起到了限制进口的作用。

意大利从 1974 年 5 月到 1975 年 3 月曾对 400 多种进口商品规定,无论从任何一个国家进口,都必须先向中央银行交纳相当于进口货价半数以上的现款押金,无息存放 3 个月。据统计,这项措施相当于征收 5% 以上的进口附加税。意大利政府还规定:自 1976 年 5 月起,意大利进口商除对国外出口商付款外,还应将进口货款的 5% 无息缴存中央银行冻结 3 个月。被纳入预缴范围的进口商品很广,除粮食外,其他如原料、石油等商品都包括在内,旨在进一步限制进口,改善国际收支。芬兰、新西兰和巴西也相继实施过这种措施。随着国际贸易的不断发展,进口押金制的作用逐渐受到怀疑。因为进口商可用存款收据作为进口付款的资金担保,或者用它作为在货币市场上获得优惠利率贷款的凭证,而国外出口商为保证其商品出口销路,愿意分摊存款金额,使得进口押金制度起不到应有的限制进口的作用。

九、技术性贸易壁垒

(一)技术性贸易壁垒的定义

技术性贸易壁垒主要是指货物进口国家所制定的那些强制性和非强制性的技术法规、标准以及检验商品的合格评定程序所形成的贸易障碍。即通过颁布法律、法令、条例、规定、建立技术标准、认证制度、检验检疫制度等方式,对外国进口商品制定苛刻烦琐的技术、卫生检疫、商品包装和标签等标准,从而提高进口产品要求,增加进口难度,最终达到限制进口的目的。

(二)技术性贸易壁垒的种类

根据世贸组织《技术性贸易壁垒协议》,技术性贸易措施可分为三类,即技术法规(指规定强制执行的产品特性或其相关工艺和生产方法,包括适用的管理规定的文件)、标准(指经公认机构批准的、非强制执行的、供通用或重复使用的产品或相关工艺和生产方法的规则、指南或特性的文件)和合格评定程序(指任何直接或间接用以确定是否满足技术法规或标准中相关要求的程序),并把符合《技术性贸易壁垒协议》原则的技术法规、标准和合格评定程序视为合理的、允许的,不构成贸易壁垒,而把不符合《技术性贸易壁垒协议》原则的技术法规、标准作为贸易壁垒,要求消除。

限制产品进口方面的技术性贸易避免措施主要有以下几种:

1.严格、繁杂的技术法规和技术标准

利用技术标准作为贸易壁垒具有非对等性和隐蔽性。在国际贸易中,发达国家常常是国际标准的制定者。他们凭借着在世界贸易中的主导地位和技术优势,率先制定游戏规则,强制推行根据其技术水平制定的技术标准,使广大经济落后国家的出口厂商望尘莫及。而且这些技术标准、技术法规常常变化,有的地方政府还有自己的特殊规定,使发展中国家的厂商要么无从知晓、无所适从,要么为了迎合其标准付出较高的成本,削弱产品的竞争力。目前,欧盟拥有的技术标准就有 10 万多个,日本则有 8184 个工业标准和 397 个农产品标准。美国的技术标准和法规更是多得不胜枚举。

2.复杂的合格评定程序

在贸易自由化渐成潮流的形势下,质量认证和合格评定对于出口竞争能力的提高和进口市场的保护作用愈益突出。目前,世界上广泛采用的质量认定标准是 ISO9000 系列标准。此外,美、日、欧盟等还有各自的技术标准体系。

3.严格的包装、标签规则

为防止包装及其废弃物可能对生态环境、人类及动植物的安全构成威胁,许多国家颁布了一系列包装和标签方面的法律和法规,以保护消费者权益和生态环境。从保护环境和节约能源来看,包装制度确有积极作用,但它增加了出口商的成本,且各国技术要求不一、变化无常,往往迫使外国出口商不断变换包装,失去不少贸易机会。

近十几年来发达国家相继采取措施,大力发展绿色包装,主要有:① 以立法的形式规定禁止使用某些包装材料,如含有铅、汞和镉等成分的包装材料,没有达到特定的再循环比例的包装材料,不能再利用的容器等;② 建立存储返还制度。许多国家规定,啤酒、软性饮料和矿泉水一律使用可循环使用的容器,消费者在购买这些物品时,向商店缴存一定的保证金,以后退还容器时由商店退还保证金;③ 税收优惠或处罚,即对生产和使用包装材料的厂家,根据其是否使用可以再循环的包装材料而给予免税、低税优惠或征收较高的税额,以鼓励使用可再生的资源。

案例 9.1

中国遭遇的技术性贸易壁垒现状

随着经济全球化、贸易自由化的迅速发展,传统的关税壁垒的作用正逐步丧失,非关税壁垒如进出口配额所起的作用也受到了削弱,而打着保护本国消费者健康和安全的技术性贸易壁垒,由于其名义合理、形式复杂和手段隐蔽,已经成为相关国家的有效贸易保护手段。自加入 WTO 以来,中国每年受 TBT 影响的出口额占总出口额的 25%—30%。2019 年 TBT 通报排名前十位的国家或地区分别为乌干达、厄瓜多尔、美国、巴西、肯尼亚、坦桑尼亚、中国台北、阿根廷、中国和科威特,排名前十位国家或地区共通报技术性贸易壁垒 1951 项,占到全部技术性贸易壁垒通报(3337 项)的 58.47%。据商务部统计,2016 年 1—10 月,美国对我国出口高技术产品发起 337 调查就达到 10 余次,开展了 13 次反倾销与反补贴调查,我国已连续多年成为全球遭遇技术性贸易壁垒的重灾区。

资料来源:付韶军、陈至霖:《技术性贸易壁垒对中国高技术产品出口影响研究》,《国际商务财会》2020 年第 11 期。编者稍作改动。

第二节　鼓励出口的非关税措施

一、出口信贷

（一）出口信贷的定义

出口信贷(Export Credit)是一种国际信贷方式,是一国政府为了支持和扩大本国产品尤其是大型机械或成套设备的出口,增强产品国际竞争能力,鼓励本国银行对本国的产品出口商给予资金信贷,并提供利息补贴的办法,帮助本国出口商解决资金上的困难,或者是帮助国外进口商对本国支付货款需要的一种融资方式。

（二）出口信贷的分类

出口信贷按借贷关系可以分为卖方信贷和买方信贷。

卖方信贷(Supplier Credit)是由出口方银行向本国出口商提供的一种信贷方式。银行提供给出口商贷款,使得出口商在销售商品时,能够有资金维持正常的生产和经营活动,从而可以允许进口商延期付款,扩大本国的产品出口。

买方信贷(Buyer Credit)是由出口方银行向本国进口商或者是进口商银行提供的一种信贷方式,附加条件是贷款必须用于购买债权国商品,是一种约束性贷款。使用买方信贷,进口商在订货时要按照合同金额交纳一定数额的现汇定金,具体数额根据商品的性质决定。一般是合同金额的15%—20%。定金以外的货款通过出口国银行的贷款付给出口商。买方信贷有两种方法:第一种是出口方银行直接向进口商提供贷款,并由进口方银行或第三国银行为该项贷款担保;第二种是由出口方银行贷款给进口方银行,再由进口方银行为进口商提供信贷。

二、出口信贷国家担保制

(一)出口信贷国家担保制的定义

出口信贷国家担保制(Export Credit Guarantee System)是一国政府设立专门机构,对本国出口商和商业银行向国外进口商或银行提供的延期付款商业信用或银行信贷进行担保,当国外债务人不能按期付款时,由这个专门机构按承保金额给予补偿。这是国家用承担出口风险的方法,鼓励扩大商品出口和争夺海外市场的一种措施。

(二)出口信贷国家担保制的内容

出口信贷国家担保的业务项目一般都是商业保险公司所不承担的出口风险,主要有两类:一是政治风险,二是经济风险。前者是由于进口国发生政变、战争以及因特殊原因政府采取禁运、冻结资金、限制对外支付等政治原因造成的损失。后者是进口商或借款银行破产无力偿还、货币贬值或通货膨胀等原因造成的损失。承保金额一般为贸易合同金额的75%—100%。出口信贷国家担保制是一种国家出面担保海外风险的保险制度,收取费用一般不高,随着出口信贷业务的扩大,国家担保制也日益加强。英国的出口信贷担保署、法国的对外贸易保险公司等都是这种专门机构。

三、出口补贴

(一)出口补贴的定义

出口补贴(Export Subsidy)又称出口津贴,是指一国政府为了刺激出口,增加产品在国际市场的竞争力,在产品出口时给予出口厂商的现金补贴或财政上的优惠待遇。在发达工业国家,出口补贴常用于农产品或正在衰落的工业,如钢铁业。发展中国家的出口补贴则主要用于幼稚工业。

(二)出口补贴的分类

出口补贴的方式有直接补贴和间接补贴。直接补贴是指政府在出口某种商品时直接对出口厂商的现金补贴,主要来自财政拨款;间接补贴是指政府对某些出口商品给予财政上的优惠,如对出口产品的投资减免税收、低息贷款、免税进口或者退还进口税等。

四、商品倾销

（一）商品倾销的定义

商品倾销(Commodity Dumping)是指出口商以低于国内市场价格或低于生产成本价格向国外销售商品的行为。

（二）商品倾销的分类

根据倾销的具体目的和时间,商品倾销可以分为以下几种:

（1）偶然性倾销(Sporadic Dumping),也称短期倾销,是指由于企业为了处理积压的过时、过季商品,或因其他原因急需出售的商品,而以过低价格在国外市场销售。

（2）间歇性倾销(Intermittent Dumping),也称掠夺性倾销,是以打垮外国竞争对手,占领、垄断外国市场为目的,用极低的甚至低于生产成本的价格,在外国市场上销售商品。

（3）持续性倾销(Persistent Dumping),也称长期倾销,是指常年以低于国内价格的出口价格向国外销售商品。

五、外汇倾销

外汇倾销(Exchange Dumping)是指出口企业利用本国货币对外贬值的机会,争夺国外市场的一种特殊手段。

货币对外贬值的双重作用:第一,出口商品以外国货币表示的价格下跌,有利于促进出口;第二,进口商品以本国货币表示的价格上涨,有利于抑制进口。

本国货币对外贬值以促进出口的条件:第一,货币贬值的程度要大于国内物价上涨的程度;第二,其他国家不同时实现同幅度的贬值和采取其他报复措施。

六、促进经济贸易发展的经济特区措施

（一）经济特区的定义

经济特区是一些国家或地区为促进本国及本地区经济和对外贸易的发展而采取的一项重要措施。所谓经济特区,是指一个国家或地区在其国境以内、关境以外划出一定的范围,并通过建立良好的交通运输、通信联络、仓储等基本设施以及实行关税等方面的优惠政策,吸引外国企业从事贸易与出口加工工业等业务活动的区域。

（二）经济特区的种类

1. 自由港或自由贸易区

自由港(Free Port)又称自由口岸,一般设在港口或港口地区;自由贸易区(Free Trade Zone)亦称自由区或对外贸易区,一般设在邻近港口的地区或港口的港区。自由港和自由贸易区除名称不同,所设置的地理位置略有不同外,在性质、特征、作用等方面基本是一样的,所以人们一般都把它们并为一类。

自由港和自由贸易区一般有两种类型:一种是把整个港口或港区所在的城市都划为自由

港或自由贸易区,如香港整个是自由港。在香港,除了个别商品外绝大多数商品可以自由进出,免征关税,甚至允许任何外国商人在那里兴办工厂企业,新加坡也是如此。另一种是把港口或港区的所在城市的一部分划为自由港或自由贸易区。例如,汉堡自由贸易区只是把汉堡市的一部分划为自由区。

2. 保税区

保税区(Bonded Area)又称保税仓库,它是海关所设置的或经海关批准注册的,在海港、机场或其他地点设立的允许外国货物不办理进口手续就可以连续长时间储存的区域。在储存期间,进口商品可暂时不缴纳进口税,如再出口也不缴纳出口税。

3. 出口加工区

出口加工区(Export Processing Zone)是一个国家或地区在其港口、国际机场附近的地方划出一定的范围,新建和扩建码头、车站、道路、仓库和厂房等基本设施以及提供免税等优惠待遇,鼓励外国企业在区内进行投资设厂,生产以出口为主的制成品加工区域。

出口加工区是在20世纪60年代后期70年代初,在一些发展中国家或地区建立和发展起来的,其目的在于吸收外国投资,引进先进技术与设备,促进本地区的生产技术和经济的发展,增加外汇收入。

出口加工区是在自由港、自由贸易区的基础上发展起来的,因此,它与自由港虽均为经济特区,但二者仍有区别。一般说来,自由港或自由贸易区以发展转口贸易,取得商业方面的收益为主,是面向商业的,属于贸易型经济特区;而出口加工区则是以发展出口加工工业,取得工业方面的收益为主,是面向工业的,属于生产型经济特区。

4. 自由边境区

自由边境区(Free Perimeter)是指在本国边境地区,按照自由贸易区或出口加工区的优惠措施,吸引国外厂商投资,以开发边区经济为目的的自由区域。凡区内使用的机器设备、原材料和消费品,都可免税或减税进口。但商品从区内转运到本国其他地区出售,须按照相关规定纳税。

5. 科学园区

科学园区(Scientific Area)是一个国家或地区为了实现产业结构改造和促进高科技产业的发展而在本国境内划出的,以新兴工业产品的研究开发、高科技产业的生产为主要内容的区域。

世界首个科学园区是1951年正式创办于美国加利福尼亚州的"斯坦福科研工业区",后发展成为"硅谷"。作为高科技发展的一种新趋势,进入21世纪以来,科学园区在一些发展中国家和地区也有不同程度的发展。例如,韩国的大德科学工业园区、印度的班加罗尔卡尔新兴科技园区以及我国上海的紫竹科学园区也设立了许多高科技开发区。

科学园区的主要特点是:有充足的科技和教育设施,以一系列企业组成的专业性企业群为依托;区内企业设施先进、资本雄厚、技术密集程度高;园区地址一般选在靠近信息渠道畅通和交通网络发达的大城市附近;优惠政策更加完善,并注重形成创新和创业的环境,使投资者可以顺利地进行高科技产业的投资活动。但各国对设在科学园区内的科研机构和企业均有严格的规定。

第三节　管制出口的非关税措施

一、出口管制的定义

出口管制是指在一些国家,特别是发达资本主义国家,为了达到一定的政治、军事和经济目的,对某些商品,特别是战略物资与先进技术资料,实行限制出口或禁止出口。

二、出口管制的目的

出口管制一方面是出于政治与军事目的。通过限制或禁止某些可能增强其他国家军事实力的物资,特别是战略物资的对外出口,来维护本国或国家集团的政治利益与安全。同时,通过禁止向某国或某国家集团出售产品与技术,作为推行外交政策的一种手段。另一方面是出于经济目的。对出口商品进行管制,可以限制某些短缺物资的外流,有利于本国对商品价格的管制,减少出口需求对国内通货膨胀的冲击。同时,出口管制有助于保护国内经济资源,使国内保持一定数量的物资储备,从而利用本国的资源来发展国内的加工工业。

三、出口管制的商品

出口管制的商品一般有以下几类:① 战略物资和先进技术资料,如军事设备、武器、军舰、飞机、先进的电子计算机和通信设备、先进的机器设备及其技术资料等。对这类商品实行出口管制,主要是从"国家安全"和"军事防务"的需要出发,以及从保持科技领先地位和经济优势的需要考虑。② 国内生产和生活紧缺的物资。其目的是保证国内生产和生活需要,抑制国内该商品价格上涨,稳定国内市场。如西方各国往往对石油、煤炭等能源商品实行出口管制。③ 需要"自动"限制出口的商品。这是为了缓和与进口国的贸易摩擦,在进口国的要求下或迫于对方的压力,不得不对某些具有很强国际竞争力的商品实行出口管制。④ 历史文物和艺术珍品。这是出于保护本国文化艺术遗产和弘扬民族精神的需要而采取的出口管制措施。⑤ 本国在国际市场上占主导地位的重要商品和出口额大的商品。对于一些出口商品单一、出口市场集中,且该商品的市场价格容易出现波动的发展中国家来讲,对这类商品的出口管制,目的是为了稳定国际市场价格,保证正常的经济收入。比如,OPEC对成员国的石油产量和出口量进行控制,以稳定国际石油价格。

四、出口管制的形式和手段

出口管制主要有以下两种形式:① 单边出口管制。它是指一国根据本国的出口管制法律,设立专门的执行机构,对本国某些商品的出口进行审批和发放许可证。单边出口管制完全由一国自主决定,不对他国承担义务与责任。② 多边出口管制。它是指几个国家的政府通过一定的方式建立国际性的多边出口管制机构,商讨和编制多边出口管制的清单,规定出口管制的办法,以协调彼此的出口管制政策与措施,达到共同的政治与经济目的。1949 年 11 月成立的输出管制统筹委员会即巴黎统筹委员会,也叫巴统组织,就是一个典型的、国际性的多边出口管制机构。

出口管制的手段有很多种,最常见和最有效的手段是运用出口许可证制度,出口许可证分为一般许可证和特殊许可证。① 一般许可证。它又称普通许可证,这种许可证相对较易取得,出口商无须向有关机构专门申请,只要在出口报关单上填写这类商品的普通许可证编号,再经过海关核实后就办妥了出口许可证手续。② 特殊许可证。出口属于特种许可范围的商品,必须向有关机构申请特殊许可证。出口商要在许可证上填写清楚商品的名称、数量、管制编号以及输出用途,再附上有关交易的证明书和说明书报批,获得批准后方能出口,如不予批准就禁止出口。

五、国际卡特尔

在国际贸易中,除了政府间的关税和各种非关税壁垒外,还存在着私人限制竞争的障碍。当前,具有国际影响的私人限制竞争主要来自两个方面:一个是巨型跨国公司之间的合谋,另一个是国际卡特尔。

(一)国际卡特尔的定义

国际卡特尔(International Cartel)是一种垄断组织,是指由商品的主要生产者或经营者通过订立卡特尔协议,限制商品的产量和价格,以谋取垄断利润。

卡特尔一般也称为横向限制协议。卡特尔可以分为国内卡特尔、国际卡特尔、进出口卡特尔。国内卡特尔是数家国内厂商针对国内市场的联合行为,一般受到各国竞争法的严厉禁止。国际卡特尔是数个不同国家厂商针对国际市场的联合行为,由于其危害性较为明显,近来为各国执法机构所关注,通过执法合作予以打击。进出口卡特尔是数家国内厂商针对国外市场的联合行为。

(二)国际卡特尔的发展

1. 萌芽时期

国际卡特尔是生产集中和资本国际化的必然结果。19 世纪 60 年代到 80 年代是国际卡特尔的萌芽时期,最早出现的是 1867 年组成的盐业卡特尔。1872 年出现了国际苏打卡特尔和国际制碱卡特尔。1884 年,在欧洲面临钢轨生产过剩危机的情况下,出现了由德国、英国和比利时三国钢轨制造商成立的国际制造商协会。这个国际卡特尔成立时规定三国分割国外市场的比例为英国 66%,德国 27%,比利时 7%。

2. 迅速发展时期

19 世纪末和 20 世纪初,即自由资本主义向垄断资本主义过渡时期,国际卡特尔有了迅速的发展。当时,英国是最先进的资本主义工业国家,那些后起的资本主义国家纷纷通过组织国际卡特尔来阻止英国在欧洲市场的扩张。英国为了夺取欧洲市场,在同德国等国家展开激烈竞争后,终于也加入一些重要的国际卡特尔。这个时期的国际卡特尔大多是两三个欧洲国家垄断组织之间缔结的关于划分销售区域、规定出口限额和销售价格的协定,主要是德国与其他欧洲国家垄断组织之间的协定。在 1896 年前后,英、德垄断组织之间缔结的卡特尔协定有 22

个,到 1914 年,缔结正式协定的国际卡特尔共有 116 个。

3. 全盛时期

在两次世界大战之间,随着垄断化过程的加快和生产过剩危机的进一步恶化,各国垄断资本之间争夺世界市场和势力范围的斗争更趋激烈,出现了国际卡特尔发展的全盛时期。在 1931 年,国际卡特尔的数目已发展到 320 个,到第二次世界大战前大约增加为 1200 个。在这个时期,国际卡特尔对世界市场和价格的控制越来越起着决定性的作用。世界市场上成百种重要商品和许多重要的商品部门在很大程度上都为各种大大小小的国际卡特尔所控制。这个时期的国际卡特尔不仅限于分割市场和规定价格等流通领域,而且已经扩大到分割世界原料产地和投资场所等方面,特别是在一些生产高度集中的工业部门,如钢铁、化学、石油、电气、铝、铜、火柴、钻石等部门中,出现了包括整个世界工业部门的国际卡特尔。

4. 二战以后

一些最大的国际垄断组织之间以各种形式缔结的卡特尔协定,在战后仍然起着重要作用。1957—1958 年的世界经济危机推动了国际卡特尔的恢复。到 60 年代初期,西欧共同市场各国垄断组织之间至少签订了 3000 项各种卡特尔协定,其中以钢铁、电气、机器制造、航空、汽车和军火工业方面的协定为最多。战后国际卡特尔的特点之一就是它的活动更加隐蔽了。在 60 年代后期欧洲经济共同体通过了限制卡特尔活动的规定,使许多国家的私人垄断组织参加公开的国际卡特尔受到了限制,它们通过订立专利权、特许权协定,生产专业化分工协议,研究新材料用途的协定以及其他科技合作协定等方式来掩盖卡特尔的活动。因此,从战后资本主义世界总的趋势来看,国际卡特尔的活动依然存在,只不过改变了活动的方式而已。

国际上现存的成功国际卡特尔是欧佩克,石油输出国组织(OPEC)。1960 年,伊朗、伊拉克、科威特、沙特阿拉伯和委内瑞拉五国宣布成立"欧佩克"作为一个协助石油出口国的组织,以后又有其他国家加入了这一集团。欧佩克的第一次成功是在 1973 年中东战争的爆发期间。主要产油国家同意大幅度削减原油产量,为价格的大幅度上涨铺平了道路。欧佩克旨在通过消除有害的、不必要的价格波动,确保国际市场上石油价格的稳定,保证各成员国在任何情况下都能获得稳定的石油收入,并为石油消费国提供足够的、长期的石油供应。随着成员的增加,欧佩克发展成为包括亚洲、非洲和南美洲一些主要石油生产国的国际性石油组织。

(三)国际卡特尔的基本要求

卡特尔想要成功必须达到四个基本要求:

(1)它必须控制整个实际产量和潜在产量的很大份额;

(2)可获得的替代物必须是有限的,即对其产品的需求价格弹性必须是相当低的;

(3)国际上对卡特尔产品的需求必须是相对稳定的;

(4)生产者必须愿意且能够保留足够数量的产品以影响市场。

(四)卡特尔不稳定性的原因

卡特尔不稳定性的一个重要原因是欺骗或作弊。当一个卡特尔协议中有许多厂家或国家时,就总是有些希望从降价中获得好处的卡特尔成员,并认为其他人将不会做同样的事情。当一个卡特尔中有足够数目的厂家试图作弊,这个卡特尔就会崩溃。

第四节 鼓励进口的非关税措施

非关税措施具有极大的灵活性,特别能够适应政府对外贸易政策和措施的各种变化。非关税措施通常是用来限制进口的,但是如果一国需要鼓励某些商品进口,就可以通过降低非关税措施的保护程度达到鼓励进口的目的。实行进口鼓励措施和限制进口之间尽管在形式上是对立的,在内容上却是互补的,表明一国对不同进口商品的全部态度。极端的进口限制并不是最优的对外贸易措施。

一、进口鼓励措施的定义

进口鼓励措施是指进口国政府通过有关经济的、行政的办法和措施鼓励外国商品进口的一系列行为总称。

二、进口鼓励措施的类型

进口鼓励措施有长期的和短期的两种类型。长期的进口鼓励措施一般适用于进口国长期短缺的商品的进口。这类政策措施一经制定就相对稳定,以保持国外货源的正常供应。

短期的进口鼓励政策一般适用于进口国暂时短缺的商品的进口。这种政策往往具有临时性,政府随时都可以宣布废除。例如,灾年时政府制定一系列的鼓励粮食进口的政策措施,一旦进口量满足需求,这些鼓励进口措施将被取消。

三、进口鼓励的商品

进口鼓励政策实施的商品对象通常有以下几类:

(1)国内紧缺的生产性原材料。为了维持国内生产供给的正常化,政府对国内稀缺的原材料的进口实行鼓励政策和措施。

(2)国内急需的各种先进的生产技术和设备。发展中国家为了加快本国工业化进程,促进产业升级换代,需要对这类产品的进口实行鼓励。

(3)国内生产极少或根本不生产的某些产品。由于技术水平、资源禀赋状况各国存在差异,每个国家都有一些不能生产或生产成本很高的商品。对于这类商品的进口也可实行鼓励政策,以满足国内生产需求或消费需求。

(4)某些特殊的、具有战略安全意义的商品。为了保卫国家安全,政府对那些具有战略意义的、先进的军事装备或相关的其他技术设备和资料的进口实行鼓励政策。

四、进口鼓励的形式

(一)进口补贴(Import Subsidies)

它是一国政府为降低进口商品的价格,加强其在国内市场上的竞争能力,在进口某种商品时给予进口厂商的现金补贴或财政上的优惠待遇。

（二）消费补贴(Consumption Subsidies)

政府实行某些优惠措施,鼓励企业和个人扩大消费或者提前消费,特别是对大宗、高档耐用消费品的消费需求。对扩大消费或者提前消费的企业和个人给予相关产品的消费补贴。

（三）国家专营(State Monopoly)

政府通过国家对某些商品的进口专营直接控制进口规模,在需要实行进口鼓励政策的情况下,政府可以比较容易地扩大有关商品的进口规模。

其他的如,政府可以通过放松对进口许可证申领的管制程度有选择地鼓励某些商品进口,也可以通过对进口配额的控制、进口商品的检验等环节有针对性地鼓励某些商品的进口。具体的措施包括:一是按照产业政策要求,积极进口资源、先进技术和关键装备等;二是妥善处理贸易摩擦和争端,鼓励增加主要贸易顺差国的进口;三是进一步优化进口关税结构,引导企业扩大进口;四是提高贸易便利化水平,简化和放宽进口管理,降低进口费用和成本;五是不断完善进口公共信息服务体系,提高政策透明度,营造良好贸易环境;六是举办各类进口商品展览会、博览会等;七是积极研究运用各种金融、税收等手段扩大进口,包括为企业提供进口融资便利等;八是组织各种形式的投资贸易促进团,积极赴国外开展投资贸易促进活动。

第五节　非关税的经济效应

一、进口配额的经济效应

（一）进口配额的局部均衡效应

进口配额的局部均衡效应用图 9-1 表示,图中 D_X 是该国对商品 X 的需求曲线,S_X 是供给曲线。在自由贸易下,世界均衡价格是 P_1,该国消费量为 Q_2,其中 Q_1 由国内生产,剩下 Q_1Q_2 通过进口获得。假定该国进口配额的数量相当于 Q_3Q_4,进口配额的限制会将国内价格提至 P_2,如同对商品 X 征收了等额的从价进口关税。原因是只有当价格为 P_2 时,需求数量 Q_4 才等于国内生产的 Q_3 加上进口配额所允许的 Q_3Q_4。这样消费减少了 Q_2Q_4,国内生产增加了 Q_1Q_3,这是由于进口配额

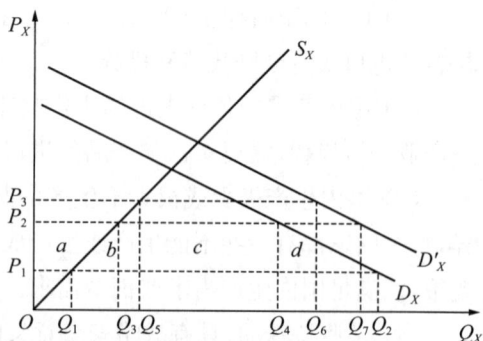

图 9-1　进口配额的局部均衡效应

Q_3Q_4 而产生的,这相当于征收了等额关税产生的效果。如果政府在竞争性市场上将进口许可拍卖给最高出价者,收入效应会是配额总量与拍卖价格的乘积,等于图中的 c 面积。进口配额的经济效应相当于"隐含的"等额的进口关税效应。

（二）进口配额与进口关税的比较

随着 D_X 向上移动到 D_X'，给定的进口配额 Q_3Q_4 将会导致国内 X 的价格进一步上升到 P_3，国内生产增加到 Q_5，国内消费从 Q_4 上升到 Q_6。另一方面，如果征收的是等额的进口关税，X 产品价格保持在 P_2 水平，国内生产 Q_3，但国内消费会上升至 Q_7，进口量扩大为 Q_3Q_7。

图 9-1 中的 D_X 上移到 D_X'，表明了进口配额与等额进口关税的第一个重要区别。即对于给定的进口配额，当需求增加时，会比等额进口关税导致更高的国内价格和更多的国内生产量；而对于给定的进口关税，当需求增加时，会比等额进口配额导致更高的消费量和进口量，但对国内价格和国内生产量的影响较小。D_X 向左平移，以及 S_X 的移动也可以进行类似的分析。既然通过调节进口配额，就可以有效地移动 D_X 和 S_X 以调节国内价格，而不用通过关税来影响进口，那么，进口配额就完全可以取代市场机制，而不是简单地改变它。

进口配额与进口关税之间的第二个重要区别，是配额制涉及进口许可的发放。如果政府不是在一个竞争性市场上拍卖这些许可，得到这些许可的公司便可获得垄断利润。在这种情况下，政府必须决定按照什么原则发放进口许可证给该产品的潜在进口者。这些决定可能出于官员的随意判断，他们可能对不断变化的实际情况和潜在的商品进口者无法进行准确的判断。更困难的是，既然进口许可证可以带来垄断利润，潜在的进口者便可能花费大量精力来游说甚至贿赂政府官员以获得许可，即所谓的寻租行为。这样，进口配额不仅取代了市场机制，从整个经济来看还造成了浪费，埋下了腐败的种子。

最后，进口配额将进口限定到一个确定的水平，而进口关税的贸易效果则不确定。原因是 D_X 和 S_X 的弹性或形状常常难以确定，从而很难确定一个关税税率使得进口数量正好限定在政府要求的水平上。再者，外国出口者可以通过提高效率或接受低利润来全部或部分消化关税带来的负面影响，结果是进口的实际减少会比预期的要少。而有进口配额限制时，进口者便不能这样做，因为允许进口的数量通过配额明确限定。由于这个原因，加上进口配额更加"可见"，国内生产者更加欢迎使用进口配额制。

表 9-2 配额和关税的影响比较

影响	国内市场需求增加 配额	国内市场需求增加 关税	国际市场供给增加 配额	国际市场供给增加 关税
进口量	不变	上升	不变	上升
国内价格	上升	不变	不变	下降
国内生产	增加	不变	不变	下降
国内消费	增加	增加	不变	增加
政府收益	增加	增加	增加	增加
相对自由贸易的福利损失	增加	不变	增加	不变

二、出口补贴的经济效应

出口补贴对国内生产与消费，乃至于社会福利水平都会产生实质性影响。对于接受补贴的出口部门的生产商来说,出口补贴等同于负的税赋,因而生产者实际得到的价格等于购买者所付的价格加上单位补贴金额。

在图 9-2 中,在自由贸易下,世界价格为 P,国内消费和生产分别 Q_2 和 Q_3,此时出口量为 Q_2Q_3。如果政府给予本国出口生产者每单位产品金额为 PS 的出口补贴,则本国出口生产者可以以高于市场价格的成本进行生产,出口生产者的生产由原来的 Q_3 扩大到 Q_4。出口生产者的产品一部分在国内销售,一部分在国外销售,国外销售的价格为 P,但在国内销售的部分不享受政府补贴,价格为 S,高于补贴前的价格 P,由于价格上升,国内消费减少至 Q_1。因此,出口补贴不仅有利于本国出口生产者,而且有利于国外的消费者。

出口补贴对本国福利的影响效果,同样通过考察消费者剩余与生产者剩余的变动来确定。消费者剩余减少了,减少的部分等于 $(a+b)$;生产者剩余增加了,

等于 $(a+b+c)$,政府补贴支出为 $(b+c+d)$。综合起来,出口补贴的福利净效果=生产者剩余增加−消费者剩余损失−政府补贴$=-(b+d)$,其中 b、d 分别为生产扭曲和消费扭曲,这一结果意味着出口补贴会导致本国社会福利水平的下降。

既然出口补贴对一国的经济福利是负效应,为什么各国还要采取这种政策呢?实际上,在出口国政府看来,如果短暂的出口补贴损失或者消费者的福利损失能够促成该国生产规模的扩大,从而获得规模经济效应或者能够促进本国经济的增长,那么这种损失就是值得的。

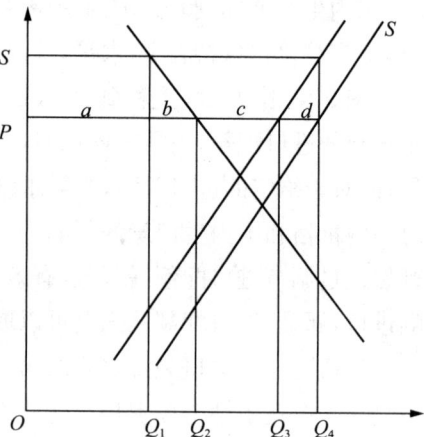
图 9-2 贸易小国的出口补贴

基本概念

非关税壁垒(Non-tariff Trade Barriers)

进口配额(Import Quota)

进口许可证制(Import Licence System)

自愿出口限制(Voluntary Export Restriction)

外汇管制(Foreign Exchange Control)

技术性贸易壁垒(Technical Barriers to Trade)

出口信贷(Export Credit)

商品倾销(Commodity Dumping)

外汇倾销(Exchange Dumping)

出口管制(Export Control)

复习思考题

1. 非关税壁垒有哪些?为什么在二战后有很大发展?

2. 什么是进口配额?绝对配额与关税配额有哪些区别?

3. 出口信贷有哪些种类？其主要区别是什么？

4. 简述鼓励出口的主要措施。

5. 为什么有些国家要进行出口管制？请举例说明。

6. 作图分析进口配额的局部均衡效应。

7. 作图分析出口补贴的关税效应。

8. 技术性贸易壁垒的定义和种类是什么？简述其主要内容和日益繁盛的原因。

9. 经济特区有哪些种类？

参考文献

1. 保罗·R.克鲁格曼、茅瑞斯·奥伯斯法尔德、马克·J.梅里兹：《国际经济学：理论与政策（第十一版）》，中国人民大学出版社，2021年。

2. 冯德连、邢孝兵：《国际贸易教程（第二版）》，高等教育出版社，2019年。

3. 蒋琴儿：《国际贸易概论（第三版）》，浙江大学出版社，2021年。

4. 韩玉军、郭洪林、于春海：《国际贸易学（第二版）》，中国人民大学出版社，2017年。

5. 张二震、马野青：《国际贸易学（第五版）》，南京大学出版社，2015年。

6. 窦祥胜：《国际贸易学》，中国人民大学出版社，2021年。

7. 靳风：《美国出口管制体系概览》，《当代美国评论》，2018(2):117-120.

8. 佟家栋：《中国自由贸易试验区改革深化与自由贸易港建设的探讨》，《国际贸易》，2018(4):16-19.

第十章

国际经贸组织

本章重点

1. 乌拉圭回合谈判的成果
2. WTO 的基本原则

二战以后,世界各国面临着百废待兴的局面,国际贸易领域和国际金融领域的混乱成为国际经济协调发展的主要障碍,因此国际经济秩序的重建逐步被提上议事日程。在国际贸易领域中,各国高筑贸易壁垒,竞相采取以邻为壑的外贸政策,致使国际贸易不断萎缩。国际金融领域的混乱则主要表现在自从金本位制消亡后,一直没有一个稳定的货币体系来稳定汇率。

美国作为二战后的头号强国,在考虑自己经济利益的前提下极力推进重建欧洲经济和国际经济新秩序,相继推动建立了世界银行(又称国际复兴开发银行,1945 年 12 月成立)和国际货币基金组织(1946 年 3 月建立,1947 年 3 月生效),对当时的欧洲经济重建和国际金融秩序的稳定起到重要作用。在国际贸易领域,美国极力倡导贸易自由化,试图建立一个由美国主导的国际性的贸易组织,对当时的国际贸易起到协调作用。关税与贸易总协定(The General Agreement on Tariffs and Trade,GATT,简称关贸总协定)随之产生,1995 年以后被世界贸易组织(World Trade Organization,WTO)取代。

第一节　关贸总协定

一、关贸总协定的产生

关贸总协定是二战后美、英、法等 23 国缔结的旨在降低关税、减少贸易壁垒的有关关税贸易政策的多边国际贸易协定,又是一个贸易谈判的场所、调节与解决争议的机构。

美国为建立国际贸易组织首先起草了《国际贸易组织宪章》,并在 1946 年 10 月由联合国经济和社会理事会召开的联合国贸易与就业会议上进行讨论,但没有被通过。随后成立一个由 19 国组成的国际贸易组织筹备委员会。

1947 年 4 月到 10 月,筹备委员会在日内瓦召开第 2 次会议,包括中国在内共 23 国代表参加,就具体产品的关税减让达成协议,即《关税与贸易总协定》。23 国代表先后签署了《关税与贸易总协定》的《临时议定书》,成为关贸总协定的 23 个缔约国,并宣布在《国际贸易组织宪章》生效前,各缔约方之间的贸易关系临时适用关贸总协定。关贸总协定于 1948 年 1 月 1 日正式生效。

1947 年 11 月在哈瓦那举行的联合国贸易与就业会议上,审议并通过了《国际贸易组织宪章》,又称《哈瓦那宪章》,准备按《哈瓦那宪章》组建正式的国际贸易组织。但由于该宪章经讨论与修改,部分内容并不符合美国利益,因此未获美国和其他一些国家的批准,国际贸易组织未能建立。关贸总协定从签署后一直致力于推进世界范围内的多边贸易谈判和贸易自由化,对推进世界范围内的贸易自由化起到了积极作用。但从性质上看,关贸总协定始终是“临时”适用的一项多边国际贸易协定,而非正式的国际贸易组织,直到 1995 年 1 月 1 日才被正式的世界贸易组织取代。

二、关贸总协定的八轮多边贸易谈判

从 1947 年起,关贸总协定共主持了八轮多边贸易谈判。谈判主要围绕着推进贸易自由化这一目标进行,参与成员规模不断扩大,谈判议题也随着时代变化不断扩展,其中第一至第五轮谈判的主要议题都是减税,从第六轮谈判开始,谈判议题逐渐延伸到非关税壁垒的削减等更广范围的议题上。

1947 年 4 月至 10 月,美国、法国、中国等 23 个国家在日内瓦举行了第一次多边谈判,主要谈判议题是减税。谈判达成了 123 项双边关税减让协议,涉及产品达 4.5 万多项,占世界贸易额的五分之一,使占西方国家进口值中 54% 的商品平均降低关税 35%。

1949 年 4 月至 10 月在法国安纳西举行了第二次谈判,谈判国家达到 33 个。此次谈判共达成双边协议 147 项,涉及产品 5000 多项,使得占应征关税进口值 56% 的商品平均降低关税 35%。

1950 年 9 月至 1951 年 4 月在英国托奎举行的第三轮多边减税谈判,有 39 个国家参加。谈判达成双边协议 150 项,增加关税减让 8700 项,参加谈判国家的贸易占当时世界进口额的 80% 和出口额的 85% 以上。

1956 年 1 月至 5 月在日内瓦举行第四轮多边减税谈判,有 28 个国家参加,所达成的关税减让涉及 25 亿美元的贸易额。

1960 年 9 月至 1962 年 7 月在日内瓦举行第五轮多边关税减让谈判,由于这轮谈判是由美国负责经济事务的副国务卿狄龙发起的,又称“狄龙回合”,有 45 国参加。减让所影响的贸易额约为 49 亿美元,使占进口值 20% 的商品平均降低关税 20%,涉及商品 4400 多项。

1964 年 5 月至 1967 年 6 月在日内瓦举行第六轮多边贸易谈判,由于此轮谈判由当时的美国总统肯尼迪倡议,又称“肯尼迪回合”,有 54 个国家参加此轮谈判,谈判结果使工业国的进口关税下降了 35%,影响贸易额 400 亿美元。从谈判议题上来看,在延续前五轮谈判的减税议题的同时,首次进行了削减非关税壁垒的谈判。针对日益严重的倾销行为制定了第一个“反倾销协议”,允许缔约国对倾销的产品征收数量不超过该产品倾销差额的反倾销税。另外,随着总协定中发展中国家成员的增多,发展中国家成员在世界贸易中的地位也日益提升,贸易与发展的问题成为此轮谈判的又一个新主题。肯尼迪回合考虑到发展中国家的发展问题,明确了发达国家与发展中国家的问题。此轮谈判明确了发展中国家可以分享各项关税减让，而无须做出对等的减让。

1973年9月至1979年11月，第七轮多边贸易谈判从东京开始，到日内瓦结束，共有99个国家和地区参加了此轮谈判，其中包括29个非缔约国。此轮谈判的主要成果主要表现在多个方面。一是关税进一步下降。根据协议从1980年1月1日起到1987年1月1日，全部商品的关税平均下降33％，减税商品范围从工业品扩大到部分农产品，但是纺织品、鞋类、皮革制品、钢铁等仍以"敏感性"为由被排除在减税商品范围之外。二是在削减非关税壁垒方面成果显著。除了修改反倾销协议外，又达成了9项削减非关税壁垒的协议，比如进口许可证手续、贸易技术壁垒和政府采购补贴等协议。

1986年9月至1993年12月在乌拉圭进行了第八轮多边贸易谈判。此次谈判从参加成员的规模上、谈判议题的多样性上、对世界经济贸易结构的影响上，都远远超过了前七轮的谈判，成为关贸总协定最重要的一轮谈判。

三、乌拉圭回合谈判及其成果

乌拉圭回合的谈判始于1986年9月15日，由123个国家和地区在乌拉圭的埃斯特角城进行，直到1993年12月在日内瓦达成协议。1994年在摩洛哥的马拉喀什，各缔约国签署了长达550页的最后文件，宣告乌拉圭回合的最终结束。我国政府也派代表团出席了会议并获得了全面参加这一轮各项议题谈判的资格，成为乌拉圭回合谈判的参加国，并在最后文件上签字。这是关贸总协定成立以来的议题最多、范围最广、规模最大的多边谈判，也是成果最多的一次谈判。

（一）乌拉圭回合谈判的议题

20世纪80年代初期，在关贸总协定经过七轮多边贸易谈判后，关税水平已经大幅降低，但一些国家开始更多地实施更加隐蔽灵活的非关税措施，使得国际贸易领域中的矛盾与摩擦不减。因此，发达国家之间在农产品补贴问题、发达国家与发展中国家在纺织品服装等问题上一直存在着较多的纷争，再加上区域性贸易集团也不断出现，利益主体的形式也日益多样化，这使得乌拉圭回合的多边贸易谈判相较于早期的谈判面临更多的困难。

乌拉圭回合谈判中不但对减税、削减非关税壁垒这些传统议题继续进行谈判，也因为国际经济背景的变化涉及许多新议题。国际贸易从二战后进入了快速发展的阶段，到80年代出现了许多值得关注的变化。一是发达国家的服务业比重上升较快，相应的，国际贸易中服务贸易比重也显著上升，已经占世界贸易总额的四分之一到三分之一。二是国际直接投资的快速发展和跨国公司的兴起对贸易产生了影响，投资对贸易既有替代关系又有创造关系，投资与贸易已经不可割裂，而许多东道国在鼓励吸引外资的同时又对外资进入采取了诸多限制措施，其中包括对外资企业的贸易限制。三是在国际贸易中，仿制与盗版行为日益严重，特别是发达国家拥有较大比重的专利、发明等知识产权，不愿意在国际贸易中受到损害。国际范围内有关知识产权的国际公约如《巴黎公约》《伯尔尼公约》和《罗马公约》等对合理的国际贸易产生了限制，已不能满足国际贸易的要求。因此，乌拉圭回合中除了继续谈判以往的传统议题外，服务贸易、贸易与投资、贸易与知识产权等新议题也进入了谈判中,从而使得谈判议题远远超过了以往任何一轮多边谈判,达到 15 个。

1. 传统议题

传统议题包括 12 项议题,分别为:① 关税;② 非关税措施;③ 热带产品;④ 自然资源产品;⑤ 纺织品与服装;⑥ 农产品;⑦ 关贸总协定条款;⑧ 保障条款;⑨ 多边贸易谈判协议与安排;⑩ 补贴与反补贴措施;⑪ 争端解决;⑫ 关贸总协定体制的作用。

2. 新议题

新议题主要是三个:① 与贸易有关的知识产权问题,包括冒牌货贸易问题;② 与贸易有关的投资措施;③ 服务贸易。

15 个议题当中,除了服务贸易之外,其他都是与货物贸易有关的议题。因谈判议题较多,再加上涉及的利益方更多,这轮多边贸易谈判难度也远远超过了前七轮谈判,最终的谈判成果也是最多的。

(二)乌拉圭回合谈判的成果

乌拉圭回合从 1986 年开始,历经七年多,到 1993 年 12 月结束谈判。1994 年关贸总协定在摩洛哥发布了《乌拉圭回合多边贸易谈判的最后文件》(简称《最后文件》),宣告了乌拉圭回合的正式结束。《最后文件》包括 28 个协议和协定,属于"一揽子文件",即必须全部接受或全部拒绝,不能仅接受一部分。

乌拉圭回合多边贸易谈判达成的 28 个协议和协定可以分为三类:

第一类是修订原有的关贸总协定和货物贸易规则,对一些老问题进行有效处理,比如反倾销、反补贴等问题。

第二类涉及新的规则和贸易面临的新问题,比如知识产权保护、贸易与投资、服务贸易问题。

第三类属于体制建设问题,其中最重要的是建立一个正式的法人组织,即世界贸易组织来取代关贸总协定。

乌拉圭回合虽然历时较长,但对于推进世界的贸易自由化功不可没,取得的成果主要表现在以下方面。

(1)关税减让方面。经过乌拉圭回合的谈判,工业品关税大幅度下降,平均减税幅度近40%。减税涉及的贸易额高达 1.2 万亿美元,其中近 20 个产品实行零关税,部分产品关税下降 50%。此外,拉美国家统一货物关税的比例达到 90%,较先进的发展中国家达 60%。经过这一回合,关贸总协定中的发达国家工业品加权平均关税率从 6.3% 降低到 3.8%,发展中国家工业品加权平均关税率从 20.5% 降低到 14.4%。

(2)农产品贸易方面。参加方中,发达国家在 6 年内将农产品关税和出口补贴全面削减36%,将补贴的农产品出口量减少 21%;发展中国家在 10 年内削减 24% 的关税。

(3)纺织品和服装方面。关贸总协定通过了《纺织品和服装协定》(Agreement on Textile and Clothing,ATC),包括 10 个条款和 1 个附件。协定的最终目的是把纺织品和服装部门最终纳入关贸总协定,并规定给最不发达国家以特殊待遇。协定的主要内容包括:一是把纺织品、服装贸易全部纳入关贸总协定的过程，也称为一体化过程。二是纺织品和服装贸易实施自由化的过程，即在世界贸易组织生效的十年内分三个阶段逐步取消进口数量限制，以实现纺织品和服装贸易自由化。在发达进口国逐步取消数量限制的同时，发展中国家也必须开放国内市场。三是其他相关条款，如过渡期保障条款、反规避条款。

（4）服务贸易方面。乌拉圭回合首次把服务贸易纳入谈判议题，签订了《服务贸易总协定》（General Agreement on Trade in Services，GATS）。协定由三个部分组成：一是协定条款本身，包括服务贸易的定义、服务贸易适用的原则、市场准入和逐步自由化；二是部门协议，包括航空运输服务协议、电讯服务协议等；三是关于各国的初步承诺减让表。该协定强调了服务贸易的非歧视性、透明度和市场准入等原则，同时承认发达国家和发展中国家在服务业发展上的差距，允许发展中国家在开放服务贸易市场方面有更大的灵活性。

（5）与贸易有关的投资措施方面。谈判通过了《与贸易有关的投资措施协定》（Agreement on Trade-Related Investment Measures，TRIMs 协定），由序言、正文和附录组成。协定的宗旨是，促进投资自由化，制定为避免对贸易造成不利影响的规则，促进世界贸易的扩大和逐步自由化，并便利国际投资，以便在确保自由竞争的同时，提高所有贸易伙伴尤其是发展中国家成员的经济增长水平。协议的基本原则是各成员实施与贸易有关的投资措施，为了防止各国有关外国直接投资的立法造成贸易限制或扭曲，协定规定各国政府不得违背关贸总协定的国民待遇和取消数量限制原则。工业化国家在 2 年内、发展中国家在 5 年内应取消与此相悖的限制措施。

（6）与贸易有关的知识产权方面。乌拉圭回合首次将知识产权保护纳入多边贸易谈判并达成共识，签署了《与贸易有关的知识产权协定》（Agreement on Trade-Related Aspects of Intellectual Property Rights，TRIPs 协定）。协定规定各方应遵守各项国际条约，解决争端应实施关贸总协定所规定的程序。协定还为保护知识产权、反对不公平竞争和维护正常贸易秩序制定了规则，并对发展中国家做了特殊的过渡期安排。

乌拉圭回合的最后文件中还涉及争端解决、审查机制等诸多方面。另外，由于谈判的议题已经远远超出了负责货物贸易谈判的关贸总协定的职能范围，再加上随着世界贸易的发展，越来越需要一个具有正式法人地位、更具权威性的世界性贸易组织取代具有内在缺陷的 GATT，因此乌拉圭回合的另一个重要成果就是决定成立世界贸易组织。1995 年 1 月 1 日，世界贸易组织正式成立，它和国际货币基金组织、世界银行具有平等的法律地位，三者共同成为调整世界经济的"三驾马车"。

第二节　世界贸易组织

一、WTO 与 GATT 的关系

WTO 与 GATT 的联系表现在 WTO 是在 GATT 的基础上建立的，是对 GATT 的继承和发展。

关税与贸易总协定不仅是一个国际协议,也是用以支持该协议的准国际贸易组织。虽然1995年以后,关税与贸易总协定作为准国际组织已不存在,但关税与贸易总协定作为协议仍然存在,并成为WTO的重要组成部分,同时WTO在组织结构、管理职能等方面也保留了GATT的合理部分。

世界贸易组织和关贸总协定主要的区别表现在:

(1) WTO及其协议是永久性的,关税与贸易总协定是临时性的。WTO是根据《维也纳条约法公约》正式批准生效成立的国际组织,具有独立的国际法人资格,是一个常设性、永久性存在的国际组织。GATT从未得到成员国立法机构的批准,其中也没有建立组织的条款,仅是"临时适用"的协定,不是一个国际组织。

(2) 从管辖范围看,关税与贸易总协定主要管辖货物贸易,而WTO还大量涉及服务贸易和知识产权,并增加了与贸易有关的投资措施,调整的范围更加广泛。

(3) WTO争端解决机制与原GATT体制相比,速度更快,更具权威性。WTO的争端解决机构解决争端的效力增强了,并且有强制性的管辖权。争端解决仲裁机构做出的裁决,除非WTO成员完全协商一致反对,否则视为通过。而在GATT体制下,只要有一个缔约方提出反对通过争端解决机构的裁决报告,就认为没有"完全协商一致",GATT不能做出裁决。WTO还对争端解决程序规定了明确的时间表,使其效率大大提高,权威性得以确立。

(4) WTO拥有"成员",GATT拥有"缔约方"。这也从另一个角度说明了WTO是一个国际组织,而GATT只是一个法律文本。

中国是WTO的前身GATT的原始缔约方,因历史原因与GATT中断了联系。1986年,中国提出恢复GATT原始缔约方地位的申请,2001年12月11日中国正式成为WTO成员。

二、WTO的宗旨、目标、职能与组织机构

(一) 宗旨

《建立世界贸易组织的协定》在序言部分阐述了世界贸易组织的宗旨是"在发展贸易和经济关系方面应当按照提高生活水平、保证充分就业、大幅度和稳定地增加实际收入和有效需求,扩大货物与服务的生产和贸易,按照可持续发展的目的最优运用世界资源,保护和维持环境,并以不同经济发展水平下各自需要的方式采取相应的措施。努力确保发展中国家,尤其是最不发达国家在国际贸易增长中获得与其经济发展相适应的份额和利益"。

(二) 目标

世贸组织的目标是形成一个完整的、更具活力的永久性的多边贸易体制,以巩固原来的关贸总协定为贸易自由化所做的努力和乌拉圭回合多边贸易谈判的所有成果。

(三) 职能

WTO的职能主要有以下三个方面。

1. 制定和规范国际多边贸易规则

WTO是处理国际贸易全球规则的唯一国际组织,其主要职能是保证国际贸易顺利、可预测和自由地进行。

WTO 的规则,即各项协定,是 WTO 全体成员国协商的结果,是各成员方必须遵循的共同的行为准则。WTO 制定和实施的一整套多边贸易规则涵盖面非常广泛,几乎触及当今世界经济贸易的各个方面。随着世界经济和国际贸易的发展,WTO 的涵盖范围已经从原先纯粹的货物贸易、在边境采取的关税和非关税措施,进一步延伸到服务贸易、与贸易有关的知识产权、投资措施,包括即将在新一轮多边贸易谈判中讨论的一系列新议题,如竞争政策、贸易与劳工标准、环境政策和电子贸易等。

2. 组织多边贸易谈判

组织成员方就贸易问题进行谈判,为成员方谈判提供机会和场所,是世界贸易组织从 GATT 继承来的一项职能。乌拉圭回合结束时,不可能完全解决国际贸易中的所有问题,有许多问题由于在谈判中难以达成一致,而不得不留待以后继续谈判予以解决,如贸易与环境保护问题、贸易与劳工标准问题、政府采购问题和具体服务贸易部门自由化问题等。在乌拉圭回合结束后,世界贸易组织按照部长会议举行有关谈判的决议,已组织了涉及服务贸易部门的多项谈判,有些谈判达成了有关协议,如《全球金融服务协议》《基础电信协议》等。

3. 解决成员国之间的贸易争端

WTO 的争端解决机制在保障 WTO 各协议实施以及解决成员间贸易争端方面发挥了重要的作用,为国际贸易顺利发展创造了稳定的环境。

（四）WTO 的组织机构

世界贸易组织成立于 1995 年 1 月 1 日,总部设在日内瓦。它是根据乌拉圭回合多边贸易谈判达成的《建立世界贸易组织协定》成立的,并按照最后文件形成的一整套协定和协议的条款作为国际法律规则,对各成员之间经济贸易关系的权利和义务进行监督、管理的正式国际经济组织。作为乌拉圭回合的重要成果,世界贸易组织在与 1947 年签订的关贸总协定并存了一年后,完全担当起全球经济贸易组织的角色。

世界贸易组织由于具有法人资格,为了执行其职能,世界贸易组织建立了完整的组织机构。组织机构包括以下部分:

1. 部长级会议

部长级会议是世界贸易组织的最高权力机构和决策机构,由各成员方的部长组成,至少每两年召开一次,有权对该组织管辖的重大问题做出决定。

2. 总理事会

总理事会是在部长会议休会期间,行使部长会议的职能和世界贸易组织赋予的其他权力。总理事会可视情况需要随时开会,自行拟定议事规则及议程,履行其解决贸易争端的职责和审议成员的贸易政策职责等。

3. 各专门委员会

部长级会议下设专门委员会,以处理有关方面的专门问题和监督相关协议的执行。已经设立的专门委员会包括贸易与发展委员会、农产品委员会、市场准入委员会、补贴和反补贴委员会、反倾销措施委员会、海关估价委员会等 10 多个委员会。

4. 秘书处和总干事

世界贸易组织还在日内瓦设有秘书处,负责处理日常工作,它由部长级会议任命的总干事领导。总干事的权力、职责、任期、服务条件均由部长级会议确定。在履行职务中,总干事和秘书处不得寻求和接受任何政府或世界贸易组织以外的指示。

三、WTO 的基本原则

世界贸易组织的基本原则主要来自关贸总协定及历次多边贸易谈判,包括非歧视原则、透明度原则、公平竞争原则等,这些原则构成了 WTO 的基本原则。

(一)非歧视原则

非歧视原则规定,一缔约方在实施某种限制或禁止措施时,不得对其他缔约方实施歧视待遇。非歧视原则是 WTO 及其法律制度的一项首要的基本原则,也是现代国际贸易关系中最基本的准则。乌拉圭回合的有关协议将 WTO 关于非歧视原则的适用范围进一步扩展。首先,在涉及货物贸易的保障措施协议、装运前检验协议和贸易的技术壁垒协议等文件中均含有非歧视原则的规定;其次,在与货物贸易相关领域的协议(如与贸易有关的投资措施协议、与贸易有关的知识产权协议)中也规定了非歧视原则;最后,非歧视性原则还是服务贸易领域最基本的准则。非歧视原则主要通过最惠国待遇原则和国民待遇原则来体现。

1. 最惠国待遇原则

最惠国待遇原则是指一个缔约方给予另一个缔约方的贸易优惠和特权必须自动给予所有其他缔约方。此原则又分为无条件的最惠国待遇和有条件的最惠国待遇两种。前者是指缔约国一方现在和将来给予缔约另一方的一切优惠待遇,立即无条件、无补偿、自动地适用于缔约第三方,不得附加条件。后者是指如果一方给予另一方的优惠是有条件的,则第三方必须提供同样的补偿,才能享受这种优惠待遇。

最惠国待遇原则适用范围广泛,其中主要是进出口商品的关税待遇。作为 WTO 的一项最基本、最重要的原则,最惠国待遇原则对规范成员方间的国际贸易,推动贸易的扩大和发展起了重要的作用。但随着经济全球化的推进,发达国家和发展中国家经济不平衡发展状况加剧。为了适应经济全球化形势下的新特点,减少各国经济发展不平衡带来的问题,各成员方认识到在特定情况下,尤其是发展中国家成员和少数成员为了特殊利益的需要,可以对最惠国待遇提出例外请求,经世界贸易组织许可后,暂时背离最惠国待遇原则。这就形成了最惠国待遇的例外。这些例外包括:

(1)一般例外。为保障动植物及人民的生命、健康、安全或一些特定目的对进出口采取的所有措施可以享受例外。另外,为维护公共道德所必需的措施,为保护专利权、商标及版权,以及防止欺诈行为等可以采取必要的措施均在其列。

(2)发达国家对发展中国家提供的单方面优惠。

a. 普惠制。发达国家根据普惠制实行单方面的自由贸易安排,对原产于发展中国家和地区的工业制成品和半成品给予普遍的、非歧视性的、非互惠的优惠关税待遇。允许来自发展中国家的所有工业品和部分农产品适用更优惠的税率和免税待遇安排。

b.《洛美协定》。欧盟成员国允许一些来自非洲和加勒比海地区及太平洋地区的最不发达国家(非加太国家)的进口货物免税进入欧盟市场。

c. 加勒比海盆地安排。美国允许免税进口来自加勒比海地区国家的货物。

此外,发达国家还在非关税措施方面给予发展中国家更为优惠的差别待遇,并允许发展中国家之间实行优惠关税而不给予发达国家。

(3) 边境贸易和区域安排例外。最惠国待遇原则不适用于任何缔约一方为便利边境贸易所提供的或将来要提供的权利和优惠。区域贸易协定下成员方可以在优惠的基础上削减关税和其他贸易壁垒,成员间贸易所适用的税率优惠并不需要扩展至 WTO 的其他成员方。

(4) 国家安全例外。当一国的国家安全受到威胁时,可不履行世界贸易组织最惠国待遇的义务。

(5)《1994 年关贸总协定》允许采取的其他措施。其他措施主要包括反补贴、反倾销及在争端解决机制授权下采取的报复措施。如 1999 年 4 月下旬,世界贸易组织授权美国可以对欧盟的少数产品中止给予最惠国待遇关税。

(6) 不属世界贸易组织管辖范围的诸边贸易协议中的义务。它主要指在政府采购、民用航空器贸易等方面,世界贸易组织成员间彼此可不给予最惠国待遇。

2. 国民待遇

国民待遇是指在贸易条约或协议中,缔约方之间相互保证给予对方的自然人(公民)、法人(企业)和商船在本国境内享有与本国自然人、法人和商船同等的待遇,就是把外国商品当作本国商品对待,把外国企业当作本国企业对待。其目的是为了公平竞争,防止歧视性保护,实现贸易自由化。国民待遇原则的例外包括:

(1) 一般例外。比如为维护公共道德和保障人民或动植物的生命或健康,对进口产品实施有别于本国产品的待遇。又如,在国内原料的价格被压到低于国际价格水平时,作为政府稳定计划的一部分,为了保证国内加工工业对这些原料的基本需要,有必要采取限制这些原料出口的措施。

(2) 安全例外。

(3) 司法和行政程序方面的例外。

(4) 发展中国家例外。

(二)互惠原则(对等原则)

这是 WTO 的一个主要原则,它反映了 WTO 的宗旨。根据这个原则,任何一个加入WTO 的成员都要为该组织的所有成员提供进入市场的便利,但它同时也能享受所有成员提供的种种优惠待遇。这就是权利与义务相平衡的准则。

(三)关税保护与关税减让原则

关税保护原则是指把关税作为唯一的保护手段,即只许利用关税而不许采用非关税壁垒的办法进行保护。WTO 之所以确立关税保护原则,是因为与非关税措施相比,关税措施具有较高的透明度,便于其他国家和贸易经营者辨析保护的程度,同时关税措施对贸易竞争不构成绝对的威胁。

"关税减让"是多边国际谈判的主要议题。关税减让谈判一般在产品主要供应者与主要进口者之间进行,其他国家也可参加。双边的减让谈判结果,其他成员按照"最惠国待遇"原则可不经谈判而适用。从关税总水平来看,关税总水平必须不断降低,以此来削减贸易保护、提高贸易自由化的程度。

（四）一般禁止数量限制原则

只允许在某些例外情况下实行进出口产品数量限制,否则被视为违规。在货物贸易方面,世界贸易组织仅允许进行"关税"保护,而禁止其他非关税壁垒,尤其是以配额和许可证为主要方式的"数量限制"。

（五）透明度原则

要求各成员将管理对外贸易的各项政策、措施、法律、法规、规章、司法判决等迅速加以公布,各成员政府之间或政府机构之间签署的影响国际贸易政策的现行协定和条约也应加以公布,以使其他成员政府和贸易经营者了解与熟悉。

（六）公平贸易原则

公平贸易原则要求各成员国和出口贸易经营者,都应采取公正的贸易手段进行国际贸易竞争。此原则对于来自不同国家不同方式的补贴和倾销分别规定了相应的规则。所以,公平贸易原则主要是指反对倾销和反对出口补贴。所谓倾销,是指企业以低于国内价格或低于成本的价格向外国出口产品。各成员的出口贸易经营者不得采取不公正的贸易手段,扭曲国际贸易竞争,尤其不能采取倾销和补贴的方式在他国销售产品。WTO强调,以倾销或补贴方式出口本国产品,给进口方国内工业造成实质性损害或有实质性损害威胁时,该进口方可以根据受损的国内工业的指控,采取反倾销和反补贴措施。同时,WTO强调,反对成员滥用反倾销和反补贴措施达到贸易保护的目的。

（七）市场准入原则

市场准入是指一国允许外国的货物、劳务与资本参与国内市场的程度。准入体现了国家法律上的一种含义,是国家通过实施各种法律和规章制度对本国市场向外开放程度的一种宏观掌握和控制。市场准入原则允许缔约国根据经济发展水平,在一定的期限内逐步开放市场。

（八）对发展中国家特殊优惠原则

WTO继承和发展了GATT对发展中国家特殊优惠的原则,具体表现在:

（1）允许发展中国家在履行义务时有较长的过渡期。比如在具体的关税减让上,发展中国家可以比发达国家有更长的时间减让。

（2）允许发展中国家在履行义务时有较大的灵活性。

（3）规定发达国家为发展中国家提供技术援助,以便发展中国家更好地履行义务。

（九）允许例外和实施保障措施原则

考虑到成员国经济发展水平的不同和为减少经济发展中出现的不稳定,以及突发因素的破坏作用,允许成员国采取例外和保障措施,即不承担或不履行已经承诺的义务,对进口采取紧急保障。

四、WTO 的争端解决机制和贸易政策评审机制

世界贸易组织的各项协议,需要配套的程序法来保障。争端解决机制和贸易政策评审机

制正是通过一定的程序,使世贸组织的各项规则与协议能够更好地执行,使其能够成为真正意义上的完整的国际组织。

(一)争端解决机制

关贸总协定原有的争端解决机制存在一些缺陷,比如争端解决的时间过长、专家小组的权限过小、监督后行动不力等,因此争端解决机制不健全。世界贸易组织成立后,对争端解决机制不断进行完善,形成了一套完整的程序和规则。

世界贸易组织争端解决机制由"争端解决机构"(Dispute Settlement Body,DSB)负责监督。DSB组织是世界贸易组织总理事会以不同名义召开的会议。世界贸易组织争端从磋商、设立专家组到上诉的正常程序如下:

1. 磋商

WTO规定,在一般情况下各成员在接到磋商申请后10日内应对申请国做出答复,并在接到申请后30日内展开善意磋商。磋商是秘密进行的,不妨碍任何成员在任何进一步程序中的各种权利。这一程序寄希望于争端各方能够自行解决。

2. 斡旋、调解和调停

这一程序不是争端解决的必经程序,只有在争端各当事方自愿接受的情况下才可进行。争端的任何当事方在任何时候均可请求斡旋、调解和调停,该程序可在任何时候开始,也可在任何时候终止。

3. 专家小组程序

在争端各当事方经磋商达不成一致或一方对磋商的请求未予以答复的情况下,应起诉当事方的请求,争端解决进入专家小组程序阶段。该程序是整个争端解决程序中最为复杂的部分,也是最为重要的部分。专家小组审理案件并完成最终报告的期限一般为6个月,紧急情况下不应超过3个月,最长不得超过9个月。

4. 上诉程序

上诉程序是争端解决程序的终审程序,即经过该程序的审理做出的决定是最终的决定,该决定经争端解决机构通过后,当事方应当立即执行。但上诉程序并不是争端解决的必经程序,只有在一当事方就专家小组决定提出上诉的情况下,才能开始这一程序。上诉程序的期限一般为60天(最长不得超过90天),上诉机构的报告一经通过即产生约束力,争端各当事方应无条件地接受。

世界贸易组织争端解决体制为多边贸易体制提供可靠性和可预见性。这一机制用于保护该谅解适用协议所规定的权利和义务,并澄清这些权利与义务。争端解决机制的目的是保证积极的、在可能情况下共同接受的争端解决办法。

随着该机制法律上和程序上的不断加强,越来越多的WTO成员,特别是发展中国家成员开始利用争端解决机制。解决贸易争端的职能使世界贸易组织能够采取有效的措施解决成员方在实施有关协议时发生的争议,保证其管辖的各协议的顺利实施。

(二)贸易政策评审机制

世界贸易组织对成员国的贸易政策实行定期评审制度,目的是检查各成员遵守和实施多边协议的法律和承诺的情况,能够更好、更及时地了解成员国的贸易政策以及实施的情况。贸易政策评审中,不同的成员在世界贸易中的比重以及对多边贸易体制运作的影响是评审周期长短的决定因素。以此为标准,对世界贸易市场份额中居前4名的成员每3年评审一次,对贸易量前20位的其余16个成员每5年评审一次,其余成员国每7年评审一次,对于最不发达国家评审的时间相隔更长。

各成员的定期报告制度是进行贸易政策评审的基础环节,报告涉及贸易政策与实践、对贸易政策进行评估的有关背景以及贸易与宏观经济统计资料。世界贸易组织的总理事会是进行贸易政策评审的机构,评审所需材料除了成员国自己提供的报告以外,还包括其他世贸成员提供的关于被评审成员贸易政策和实践的报告。世贸组织秘书处根据其所掌握的有关资料以及其他成员提供的材料,另外做出一份报告,由总理事会进行评审。评审结束后,世贸组织秘书处负责将成员提交的报告、秘书处的报告,连同评审机构有关会议纪要进行出版和存档。

五、WTO 的目标与现实冲突

WTO 的目标是致力于建立一个更具活力的、灵活的永久性多边贸易体制,同时也建立了较为完备的组织框架以及包含争端解决机制、贸易政策评审机制在内的制度框架。WTO 也明确了通过多种原则调节各成员之间的贸易关系,推进贸易自由化。在 WTO 运行的二十几年之中,虽然在处理贸易争端、协调贸易关系上发挥了一定的作用,但 WTO 的目标与现实之间依然存在着严重的冲突与较大的差距。

(一)多哈回合多边贸易谈判收效甚微

世界贸易组织经过多年的发展,成员不断增多。截止到 2015 年 12 月 1 日,成员数目已经达到 162 个,成员的对外贸易额占全球贸易的 95% 以上。由于国际贸易领域竞争的日益激烈,考虑到 GATT 框架下八轮多边贸易谈判的斐然成果,成员之间为了贸易利益的公平分配要求在 WTO 的组织下启动新的多边贸易谈判。

1999 年 11 月 30 日至 12 月 3 日,WTO 的第三次部长级会议在西雅图举行,会议决定启动新的"千年回合"谈判。但由于各成员国利益分歧太大,最后不欢而散,原定于 2000 年 1 月开始的多边贸易谈判也不得不延迟。2001 年 11 月 9 日至 14 日,世贸组织在卡塔尔首都多哈召开了第四次部长级会议。参加会议的 142 个成员一致同意自 2002 年 1 月 31 日开始启动新一轮多边贸易谈判,即"多哈回合"。

多哈回合谈判的主要目的是通过推动全球农业、制造业和服务业贸易自由化,建立一个更为合理的全球多边贸易体系,并以此推动发展中成员的经济、社会进步。按照多哈会议"部长宣言"的内容及其工作方案,多哈回合的谈判议题可以分为五类:WTO 生效以来出现的问题、乌拉圭回合遗留的问题、与 WTO 规则相关的谈判、关于发展中成员与最不发达成员差别待遇的谈判、关于新议题的谈判。该轮谈判确定了 8 个谈判领域,包括农业、非农产品市场准入、服务、知识产权、世界组织规则(重点是反倾销、反补贴和区域贸易安排)、争端解决、贸易与环境以及贸易与发展问题。

多哈回合启动后,按计划应在 2005 年 1 月 1 日前结束,但 2003 年 9 月在墨西哥坎昆举行的世贸组织部长级会议上,由于各成员在农业等问题上没有达成一致,会议无果而终,多哈回合谈判陷入僵局。2004 年 8 月,世贸组织全体理事会通过"七月框架协议",将谈判议题作了压缩,将农业、非农产品市场准入、发展问题、服务贸易、贸易便利化等问题作为谈判内容,基本搁置了发展中国家强烈反对的"新加坡议题",谈判工作进入新阶段。全体理事会也同意把多哈发展议程谈判原本的 2005 年 1 月 1 日前结束的限期不设期限延长。

2005 年 12 月 13 日世贸组织第六次部长级会议在香港开幕,此次会议是多哈回合谈判的重要组成部分。世贸组织原计划在香港部长会议期间就所有主要议题达成全面一致,但是由于各方分歧较大,这一既定目标没有完成。会议就削减农产品补贴达成了原则性框架,但美欧和主要农产品生产国在这一问题上未能达成妥协,又使谈判陷入僵局。2006 年 7 月,WTO 总干事拉米宣布中止谈判,多哈回合谈判进入休眠状态。

2007 年 1 月 31 日,世贸组织在日内瓦总部召开由全体成员大使参加的会议,会议决定全面恢复多哈发展议程各项议题的谈判。6 月底,世贸组织在瑞士日内瓦召开了一次小型部长级会议,希望就农业和非农谈判模式草案等关键问题达成共识。由于主要成员缺乏足够的政治意愿,没有表现出任何灵活性,为期两天的日内瓦会议没有进展,多哈回合谈判再次陷入僵局。

2008 年 7 月 21 日,来自 35 个主要世贸组织成员的贸易和农业部长在日内瓦聚会,试图在一周时间内就多哈回合谈判农业和非农产品市场准入问题取得突破。但几天后,谈判难以取得进展,原定一周的会期被迫延长。旨在寻求多哈回合谈判关键性突破的世界贸易组织小型部长会议在经过 9 天的努力后,7 月 29 日还是以失败告终。

2011 年 1 月 29 日,世贸组织小型部长级会议在达沃斯举行,与会代表希望恢复谈判,贸易谈判委员会在农业、非农产品市场准入、贸易便利化、贸易规则等具体领域展开密集谈判,争取 2011 年结束谈判。为推进谈判,时任 WTO 总干事拉米在 2011 年 5 月底的贸易谈判会议上提出以贸易便利化、农业和发展三大议题为核心的"多哈回合早期收获路线图"计划,得到各成员同意。2011 年 12 月在日内瓦召开的 WTO 第八届部长级会议没有就此达成协议。

2012 年,各成员继续就"早期收获"计划进行谈判,在 2012 年 12 月 11 日举行的 WTO 总理事会会议上,WTO 总干事拉米表示,贸易便利化协议谈判已取得积极进展,有成员提出在 2013 年将其作为"早期收获"协议签署。

2013 年 12 月 7 日,世界贸易组织第九届部长级会议在印度尼西亚巴厘岛闭幕,会议发表了《巴厘部长宣言》,达成"早期收获协议",即"巴厘一揽子协定",包括贸易便利化、部分农业议题以及发展三个部分。会议同时明确,在未来 12 个月内,对所有多哈未决议题,尤其是农业、发展中国家和最不发达国家关心的议题制定工作计划。多哈回合谈判 12 年僵局终获历史性突破,使得世界贸易组织自 1995 年成立以来实现了多边贸易谈判"零"的突破。"巴厘一揽子协定"并非终结,它是完成多哈发展议程的重要基石。但好景不长,由于印度坚持反对意见,2014 年 7 月 31 日巴厘岛协议遭遇破坏,这也使 WTO 恢复多哈谈判的希望破灭。

多哈回合谈判启动以来,一波三折、屡陷困境的原因主要包括多边管辖范围过分拓宽,谈判议题广泛且含糊;WTO 成员多、集团多,发展的差异性和利益呈现多元化;WTO 体制存在内在缺陷和矛盾。这使得该轮谈判比 GATT 体制下的谈判更为艰难。"巴厘一揽子协定"只是多哈回合议题的一小部分,要完成多哈回合仍需各成员的艰苦努力。

2015 年 12 月中旬,世界贸易组织(WTO)在内罗毕召开两年一次的部长级会议之前,美国贸易代表迈克·弗罗曼(Mike Froman)对《金融时报》表示,在多哈回合建立后的 14 年"根本没有达成任何结果"。他呼吁放弃多哈回合全球贸易谈判,称在 2014 年谈判未果后,发展中国家和发达国家都需要认识到它们一筹莫展,现在该尝试新的方法。而发展中成员依然坚持要继续多哈回合谈判。之后的内罗毕部长级会议通过了《内罗毕部长宣言》及 9 项部长决定,承诺继续推动多哈议题。截至 2020 年,多哈回合没有出现新的进展。发展的差异化和利益的分歧使得多哈回合的推进依然困难重重。

多哈回合进展缓慢的现实反映了各成员的利益博弈和矛盾心理——在自由贸易和保护贸易的选择上往往选择双重标准,即要求贸易对象国更多地开放市场,而在自己较弱的产业上往往不愿轻易放弃保护。欧美的农业补贴之争就是这一情形的典型例证。GATT 签署的时候各国贸易壁垒普遍较高,对国际贸易扩大的需求强烈,因此 8 轮谈判在贸易壁垒的削减上卓有成效。与 GATT 相比,WTO 建立时平均的贸易保护水平较低,而各国一般都有保护程度较高的关键行业或弱势行业不愿轻易减少保护,这就使得接下来的贸易谈判将会更加艰难。

（二）WTO 的多项原则被滥用或弃用

WTO 的多项原则中,部分原则在现实中得到了较好的体现,比如互惠原则、透明度原则、对发展中国家特殊优惠原则、允许例外和实施保障措施原则等,但仍有部分原则不被成员国所遵守,也有些原则被滥用,从而损害了 WTO 原则的有效性。

以公平贸易原则为例,WTO 允许以反补贴税和反倾销税的形式抵偿由于补贴或倾销给进口国带来的损害,此项原则制定的初衷是保护进口国产业免受补贴、倾销这些非公平的贸易方式带来的不利影响。从现实来看,反倾销和反补贴近年来使用日益频繁,而在大量的反倾销诉讼案例中,很多进口国实际上把反倾销当作保护进口产业的一种壁垒。在反倾销调查的冗长过程和复杂环节下,即使出口企业最终没有被认定为倾销,其出口规模也大受影响。在进口国发起的反倾销调查中,还经常存在滥用倾销标准的案例,使得很多出口国特别是中国成为反倾销调查的主要受害国。由于部分发达国家不承认中国的市场经济地位,在调查中往往选择成本较高的替代国价格作为标准来判断中国企业是否倾销,我国 80% 以上的败诉都是因为非市场经济因素和不合理的替代国价格所导致的。反倾销本应用于保护进口国产业,但实际上却大大损害了出口国产业。公平贸易原则赋予了进口国保护进口产业免受不正当竞争损害的权利,却被部分进口国用来作为保护进口产业的壁垒。

再以关税保护原则为例,WTO 强调以关税作为唯一的保护手段,而现实中由于关税已经降到比较低的水平,其公开透明性也难以使得各国真正把它作为主要的保护手段。名目繁多、形式隐蔽、灵活的非关税壁垒成为各国主要的贸易壁垒,并且也并未因 WTO 提出了关税保护原则就偃旗息鼓,反而愈演愈烈,形式达到几千种之多。部分国家借绿色贸易之名,行贸易保护之实,类似情况不胜枚举。这种理论目标与现实的矛盾使得部分原则仅仅保留在原则的层面,未能在制定后发挥积极的作用。

（三）发达国家主导 WTO 仍是不争的事实

作为一个全球性的国际贸易组织,WTO 各成员应该是一种平等的关系,权利与义务对等,公正、公平地参与 WTO 的各项事务,推进全球贸易自由化的进程。但事实上,发达国家始终主导 WTO 的发展方向,无论在多边贸易规则的制定上,还是在多边贸易谈判中,而发展中国家受经济实力的制约,在 WTO 内始终处于被动的地位。我国在入世的进程中,受到了发达国家尤其是美国的多次阻挠,整个过程漫长而曲折。发达国家主导了 WTO 的发展,因此,WTO 又被称为"富国俱乐部"。

六、WTO 的改革

由于多哈回合停滞不前,作为多边贸易体制重要核心规则之一的 WTO 争端解决机制也因上诉机构法官人数不足而陷入停摆。与此同时,美墨加协定、CPTPP、RCEP 等贸易协定的签署,使得 WTO 更有被日益边缘化的迹象。WTO 迫切需要通过改革摆脱目前困境。

近年来,世界贸易组织的改革方向一直存在较大争议。美欧日等发达国家在改革世贸组织上虽有一定的差异,但总体来看,矛头指向了以中国为代表的发展中国家。美国为首的部分发达国家批评 WTO 多边谈判效率低下,指责发展中国家利用特殊待遇和差别待遇获得过多好处,指责"非市场经济国家"扭曲市场,损害公平贸易,造成贸易失衡。美国进而利用这些借口,对全球贸易设置多方面障碍:阻挠 WTO 任命新法官,致使 WTO 上诉机构停摆;在 2020年 2 月取消对中国在内的 25 个经济体的发展中国家待遇;近几年来,美国频繁挑起对中国的贸易争端,以公平贸易为借口,实施贸易保护主义,致使中美贸易大幅缩水。与此同时,欧盟、加拿大、日本在 WTO 改革中涉及发展中国家"特殊和差别待遇"、中国"非市场经济"地位、国有企业改革和补贴、强制技术转让和知识产权保护等方面的立场与美国大体一致,这些主张也主要指向了中国等发展中国家。

中国在推动世贸组织改革进程中,始终明确自身的立场,坚持维护多边贸易体制。2018年 12 月 28 日,中国商务部发布了《关于世贸组织改革的立场文件》,明确提出了三个基本原则和五点主张。三个基本原则包括:第一,世贸组织改革应维护多边贸易体制的核心价值;第二,世贸组织改革应保障发展中成员的发展利益;第三,世贸组织改革应遵循协商一致的决策机制。五点主张是:① 世贸组织改革应维护多边贸易体制的主渠道地位;② 世贸组织改革应优先处理危及世贸组织生存的关键问题;③ 世贸组织改革应解决贸易规则的公平问题,并回应时代需要;④ 世贸组织改革应保证发展中成员的特殊与差别待遇;⑤ 世贸组织改革应尊重成员各自的发展模式。

目前来看,世界贸易组织的改革存在较大的难度,不仅发达国家和发展中国家之间分歧较大,发达国家内部也是既有一致性又有差异性。多边贸易体制重新走向正轨仍然需要较长的时间。中国也将在三个基本原则和五点主张的基础上,继续推动 WTO 朝向更加公平和具有活力的多边贸易体制迈进。

七、中国的复关与入世[①]

1948 年 4 月 21 日,中国政府签署了关贸总协定《临时适用议定书》,一个月后中国正式成

---

① 部分内容来自 http://www.cctv.com/wto/sanji/lshf_03.html

为关贸总协定缔约方。1950 年 3 月 6 日,台湾当局由其"联合国常驻代表"以"中华民国"的名义照会联合国秘书长,决定退出关贸总协定。1982 年 11 月,中国政府获得观察员身份,并首次派团出席缔约方的年度会议。当年 12 月 31 日,国务院批准中国申请复关的报告。1986 年中国提出恢复关贸总协定缔约国地位的申请,随后关贸总协定成立了中国工作组致力于解决中国的复关问题。1995 年 WTO 取代了 GATT 后,中国复关工作组更名为中国"入世"工作组。经过长达 15 年之久的谈判,中国终于在 2001 年 12 月 11 日正式加入了世界贸易组织。

（一）复关谈判

1. 复关谈判的前期:稳步推进

1986 年 7 月 10 日,中国政府正式提出申请,恢复中国在关贸总协定中的缔约方地位。1987 年 10 月 22 日,关贸总协定中国工作组第一次会议在日内瓦举行,确定了工作日程。在这一阶段,工作组对中国的关税制度等进行审议,审议工作进展一直较为顺利。

2. 复关谈判的中期:陷于停顿

1989 年春夏之交的政治风波后,西方发达国家对中国实施经济制裁,改变了复关工作稳步推进的势头。此后的两年半期间,中国工作组的谈判基本处于停顿状态。

1990 年 1 月 1 日,台湾当局以"台、澎、金、马单独关税地区"名义申请加入关贸总协定。1991 年 10 月,中国总理李鹏致函关贸总协定,阐明中国复关问题的立场,并申明在与中国政府协商并取得一致前,关贸总协定不得成立台湾工作组。1992 年 9 月 29 日,关贸总协定理事会主席就处理台湾加入关贸总协定的问题发表《声明》。《声明》基本反映了中国政府关于处理台湾入关问题的三项原则。

3. 复关谈判的后期:波澜起伏

1992 年 10 月 10 日,中美达成《市场准入备忘录》,美国承诺"坚定地支持中国取得关贸总协定缔约方地位"。中国复关进入新的阶段。

1994 年 4 月 12 日至 15 日,乌拉圭回合谈判结束,中国代表团参会并签署了《乌拉圭回合谈判结果最后文件》和《建立世界贸易组织协议》。

1994 年 11 月 28 日至 12 月 19 日,龙永图率中国代表团在日内瓦就市场准入和议定书与缔约方进行谈判,谈判未能达成协议。

（二）中国入世的进程

由于乌拉圭回合的参与国通过了以世贸组织取代关贸总协定的决议,1995 年 11 月,中国复关工作组更名为中国入世工作组。

1. 入世谈判的前期:困难重重

这一阶段主要是从 1995 年到 1999 年 5 月,中国与西方国家谈判面临着更多的障碍。中国在此阶段的谈判中,虽然与少部分国家达成了中国入世的双边协议,但是与最大的谈判对手——美国之间的谈判始终无法取得突破。

1995 年 5 月 7 日至 19 日,外经贸部部长助理龙永图率中国代表团赴日内瓦与缔约方就中国复关进行非正式双边磋商。6 月 3 日,中国成为世贸组织观察员。

1996 年 3 月 22 日,龙永图率团赴日内瓦出席世贸组织中国工作组第一次正式会议,并与世贸组织成员进行了双边磋商。

从 1997 年 8 月到 1997 年 12 月,中国先后与新西兰、韩国、匈牙利、捷克、斯洛伐克、巴基斯坦、智利、阿根廷、印度、日本等国家就中国入世问题达成双边协议。

1998 年 6 月 17 日,江泽民接受美国记者采访时提出入世三原则:第一,WTO 没有中国参加是不完整的;第二,中国毫无疑问要作为一个发展中国家加入 WTO;第三,中国的入世是以权利和义务的平衡为原则的。

1999 年 3 月 15 日,中国总理朱镕基在中外记者招待会上说:"中国进行复关和入世谈判已经 13 年,黑头发都谈成了白头发,该结束这个谈判了。现在存在这种机遇。第一,WTO 成员已经知道没有中国的参加 WTO 就没有代表性,就是忽视了中国这个潜在的最大市场。第二,中国改革开放的深入和经验的积累,使我们对加入 WTO 可能带来的问题提高了监管能力和承受能力。因此,中国准备为加入 WTO 做出最大的让步。"

1999 年 5 月 8 日,以美国为首的北约袭击中国驻南斯拉夫大使馆,入世谈判中断。

2. 入世谈判的后期:柳暗花明

1999 年 9 月 6 日,中美恢复谈判。11 月 15 日,中美双方就中国加入 WTO 达成协议。这意味着中国与美国就此正式结束双边谈判。中国入世进入了一个崭新的阶段。

2000 年 5 月 19 日,中国与欧盟就中国加入世界贸易组织达成双边协议。2001 年 1 月 10 日,中国加入世界贸易组织的谈判在瑞士重新开始。6 月 14 日,中美就中国加入世界贸易组织所遗留问题的解决达成了全面的共识。6 月 20 日,中国与欧盟就中国入世问题达成全面共识。7 月 3 日,外经贸部副部长、中国入世谈判首席谈判官龙永图表示,有关中国入世的所有重大问题都已解决。

2001 年 11 月 11 日晚 23 时 34 分(多哈时间 11 月 10 日),在多哈举行的 WTO 第四届部长级会议上审议通过了中国加入世贸组织的决定。签字后一个月即 2001 年 12 月 11 日,所签署的协议才从法律上生效,中国正式成为世贸组织成员,这一持续 15 年的谈判终于有了令人欢欣鼓舞的结果。

中国的复关与入世经历了较长的时间和较大的困难,主观上由于西方主要发达国家的阻挠使得复关与入世的时间不断被推后,客观上来看我国市场化进程在 20 世纪 90 年代以前进展较慢也造成了一再的延后。入世标志着我国市场化进程和对外开放进入了一个新阶段。

八、中国入世的义务与权利

中国加入世贸组织议定书不仅明确了中国入世要承担的义务,也规定了中国将享有的权利。

(一) 中国加入世贸组织要承担的义务

按照中国加入世贸组织的承诺,中国要承担的义务如下:

(1) 中国将平等地对待每一个世贸成员。所有的外资个人、团体(包括那些没在中国投资或注册的个人和团体)在贸易权利方面将享受至少跟中国企业一样的待遇。

(2) 中国将取消双重定价惯例以及在内销产品和出口产品待遇上的区别。

(3) 价格控制并不是为了给国内厂商和服务行业提供保护。

（4）中国将完全按照世贸协定以统一有效的方式修改现行国内立法并制定新的法律，以履行世贸协定。

（5）中国入世后三年，除极少数例外，所有的企业将有进出口商品以及在关税领土内进行贸易的权利。

（6）中国不再对农产品保持或给予任何出口补贴。

另外在货物贸易领域，中国做出逐渐降低关税、削减非关税壁垒和对国外产品开放中国市场的承诺。当中国履行了所有的承诺后，农产品的平均关税将下降到 15％，工业关税将平均下调到 8.9％。服务业方面，中国承诺逐步放开银行、保险、旅游、电信、零售等服务业市场。

（二）中国加入世贸组织享有的权利

按照权利与义务对等的原则，中国在按照上述承诺履行义务的同时，也享受了加入世贸组织的好处。我国在向世贸组织成员出口时可以享受到永久和稳定的最惠国待遇和国民待遇，对部分发达国家的制成品和半制成品出口可以享受普惠制待遇，还可以享受其他世贸成员开放市场带来的利益。作为发展中国家，世贸组织的基本原则包含了对发展中国家优惠的原则，我国可以享受到大多数优惠并有入世过渡期的安排。另外，我国可以利用世贸组织的争端解决机制，有效解决与其他世贸成员的贸易摩擦。除此之外，最重要的是加入世贸组织使我国获得了参与世贸组织规则制订的权利，对世界经济贸易的发展有了更大的影响力。

2015 年 6 月入世过渡期结束后，经济部门中的诸多领域均发生了较大改变，推动了中国经济总体较快的增长。中国各产业均受到入世带来的不同程度的影响，有的产业因为出口更为便利而受益，也有些产业受到竞争压力加大而受损。总体来看，由于入世使得我国贸易投资自由化程度大大提高，也促进了我国政府职能的转变和市场经济体制的进一步完善，改善了企业运行的环境，入世带来的影响总体上利大于弊。

第三节　其他主要的国际经贸组织

一、联合国贸易与发展会议

联合国贸易与发展会议（United Nations Conference on Trade and Development, UNCTAD）建立于 1964 年，位于日内瓦，是联合国在贸易和发展领域的一个主要机构，每年大约 5000 万美元的经费来自联合国的正常预算。它是联合国系统内综合处理贸易、金融、技术、投资和持续发展领域的发展和相互间关系问题的中心机构，支持持续发展委员会在贸易和环境领域的工作，并对 48 个最不发达国家负有特别的责任。

（一）宗旨和目标

联合国贸易和发展会议的宗旨是促进国际贸易，特别是促进发展中国家的经济和贸易发展，制定国际贸易和有关经济发展问题的原则和政策，推动发展中国家和发达国家在国际经贸领域的谈判进展，检查协调联合国系统其他机构在国际经贸方面的行动，采取行动促进通过多边贸易协定,协调各国政府和区域贸易集团的贸易和发展战略。联合国贸易和发展会议的目标是最大限度地扩大发展中国家的贸易、投资和发展机遇,帮助它们面对全球化带来的挑战,在平等的基础上使它们融入世界经济。

（二）组织机构

联合国贸易和发展会议的最高权力机构是贸发大会,每四年举行一次,由全体成员参加。常设机构是贸易与发展理事会,下设三个委员会:货物和服务贸易及商品委员会;投资、技术和相关资金问题委员会;企业、商业便利和发展委员会。秘书处负责处理日常事务,同时也为贸发大会、理事会以及其他附属机构服务。

（三）组织职能

联合国贸易和发展会议的主要任务是给发展中国家和向市场经济过渡的前社会主义国家一些工具,使它们能成功地融入国际贸易和经济体系,因此其与世界范围的商务领域有着直接的关系。这些工具包括规范的标准制定活动、有关投资趋向与政策的分析研究和数据收集等。它为政府和企业提供竞争法律和政策咨询,也为微观金融计划创造新的渠道,加强发展中国家利用电子商务的能力。其主要工作范围包括五个方面:非洲、最不发达国家和特殊项目;全球化和发展;国际贸易和商品;投资与企业;技术与物流。

联合国贸易和发展会议每年主要的出版物包括:贸易和发展报告、世界投资报告和最不发达国家报告,在它们各自领域起着权威性作用。这些报告以最新的资料为政府和私营部门制定政策提供建议。联合国贸易和发展会议的中心工作是提供地方和跨国企业得以繁荣的最佳政策框架,以此培养发展中国家固有的能力,同时也推动其他方面的工作,包括官员和企业行政人员在国际贸易和投资问题方面的培训、帮助发展中国家建立股票市场和商品交换市场等。企业可以参与联合国贸易和发展会议的工作会议,也可与秘书处合作参与对发展有影响的、共同感兴趣的项目。

（四）经济影响

联合国贸发会议成立以来,主要致力于促进发展中国家的经贸发展,推动南南合作和南北对话,为经济全球化中的经济平衡发展和良好经济秩序的建立发挥了重要作用。近年来,虽然其谈判能力有所削弱,但是在促进发展中国家的贸易、投资、金融发展以及促进他们参与多边经贸事务方面,依然发挥着独特作用。

二、国际货币基金组织

国际货币基金组织(International Monetary Fund,IMF)成立于1946年3月,总部设在华盛顿,与世界银行并列为世界两大金融机构。IMF的职责是监察货币汇率,其职责是监察货币汇率和各国贸易情况、提供技术和资金协助,确保全球金融制度运作正常。中国是该组织创始国之一。

（一）组织宗旨

国际货币基金组织的宗旨是通过一个常设机构来促进国际货币问题的磋商和协作;通过国际贸易的扩大和平衡发展,把促进和保持各成员的就业、生产资源的发展、收入水平的提高,作为经济政策的首要目标;稳定国际汇率,在成员之间保持有秩序的汇价安排,避免竞争性的汇价贬值;协助成员国建立经常性交易的多边支付制度,消除妨碍世界贸易的外汇管制;在有适当保证的条件下,向成员国临时提供普通资金,使其有信心纠正国际收支的失衡,而不采取危害本国或国际繁荣的措施;按照以上目的,缩短成员国国际收支失衡的时间,减轻不平衡的程度等。

（二）组织机构

国际货币基金组织最高决策机构是理事会,理事一般由各国财长或央行行长担任,每年9月举行一次会议。理事会的主要职权是:批准接纳新的成员国;批准 IMF 的份额规模与特别提款权的分配,批准成员国货币平价的普遍调查;决定成员国退出 IMF;讨论有关国际货币制度的重大问题。

执行董事会负责日常工作,行使理事会委托的一切权力,由 22 名执行董事组成,任期两年。执行董事每两年选举一次。

在执行董事会与理事会之间还有两个机构:一是国际货币基金组织理事会关于国际货币制度的临时委员会,简称"临时委员会";二是世界银行和国际货币基金组织理事会关于实际资源向发展中国家转移的联合部长级委员会,简称发展委员会（Development Committee）。两个委员会每年开会 2—4 次。另外,IMF 内部还有两大利益集团,即七国集团（代表发达国家利益）和二十四国集团（代表发展中国家利益）,以及其他 16 个常设职能部门,2 个永久性的海外业务机构,即欧洲办事处（设在巴黎）和日内瓦办事处。

总裁是 IMF 的最高行政长官,其下设副总裁。总裁负责管理 IMF 的日常事务,由执行董事会推选,并兼任执行董事会主席,任期 5 年。总裁平时没有投票权,只有在执行董事会表决双方票数相等时,才可以投决定性的一票。

（三）组织职能

主要职能包括:制定并监督成员国间的汇率政策、经常项目的支付以及货币兑换性方面的规则;对发生国际收支困难的成员国在必要时提供紧急资金融通,避免影响其他国家;为成员国提供有关国际货币合作与协商等会议场所。

其他职能还包括:促进国际金融与货币领域的合作;促进国际经济一体化的步伐;维护国际的汇率秩序;协助成员国之间建立经常性多边支付体系等。

（四）经济影响和改革方向

国际货币基金的使命,是为陷入严重经济困境的国家提供协助。对于严重财政赤字的国家,基金可能提出资金援助,甚至协助管理国家财政;受援助国需要进行改革。国际货币基金组织在稳定国际金融秩序方面发挥了重要作用。

虽然 IMF 成立目的是协助稳定全球经济,但自 20 世纪 80 年代以来,超过 100 个国家曾经历银行体系崩溃,而 IMF 的援助在有些国家却难以改变多年管理不善形成的困境。有些学者从而认为 IMF 对危机反应迟缓,做法有"亡羊补牢"之嫌,因此改革 IMF 的声音也一直不断,尤其是要改变目前发展中国家在 IMF 中意见得不到重视的现状。

在国际金融危机使全球主要工业国家陷入经济停滞的时候,一些新兴经济体特别是"金砖国家"成为推动经济增长的主要力量,因此在改革中也受到了应有的重视。2015 年 12 月 1 日凌晨，国际货币基金组织正式宣布，人民币 2016 年 10 月 1 日加入特别提款权（SDR），这标志着人民币已成为全球主要储备货币，是人民币国际化进程的重要里程碑。作为国际储备资产，SDR 是一种用以弥补成员国官方储备不足的货币体系，其价值目前由美元、欧元、日元和英镑组成的一篮子储备货币决定。IMF 总裁拉加德在发布会上表示："人民币进入 SDR 将是中国经济融入全球金融体系的重要里程碑，这也是对于中国政府在过去几年在货币和金融体系改革方面所取得进步的认可。"根据 IMF2015 年 11 月 30 日的决定，自 2016 年 10 月 1 日起，人民币被认定为可自由使用货币，根据新公式，特别提款权篮子中各货币的权重分别是：美元 41.73％，欧元 30.93％，人民币 10.92％，日元 8.33％，英镑 8.09％。

2015 年 12 月 18 日，美国国会通过国际货币基金组织 2010 年份额和治理改革方案（简称"2010 年改革方案"），这标志着 2010 年改革方案在拖延多年后将正式生效。根据改革方案，IMF 永久性资金也将翻倍，从 2385 亿 SDR 上调至 4770 亿 SDR。新兴经济体的投票权将会增加，中国份额占比将从 3.996％升至 6.394％，投票权升至第 3 位，印度将升至第 8 位，巴西也将由第 14 名升至第 10 名。新兴经济体的话语权将随之进一步提高。

三、世界银行

世界银行是世界银行集团的俗称（World Bank Group，WBG），它是 1944 年 7 月布雷顿森林会议后，与国际货币基金组织同时产生的两个国际性金融机构之一。世界银行于 1945 年 12 月正式宣告成立，1947 年 11 月成为联合国的专门机构，总部设在美国首都华盛顿。

世界银行的成员国必须是 IMF 的成员国，但 IMF 的成员国不一定都参加世界银行。世界银行与国际货币基金组织两者起着相互配合的作用。国际货币基金组织主要负责国际货币事务方面的问题，其主要任务是向成员国提供解决国际收支暂时不平衡的短期外汇资金，以消除外汇管制，促进汇率稳定和国际贸易的扩大。世界银行则主要负责经济的复兴和发展，向各成员国提供发展经济的中长期贷款。世界银行（WBG）与国际货币基金组织（IMF）和世界贸易组织（WTO），一同成为国际经济体制中最重要的三大支柱。中国是世界银行创始国之一。

世界银行最初的使命是帮助在第二次世界大战中被破坏国家的重建，日本和西欧国家"毕业"（达到一定的人均收入水平）后，世界银行主要致力于帮助发展中国家克服穷困，提高人民生活水平。

世界银行的最高权力机构是理事会，由每一会员国选派理事和副理事各一人组成。理事会每年举行一次会议，一般与国际货币基金组织的理事会联合举行。理事会的主要职权包括：批准接纳新会员国；增加或减少银行资本；停止会员国资格；决定银行净收入的分配，以及其他重大问题。

世界银行负责组织日常业务的机构是执行董事会，行使由理事会授予的职权。世界银行行长由执行董事会选举产生，是银行行政管理机构的首脑，负责银行的日常行政管理工作，任免银行高级职员和工作人员。行长同时兼任执行董事会主席。

基本概念

关税与贸易总协定（The General Agreement on Tariffs and Trade，GATT）
世界贸易组织（World Trade Organization，WTO）
乌拉圭回合（Uruguay Round）

最惠国待遇(Most-favored Nations Treatment)

纺织品与服装协定(Agreement on Textile and Clothing,ATC)

《服务贸易总协定》(General Agreement on Trade in Services, GATS)

《与贸易有关的投资措施协定》(Agreement on Trade-Related Investment Measures, TRIMs 协定)

《与贸易有关的知识产权协定》(Agreement on Trade-Related Aspects of Intellectual Property Rights,TRIPs 协定)

复习思考题

1. WTO 和 GATT 的关系是什么?

2. WTO 有哪些基本原则?

3. 什么是关税减让和关税保护原则?

4. WTO 的理论目标与现实冲突是什么?

参考文献

1. "WTO 改革:机遇与挑战"课题组、李波、陈卫东、杨国华:《客观认识 WTO 当前困境以战略思维推进 WTO 改革》,《行政管理改革》,2021(07):19-29。

2. 李双双、卢锋:《多边贸易体制改革步履维艰:大疫之年的 WTO 改革》,《学术研究》,2021(05):92-99+177-178。

3. 钟英通:《WTO 改革视角下的诸边协定及其功能定位》,《武大国际法评论》,2019,3(01):109-126。

4. 黄建忠:《WTO 改革之争——中国的原则立场与对策思路》,《上海对外经贸大学学报》,2019,26(02):5-12+23。

5. 贺小勇、陈瑶:《"求同存异":WTO 改革方案评析与中国对策建议》,《上海对外经贸大学学报》,2019,26(02):24-38。

6. 刘敬东:《WTO 改革的必要性及其议题设计》,《国际经济评论》,2019(01):34-57+5。

7. 宋瑞琛:《美国关于 WTO 改革的主张、措施及中国的策略选择》,《国际贸易》,2020(08):48-55。

8. 全毅:《区域贸易协定发展及其对 WTO 改革的影响》,《国际贸易》,2019(11):52-58。

第十一章

区域经济一体化

本章重点

1. 经济一体化各种类型的含义及区别
2. 关税同盟的贸易效应

20世纪50年代以来,全球范围内市场化趋向的改革日益加深,经济一体化广泛应用于国际经济活动的研究中,区域经济一体化不仅顺应了经济全球化浪潮,同时也是地缘经济发展的集中体现。20世纪90年代至今,区域经济一体化组织形成了强劲的新浪潮,其内容广泛、机制灵活、形式多样、合作深入,反映了经济全球化深入发展的新特点以及世界多极化曲折发展的新趋势。目前的经济一体化组织有欧盟、北美自由贸易区、亚太经济合作组织、东盟、跨太平洋伙伴关系协定等,中国一直以积极的姿态参与区域经济一体化的进程。目前,中国参与的区域经济一体化组织有中国—东盟自由贸易区、中韩自由贸易区等。本章将对区域经济一体化与经济全球化的关系、区域经济一体化的理论及组织形式、区域经济一体化的影响进行深入探讨。

第一节　区域经济一体化的发展

区域经济一体化可以定义为:两个或两个以上的国家或地区,通过协商并缔结经济条约或协议,实施统一的经济贸易政策,消除商品、要素、金融等市场的人为分割和限制,在提高国际分工水平的基础上使要素得以重新配置和更有效利用,从而获得更大的经济效果,把各国或各地区的经济融合起来形成一个区域性经济联合体的过程。

区域经济一体化最早可以追溯到1921年成立的比、卢经济同盟,起初发展比较缓慢。第二次世界大战后,区域经济一体化开始迅速发展,并形成三个标志性的阶段:二战后初期至20世纪70年代初,区域经济一体化进入迅速发展阶段;20世纪70年代至20世纪80年代中期,区域经济一体化进入缓慢发展甚至停滞阶段;20世纪80年代中期以来,区域经济一体化进入迅猛发展阶段。目前,世界上绝大多数国家和地区为了维护自身利益和政治、经济安全,都不同程度地加入了一个或多个区域经济一体化组织或区域性贸易集团,区域经济一体化的趋势进一步加强。

一、区域经济一体化发展历程

二战后,世界各国进一步寻求建立意义更为完整的、与一体化的世界经济相适应的体制性安排。有关的探索一方面表现为关贸总协定关于世界自由贸易体制,国际货币基金组织关于国际金融体制以及世界银行、联合国等国际组织关于世界发展各方面所做的安排,另一方面则表现在区域层次上率先建立多边自由经济体制的尝试,即区域经济一体化。

从二战结束到现在,世界区域经济一体化发展大致经历了三个阶段:

(一)战后初期至 20 世纪 70 年代初,迅速发展阶段

目前仍在运行的一些区域一体化组织多数是在这一阶段发展起来的,这些组织在欧洲、南美洲和非洲得到广泛发展。据统计,20 世纪 60 年代,全球共有 19 个区域经济一体化组织,70 年代增至 28 个,其中欧洲经济共同体、欧洲自由贸易联盟和经互会表现得最为突出。

一体化进入这一蓬勃发展时期的基本背景是:60 年代一大批原殖民地国家脱离了殖民统治,进而寻求摆脱本国对外经济关系中的殖民成分,迫切需要一套有利于自力更生和纠正殖民地经济特有畸形产业结构的对外经济关系;欧共体的初步成功形成了普通的示范效应,为不同发展层次的国家谋求建立互利的对外经济关系提供了参照。这一时期的一体化进程主要表现为两个方面。一方面,"北北型"一体化继续稳步推进。欧共体在 60 年代致力于关税同盟的发展;1979 年,再次决定推进"欧洲货币体系"计划。同时,针对欧共体成立后形成的巨大竞争优势,欧洲自由贸易联盟(EFTA)于 1960 年 5 月成立,以提高竞争力。另一方面,与"北北型"一体化进程形成鲜明对照的是,大批发展中国家的一体化组织在这一时期广泛建立,如东南亚国家联盟、安第斯集团、西非国家经济共同体。

经互会于 1949 年成立,1991 年解散。由于其成员构成以意识形态性质为标准,而不是按通常的地缘经济关系,也因为它不同于一般区域一体化组织按传统经贸联系和历史的国际分工合作模式来组织实施一体化市场和一体化生产,排斥了社会主义国家与不同意识形态国家传统的经济交流和合作,因此是在扭曲了的国际经济关系基础上实行的一体化。经互会在经历 42 年后解体,说明了没有经济上的客观基础即使形成某种联系也不牢固。

(二)20 世纪 70 年代中期至 80 年代中期,缓慢发展甚至停滞发展阶段

由于石油危机的冲击,各国经济增长速度普遍放慢,经济衰退,导致贸易保护主义泛滥,贸易和投资自由化受到较大的阻力,经济一体化步伐大为放缓。除了欧共体仍在缓慢推进一体化进程外,其余的一体化组织几乎都停滞发展,甚至分化、解体。

(三)20 世纪 80 年代中期以来,迅猛发展并实现新的飞跃阶段

80 年代中后期,国际政治趋向缓和,各国将更多的精力投入经济建设中,国际经济竞争趋于激化。欧共体为代表的区域一体化集团将国际竞争从国家间竞争推向区域集团间的竞争,这使得未加入一体化组织的国家倍感压力。于是,即使宣称崇尚自由贸易的国家也开始探索符合其自由主义宗旨的区域一体化新模式。同时,鉴于前一时期的尝试,不同经济发展水平的国家也从简单模仿转向探索符合本地区特色的一体化模式。参加区域一体化的国家越来

多,经济一体化的层次也越来越高。区域一体化从简单的数量扩张、规模扩张迈向了内涵深化的新时期。20世纪90年代以来,双边和多边的区域贸易协议越来越流行。据WTO统计,到2015年12月1日,按照货物贸易协议、服务贸易协议、市场准入协议分开统计,WTO/GATT的区域性贸易协议已经超过619个,其中413个目前已生效。为避免双重计算,将货物贸易协议、服务贸易协议、市场准入协议合并统计,WTO/GATT的区域性贸易协议也已经超过452个,其中265个目前已生效。这次浪潮包括欧盟与非洲、南美洲、欧洲、中亚等地区的新兴经济体之间的数十个双边FTA的实施,以及亚太地区商签的大批双边FTA。

二、区域经济一体化产生和快速发展的原因

（一）联合一致,抵御外部强大压力

二战结束后,美国与苏联在欧洲形成了对峙的冷战局面,双方在欧洲展开了激烈的争夺。为了维护国家主权,增强与美苏相抗衡的力量,恢复和提高西欧在国际舞台上的地位,以及发挥其应有的作用,西欧国家领导人痛感需要联合,走一体化的道路,这是欧共体成立的直接原因。其后建立的区域经济一体化组织大都有类似的原因。

（二）发展中国家维护民族经济权益和发展的需要

二战后,殖民体系瓦解,原来的殖民地附属国纷纷获得政治上的独立,开始致力于民族经济的发展。但是,广大的发展中国家和地区在发展经济上面临很多问题,如物质和技术能力薄弱,资金不足,国内市场狭窄,国际经济体系不合理等。这种情况迫使发展中国家和地区联合起来,进行集体的自力更生,走经济一体化的道路。

（三）二战后科学技术和社会生产力的高速发展

第二次世界大战以后,以原子能工业、电子工业和高分子工业为标志的第三次科技革命的出现,极大地促进了社会生产力的提高和国际分工向广度和深度发展,加速了各国经济的相互依赖和经济生活的国际化趋势。生产力的发展要求打破国家的疆域界线,在彼此之间进行经济协调和联合。这种建立在现代科学技术基础上,日益加深的各国经济的相互依赖性,是发达国家趋向联合、走向经济一体化的客观基础。

（四）"多米诺骨牌"效应

区域经济一体化组织的建立使国家间的竞争转为集团间的竞争。由于区域经济一体化组织对来自成员国和非成员国的产品采取差别待遇,它在扩大区域内贸易的同时,也减少了区内成员国与区外国家之间的贸易往来,从而造成了贸易方向的转移。这种"贸易转移"效应无疑会对非成员国的出口造成负面影响。因而当几个国家签订了一个区域经济一体化协议之后,就会对其他非成员国家造成压力,促使它们也加入这个区域经济一体化组织或是寻求建立新的区域经济一体化组织。而新的区域经济一体化协议的签订又会进一步增大对其他非成员国家的压力,进而产生更多的区域经济一体化组织。这被Baldwin形象地称为"多米诺骨牌"效应。

（五）提高国际地位,加强对外谈判力量

区域经济一体化会使各成员国的经济更加紧密地结合在一起,增强相互间的依存度和信

任度,从而避免相互之间矛盾的激化。例如,欧洲经济一体化的一个主要动机就是要通过经济上的合作防止在欧洲再度爆发战争。发展中国家之间组成区域经济集团,也希望改变西方大国操纵世界事务的局面,提高国际地位,进而建立国际政治新秩序。

当几个国家通过区域经济一体化结合在一起时,它们就能在全球多边贸易谈判中"用一个声音说话",加强集团的对外谈判力量,这自然有助于它们在谈判中为自己争取更多的利益。欧盟就是这方面的典型代表。例如,GATT 乌拉圭回合之所以"拉锯"了 8 年,主要是因为法国与美国在农产品补贴问题上分歧严重,而法国之所以敢与美国"顶牛",显然是因为欧盟在背后撑腰。

第二节　区域经济一体化的基本形式及其理论

区域经济一体化形式种类繁多,按不同的标准可以划分为不同的类型。另外,对此现象解释的理论也有不少,本节将作简要介绍。

一、区域经济一体化的基本形式

(一)按照组织性质和经济贸易壁垒取消的程度划分

1. 优惠贸易安排(Preferential Trade Arrangement)

这是经济一体化的最低级、最松散的组织形式,成员国之间通过贸易条约或协议,规定了相互贸易中对全部商品或部分商品的关税优惠,对来自非成员国的进口商品,各成员国按照自己的关税政策实行进口限制。如 1932 年,英国与其殖民地建立的大英帝国特惠税制就规定,成员国间相互减让关税,但对非成员国仍维持较高的关税,形成一种优惠贸易集团。

2. 自由贸易区(Free Trade Area)

成员国之间取消一切贸易壁垒,包括关税和非关税壁垒,商品自由流动,但每个成员国仍保持原来对非成员国的独立贸易壁垒。最典型的自由贸易区是北美自由贸易区。

在众多自贸区中,自由贸易的商品范围是有所不同的,有的自贸区只对部分商品实行自由贸易,如在"欧洲自由贸易联盟"内,自由贸易的商品仅限于工业品,而不包括农产品,因此也被称为"工业自由贸易区";有的自贸区对全部商品实行自由贸易,如"拉丁美洲自由贸易协会"和"北美自由贸易区"对区内所有的工农业产品的贸易往来都免除关税和数量限制。

3. 关税同盟(Customs Union)

它是指两个或两个以上的国家之间完全取消关税或其他壁垒,对非成员国实行统一的贸易壁垒,从而完全取消成员国之间的海关而缔结的同盟。结盟的目的在于使成员国的商品在统一关税的保护下,在内部市场上排除非成员国商品的竞争,它开始带有超国家的性质,是实现全面经济一体化的基础。例如,2002 年 12 月 22 日沙特等海湾六国正式成立,并于 2003 年 1 月 1 日生效的海湾关税联盟;西非国家自 2000 年 1 月 1 日起正式启动关税同盟等。早期的"欧共体"和"东非共同体"也属于这种类型。

4. 共同市场(Common Market)

在关税同盟的基础上,成员国之间完全消除对生产要素流动的限制,使得人员、资本、商品、服务完全自由流动。1992 年 12 月 31 日,欧共体基本建成了内部大市场。

5. 经济同盟(Economic Union)

在共同市场的基础上,成员国之间逐步废除经济政策的差异,制定和执行某些共同的经济政策(如财政政策、货币政策)和社会政策(如社会福利政策),向经济一体化的最后阶段过渡。其中,货币政策的统一可作为经济同盟的重要标志,1999 年 1 月 1 日欧元启动,标志欧盟已经进入这一阶段。目前为止,世界上只有欧洲联盟达到这一阶段。

6. 完全经济一体化(Complete Economic Integration)

它除了要求成员国完全消除商品、资本和劳动力流动的人为障碍外,还要求在对外贸易政策、货币政策、财政政策、社会政策等方面完全一致,并建立起共同体一级的中央机构和执行机构对所有事务进行控制,等同于一个扩大了的国家。这是经济一体化的最高组织形式,迄今并未出现,只有欧盟在为实现这一目标而努力。

上述六种形式的区域经济一体化组织是从低级到高级排列的,上一级形式的一体化组织包含下一级的特点。然而,这种分级排列并不意味着区域性组织在向一体化深度发展时一定是由低级向高级发展的,从实践来看,起点并不一定是优惠贸易安排,某个区域经济一体化组织也可能有两种组织形式的某些特点,区域经济一体化的组织在实践中也许会产生更多的形式。

(二)按参加经济一体化的范围划分

1. 部门经济一体化

区域内各成员国间的一个或几个部门纳入一体化范畴之内,实现局部经济部门中的协调一致,如欧洲煤钢共同体、欧洲原子能共同体、美加汽车贸易协议等。

2. 全盘经济一体化

区域内各成员国间的所有经济部门均纳入一体化的范畴之内,如欧盟。

(三)按参加经济一体化组织的国家或地区的经济发展水平划分

1. 水平经济一体化

由经济发展水平大致相同或接近的国家组成的一体化组织。例如欧盟、南锥体共同市场,前者都由发达国家组成,后者都由发展中国家组成。

2. 垂直经济一体化

由经济发展水平差异较大的国家或地区组成的一体化组织。例如,北美自由贸易区就由美国、加拿大(发达国家)和墨西哥(发展中国家)组成。

二、经济一体化的理论

目前有关经济一体化的理论越来越多,其中涉及贸易的影响较大的有关税同盟理论、大市场理论和协议性国际分工理论。

(一)关税同盟理论

关税同盟理论的渊源上溯到 19 世纪李斯特的贸易保护理论,然而系统的关税同盟理论由美国经济学家雅各布·维纳(Jacob Viner)在 1950 年《关税同盟问题》一书首次提出,书中研究了关税同盟的经济后果。后来,K.G.李普西(K.G.Lipsey)又依据欧共体的实践进一步完善了该理论。该理论认为,关税同盟具有静态效应和动态效应。静态效应是指在经济资源总量不变、技术条件没有改进的情况下,关税同盟对区域内国家贸易、经济发展及物质福利的影响。动态效应是指关税同盟对成员国贸易及经济增长的间接推动作用。

1. 静态效应

(1) 贸易效应

① 贸易创造效应(Trade Creation Effect):指成立关税同盟后,某成员国的一些国内生产的产品,被生产成本最低的成员国的出口产品所取代。结果,从世界角度看,高效率的生产取代了低效率的生产,获得了生产利益;从进口国的角度看,产品价格降低了,获得了消费利益。如图 11-1 所示。

在图 11-1 中,假设缔结关税同盟前,X 商品在 A 国的价格为 100 美元,在 B 国为 80 美元,在 C 国为 60 美元。A 国对外征收 100%的关税,显然 A 国 X 商品自产自销。当 A 国与 B 国结成关税同盟,互相取消关税,对 C 国仍然保持 100%的关税,A 国将从 B 国进口 X 商品,B 国高效率的生产取代 A 国低效率的生产,优化了资源配置。同时,X 商品的价格在 A 国从 100 美元降为 80 美元,扩大了消费和贸易量,又得到了消费利益。

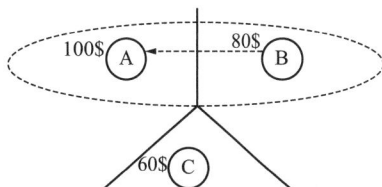

图 11-1　贸易创造效应
(实线:结成关税同盟前,虚线:结成关税同盟后)

② 贸易转移效应(Trade Diversion Effect):指成立关税同盟后,某成员国原先从低成本非成员国进口的某些产品,被生产成本较高的成员国的出口产品所取代。结果,从世界角度看,低效率的生产取代了高效率的生产,损失了生产利益。如图 11-2 所示。

在图 11-2 中,假设缔结关税同盟前,A 国实行自由贸易,不征关税,显然 A 国从生产效率最高的 C 国进口。而当 A 国与 B 国结成关税同盟、互相取消关税,对外统一征收 50%的关税后,A 国将从 B 国进口 X 商品,B 国低效率的生产取代 C 国高效率的生产,损失了生产利益。贸易转移效果产生负面的效应。

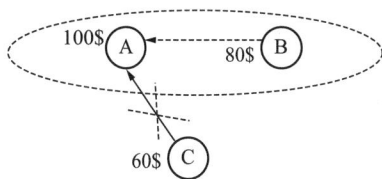

图 11-2　贸易转移效应
(实线:结成关税同盟前,虚线:结成关税同盟后)

③ 贸易扩大效应(Trade Expansion Effect):指成立关税同盟后,关税取消使成员国商品的进口价格下降,导致进出口量增加。

贸易创造效应和贸易转移效应是从生产方面考察关税同盟对贸易的影响,而贸易扩大效应则是从需求方面分析的。关税同盟无论是在贸易创造,还是在贸易转移的情况下,都会导致贸易量的增加。因而,从这个意义上讲,关税同盟可以促进贸易的扩大,增加经济福利。

当成员国的生产结构较具竞争性时,关税同盟的贸易创造效应就较大;当成员国的生产结构较具互补性时,关税同盟的贸易转移效应就较大;组成关税同盟的成员国越多,形成的统一市场越大,成员国之间的距离越近,都会使关税同盟的贸易扩大效应越大。

（2）其他静态利益

① 减少行政开支。关税同盟建立后,成员国之间的海关可以取消或减少,大大减少政府开支及企业支出。

② 改善贸易条件。关税同盟形成后,一般会减少盟内成员国对外部的出口供给和进口需求,导致关税同盟整体与外部世界的贸易条件朝着有利于关税同盟的方向变化。

③ 减少走私。由于内部取消关税,对外实行统一的较低的税率,可以使高关税诱发的走私活动得到较好的扼制。

④ 提高经济地位,增强谈判能力。关税同盟成立后,成员国作为一个整体与其他国家或地区进行经贸谈判,这必然大大提高其讨价还价的能力,较好地维护成员国的利益。

2. 动态效应

（1）关税同盟成立后,成员国国内市场向统一的大市场转移,市场的扩大可以使成员国获得规模经济利益。

（2）自由贸易和生产要素的自由移动会加剧竞争,专业化分工向深度和广度拓展,使生产要素和资源配置更加优化。

（3）为了应付市场的扩大和竞争的加剧,企业必然增加投资,扩大生产规模,从而刺激劳动生产率的提高和成本的下降。

（4）集团歧视性的对外政策会吸引外资大量流入以突破贸易壁垒。

（5）市场的扩大、竞争的加剧和投资的增加,必然导致更新设备,采用新技术,从而推动技术进步。

（二）大市场理论

大市场理论的代表人物是西托夫斯基(T.Scitovsky)和德纽(J.F.Deniau)。他们认为在实现经济一体化之前,各国推行狭隘的只顾本国利益的贸易保护政策,把市场分割得狭小而又缺乏适度的弹性,这样本国生产厂商无法实现规模经济和大批量生产的利益。该理论的核心是:① 通过国内市场向统一大市场的延伸,扩大市场范围,获取规模经济利益,从而实现技术利益;② 通过市场扩大,创造激烈的竞争环境,进而达到实现规模经济和技术利益的目的。

德纽认为,由于市场扩大,使机器得到充分利用,大批量生产成为可能,加上专业化的发展、最新技术的应用、竞争的加剧,所有这些因素都会导致生产成本和销售价格的下降,再加上取消关税也使价格下降一部分,这一切都将导致购买力的增加和实际生活水平的提高。随着消费者人数的增加,又可能使消费和投资进一步增加,这样经济就会开始滚雪球式的扩张。消费的扩大引起投资的增加,投资的增加又会导致价格下降、工资提高和购买力的全面增加……因而,只要市场规模迅速扩大,就能促进和刺激经济扩张。

西托夫斯基则认为,西欧存在小市场和保守企业态度的恶性循环。由于人们交往于狭隘的市场、竞争不激烈、市场停滞和阻止新竞争企业的建立等原因,使高利润长期处于平稳停滞状态。价格高昂使耐用消费品普及率很低,不能进行大批量生产,因而西欧陷入高利润率、高价格、市场狭窄、低资本周转率的恶性循环之中。通过贸易自由化条件下的激烈竞争,价格下降,迫使企业家放弃过去的小规模生产,转向大规模生产。同时,随着消费者实际收入的增加,过去只供高收入阶层消费的高档商品转向供多数人消费。其结果是产生大市场 → 竞争激化 → 大规模生产 → 生产成本和价格下降 → 大量消费 → 市场扩大,竞争进一步激化,从而使经济发展处于良性循环之中。

（三）协议性国际分工理论

协议性国际分工原理是由日本著名教授小岛清提出的。他认为,传统的国际经济学论述的是在成本递增情况下通过比较优势、市场竞争形成国际分工,而对成本递减的情况却没有论及。但事实证明成本递减也是一种普遍的情况,经济一体化的目的是要通过大市场来实现规模经济,实际上也是成本长期递减问题。因此,可以实行协议性国际分工,即一国放弃某种商品的生产并把国内市场提供给另一国,而另一国则放弃另外一种商品的生产并把国内市场提供给对方,即两国达成相互提供市场的协议,专业化分工生产一种或几种货物,使彼此的优势得以发挥,通过规模经济的实现,使生产成本下降,消费者获得利益。协议性分工不能指望通过价格机制自动地实现,而必须通过当事国的某种协议来加以实现,也就是通过经济一体化的制度把协议性分工组织化。例如,拉美中部共同市场统一产业政策,由国家间的计划决定的分工,就是典型的协议性国际分工。但是,要达成协议性国际分工,必须具备以下条件:

（1）两个国家的资本劳动禀赋比率差别不大,工业化水平和经济发展阶段大致相同,协议性分工的对象商品在哪个国家都能进行生产;

（2）协议性分工的商品,必须是能够获得规模经济的商品;

（3）无论在哪个国家生产协议性分工的商品的利益都应该没有很大差别。

三、经济全球化与区域经济一体化的关系

经济全球化与区域经济一体化是目前并行的两股潮流,关于两者之间的关系也是仁者见仁,智者见智,争论很大。多数认为两者既是矛盾的,又是统一的。本书借鉴各家观点,认为两者并行不悖,相互促进,有可能在经济区域化的基础上最终实现全球经济一体化。

（一）区域经济一体化是最终达到全球经济一体化的必经阶段

由于世界上各个国家之间经济、政治、社会、文化等差异极大,故经济全球化要在全球同步推进是不切实际的;相反,在发展水平比较接近或文化相近、地理位置相邻的国家之间则更容易深入地推进,形成区域经济一体化,因此,两者实际上是经济一体化过程在空间推进上不平衡的表现。或者说,经济全球化过程最终发展成为世界经济一体化,首先是在各个经济区域实现的。全球化发展面临障碍使得区域经济一体化成为一种"次优"选择。

区域经济一体化不仅在实际上已在全球经济的不同部分、不同层次实现了经济一体化,而且更有可能和更容易通过联合或合并的方式向经济全球化的完成形式——全球经济一体化过渡。正如欧洲的经济一体化组织不断扩大,最终将形成全欧洲的经济一体化一样,全球经济一体化也将以同样的形式得到实现。

（二）区域经济一体化为经济全球化进一步发展提供了范例和模式,也有助于推动经济全球化进程

未来的全球经济将向何处发展？全球经济一体化包括哪些内容,它能够实现到何种程度？区域经济一体化组织、特别是欧共体所做的巨大努力和尝试,为其探索了发展方向和实施步骤。

（三）区域经济一体化和经济全球化是相互适应的

初级阶段的经济全球化是以贸易全球化作为核心内容,此时区域经济一体化也主要采取关税同盟或自由贸易区等形式,基本目标是解决一定范围内的贸易自由化问题。当经济全球化进入到生产全球化、金融全球化阶段时,区域经济一体化也发展到共同市场或经济联盟等形式,基本目标从贸易自由化扩大到生产要素的自由流动、共同的货币政策和财政政策等。

（四）区域经济一体化和经济全球化是相互促进的

两者所追求的目标是一致的,即实现规模经济、提高经济效率和增强产品竞争力,只不过范围大小不同而已;两者的过程也是一致的,即超出国界而进行的各国间国际分工、国际投资、国际生产、国际贸易等使各国经济成为一个相互依存的整体的过程,只不过程度不同而已。因此,区域经济一体化是经济全球化过程的有机组成部分,既是经济全球化的一个步骤或阶段,又是经济全球化进一步发展,直至形成全球经济一体化的基础。

当然,两者也有一定的矛盾,主要表现在区域性组织具有一定的排他性和保护主义的色彩,但排他性仅表现为区域集团成员国对集团内部国家给予比区外国家更优惠的待遇,同时其成员国也承担更多的义务,但对区外国家仍然敞开大门,仍然给予 WTO 所规定的待遇,并没有对区域外国家和地区形成额外的贸易壁垒。因此,它们不是封闭性组织,"排而有限,封而不闭",在世界经济全球化过程中主要起着积极作用。

第三节　区域经济一体化的实践

目前,主要的区域经济一体化组织有欧盟、北美自由贸易区、亚太经合组织和东南亚国家联盟等,其中发展历史最悠久、影响最大的也最成熟的就是欧盟。本节将概括介绍各组织。

一、欧洲联盟

欧盟(European Union,EU)是当今世界上一体化程度最高的区域政治、经济集团组织,从区域化合作开始到一体化进程,开启和引领了世界区域经济一体化的浪潮,也是当今全世界各种区域经济一体化组织中最成功的典型。它在全球事务中的影响与日俱增,成为世界各国和地区争相仿效的榜样。

（一）欧盟一体化的主要进程

欧盟的前身是欧洲经济共同体(European Economic Community,EEC)。1950 年 5 月 9 日,法国外长舒曼提出了著名的舒曼计划,其内容为建立一个超国家的管理机构,联合经营法国和联邦德国的煤炭、钢铁工业,并欢迎其他西欧国家一起参加。根据这个计划,1951 年 4 月 18 日,法国、联邦德国、意大利、荷兰、比利时和卢森堡六国在巴黎签订了《欧洲煤钢共同体条约》(又称《巴黎条约》)。

1952 年 7 月 25 日,欧洲煤钢共同体正式成立。

1957 年 3 月 25 日,这六个国家又在罗马签订了《欧洲经济共同体条约》和《欧洲原子能共同体条约》,简称《罗马条约》,决定于 1958 年 1 月 1 日建立欧洲经济共同体和欧洲原子能共同体。

1967 年 7 月 1 日,欧洲经济共同体、欧洲煤钢共同体和欧洲原子能共同体签订协议,合三为一,简称欧共体。

1992 年底以前基本建成了欧洲内部统一大市场,在共同体范围内实现了商品、劳务、人员和资本无国界的自由流动。

1991 年 12 月 11 日,欧共体首脑会议在荷兰马斯特里赫特召开,通过了以建立欧洲经济货币联盟和欧洲政治联盟为目标的《经济与货币联盟条约》和《政治联盟条约》,通称《马斯特里赫特条约》(简称《马约》),于 1993 年 11 月 1 日起生效。从此,欧共体被称为欧洲联盟。

1999 年 1 月 1 日,欧元发行,2002 年 1 月 1 日欧元正式流通,目前已成为 11 国法定货币。

(二)欧盟成立后的成员变动

1973 年,英国、丹麦、爱尔兰加入,使欧共体成员国增加到 9 个。

1981 年,希腊加入,使欧共体成员国增加到 10 个。

1986 年,西班牙和葡萄牙先后加入,使欧共体成员国增加到 12 个。

1995 年,奥地利、瑞典和芬兰加入,使欧盟成员国扩大到 15 个。

2004 年 5 月 1 日,塞浦路斯、匈牙利、捷克、爱沙尼亚、拉脱维亚、立陶宛、马耳他、波兰、斯洛伐克和斯洛文尼亚 10 个中东欧国家入盟,使欧盟成员国扩大到 25 个。

2007 年,欧盟又增加了来自东欧的罗马尼亚和保加利亚两名新成员。

2013 年 7 月 1 日,克罗地亚入盟。此外,欧盟还启动了与冰岛的入盟谈判;将土耳其、马其顿、黑山列为欧盟候选国;与阿尔巴尼亚、塞尔维亚和波黑签署了《稳定与联系协议》。

2016 年 6 月 23 日,英国就脱离欧盟举行全民公投。24 日上午综合全部计票结果显示,"脱欧"一方支持率为 51.89%,而赞成"留欧"的投票者占 48.11%。2017 年 3 月 29 日,英国正式向欧盟递交"脱欧"信函,成为首个寻求退出欧盟的成员国。在经过多轮谈判之后,2020 年 1 月 23 日,英国正式"脱欧"。

目前,欧盟是一个集政治实体和经济实体于一身,一体化程度最高的、在世界上具有重要影响的区域一体化组织。总部设在比利时首都布鲁塞尔,欧洲中央银行设在法兰克福,有自己的盟旗、盟歌、货币及外交政策。

(三)欧盟一体化的主要成果[①]

1. 成立关税同盟

主要采取了以下措施:取消内部关税、统一对外税率、取消数量限制和禁止与数量限制具有同等效力的措施。按照《罗马条约》的规定,成员国应分三个阶段减税,结果原六国之间的工业品和农产品,分别提前于 1968 年 7 月和 1969 年 1 月建成关税同盟。在取消内部关税的同时,1968 年 7 月 1 日共同体原六国开始对非成员国工业品实行统一的关税,即以六国对外关税率的平均数作为共同的关税率。欧共体 1960 年 5 月决定,于 1961 年提前取消工业品进口限额,农产品数量限制改为共同体配额,适用于所有成员国,同时消除贸易的技术壁垒,协调间接税,简化边境海关监管手续等。

2. 实施共同的农业政策

对非成员国的农产品进口征收差价税,即按非成员国农产品的进口到岸价格与共同体内

---

① 欧洲联盟,http://www.eu-pur.org.cn。

同种农产品的最高市场价格的差额征税;统一农业政策和农产品价格,即成立各类农产品的共同市场组织,制定共同价格,使农产品在共同体内自由流通;对农产品出口实行补贴,即各成员国把征收的进口差价税上缴共同体,建立共同的农业基金以补贴农产品出口。

3. 建立欧洲货币体系

1973 年成立欧洲货币合作基金,设立欧洲货币计算单位 EMUA 取代欧洲计算单位,用于各成员国中央银行之间的债务结算和蛇行浮动制的货币业务。EMUA 是一种篮子货币,各成员国货币在其中的权重按 1969—1973 年该国出口额在共同体出口总额中的比重确定,以 9 国货币当时的汇率决定折算价值。1979 年 3 月,欧共体又设立了欧洲货币单位(ECU),取代欧洲货币计算单位(EMUA),也是一篮子货币。成员国货币的比重,是根据各国国民生产总值和在共同体内部贸易总额中的大小来确定的。为了稳定各成员国的汇率,欧共体建立了一种固定的可调整的汇率制度,即以欧洲货币单位为中心,首先规定各成员国货币与欧洲货币单位的中心汇率或平价,然后通过欧洲货币单位确定各成员国货币之间的双边固定汇率,各成员国保证其货币汇率偏离中心汇率的最大波动幅度在 ±2.25% 之间,否则有义务进行干预。

4. 建立内部统一大市场

根据《单一欧洲法令》所确定的目标,欧共体 12 国先后采取了 282 项立法措施,克服了有形壁垒、技术壁垒和财政壁垒,在 1992 年底以前基本建成了欧洲内部统一大市场。在共同体范围内,实现了商品、劳务、人员和资本无国界的自由流动。

5. 发行单一货币,建立欧洲中央银行,统一货币政策

1999 年 1 月 1 日,欧盟中的德国、比利时、奥地利、荷兰、法国、意大利、西班牙、葡萄牙、卢森堡、爱尔兰和芬兰 11 个成员国率先放弃了货币主权,共同采用统一的货币——欧元。2002 年 1 月 1 日零时,欧元正式流通,并成立了欧盟中央银行,因此,货币政策已经统一。

6. 统一财税政策

改革成员国不同增值税、消费税等税收制度和财政补贴政策,有一整套财政政策协调的法律程序和制度框架,并逐步确立了成员国税收一体化的基本原则:① 禁止以税收方式对本国产品提供保护原则;② 协调成员国税收立法原则;③ 消除重复征税原则;④ 成员国从属原则;⑤ 成员国一致同意原则。此外,建立超国家的共同财政预算制度,财政收入来源于成员国全部进口关税;农产品进口差价税和糖税、成员国增值税提成等。通常,欧盟每年的共同财政预算约 900 亿欧元。

7. 建立共同体一级的决策机构和执行机构,实施共同的外交和安全政策

欧盟拥有许多共同体一级的决策机构和执行机构,以保证区域一体化的深入推进,主要有:① 欧洲理事会(European Council),即首脑会议。它由成员国国家元首或政府首脑及欧盟委员会主席组成,负责讨论欧洲联盟的内部建设、重要的对外关系及重大的国际问题,每年至少举行两次会议。欧洲理事会主席由各成员国轮流担任,任期半年。② 欧盟理事会,即部长理事会,主席由各成员国轮流担任,任期半年。③ 欧盟委员会(Commission of European Union),是欧洲联盟的常设机构和执行机构,负责实施欧洲联盟条约和欧盟理事会做出的决定,向理事会和欧洲议会提出报告和立法动议,处理联盟的日常事务,代表欧盟对外联系和进行贸易等方面的谈判等。在欧盟实施共同外交和安全政策范围内,只有建议权和参与权。④ 欧洲议会(European Parliament),是欧洲联盟的执行监督、咨询机构,在某些领域有立法职

能,并有部分预算决定权,并可以三分之二多数弹劾欧盟委员会,迫其集体辞职。⑤ 欧洲法院是欧盟的仲裁机构,负责审理和裁决在执行欧盟条约和有关规定中发生的各种争执。⑥ 欧洲审计院负责欧盟的审计和财政管理。⑦ 欧洲中央银行负责制定货币政策和发行欧元。

2003 年 12 月 12 日,欧盟首脑会议通过了欧盟安全战略文件,这是欧盟通过的第一个安全战略文件,为进一步提高欧盟的危机预防和处理能力及独立防务能力奠定了新的理论基础。2004 年 7 月,欧盟外长会议决定正式开始建立欧盟军事装备局。2004 年 11 月,在布鲁塞尔举行的欧盟国防部长会议正式决定,欧盟将于 2007 年前组建 13 个能部署到世界上任何热点地区的快速反应战斗小分队。2004 年 10 月,欧盟 25 个成员国的领导人在罗马签署了欧盟历史上的第一部宪法条约,标志着欧盟在推进政治一体化方面又迈出重要的一步。2005 年 1 月,欧洲议会全会表决批准了欧盟宪法条约,但该条约还需要欧盟各成员国的批准方可生效。

从某种意义上讲,欧洲一体化已经成为一个“难以逆转”的进程。不管人们愿意与否,它时刻都在影响着欧盟人们的生活:在欧盟范围内,法规一体化的覆盖率已达 60% 以上;在经济一体化方面,成员国的主权转让共享已超过 85%。①

8. 英国公投启动退欧

英国是欧盟 28 个成员国中对欧盟怀疑态度最强烈的国家。信念上,很多英国人感觉自己在欧洲一体化进程中受到了拖累,与欧洲其他国家没有共同的政治抱负。市场开放上,不少英国人认为英国向来比欧洲其他国家更依赖全球市场,这比限制在欧盟市场更好一些。地缘政治上,隔着一条海峡,很多英国人完全没有欧洲人的感觉。难民、人口流动等问题让不少英国人对欧盟产生了更大的怀疑和反感。

2013 年 1 月 23 日英国首相卡梅伦首次提出,如果无法推动欧盟改革,英国可能会选择脱欧。2015 年 5 月 29 日,英国政府向下议院提交并公布了有关“脱欧公投”的议案,包括公投问题的语句,并承诺将在 2017 年底之前举行投票。2016 年 6 月 23 日,英国政府进行全民公投,公投结果将决定英国是否脱离欧盟,超过 4600 万人参加,其中同意脱欧的占 51.9%,超过半数,公投结果确定为脱欧。英国首相卡梅伦也因此于 6 月 24 日公投结束后辞去首相职务。

(四)欧盟一体化的主要特点

(1)循序渐进,从低级形式逐步走向高级形式。最初是关税同盟,逐步发展到经济与货币联盟阶段。

(2)逐步推进。最初是部门一体化,逐步扩大到全面一体化。

(3)从单纯的商品贸易领域扩大到货币、金融、服务、科技、农业、财政等各个领域。

(4)经济一体化促进了社会和区域政策的协调,为推进政治一体化打下了基础。

二、美墨加协定

美墨加协定(U.S.-Mexico-Canada Agreement,USMCA)的前身是《北美自由贸易协定》(North American Free Trade Agreement,NAFTA)。1992 年 12 月,美国、加拿大、墨西哥三国签署了《北美自由贸易协定》,并于 1994 年 1 月 1 日正式生效。

---

① 欧盟“在危机中前进”,http://shrb.dzwww.com,2005－12－14。

《北美自由贸易协定》主要涉及降低与取消农业、汽车工业、纺织品服装、能源开采等行业的关税和非关税壁垒,以及开放金融保险市场、服务、投资和知识产权保护等方面的内容,形成一个贸易、投资、金融和劳动力自由流动的一体化共同市场。通过优势互补促进区内各成员国经济的快速发展,使得北美自由贸易区在国际上的地位不断提升,同时也加强了集团的对外谈判能力。其南北合作的特点是值得很多发达国家和发展中国家借鉴的地方。

2017 年年初,美国总统特朗普上台后,致力于重新打造美国对外贸易格局。NAFTA 成立多年来,虽然三方贸易额显著提升,但特朗普认为 NAFTA 严重损害了美国的制造业就业。2017 年 1 月 22 日,特朗普宣布将与加拿大和墨西哥重新谈判《北美自由贸易协定》。2017 年 8 月 16—20 日,美国、墨西哥和加拿大三国在华盛顿开启了新《北美自由贸易协定》的首轮重新谈判。2020 年 7 月 1 日,美国—墨西哥—加拿大协定(USMCA)正式生效,取代了《北美自由贸易协定》。《美墨加协定》在汽车和乳制品条款、争端解决机制等方面都有较大改变,也被称为《北美自由贸易协定》的 2.0 版本。

该区域一体化的特点主要可归纳为以下几个方面:

1. 南北共存性特点

区域经济集团一般由社会经济发展水平相对接近的有关国家组成,这样可以大大减小实际运行中的调整成本,如欧盟。北美自由贸易区则不然,其中既有当今世界上的第一经济大国美国和发达国家加拿大,又有发展中国家墨西哥,经济发展水平迥异。因此,该区域中既存在着美、加之间的"水平形态的经济合作与竞争",又存在着美、墨与加、墨之间的"垂直形态的经济合作与竞争,而且二者相互交织在一起。"

2. 一国主导性特点

该组织三个成员国中,当数美国的经济发展水平最高,综合国力最强,在双边贸易、直接投资、技术转让及金融、保险等生产性服务业等诸领域都有雄厚的经济实力,加拿大、墨西哥的总体经济实力远不能与美国同日而语。经济发展水平和总体经济实力方面的巨大差异造成美国和加拿大、墨西哥之间尤其是美、墨之间相互依赖的不对称性。美国占据了主导和支配地位。

3. 经济互补性特点

美、加、墨的经济互补关系在三国的经济运行中随处可见,如墨西哥和加拿大拥有丰富的能源资源,而美国是世界上的能源消费大国,每年需要进口大量石油,三国在能源领域有很强的互补关系;墨西哥作为一个人口大国,拥有大量的廉价劳动力,美国则有先进的技术设备和雄厚的资本实力,二者的结合必将从整体上提高北美地区制造业的竞争力。

三、亚太经合组织

1989 年 11 月 5 日至 7 日,澳大利亚、美国、加拿大、日本、韩国、新西兰和东盟六国在澳大利亚首都堪培拉举行亚太经济合作会议首届部长级会议,这标志着亚太经济合作会议的成立。1993 年 6 月改名为亚太经济合作组织(Asia-Pacific Economic Cooperation,APEC)。

自 1989 年起,亚太经合组织每年举行一次由各成员国外长和经贸部长参加的年会,并召开 3 至 4 次高级官员会议,还可就某一专题举行部长级特别会议。

领导人非正式会议是亚太经合组织最高级别的会议,首次领导人非正式会议于 1993 年

11 月 20 日在美国西雅图举行,会议发表了《经济展望声明》,揭开了亚太贸易自由化和经济技术合作的序幕。此后,领导人非正式会议每年召开一次,在各成员间轮流举行。

1991 年 11 月,中国同中国台北和中国香港一起正式加入亚太经合组织。该组织目前共有 21 个成员:澳大利亚、文莱、加拿大、智利、中国、中国香港、印度尼西亚、日本、韩国、墨西哥、马来西亚、新西兰、巴布亚新几内亚、秘鲁、菲律宾、新加坡、中国台北、泰国、美国、俄罗斯和越南。此外,APEC 还有三个观察员,分别是东盟秘书处、太平洋经济合作理事会和太平洋岛国论坛。

APEC 成员位于环太平洋地区,分布在美洲、亚洲和大洋洲,总人口占世界人口的 45%,国内生产总值占世界总额的 55%,贸易额占 46%,在全球经济活动中具有举足轻重的地位。

APEC 的特点包括:

(1) 开放性。成员间的所有优惠性措施或安排也适用于非成员国。

(2) 灵活性。表现在允许各成员根据本国或本地区的具体情况,选择实现贸易投资自由化的进程和速度。

(3) 多层次性。亚太地区地域辽阔,经济、社会、文化差异极大,因此,次区域经济合作蓬勃发展,如北美自由贸易区、南太平洋自由贸易区、东盟自由贸易区等。

(4) 渐近性。由于 APEC 成员间巨大的差异性,决定了其不可能在短期内形成像欧盟或北美那样的一体化组织,而要经过先易后难、先初级后高级的、渐近的、长期的发展过程。《茂物宣言》宣布发达国家不迟于 2010 年、发展中国家不迟于 2020 年在亚太地区实现贸易和投资自由化的长远目标。

四、东盟(ASEAN)

东南亚国家联盟简称东盟(Association of Southeast Asian Nations,ASEAN),前身是马来西亚、菲律宾和泰国于 1961 年 7 月 31 日在曼谷成立的东南亚联盟。

1967 年 8 月 7—8 日,印尼、泰国、新加坡、菲律宾和马来西亚在曼谷举行会议,发表了《曼谷宣言》,正式宣告东南亚国家联盟成立。

20 世纪 90 年代初,东盟率先发起区域合作进程,逐步形成了以东盟为中心的一系列区域合作机制。1994 年 7 月成立东盟地区论坛,1999 年 9 月成立东亚—拉美合作论坛。此外,东盟还与美国、日本、澳大利亚、新西兰、加拿大、欧盟、韩国、中国、俄罗斯和印度 10 个国家形成对话伙伴关系。2003 年,中国与东盟的关系发展到战略协作伙伴关系,中国成为第一个加入《东南亚友好合作条约》的非东盟国家。

目前,东盟成员国有 10 个:文莱、柬埔寨、印度尼西亚、老挝、马来西亚、缅甸、菲律宾、新加坡、泰国、越南。总面积约 450 万平方公里,人口约 5.12 亿。

东盟自由贸易区于 2002 年 1 月 1 日正式启动,目标是实现区域内贸易的零关税。文莱、印度尼西亚、马来西亚、菲律宾、新加坡和泰国六国已于 2002 年将绝大多数产品的关税降至 5%以下。越南、老挝、缅甸和柬埔寨四国于 2015 年实现这一目标。

五、跨太平洋伙伴关系协定

跨太平洋伙伴关系协定(Trans-Pacific Partnership Agreement,TPP),也被称作"经济北约",是目前重要的国际多边经济谈判组织。前身是跨太平洋战略经济伙伴关系协定(Trans-Pacific Strategic Economic Partnership Agreement,P4),由亚太经济合作会议成员国中的新西兰、新加坡、智利和文莱四国发起,从2002年开始酝酿的一组多边关系的自由贸易协定,原名亚太自由贸易区,旨在促进亚太地区的贸易自由化。

TPP成员国之间会带来产品、服务价格下降,物流速度加快,各国可以取长补短,消费者是最直接的受益者之一。但是贸易开放一直都是一把双刃剑,有领域受益,就有领域"受伤"。成员国的国家利益或某些产业的利益可能会因此受到他国的冲击,这一问题在关税方面尤其突出。

TPP谈判始于2010年3月,谈判由两大类内容构成:一是知识产权保护规则等12个谈判参与国一起决定的领域;二是如某类商品进口关税减免等双边磋商领域。

2015年10月5日,跨太平洋战略经济伙伴关系协定(TPP)终于取得实质性突破,美国、日本和其他10个泛太平洋国家就TPP达成一致。12个参与国加起来所占全球经济的比重达到了40%。TPP将对近18000种类别的商品降低或减免关税。

然而TPP的进展却并非一帆风顺。在奥巴马时代,美国力推TPP谈判的主要意图是欲从经济上重返亚太。而特朗普却认为TPP并不利于美国,比如在市场开放中给发展中国家保留了较长的过渡期显然是不对等的,因此特朗普上任第一天就宣布退出TPP。没有了美国的主导,日本意欲成为TPP新的主导者却并不为其他国家认同。2017年11月11日,由启动TPP谈判的11个亚太国家共同发布了一份联合声明,宣布"已经就新的协议达成了基础性的重要共识",并决定协定改名为"全面与进步跨太平洋伙伴关系协定"(CPTPP)。2018年12月30日,全面与进步跨太平洋伙伴关系协定正式生效。

CPTPP新架构将保留原TPP超过95%的项目,仅搁置20项条款,其中11项与知识产权有关。由于CPTPP不仅需要各方达成共识,还需要各国立法机构批准,其推进仍存在较大的不确定性。2021年9月16日,中国正式提出申请加入《全面与进步跨太平洋伙伴关系协定》(CPTPP)。

六、区域全面经济伙伴关系协定

区域全面经济伙伴关系协定(Regional Comprehensive Economic Partnership,RCEP)由东盟在2012年发起,2020年11月15日由东盟10国、中国、日本、韩国、澳大利亚、新西兰共15个亚太国家共同签署的贸易协定。该协定的签署意味着世界上最大的自由贸易区诞生。但是根据协议规则,只有东盟10国中至少6国、5个东盟外伙伴国中至少3国完成各国立法机构批准程序,RCEP才算正式生效。2021年4月15日,中国正式完成RCEP核准程序。

在世界贸易摩擦不断、新冠疫情负面影响较大的情况下,RCEP的推进对于促进亚太地区各国经济合作不断深化,促进国际贸易尽快从世界疫情中恢复具有重要的现实意义。对于中国来说,加入RCEP后能够加快与亚太地区其他国家的产业合作,减少对欧美市场的过度依赖。

第四节　区域经济一体化的影响

根据比较优势理论,自由贸易能使世界福利达到最大化,区域经济一体化在成员之间减免关税,从而趋向自由贸易,必然导致成员国福利的增加。而对其他国家而言,影响则比较复杂,利弊皆有。

一、对区域集团内部成员国经济贸易的影响

概括说来,区域一体化作为一种扩大了的市场,将对集团内成员国的贸易和经济发展产生积极影响。

（一）市场扩大,能获得规模经济效益

区域一体化能把分散的小市场统一起来,形成大市场,实现规模经济等技术利益。内部生产要素可以自由流动,也便于生产资料集中使用,有利于实现规模节约。规模经济有内部规模经济与外部规模经济之分。内部规模经济主要来自内部贸易的开辟或创造而引起的生产规模扩大和生产成本降低。外部规模经济主要来源于区域经济的发展,区域性经济结合可导致区域内部市场扩大,带来各行业、各部门经济的相互促进和发展。

（二）促进了集团内部的贸易自由化和投资自由化,导致市场竞争程度提高,经济效率随之提高

区域经济一体化的实现过程,也是成员国之间贸易壁垒逐步撤销、贸易自由化不断推进的过程,还是取消投资限制的过程。贸易自由化后,各国厂商失去了本国的保护,必须迎接集团内其他国家厂商的竞争,从而刺激劳动生产率的提高和成本的下降,并刺激新技术的开发和利用。产品成本和价格下降了,再加上人们收入水平随生产发展而提高,过去只供少数富人消费的高档商品将转为多数人的消费对象,出现大市场、大规模生产、大量消费的良性循环。投资自由化以后会导致生产要素的自由转移,经济资源配置也就趋于最优状态。

（三）促进集团内部的国际分工和技术合作,加快产业结构调整,提高国际竞争力

为应付市场的扩大和竞争的加剧,集团内各企业必然增加投资,更新设备,采用新技术,所以,区域经济一体化的发展会促进区域内的科技一体化。欧盟的"尤里卡计划"就是例证。一体化的创建还给区域内各企业提供了重新组织和提高竞争力的机会与条件。通过企业兼并或企业间的合作,加快地区分工和产业结构调整,促进了企业经济效益的提高,实现了产业结构的高级化。对于发展中国家来说,发展区域经济一体化可以充分利用现有的资金、技术、设备和各种资源,建立起规模较大、技术水平较高的联合企业,建立起新兴的工业部门,逐步改变单一的经济结构,逐步改变出口商品单一的状况。近年来,发展中国家通过经济一体化发展工业生产,工业品的自给率已有较大幅度的提高。拉美经济一体化组织中60％的机器、运输设备,35％的化工产品以及40％的钢材都是从区内贸易获得的。

（四）促进了区域内部贸易的迅速增长和就业的增加

尽管区域经济一体化的层次有所不同,但其寻求的基本目标都是贸易自由化。随着成员

国之间相互取消或削减关税并减少非关税壁垒,这就为成员国之间产品的相互出口创造了良好的条件,从而会使区域内的贸易迅速增长,区域内部贸易占成员国对外贸易的比重明显提高。从 1958 年欧洲经济共同体成立以来,欧盟内部贸易的增长速度就一直高于对外部贸易的增长速度,欧盟成员国间贸易在外贸总额中的比重大约上升近 30 个百分点,2003 年欧盟 15 国的区域内贸易比重已经高达 60%,随着中东欧国家的加入,这一比重预计将增加至 76%。

根据《北美自由贸易协定八周年》的总结报告,1993—2001 年,加拿大向美、墨两国的出口额增长了 95.7%,达到 2290 亿美元,而向区外国家的出口额仅增长了 5%。2001 年,墨西哥向美、加两国的出口额为 1390 亿美元,比 1993 年增加了 225%,同期墨西哥向区外国家出口额的增幅为 93%。2001 年,美国向加、墨两国的出口额为 2650 亿美元,比 1993 年增长了 86.6%,也明显高于美国向区外国家出口 44% 的增幅。据亚洲开发银行统计,2003 年北美自由贸易区(NAFTA)区域内贸易比重已经高达 46%。

区域内部贸易的迅速增长增强了区域内部的经济活力,带动了经济增长,也创造出更多的高薪就业职位。在加拿大,出口相关行业的小时工资比非出口行业高出 35%;在墨西哥,出口行业的工资水平比非出口行业高出近 40%;在美国,1993—2000 年期间,向区内出口行业的就业增加了 90 多万个职位,这些职位的工资高出美国平均工资水平的 13%—18% 不等。世界银行 2005 年特别指出,如果没有 NAFTA,(2004 年)墨西哥的出口会比现在少 25%,FDI 会少 40%,人均年收入将从 2002 年的 5920 美元降到 5624 美元。

（五）有利于吸引外资

由于区域经济一体化组织内外有别——对内采取自由贸易,而对外则采取歧视性做法,迫使区域外国家的企业向区域内投资,以绕过贸易壁垒。投资的增加无疑会有力地推动区域经济集团国家的经济增长。1994—2001 年,流入北美自由贸易区的外国直接投资占同期全世界外国投资总额的 28%,其中美国每年吸收 1102 亿美元的外国直接投资,加拿大年均吸收外资额达到 214 亿美元,比《北美自由贸易协定》生效前七年的总额多了 2 倍。1994—2004 年,墨西哥共得到 1240 亿美元的外国投资,每年平均吸纳 120 亿美元的国外直接投资,这比墨西哥在 1984—1994 年所得到的 FDI 高出 4 倍以上。根据欧盟委员会的统计,欧盟在全球 FDI 流量中的份额从 1982—1987 年的 28.2% 迅速提高到 1991—1993 年的 44.4%,而其在发达国家中的份额从 36.1% 急剧提高到 66.3%。这说明单一市场对全世界的投资者有更大吸引力。①

（六）提高了区域经济集团在世界经济中的地位,增强谈判力量

团结就是力量,对小国而言更是如此。区域经济一体化使得区域经济集团的实力大大增强,提高了在世界经济中的地位和"发言权",尤其是增强了在国际贸易中的谈判力量。最典型的当数欧盟,在成员国扩充到 25 个之后,其经济总量已与美国不相上下,贸易规模更是远远大于美国。在乌拉圭回合和多哈回合的谈判中,法国敢就农产品市场开放问题与美国"叫板",空客敢与波音竞争,就是因为欧盟在其背后"撑腰"。

---

① 尹翔硕:《欧洲单一市场对欧盟成员国贸易流动和产业区位的影响》,《欧洲》2001 年第 2 期。

二、对区域集团外部成员国经济贸易的影响

传统观点认为,区域经济一体化对区域集团外部成员国经济贸易的影响主要是消极的、不利的,其实不然。实践证明,既有积极影响,又有消极影响。

（一）积极影响

区域经济一体化组织对外贸易的迅速增长直接带动了世界贸易的增长,促进了各国尤其是区域内成员国的经济增长,从而长期为区域外国家扩大出口创造了条件。区域经济一体化消除了成员国之间的贸易障碍,甚至消除了生产要素流动的障碍,从而产生了"贸易创造效应""贸易转移效应"和"贸易扩大效应",使成员国之间的对外贸易得以迅速增长。从1950年到1995年,欧盟15国出口与进口贸易额的年均增长率分别为11.5％和11.1％,均高于同期世界贸易出口年均增长11.1％和进口11.0％的增长速度。同欧共体一样,其他区域经济一体化组织的对外贸易也获得了较快的发展。这样在区域经济一体化的推动下,世界贸易得到了较快的增长。如世界贸易额1950年为607亿美元,1980年为2万亿美元,2003年达到7.3万亿美元。战后,世界贸易的年增长速度一直超过世界生产平均增长速度。又如在1981—2001年的21年中,我国对欧盟的进出口总额增长了13倍,其中出口增长了15倍,进口增长了12倍,净出口从逆差2亿多美元到顺差近50亿美元。可以说,我国这段时间对欧盟贸易的发展使欧盟成为我国对外贸易三大市场之一。

（二）消极影响

1. 对区域外国家的贸易份额下降

由于区域内的优惠并不给予区域外的国家,从而导致贸易转移,使其对区域外国家的贸易份额减少,表现出排他性的特征。如欧共体在1958年成立时,对发展中国家的出口额占其出口总额的比重为30.3％,2003年已经下降到11.1％。又如1994年1月1日NAFTA成立前,我国纺织品在美国纺织品进口市场占第一位,墨西哥占第四位;NAFTA成立后,墨西哥、加拿大纺织品立即取代了我国纺织品的市场地位,我国沦为第三位。1988—1993年期间,美国从中国进口纺织品总额年增长率为9％,但自从NAFTA生效以来,这一数字逐年减少,1995年美国从中国进口的纺织品总额减少了13％,1996年上半年又减少了36％。

2. 对发展中国家引进外资不利

前已述及,由于区域经济一体化组织内外有别——对内采取自由贸易,而对外则采取歧视性做法,迫使区域外国家的企业向区域内投资,以绕过贸易壁垒,从而有利于吸引外资。目前区域经济一体化最成功的是发达国家的区域经济一体化,全球外资的主要来源地也是发达国家。发达国家的跨国公司(全球直接投资的主体)为了绕过贸易壁垒,抢占对方市场,主要是互相投资,而对区域外的发展中国家引进外资非常不利。如NAFTA生效后,美国和加拿大为降低生产成本,将一些劳动密集型的制造业生产迁往墨西哥,从而增加了对墨西哥的投资,减少了对我国的投资。1995年,加、美在墨投资达到42亿美元。此外,由于在墨西哥生产的产品出口美、加时关税降低,而且不受配额限制,亚洲一些国家和地区包括我国在内已经考虑在墨西哥投资建厂,1994—1995年间流入墨的外国直接投资达143亿美元。

第五节　中国与区域经济一体化

区域经济一体化已经成为当今世界经济发展的一个潮流,对我国既有积极的一面,又有消极的一面。积极的一面如在一个成员国投资生产的产品可以方便地进入整个区域市场,单一货币发行带来的好处等;消极的一面主要是指贸易转向效应和投资转向效应等,另外在多边贸易谈判中势单力薄,孤掌难鸣。鉴于区域经济一体化对我国经济存在正负两方面的影响,我们要认真研究对策,扬长避短,为我国的改革开放和经济发展服务。

一、中国对区域经济一体化的基本态度

(一)顺应潮流,积极参与

党的十六大报告指出,中国应适应经济全球化和加入 WTO 的新形势,在更大范围、更广领域和更高层次上参与国际经济技术合作和竞争,充分利用国际、国内两个市场,优化资源配置,以开放促改革,促发展。因此,中国在加入 WTO 后,应积极参与区域经济一体化,拓展对外经济和贸易增长空间,发挥比较优势,加快经济发展。这既符合世界经济发展的潮流,也为我国的现代化建设创造一个良好的国际环境。要顺势而为,不可逆潮流而动,以免被历史抛弃。

(二)循序渐进,积极稳妥

世上没有免费的午餐,区域经济一体化在给参加国带来好处的同时,也会要其付出相应的代价。由于现代经济运行的复杂性,任何精确的计量模型和理论预测都难免出错,即使欧盟的成功经验也不是"放之四海而皆准",因此,为了少交"学费",为了确保国内产业的发展和对外开放的平稳运行,我国要深入研究区域经济一体化带来的影响,权衡利弊,按照由近及远、先易后难、循序渐进的方针,有步骤、有层次、由低到高逐步推进区域经济一体化,尽可能避免贸易转移和投资转移带来的消极影响,切忌"贪大求洋""跳跃式前进"。根据我国的实际,最应该首先采用的是与周边地区签订优惠贸易协定或自由贸易协定。首先要加快推动两岸四地的区域经济合作进程,依据"一国两制"原则,促进贸易与投资便利化;其次要大力推动"中国—东盟自由贸易区"谈判,并适时推进与新加坡、泰国等东盟主要成员的双边自由贸易谈判;最后要尽快研究和启动同韩国、日本、印度等国的双边自由贸易协定谈判。

(三)未雨绸缪,提高实力

不要打无准备之仗,区域经济一体化创造的机遇能否抓住、能否充分利用,带来的冲击能否化解,完全取决于一国政府的管理能力和企业的竞争能力。为此,我们要未雨绸缪,提前做好准备。首先,要加强政府的宏观调控能力和驾驭经济的能力。这是因为,一方面,区域贸易协定将对中国的市场开放程度提出更高的要求,可能会对国内产业带来一定程度的冲击。另一方面,区域贸易协定所涉及的贸易自由化进程一般要快于 WTO,一旦参加,无疑会增加宏观经济管理工作的难度。其次,要大力推进经济结构的战略性调整。要根据中国的具体情况

和比较优势,利用 WTO 提供的有利规则,积极调整产业结构,实现产业结构高级化,提高出口商品的竞争力。再次,要加大改革力度,促进中国跨国公司的成长。跨国公司是推动经济全球化和区域经济一体化的主体。我们应鼓励企业通过联合、兼并、收购、改组、控股、参股等方式组建大型企业集团,建立现代企业制度,规范治理结构,实行国际化经营战略,使其在国际竞争中发挥主力军的作用。

二、中国参与的区域经济一体化组织

我国顺应了全球范围内的区域经济合作迅猛发展的潮流,迎头赶上,大力推进并参与了区域经济合作特别是双边 FTA 的进程。

（一）中国—东盟自由贸易区

2002 年 11 月 4 日,中国国务院总理朱镕基和东盟十国领导人签署了《中国　东盟全面经济合作框架协议》,决定到 2010 年建成中国—东盟自由贸易区,并正式启动自贸区建设进程。根据《框架协议》,2003 年中国与东盟双方先后于 2 月、6 月、7 月和 11 月在桂林、雅加达、胡志明市和重庆举行了四次贸易谈判委员会(TNC)会议,成立了原产地规则、服务贸易、投资三个工作组,并就货物贸易、服务贸易和投资等问题广泛交换了意见。目前谈判总体进展顺利,从 2005 年 1 月 1 日起,开始实施正常产品的降税。到 2010 年,中国与东盟老成员建成自由贸易区,东盟新成员则可享受最多 5 年的过渡期,到 2015 年建成自由贸易区。

中国—东盟自由贸易区于 2010 年 1 月 1 日正式建成,自贸区建立后,双方对超过 90% 的产品实行零关税。中国对东盟平均关税从 9.8% 降到 0.1%,东盟六个老成员国对中国的平均关税从 12.8% 降到 0.6%。关税水平大幅降低有力推动了双边贸易快速增长。惠及 19 亿人口、国民生产总值达 6 万亿美元、贸易额达 4.5 万亿美元,是中国对外商谈的第一个自贸区,也是发展中国家间最大的自由贸易区。

在自贸区各项优惠政策的促进下,中国与东盟双边贸易从 2002 年的 548 亿美元增长至 2014 年的 4804 亿美元,双向投资从 2003 年的 33.7 亿美元增长至 2014 年的 122 亿美元。目前,中国是东盟最大的贸易伙伴,东盟是中国第三大贸易伙伴,双方累计相互投资已超过 1500 亿美元。

为进一步提高本地区贸易投资自由化和便利化,2013 年 10 月,李克强总理在中国—东盟领导人会议上倡议启动中国—东盟自贸区升级谈判。2014 年 8 月,中国—东盟经贸部长会议正式宣布启动升级谈判。经过四轮谈判,双方于 2015 年 11 月 22 日就中国—东盟自贸区升级《议定书》内容达成一致,标志着升级谈判全面结束。从此,中国与东盟间的关系从原来的"黄金十年"到"钻石十年"。由于现有的中国—东盟自贸区零关税已经覆盖了双方 90%—95% 税目的产品,货物贸易自由化水平很高,因此,此次升级谈判主要通过升级原产地规则和贸易便利化措施,进一步促进双边货物贸易发展。

（二）内地与香港特别行政区、澳门特别行政区更紧密经贸关系安排

2002 年初,内地与香港特别行政区政府开始就"更紧密经贸关系的安排"进行磋商,并于 2003 年 6 月 29 日签署了《内地与香港关于建立更紧密经贸关系的安排》(简称 CEPA)。

CEPA 文本共 23 条,包括货物贸易、服务贸易和贸易便利化三方面,总目标是贸易自由化。CEPA 规定:内地自 2004 年 1 月 1 日起,对原产香港进口金额较大的 273 个税目的产品实行零关税,内地将不迟于 2006 年 1 月 1 日起对全部港产品实行零关税;17 项业务:自 2004 年 1 月 1 日起,内地将进一步向香港开放 17 项服务业,包括管理咨询、会展服务、广告、会计服务、建筑及房地产、医疗、分销服务、物流、货代服务、仓储服务、运输服务、旅游服务、视听服务、法律服务、银行业、证券业、保险业;贸易投资便利化七大领域,主要包括贸易投资促进、通关便利化、商品检验检疫、食品安全、质量标准、电子商务、法律法规透明度、中小企业合作和中医药产业合作①。为了促进澳门经济发展,同时适当保持港澳之间的平衡,内地与澳门也于 2003 年 10 月 17 日签署了《内地与澳门关于建立更紧密经贸关系的安排》。

(三)《曼谷协定》

《曼谷协定》签订于 1975 年,全称为《亚太经社会发展中成员国贸易谈判第一协定》,是在联合国亚太经社会主持下、在发展中成员国之间达成的贸易优惠安排。其核心内容和目标是:通过相互提供优惠关税和非关税减让来扩大相互间的贸易,促进成员国经济发展。现有成员国为印度、韩国、孟加拉国、斯里兰卡和老挝。我国于 2001 年 5 月正式加入《曼谷协定》,并于 2002 年 1 月 1 日开始实行《曼谷协定》税率。《曼谷协定》是我国参加的第一个具有实质意义的区域性优惠贸易安排。2003 年 2 月,中国代表团与印度代表团通过积极的双边磋商,在北京达成了《中国与印度关于〈曼谷协定〉的双边磋商纪要》,成功解决了我国与印度在《曼谷协定》中的相互适用问题,进一步增强《曼谷协定》的活力。

(四)《中国—巴基斯坦优惠贸易安排》

《中国—巴基斯坦优惠贸易安排》于 2003 年 11 月 3 日签订,自 2004 年 1 月 1 日起正式实施。这是我国与外国政府签署的第一个双边优惠贸易安排,在我国参与区域经济合作的进程中具有重要的意义。根据该《安排》,我国将对巴基斯坦 893 个 8 位税目的商品实行我国在《曼谷协定》承诺的优惠税率,整体优惠幅度为 18.5%。巴基斯坦对我国出口商品参照印度在《曼谷协定》的承诺实行优惠关税安排,整体优惠幅度为 31.7%。巴基斯坦减让清单包括 188 项产品,主要有水产品、石墨、香精油、酶、活性炭、脂肪酸、橡胶制品、纸、纸板、羊毛、石膏板、瓷砖、硅铁、无缝钢管、石材加工设备、变压器、工业用加热炉、电焊机、显像管、玩具等。优惠幅度大小不等,如水产品优惠幅度特别大,最惠国税率是 10%,而《中国与巴基斯坦优惠贸易安排》优惠税率是免税;工业制成品的优惠幅度要小一些,如显像管,最惠国税率是 10%,《中国—巴基斯坦优惠贸易安排》优惠税率是 8%;又如玩具,最惠国税率是 25%,《中国—巴基斯坦优惠贸易安排》优惠税率是 24%。②

为进一步发展中巴双边经贸关系,促进共同发展,2005 年 12 月 9 日我国与巴基斯坦政府又在北京签署了《中国—巴基斯坦自由贸易协定早期收获协议》,该协议将从 2006 年 1 月 1 日起对一系列产品实施降税。自实施之日起,两国政府间先前签署的优惠贸易安排将废止。根据早期收获计划,中巴两国将对 3000 种商品实施降税:其中,中国向巴出口的 486 种商品将享

---

① CEPA 精要,http://www.sc168.com,2004 - 03 - 19。
② 《中国与巴基斯坦优惠贸易安排》带来新的商机,http://www.xuzhouciq.gov.cn,2004 - 10 - 22。

受零关税,主要包括蔬菜、水果、石材、纺织机械和有机化学品等;中方将向原产于巴基斯坦的769个8位税目的产品提供零关税待遇,主要涉及蔬菜、水果、石料、棉坯布和混纺布。上述产品的关税将在两年内分三次降税,到2008年1月1日全部降为零。此外,从2006年1月1日起,中方将对原产于巴基斯坦的1671个8位税目产品实施优惠关税,平均优惠幅度为27%;巴方将对原产于中国的575项6位税目产品实施优惠关税,平均优惠幅度为22%。[①]

(五)《中国—智利自由贸易协议》

中国—智利自由贸易区谈判自2004年11月18日共同宣布启动后,在两国领导人的推动下,中智双方已就市场进入、原产地规则、技术性贸易障碍、食品安全检验与动植物防疫检疫措施、贸易救济、争端解决、合作等议题进行了五个回合的磋商,并于2005年11月18日,由中国大陆商务部长和智利外交部长瓦尔克(Walker)分别代表两国政府在韩国釜山签署了《中国大陆—智利自由贸易协议》。该协议是继中国大陆—东南亚FTA之后中国大陆对外签署的第二个FTA,也是中国大陆与拉丁美洲国家签署的第一个FTA,智利成为第一个与中国建立自由贸易区的拉美国家。

根据该协议,两国将从2006年7月1日起,全面启动货物贸易的关税减让进程,其中占两国税目总数97%的产品进口关税将于10年内分阶段逐步取消。据估计,在中智自由贸易协定生效后,智利92%的出口产品(铜和纸浆)即可零关税进入中国,7%的产品的降税期为5年或10年,只有1%的产品排除在降税清单之外。中国的汽车、重型机械在协定生效后可立即零关税进入智利市场,水泥、外科手套以及部分纺织品、鞋和化工产品的降税期都在10年;而中国的小麦、糖、轮胎、服装、家电产品等152种产品排除在降税清单之外。[②] 两国还将在经济、中小企业、文化、教育、科技、环保、劳工和社会保障、智能财产权、投资促进、矿产、工业等方面进一步合作。[③]

(六)《中华人民共和国政府和新西兰政府自由贸易协定》

中国—新西兰自由贸易区谈判是2004年11月胡锦涛主席与新西兰克拉克总理共同宣布启动的,后来历经15轮磋商,最终在2008年4月7日双方在北京签署了《中华人民共和国政府和新西兰政府自由贸易协定》。《协定》涵盖了货物贸易、服务贸易、投资等诸多领域,是我国与其他国家签署的第一个全面的自由贸易协定,也是我国与发达国家达成的第一个自由贸易协定。

根据《协定》,新方承诺将在2016年1月1日前取消全部自华进口产品关税,其中63.6%的产品从《协定》生效时起即实现零关税;中方承诺将在2019年1月1日前取消97.2%自新进口产品关税,其中24.3%的产品从《协定》生效时起即实现零关税。此外,双方还就服务贸易做出了高于WTO的承诺,并对包括技术工人在内的人员流动做出了具体规定。

根据新西兰发行量最大的《新西兰先驱报》(*New Zealand Herald*)报道,在该FTA实行之后,新西兰的对外贸易将增长2.25亿美元,同时将在关税上节省1.2亿美元的支出。对中国

---

① 中国—巴基斯坦早期收获计划将于2006年起开始实施,http://www.kashi.gov.cn,2005-12-15。

② 中国与智利两国签署自由贸易区协议,http://www.cnltr.com,2005-11-26。

③ 中国与智利签署自由贸易协议,http://www.cnknitworld.com,2005-12-03。

企业来说,对新西兰出口产品或者到新西兰投资,都将逐步享受更为优惠的关税或国民待遇,从而降低出口成本。新西兰官方曾预计,双方FTA的形成将缩小目前的顺差,在未来20年新西兰对华出口将增长39%,而中国对新出口会增长11%。

（七）《中国—新加坡自由贸易协定》

中国—新加坡自由贸易区谈判启动于2006年8月,经过8轮艰苦而坦诚的磋商,双方于2008年10月23日在北京人民大会堂签署了《中华人民共和国政府和新加坡共和国政府自由贸易协定》。同时,双方还签署了《中华人民共和国政府和新加坡共和国政府关于双边劳务合作的谅解备忘录》。

《协定》涵盖了货物贸易、服务贸易、人员流动、海关程序等诸多领域,是一份内容全面的自由贸易协定。双方在中国—东盟自贸区的基础上,进一步加快了贸易自由化进程,拓展了双边自由贸易关系与经贸合作的深度与广度。双方还在医疗、教育、会计等服务贸易领域做出了高于WTO的承诺。

（八）中日韩自由贸易区

中日韩经济规模合起来占亚洲的70%,外汇储备占世界的47%,因此,中日韩加快自贸区谈判有着扎实的基础和实际需要。中日韩自由贸易区这一设想是2002年在中日韩三国领导人峰会上提出的,中日韩自由贸易区是一个由人口超过15亿的大市场构成的三国自由贸易区。自由贸易区内,关税和其他贸易限制将被取消,商品等物资流动更加顺畅,区内厂商往往可以降低生产成本,获得更大市场和收益,消费者则可获得价格更低的商品,中日韩三国的整体经济福利都会有所增加。

2012年11月20日,中日韩经贸部长在柬埔寨会晤,正式启动中日韩自贸区谈判,同年4月,中日就两国货币互换和互相持有对方国债初步达成协议,山东半岛基于区位、基础设施和人才优势,成为中日韩自贸区的先行区和示范区。然而,由于钓鱼岛、黄岩岛等海域权益争端相继冒头出现,中日韩自贸区谈判步履维艰。2015年12月14—18日,三方代表在日本箱根重启中日韩自贸区谈判,这也是第九轮谈判,三方就货物贸易关税减让的谈判方针和服务投资自由化方式等进行讨论,但是仍未取得实质性进展。截至2019年底,三方已经进行了16轮谈判,但仍未达成一致。

与之形成鲜明对比的是中韩自贸区的迅速发展。中韩自贸区谈判于2012年5月正式启动,旨在为两国货物贸易提供制度保障,拓展电子商务、节能环保、金融服务等新兴战略服务领域的合作,共同构建一个规范、稳定、可预期的框架。2015年2月25日,中韩双方完成中韩自贸协定全部文本的草签,对协定内容进行了确认。至此,中韩自贸区谈判全部完成。

2015年6月1日,中韩自贸协定正式签署,标志着中韩自贸区建设正式完成制度设计,即将进入实施阶段。中韩自贸协定创新性引入地方经济合作条款,明确将中国威海市和韩国仁川自由经济区作为地方经济合作示范区,发挥示范和引导作用。

2015年12月9日,中国商务部副部长王受文与韩国驻华大使金章洙交换外交照会,中韩双方共同确认《中华人民共和国与大韩民国政府自由贸易协定》将于2015年12月20日正式生效并第一次降税,2016年1月1日第二次降税。中韩自贸协定(FTA)落地生根。

专栏 11.1

FTA 与 FTZ 的区别

FTA(Free Trade Area):源于 WTO 有关"自由贸易区"的规定,应理解为在两个或两个以上独立关税主体之间,就贸易自由化取消关税和其他限制性贸易法规。其特点是由两个或多个经济体组成集团,集团成员相互之间实质上取消关税和其他贸易限制,但又各自独立保留自己的对外贸易政策。目前,欧盟、北美自由贸易区、中国—东盟自贸区等都属于 FTA。

FTZ(Free Trade Zone):源于 WCO(World Customs Organization)有关"自由区"的规定,世界海关组织制定的《京都公约》中指出:"FTZ 是缔约方境内的一部分,进入这部分的任何货物,就进口关税而言,通常视为关境之外。"其特点是一个关境内的一小块区域,是单个主权国家(地区)的行为,一般需要进行围网隔离,且对境外入区货物的关税实施免税或保税,而不是降低关税。目前,在许多国家境内单独建立的自由港、自由贸易区都属于这种类型,如德国汉堡自由港、巴拿马科隆自由贸易区、中国上海自贸区等都属于 FTZ。

资料来源:徐晨:《FTA 与 FTZ》,《中国海关》2013 年第 2 期。

专栏 11.2

中国境内前期建立的四个自贸区

1. 上海自贸区:面向全球,侧重金融中心

中国(上海)自由贸易试验区[China(Shanghai) Pilot Free Trade Zone],简称上海自由贸易区或上海自贸区,是中国政府设立在上海的区域性自由贸易园区,位于浦东境内,属中国自由贸易区范畴。2013 年 9 月 29 日,中国(上海)自由贸易试验区正式成立,面积 28.78 平方公里,涵盖上海市外高桥保税区、外高桥保税物流园区、洋山保税港区和上海浦东机场综合保税区等 4 个海关特殊监管区域。2014 年 12 月 28 日,全国人大常务委员会授权国务院扩展中国(上海)自由贸易试验区区域,将面积扩展到 120.72 平方公里。上海自贸试验区继续在推进投资贸易便利化、货币兑换自由、监管高效便捷以及法治环境规范等方面担当"领头羊",并通过建设长三角区域国际贸易"单一窗口"来推动长江经济带的快速发展。

发展目标:力争建设成为开放度最高的投资贸易便利、货币兑换自由、监管高效便捷、法制环境规范的自由贸易园区。

2. 广东自贸区:面向港澳,侧重服务贸易自由化

2014 年 12 月,国务院决定设立中国(广东)自由贸易试验区,广东自贸区涵盖三片区:广州南沙新区片区(广州南沙自贸区)、深圳前海蛇口片区(深圳前海蛇口自贸区)、珠海横琴新区片区(珠海横琴自贸区),总面积 116.2 平方公里,广东自贸区立足面向港澳深度融合。广东自贸试验区立足推动内地与港澳经济深度合作,将通过加工贸易转型,带动泛珠三角区域和内地区域的产业升级。

发展目标：经过三至五年改革试验，力争建成符合国际高标准的法制环境规范、投资贸易便利、辐射带动功能突出、监管安全高效的自由贸易园区。

3. 天津自贸区：面向东北亚，促进京津冀制造业升级

天津自贸区是中国政府即将设立在天津市滨海新区的区域性自由贸易园区，属中国自由贸易区范畴。2014年12月12日决定设立该试验区，试验区总面积为119.9平方公里，主要涵盖3个功能区，天津港片区、天津机场片区以及滨海新区中心商务片区。天津自贸试验区立足于京津冀协同发展，旨在通过促进京津冀协同发展来辐射内陆的发展。

发展目标：经过三至五年改革探索，将自贸试验区建设成为贸易自由、投资便利、高端产业集聚、金融服务完善、法制环境规范、监管高效便捷、辐射带动效应明显的国际一流自由贸易园区，在京津冀协同发展和我国经济转型发展中发挥示范引领作用。

4. 福建自贸区：面向台湾，侧重两岸经贸合作

2014年12月12日，国务院决定设立中国(福建)自由贸易试验区〔China(Fujian) Pilot Free Trade Zone〕。中国(福建)自由贸易试验区包括了福州片区、厦门和平潭片区。福建自贸区着重进一步深化两岸经济合作，总面积118.04平方公里，包括平潭片区43平方公里、厦门片区43.78平方公里、福州片区31.26平方公里。福建自贸试验区立足于深化两岸经济合作，着力加强闽台产业对接、创新两岸服务业合作模式，以此来辐射带动海峡西岸经济发展。

发展目标：经过三至五年改革探索，力争建成投资贸易便利、金融创新功能突出、服务体系健全、监管高效便捷、法制环境规范的自由贸易园区。

资料来源：钟春平：《中国四大自贸区的战略布局》，《观点中国》2015年3月。

基本概念

区域经济一体化(Regional Economic Integration)

经济全球化(Economic Globalization)

自由贸易区(Free Trade Area)

关税同盟(Customs Union)

共同市场(Common Market)

经济同盟(Economic Alliance)

贸易创造效应(Trade Creation)

贸易转移效应(Trade Diversion)

复习思考题

1. 目前欧盟面临的主要问题是什么？对后来的一体化组织有何借鉴意义？

2. 分析如果中国与韩国、日本组建东北亚自由贸易区，会带来何种经济效应？

3. 根据内地、台湾、香港的经济发展和贸易状况，推测建成何种区域一体化组织最适合？

并分析其可能带来的经济效应和政治效应。

4. 发展中国家怎样面对经济全球化？以东亚金融危机为例说明。

5. 什么是自由贸易区、关税同盟、共同市场、经济同盟？它们之间有何联系及区别？

6. 论述区域经济一体化与经济全球化的关系。

7. 简述关税同盟理论和协议性国际分工理论。

8. 分析区域经济一体化对国际贸易的影响。

参考文献

1. 黄卫平：《中国加入区域经济一体化研究》，经济科学出版社，2009 年。

2. 李坤望：《国际经济学（第四版）》，高等教育出版社，2017 年。

3. 海闻、P. 林德特、王新奎：《国际贸易》，上海人民出版社，2012 年。

4. 张二震、马野青：《国际贸易学（第五版）》，南京大学出版社，2015 年。

5. 张彬：《国际区域经济一体化比较研究》，人民出版社，2010 年。

6. 张永安：《区域经济一体化理论与实践》，格致出版社，2010 年。

7. 陈绍锋：《东亚一体化视角下的〈区域全面经济伙伴关系协定〉：守成与创新》，《国际政治研究》，2021，42（03）：9 - 37＋5。

8. 欧定余、彭思倩：《逆全球化背景下东亚区域经济共生发展研究》，《东北亚论坛》，2019，28（04）：59 - 70＋128。

9. 曹广伟：《亚太经济一体化的困境与破局研究——多重权力逻辑的视角》，《亚太经济》，2019（02）：5 - 14＋149。

10. 佟家栋：《亚太地区经济合作一体化模式探讨——从非机制化转向机制化研究》，《亚太经济》，2020（02）：30 - 35＋149 - 150。

11. 全毅：《区域贸易协定发展及其对 WTO 改革的影响》，《国际贸易》，2019（11）：52 - 58。

第十二章

国际服务贸易

长期以来,谈起国际贸易这个概念,人们很自然地把它默认为有形实物商品交换的货物贸易,往往会忽略掉无形商品的国际交换行为。然而,随着全球产业结构的不断升级,由服务业迅速发展所引致的服务交换规模急剧膨胀,跨越国家(地区)之间的商品交换已经不拘泥于有形商品,而且包含了无形商品——服务。在此背景下,经济合作与发展组织(OECD)于1972年正式提出了"国际服务贸易"这一概念,国际服务贸易(可以简称为服务贸易)由此逐步进入了人们的视野,并且越发得到重视。

本章将专门阐述20世纪后期才逐渐得到蓬勃发展的服务贸易,探讨服务贸易的基本范畴、相关理论以及最新的发展趋势。

第一节　国际服务贸易的基本范畴

由于开展国际服务贸易的基础应当以服务业的发展为基础,而服务业的发展又以服务作为具体的交换对象,因此,本节将从服务和服务业开始逐步引入与国际服务贸易相关的问题。

一、服务

(一)服务的定义

在经济学中,通常把能够满足人类各种欲望的物品划分为两类:一是自由物品(Free Goods),二是经济物品(Economic Goods)。自由物品通常是指人类不需要付出劳动就能够获得的物品,包括空气、阳光和雨水等。经济物品通常是指人类需要付出一定的劳动方可获得的物品,包括食物和衣服等。经济物品从存在形态上来看又可以划分为实物形态和非实物形态。

实物形态的经济物品十分普遍,而且出现的时间较早,人们通常把它称为商品或者货物(Goods);而非实物形态的经济物品出现的时间相对较晚,人们通常把它称为服务或者劳务(Service)。对于人们的实际需求来说,商品和服务都发挥着积极的作用,而且在某些特殊情况下两者是无法相互替代的。

经济学家们早已开始关注商品问题,服务则长期被置于遗忘的角落,那么到底什么是服务? 目前在经济学界尚未取得统一的认识。最早对服务的内涵进行界定的人物是法国古典经济学家让·巴蒂斯特·萨伊,他在 1803 年出版的巨著《政治经济学概论》中指出,无形产品(服务)和实物商品一样,都属于劳动的果实和资本的产物。另一位法国古典经济学家弗雷德里克·巴斯夏也对服务做了相应的论述,他在《和谐经济论》中指出:"这(劳务)是一种努力,对于甲来说,劳务是他付出的努力;对于乙来说,劳务则是需要和满足。"巴斯夏的论述实际上也充分地肯定了劳动创造服务。

进入 20 世纪六七十年代,全球的产业结构得到了提升,服务经济得到了迅猛的发展。学者们面对这一突出现象,对服务这一概念的讨论也变得空前热烈。富克斯是其中最典型的代表之一,他认为,服务作为一种非物质形态的经济物品,只能是消费者在现场直接消费的同时进行生产和提供,它无法储存和运输。富克斯对服务的描述实际上指出了服务作为一种经济物品所具有的特质。

希尔综合了很多人给出的定义或者描述,他对服务下了如下定义:"一项服务生产活动是这样一种活动,即生产者的活动会改善其他一些经济单位的状况。这种改善可以采取消费单位所拥有的一种商品或一些商品的物质变化形式,另一方面,改善也可以关系到某个人或者一批人的肉体或精神状态。随便在哪一种情形下,服务生产的显著特点是,生产者不是对其商品或本人增加价值,而是对其他某一经济单位的商品或个人增加价值。"实际上,希尔的定义揭示了服务提供者在向他人提供服务的过程中所具有的积极意义,也就是说,他是从服务的生产入手来进行解释的。

营销学大师菲利普·科特勒对服务的定义:"一方能够向他方提供在本质上是无形的、不带来任何所有权的某种活动或利益,其生产也许受到物质产品的约束,或者不受约束。"这一定义一方面指出了服务所具有的无形性特征,同时还说明了服务在转移的过程中往往并不伴随着所有权的转移等特点。

综合不同学者从多角度对服务的定义和描述,本教材对服务的定义如下:服务是以活动的形式为其他经济单位的个人、组织、商品或者服务增加价值的过程和结果。在此特别需要指出的是,对其他经济单位的服务增加价值这一说法主要是指对某一项服务活动的"再服务",例如,保险服务这一活动被再次保险即为此种情形。

(二)服务的特征

与实物商品不同,服务具有以下几方面的特征。

1. 无形性

实物商品的形状、大小、重量和颜色等空间形态是十分具体的,人们可以通过相应的仪器来进行精确的测定,甚至可以通过触觉来进行感知。而且,有些实物商品的使用价值就可以直接通过这些形态来进行判断。相比较而言,服务则不具有这么多清晰可见的空间形态特征,尽管人们能够通过体会服务所带来的效用来感受服务的存在,但是不占用空间,不能直接可视。人们在享受服务这种特殊商品时,通常无法直接观察到其具体形态,只有在购买并且消费了之后,才能够觉察到服务的结果和产生的效用,而不是服务本身。例如,理发服务、餐饮服务和运输服务等都是无形的。

随着科学技术的快速发展,服务的无形性特征也变得不那么绝对,部分服务已经逐渐变得有形了。加拿大服务经济学家格鲁伯和沃克于1989年提出,类似于影像、技术和教育之类的服务完全可以通过某种载体而表现出有形的特征,这些服务可以通过刻录在光盘上的方式而表现出有形性。载有这些服务的光盘其价值并不是取决于光盘的制作成本,而更多的是取决于光盘中所刻录的具体内容的价值。从这个意义上说,服务也可以具有空间形态。

2. 不可分割性

实物商品的生产、运输、销售和消费等环节是可以分割的,即生产在前,运输和销售居中,消费在后。而服务的生产与消费通常是同时发生的,难以将服务先经过生产和包装以后再消费,也难以针对服务来开展一些贱买贵卖的套利活动。例如,医生在对病人提供医疗服务的时候,很难先将医疗服务生产出来再进行包装,然后出售给病人,因为病人如果不在现场共同参与医治过程,那么医生就很难针对特定的病情给出具体的治疗方案,医疗服务也就无从产生。考虑到前面所提及的有些服务已经逐渐具有有形的特征,如果把这些服务通过某种载体出售给需求者,那么这些服务就可分割了,也就是说,不可分割性也并不绝对。

3. 不可储存性

对于实物商品而言,它们通常在生产出来以后会有长短不一的储存期,而后才会进入其他环节。但由于服务具有上述所谓的不可分割性,生产和消费往往是同时进行的,很难存在一个单独的储存环节。例如,当顾客进入理发店以后,如果理发店中没有理发师提供服务,那么顾客绝不可能购买已经储存起来的理发服务来帮助自己修饰头发,理发店也不可能从中盈利。类似于以上特征,服务的不可储存性也并非绝对,极个别的服务也可以长时间储存。例如,保险服务具有一定的期限,投保人在某一时点购买保险产品后,被保险人可以在有效期内一直享受保险服务,直至保险期结束。在保险期以内,保险服务一直处于储存状态。

4. 异质性

虽然实物商品也具有异质性,但是服务的异质性特征则表现得更为突出。服务的异质性可以从多个方面来理解:第一,不同的服务提供者在提供"相同的"服务时,这些"相同的"服务实际上存在较大的差别。例如,不同的教师在讲授同一门功课时,即提供"相同的"教育服务时,由于教师的水平和授课方式存在差异,所以看似相同的教育服务实则是异质的。第二,不同的服务需求者在消费"相同的"服务时,这些"相同的"服务也是有差异的。例如,不同层次和基础的学生在学习同一门功课时,授课教师通常要根据学生的理解能力来制定授课计划和内容,这就使得这门功课所蕴含的教育服务不尽相同。第三,同一个服务提供者在不同的时间或者地点向同一个(些)服务需求者供应服务时,这些服务也具有明显的异质性。例如,同一位教师在不同的环境给同样的学生讲授同样的课程时,由于授课环境的差异会激发出教师不同的灵感,教师的授课状态和热情也并非完全相同,这就使得授课效果迥异,即提供了具有异质性的教育服务。除此以外,我们还可以从其他方面来理解服务的异质性,在此不一一列举。

综合服务以上这些特征之后,我们会发现,服务在购买和消费之前并不存在,也无法感知服务产品的优劣,这与实物商品在购买之前就已经明确存在完全不同。换句话说,消费者只能在消费了服务之后才能得知服务的实际效果,进而在将来的购买实践中积累经验,并且对某些高质量的服务产生信任。学者们通常将服务的这些特征称为经验特征和信任特征。

实际上,服务的经验特征和信任特征这一说法借鉴了 1970 年美国经济学家尼尔森对产品的分类方法,他把产品分为寻找品质和经验品质两类。寻找品质是指顾客在购买产品之前就已经能够得知的产品特性,包括价格、颜色、形状、款式、手感和气味等。经验品质是指顾客只有在购买并且消费了产品之后才能得知的产品特性,包括使用的舒适程度和耐用程度等。达比和卡内二人在此分类基础上又加入了信任品质,即顾客在购买产品之前,以及在购买、消费了产品之后仍然无法准确得知产品的真实效果这一属性。其实这种情形并不少见,例如,在医疗服务中,由于病人缺乏足够的专业知识,他们很难得知医生对自己所实施的医治方案是否为最佳,病人的综合感受实际上还依赖于对医生的信赖程度。

就评价的难易程度而言,各种产品的质量和效用是千差万别的。一般来说,具有寻找特征的产品易于评价,具有经验特征的产品其次,具有信任特征的产品最难评价。为了便于清晰地认识这一问题,我们可以用图 12 - 1 来表示。

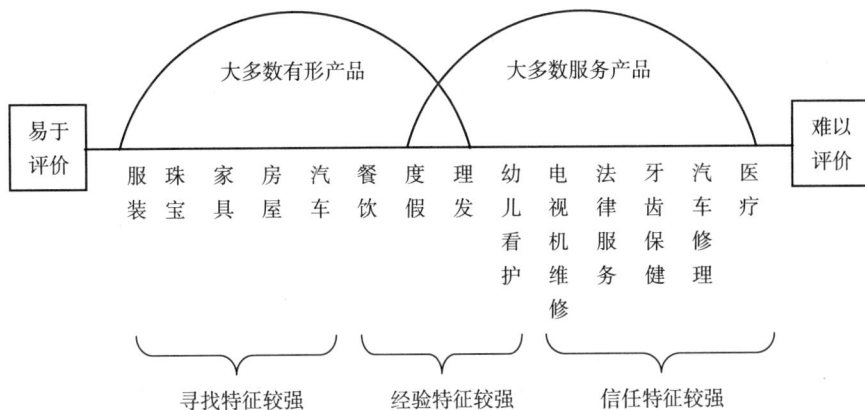

图 12 - 1　三大类产品特征图
资料来源:陈宪、程大中:《国际服务贸易——原理·政策·产业》,立信会计出版社,2003 年。

二、服务业

(一)服务业的概念

类似于服务这个概念没有在学术界取得广泛意见一样,服务业目前也没有较为统一的定义,存在较大的分歧。本教材认为,正如工业和农业是生产各种工农业产品的经济组织或企业的集合一样,服务业是生产或提供各种服务的经济部门或企业的集合。

(二)服务业的分类

服务业的分类有很多标准,标准不同,分类的结果也不尽相同。我们在此以布朗宁和辛格尔曼根据联合国标准产业分类(SIC)为准则,将服务业划分如表 12-1 所示。

表 12-1　商品产业与服务产业的分类

商品生产部门	农业、制造业、建筑业、采矿业、石油与煤气业、公共事业、林业、渔业与捕获业	
服务生产部门	消费者服务业	招待与食品服务、私人服务、娱乐与消遣服务、杂项服务
	生产者服务业	企业管理服务、金融服务、保险与房地产
	分配服务业	运输与贮藏、交通与邮电、批发与零售

资料来源:陈宪、程大中:《国际服务贸易——原理·政策·产业》,立信会计出版社,2003 年。

从表 12-1 来看,服务生产部门又可以分为消费者服务业、生产者服务业和分配服务业三大类,对此稍作阐述如下。

消费者服务是指为消费者的消费行为所提供的服务。它涵盖的范围十分广泛,只要是来自个人或者家庭的消费需求的服务都可以纳入消费者服务的范畴之中。由于一个社会供应服务的终极目标之一就是为了能够通过满足消费者的需求来达到提高社会福利的目的,因此从这个意义上说,消费者服务在任何分类方式的服务活动中都占据着核心地位。

生产者服务是指为生产者的生产行为所提供的服务。它的一个重要特征便是被企业作为中间投入纳入整个生产体系之中,之所以企业要把生产者服务作为中间投入品,一方面是出于生产活动对特定要素的需求,另一方面是出于提高劳动生产率的需要。实际上,在很长的一段时期内,生产者服务业只是隶属于制造企业的职能机构,而且这种情形依然存在于现在的企业组织形式中。随着生产力的高度发展,以及为了满足节约成本、组织扁平化、培育核心业务等不同企业的战略需要,生产者服务业开始群集性、大规模地脱胎于制造业,逐渐形成了相对独立的部门。然而,生产者服务业与制造业的分离并非为了分离而分离,而是为了专业化做精、做深,并更好地服务于制造业,两者在空间距离上的分离并不等同于价值链关系上的分割,相互之间都有需求,制造业需要生产者服务业为其提供已经剥离出去的中间业务,把专业化的人力资本、知识资本导入生产制造环节之中;生产者服务业则需要制造业为其提供生存与发展的外部市场需求条件,脱离了制造业便无法独善其身。

分配服务是指消费者在购买商品,或者生产者在供应商品时所需要的额外服务。它是由人们对实物商品的直接需求所派生出来的一类服务,是一种具有引致性质和追加性质的服务。按照分配服务与实物商品之间的联系紧密程度,分配服务还可以划分为"锁住型"分配服务和"自由型"分配服务。前者是指不能完全脱离于实物商品而单独存在的服务,它只能是实物商品生产活动或者交换活动中的延伸部分,而且其价值也内嵌于实物商品之中。例如,商品的搬运服务即为"锁住型"分配服务。后者是指可以脱离于实物商品而单独存在的服务,它可以作为独立的对象进行交换,例如邮电通信服务。

表 12-1 中的分类方法并没有考虑到政府的经济职能,所以并不包含政府服务。政府服务是指免费或者以较低价格来提供给社会公众的服务,包括国防、教育、保健和社会治安等。当然,对于某种特定的服务而言,它可能属于政府服务,也可能属于民间服务。例如,教育服务可能是由政府出资创办的公立学校提供的,也可能是由私人部门出资所创办的学校提供的,从教育服务的功能和价值这个角度来说,这两者并无差异,两者只是在资金的来源上有较大分

别。所以在某种程度上来说,政府服务(公共服务)与民间服务的主要区别并非表现在服务形式上,而是表现在服务的资金来源上。

三、国际服务贸易

(一)国际服务贸易的定义

到目前为止,世界上各个国际组织对国际服务贸易都有不同的定义。具有代表性的定义主要包括以下几种。

1. 联合国贸易与发展会议(UNCTAD)对服务贸易的定义

货物的加工、装配、维修以及货币、人员、信息等生产要素为非本国居民提供服务并取得收入的活动,是一国与他国进行服务交换的行为。很显然,这个定义是从过境这个视角来阐述服务贸易的。

2.《美国和加拿大自由贸易协定》对服务贸易的定义

服务贸易是指由代表其他缔约方的一个人,在其境内或进入某一缔约方提供所指定的一项服务。这里所谓的"指定的一项服务"具体包括:生产、分销、销售、营销以及传递一项所指定的服务及其进行的采购活动;进入或使用国内的分销系统;以商业存在形式为分销、营销、传递或促进一项指定的服务;遵照投资的规定,任何为提供指定服务的投资,以及任何为提供指定服务的相关活动。

3.《服务贸易总协定》(GATS)对服务贸易的定义

① 从一缔约方境内向任何其他缔约方境内提供服务;② 在一缔约方境内向任何其他缔约方服务消费者提供服务;③ 一缔约方在其他任何缔约方境内通过提供服务的实体性介入而提供服务;④ 一缔约方的自然人在其他任何缔约方境内提供服务。实际上,这个定义中的每一条分别针对着一种具体模式的服务贸易,分别为跨境交付、境外消费、商业存在和自然人流动。因此,从这一点来看,该定义与瑞德尔给出的服务贸易定义有一定的相似性,瑞德尔根据服务供给者和服务需求者是否发生了跨国移动这一标准,可以将服务贸易用图形描述如图 12-2 所示。

生产者

	不移动	移动
消费者　不移动	A. 过境贸易	B. 要素收益贸易
消费者　移动	C. 当地贸易	D. 第三国贸易

图 12-2　瑞德尔的服务贸易分类矩阵

考虑到《服务贸易总协定》在国际服务贸易领域中的影响力和权威性,本教材采用该协定对服务贸易的定义。

(二) 国际服务贸易的特点

1. 贸易标的的无形性

由于服务贸易的标的物是服务,而服务具有无形性的特征,这就使得服务贸易中服务的供给、销售和消费都是无形的。标的物的价值也无法从外观上来进行评判,只能通过服务所产生的贡献来衡量。

2. 生产过程和消费过程的同步性

由于服务具有不可分割性和不可储存性,服务贸易的开展通常要满足生产者和消费者两个主体在空间上的对接或者临近。在此情形下,服务的生产者便能够在给消费者提供服务的过程中获得服务的让渡价值,服务的消费者也在此过程中获得了服务所带来的效用,服务贸易过程得以实现。

3. 服务贸易市场的高度垄断性

服务贸易所涉及的标的物不仅仅包括旅游、运输和工程承包等低技术水平的服务,还包括通讯、教育、咨询和版权等技术密集型和知识密集型的服务,甚至还包括影像、文化传媒等涉及国家安全的服务。如果不对这些较为敏感的领域进行必要的监控和管制,那么巨额利润驱动下的非法服务贸易便会越发猖獗,并且由此带来严重的社会后果。所以,特定领域中的服务贸易活动只能由少量的部门开展,自然产生了垄断性。即使不考虑由政府部门所主导的垄断性服务贸易市场,出于攫取利润目的,众多跨国公司也会设置各种市场障碍来强化服务贸易的垄断性。

4. 服务贸易壁垒的隐蔽性

货物贸易的壁垒包括关税壁垒和非关税壁垒,而服务贸易的壁垒只有非关税壁垒,而且在表现形式上更为隐蔽。

国际服务贸易的壁垒包括产品移动壁垒、资本移动壁垒、人员移动壁垒和开业权壁垒等四类。产品移动壁垒主要以市场准入和国民待遇两种限制措施来加以控制,例如,禁止某些服务业跨国公司从事特定领域的经济活动,或者要求外国服务业企业缴纳较高的税收。资本移动壁垒主要以限制服务业跨国公司对资本的跨国流动做出一定的限制。人员移动壁垒主要通过限制服务供给者或者服务需求者的跨国流动来加以实施,例如,为出国旅游者申请护照和通行证设置烦琐的审批程序。开业权壁垒主要通过准入限制、所有权限制以及经营权限制等方式来建立,例如,对外国服务业企业的特许权使用费上限、经营许可范围进行限制。

(三) 国际服务贸易的供应模式

按照《服务贸易总协定》对服务贸易的定义,服务贸易包括四种供应模式:跨境交付、境外消费、商业存在和自然人流动。

跨境交付(Cross-border Supply of Services),从一成员国境内向另一成员国提供服务。这种模式的服务贸易对应着服务本身跨越国境的过程,例如,货物运输、电话、电报和网上服务等都属于跨境交付。

境外消费(Consumption Abroad),一成员国居民在另一成员国境内享受服务,这种模式也被称为消费者移动。例如,一国的学生在国外留学而享受的教育服务,或者一位病人在国外接受治疗服务都属于境外消费。

商业存在(Commercial Presence),一成员国的服务者在任何其他成员国境内通过建立、经营和扩大商业实体来提供服务。例如,某一咨询公司到其他属于 WTO 成员方建立分支机构或者代理机构,并且向该国提供咨询服务,这就属于商业存在。

自然人流动(Movement,Presence of Natural Persons),一成员国的服务者进入并暂时留在另一成员国境内以提供服务。例如,一位艺术家到另一国家从事艺术创意工作并且获得了相应的回报,这就对应着服务的跨国流动,属于自然人流动范畴的服务贸易。

（四）国际服务贸易的分类

我们可以按照多种标准对服务贸易进行分类,这些标准包括行业标准、服务对象标准和要素密集度标准等。

1. 按照行业为标准的分类

（1）银行和金融服务贸易。从 20 世纪 90 年代开始,信息技术在银行服务业和其他金融服务业中得到了广泛的使用,而且世界各国不断放松对外汇的严格管制,全球金融市场逐步开放,这些都为银行和金融服务贸易的迅猛发展奠定了基础。具体而言,银行和金融服务包括银行零售服务、企业金融服务、银行间服务和国际金融服务等。

（2）保险服务贸易。由于保险服务通常是为国际货物贸易中保险单的持有者提供的风险防范服务,所以保险服务贸易的发展直接得益于世界货物贸易的急速扩张。最近十多年以来,世界货物贸易的平均增速在 10% 以上,对保险服务产生了极大的需求,促进了保险服务贸易的发展。

（3）国际旅游服务贸易。随着人们的物质需求不断得到满足,人们开始加大对精神娱乐层次的消费力度,这其中包括了国际旅游服务。国际旅游服务包括旅游设施及客运、住宿和餐饮等,国际旅游服务贸易同时还促进了国际航空运输服务贸易的发展。

（4）国际运输服务贸易。国际运输服务的发展规模在很大程度上取决于世界货物贸易发展的规模。它主要包括水上运输、陆上运输和航空运输三大部分,而且水上运输一直是国际运输的主要运输方式,涉及贸易额达到总贸易额的 80%—90%。

（5）信息、计算机与通信服务贸易。随着世界各国信息化水平的不断提高以及各国对发展信息产业的不断支持,信息、计算机与通信行业在整个国民经济中的地位不断提升,与此相关的服务贸易规模也在节节攀升。由于世界各国在信息技术水平上的竞争优势相差较大,目前主要由世界发达国家主导着此类服务贸易。

（6）其他行业服务贸易。除了以上服务贸易以外,还包括教育、咨询、娱乐和工程承包等行业的服务贸易。

2. 按照服务对象为标准的分类

（1）生产者服务贸易。此类服务贸易的服务对象是生产者,即生产者在生产经营活动中把服务作为中间品投入,以便能够对其下游环节带来技术上的支持,从而提高生产率。格鲁伯和沃克(1993)的研究表明,如果生产者服务能够大规模地从原先的产业链中分离出来,并成为独立的部门,那么这种分工将能够促进其他部门的生产率提高。因此,生产者服务贸易的快速发展不仅仅成就了一个新的产业,还推动了相关产业的发展。

(2)消费者服务贸易。此类服务贸易的服务对象是消费者,因此又被称为"面向消费者的服务贸易"。在早期,由于社会分工欠发达,很多企业把各个环节的生产活动纳入在一个企业内部,使得服务贸易基本上都是以消费者服务贸易的形式出现的。消费者服务包括旅游业和餐饮业等。

实际上严格来说,由于某一种服务有可能是为生产者服务的,也有可能是为消费者服务的,因此,这两者之间并没有明确的界限。

3. 按照要素密集度为标准的分类

(1)劳动密集型服务贸易。此类服务贸易以旅游业、建筑业和维修业等为典型代表,这些行业的服务贸易主要依靠劳动力作为中间要素投入,技术含量通常偏低。

(2)资本密集型服务贸易。此类服务贸易以运输业和工程建筑业为典型代表,例如,运输业中需要大量的资本投入来购买各种运输设备,这就使得规模经济成为此类服务贸易的竞争力之一。

(3)技术与知识密集型服务贸易。此类服务贸易包含的种类较多,例如咨询业、教育业和信息服务业等。由于技术与知识密集型服务更多地以技术、知识、创意和灵感作为核心要素投入,而且这些要素相对较为稀缺,所以此类服务贸易的利润率相对较高,并能够推动下游产业的生产率提高。总体而言,发达国家目前在此类服务贸易中具有较强的竞争力,并且给它们带来了较大的贸易顺差。

第二节　国际服务贸易的发展现状及趋势

自从世界总体的产业结构发生了深刻变化之后,国际服务贸易开始悄然兴起,并且影响了整个国际贸易的发展格局。经历了若干年的发展,国际服务贸易已经呈现出了一些新的特点和发展趋势。

一、世界服务贸易的发展现状与趋势

(一)世界服务贸易持续高速增长

世界产业结构自 20 世纪 60 年代以来迅速调整,服务业在三大产业中的比例大大提高。直至 2002 年,世界服务业增加值占 GDP 的比重首次突破 60%,以美国、日本和西欧为代表的高收入国家(地区)更是达到了 70%左右,至 2020 年高收入国家(地区)甚至达到 75%以上,中低收入国家也大多超过了 50%,这标志着世界经济已经实现了向服务经济的转型。

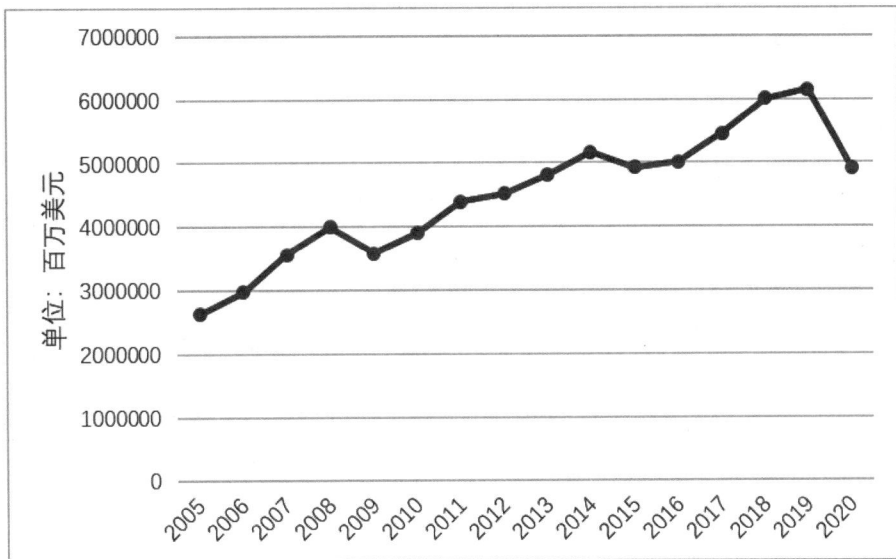

图 12 - 3 2005—2020 年世界服务贸易出口额
资料来源：WTO 统计数据库(http://stat.wto.org)

随着世界服务型经济特征的逐步凸显,服务贸易的规模也在快速扩张,从图 12 - 3 来看,世界服务贸易出口总额从 2005 年的 26286 亿美元迅速上升至 2019 年的 61502 亿美元,增长了 1.34 倍。纵观这十几年服务贸易的发展状况,2005—2008 年是稳步增长的时期,年平均增长率为 15.1%,但从 2009 年开始,由于受到全球金融危机的影响,服务贸易出口出现波折,随后又开始恢复性增长。直至 2019 年世界服务贸易出口总额达到 61502 亿美元,是 2009 年服务贸易出口总额 35848 亿美元的 1.72 倍。然而 2020 年因为新冠疫情的突然爆发使全球贸易遭到冲击,服务贸易总额也受到影响,下降到 49138 亿美元。总体而言,从绝对规模上来看,服务贸易尽管依然落后于货物贸易,但是近年来服务贸易额占世界贸易总额的比例已经提升至 20% 左右。

（二）世界服务贸易内部结构出现调整

在世界服务贸易规模空前提高的同时,服务贸易的内部结构也有了显著的调整。关于服务贸易的分类,主要依据是联合国等国际机构于 2002 年共同编写发布的《国际服务贸易统计手册》,其最新 2010 年修订版按照《国际收支服务扩展分类》(EBOPS2010),将"服务贸易"分为 12 大类,分别是：① 对他人拥有的有形投入进行的制造服务；② 别处未包括的保养和维修服务；③ 运输；④ 旅行；⑤ 建筑；⑥ 保险和养恤金服务；⑦ 金融服务；⑧ 别处未包括的知识产权使用费；⑨ 电信、计算机和信息服务；⑩ 其他商业服务；⑪ 个人、文化和娱乐服务；⑫ 别处未包括的政府货物和服务。为了便于表述和分析,我们遵循 WTO 的归类,将①、②归入商品相关服务,将⑤—⑫归入其他服务贸易,最终将服务贸易划分为商品相关服务、旅游、运输和其他服务贸易四种类型。

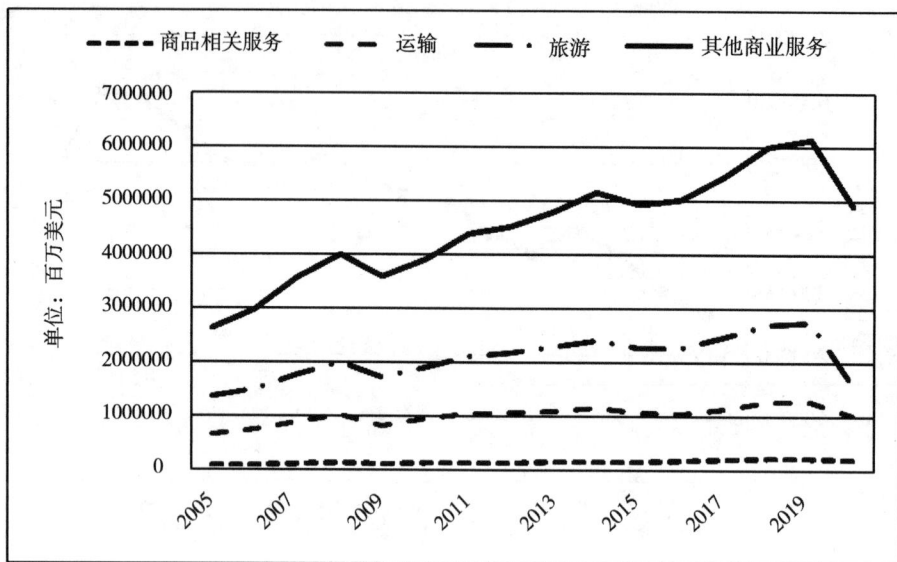

图 12-4 2005—2020 年世界服务贸易出口内部结构
资料来源：WTO 统计数据库（http://stat.wto.org）

从图 12-4 来看，世界服务贸易出口的内部结构逐渐发生变动，我们可以把 2005—2020 年这段时期划分为四个阶段来考察。首先，2005—2008 年，这段时期四种贸易的占比基本稳定不变，分别是商品相关服务 3％，运输 22％，旅游 25％和其他商业服务 50％；其次，金融危机冲击后的 2009 年，这一年四种类型服务贸易的规模均产生了明显下滑，总体结构有了微小的改变；再次，2010—2019 年，商品相关贸易和其他服务贸易均有所发展，占比分别提升至 4％和 55％，而运输和旅游整体占比有所下降，大约 17％和 24％，但大致依旧是迅速增长的趋势；最后，2020 年因为新冠疫情的影响，四种类型的服务贸易额均有不同程度的下滑，其中又以旅游下降最为明显，可以预见未来如果疫情形势迟迟不得放缓，那么旅行相关的服务贸易占比会进一步缩减。运输行业也不容乐观，反观商品相关贸易总体稳定，尤其是其他服务贸易长期的高速增长以及远超其他三类的总量，在疫情之后优势进一步扩大，这表明整个世界服务贸易出口的内部结构已经向其他服务倾斜。

根据进一步计算发现，2020 年其他服务贸易已经占据了服务贸易出口总额的 67.81％，这一大类服务贸易之所以出现了如此快速的发展，其中的重要原因之一在于，随着国际分工的深刻发展，大量的生产者服务业①从制造业中得以分离，脱离了制造业的生产者服务业能够集中资源从事更为专业化的服务活动，对于制造业的发展起到了极大的推进作用。同时，随着服务贸易壁垒的逐步降低，在生产者服务方面具有竞争力的跨国公司获得了出口生产者服务产品的重要舞台，而图 12-4 中的其他服务贸易中就有很大一部分属于生产者服务产品。

———————————

① 所谓生产者服务，是指那些为进一步生产或者最终消费而提供服务的中间投入。从外延上看，生产者服务一般包括金融保险服务、现代物流服务、信息服务、研发和技术培训服务、会计广告和管理咨询服务等。在我国，生产者服务又被称为生产性服务。

（三）发达国家主导服务贸易市场，但发展中国家增速高于发达国家

尽管全球的服务贸易得到了迅速的发展，但是地区之间发展的不平衡问题却依然十分突出，图 12－5 反映了发达国家与发展中国家服务贸易所占份额的差异①。不难发现，世界服务贸易主要是由发达国家所主导，发达国家的服务贸易基本占据了全球 70％以上的份额，发展中国家只占据了 30％以下的份额。

然而，地区间发展不平衡的问题近年来得到了一定程度上的改变。从图 12－5 中两条曲线的变动趋势来看，剔除 2020 年新冠疫情冲击带来的数据波动，2005—2019 年之间，发达国家所占份额逐步降低，发展中国家所占份额逐步上升。经过计算发现，2005—2020 年，世界服务贸易年平均增长率为 6.53％，但发达国家的年平均增长率低于世界平均水平，为 6.31％，发展中国家的年平均增长率高于世界平均水平，为 7.17％。在众多发展中国家之中，中国与印度不仅是两个服务贸易发展规模较大的例外，更是发展中国家发展服务贸易的成功典范。

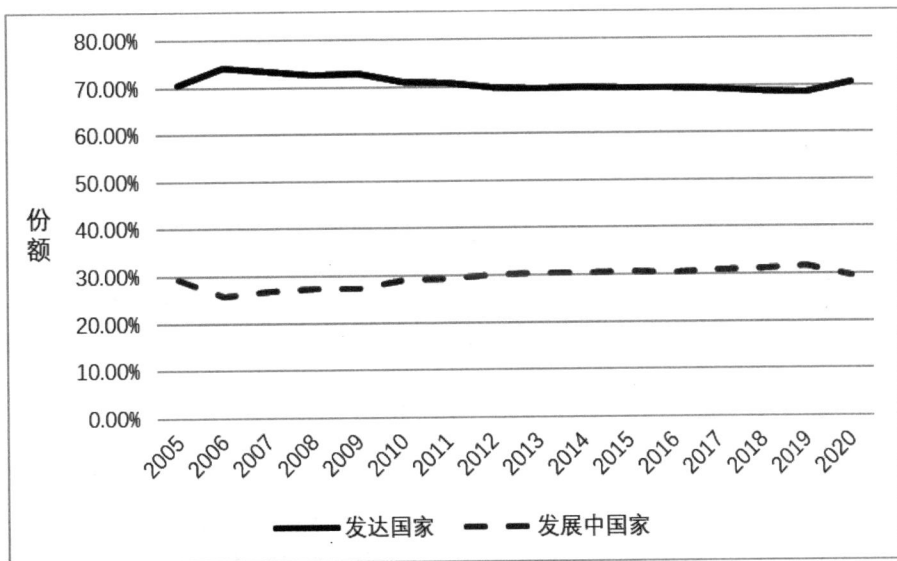

图 12－5 2005—2020 年发达国家与发展中国家服务贸易出口所占份额
资料来源：WTO 统计数据库(http://stat.wto.org)

如果对世界各地区进行更为精细的划分会发现，世界服务贸易的主要出口国（地区）集中于北美洲、欧洲以及亚洲新兴工业国家，这些地区始终是服务贸易的主要出口者。相比较而言，非洲、中东地区和南美洲的服务贸易发展较为滞后。

---

① 在联合国的运作中，目前并没有一套统一的衡量发达国家的指标，根据各种国际组织的资料来看，公认的发达国家共 24 个，分别是：卢森堡、挪威、瑞士、爱尔兰、丹麦、冰岛、瑞典、英国、奥地利、荷兰、芬兰、比利时、法国、德国、意大利、西班牙、希腊、葡萄牙、美国、加拿大、日本、新加坡、澳大利亚和新西兰。新增的发达国家共 8 个，分别是塞浦路斯、巴哈马、斯洛文尼亚、以色列、韩国、马耳他、匈牙利和捷克。本书综合考虑了世界银行、国际货币基金组织和 CIA 发布的《世界概况》对发达经济体的界定，同时根据数据的收集情况，选取了以下 30 个国家作为发达国家：澳大利亚、奥地利、比利时、加拿大、塞浦路斯、捷克、丹麦、芬兰、法国、德国、希腊、匈牙利、冰岛、爱尔兰、以色列、意大利、日本、韩国、马耳他、荷兰、新西兰、挪威、葡萄牙、新加坡、斯洛文尼亚、西班牙、瑞典、瑞士、英国和美国。

（四）世界服务贸易自由化倾向日益显著，但贸易保护主义依旧存在

随着各国产业结构的不断提升，服务贸易的发展受到了前所未有的重视，服务贸易的全球化、自由化已经成为不可扭转的发展趋势。从发达国家的角度来看，由于服务贸易具有高附加值、高盈利空间等特点，完全能够借助自身在服务贸易方面的强大竞争力来获取全球出口市场，所以必然会通过种种措施来推进服务贸易的自由化进程，世界贸易组织在最近的多次谈判中都不乏关于开放服务业市场的议题。从发展中国家的角度来看，由于发展中国家的服务贸易竞争力相对落后，振兴服务业已经成为众多发展中国家的战略目标，而借助国际市场扩大出口，或者通过服务贸易进口来引进市场竞争机制，这些都是在特定条件下的合理选择。从某种程度上来说，发展中国家也期待着服务贸易朝自由化方向发展。

然而，由于不同的国家处于不同的发展阶段，各国对于服务贸易自由化所能接纳的程度存在差异。发达国家能够在服务贸易自由化的过程中获得巨大的收益，发展中国家则未必，加上国际服务贸易的开展往往会涉及一些敏感性领域，包括金融、保险、通讯以及航空等，这使得部分国家在自身的弱势领域对本国的服务业市场施加诸多限制，以保护本国企业的既得利益。因此，服务产品移动壁垒、资本移动壁垒、人员移动壁垒和商业存在的壁垒等形形色色的服务贸易壁垒继续存在，而且服务贸易壁垒实施的手段往往较为隐蔽。如此一来，服务贸易自由化趋势与服务贸易保护主义现象将会长期并存。

（五）数字贸易迅速崛起

数字贸易来源于数字经济，也是数字经济的延伸与发展。数字贸易是将数字化知识和信息作为其核心内容，基于现代化信息通信网络有效实现线下实体货物、线上数字化产品及服务的交换，从而提高经济活动效率，优化经济活动结构并实现产业智能化的一种新兴贸易活动。它具有虚拟化、平台化、集约化三个基本特征。

21世纪数字贸易的兴起与发展恰逢其时。第一，技术进步加快传统贸易模式的转变。第三次工业革命促成了电子计算机的广泛应用，全球互联网络大大缩短了人类交往的距离。工业4.0概念的提出带来了"互联网＋制造业"的智能生产，其催生出大量新型商业模式，开启智能化新时代。以此为基础，大数据、物联网和新型商业模式都促成了数字贸易的兴起。第二，经济社会发展为数字贸易奠定基础。服务业的迅猛发展极大地改变了经济结构，而数字贸易带有鲜明的服务经济元素。同时，人们在生活中慢慢接受并习惯了数字化消费及出行，对数字贸易的接受程度也越来越高。第三，对高质量发展的需求促进数字贸易兴起。在全球经济高速增长的时代，数字贸易与传统贸易相比具有高效率、高质量的绝对优势，重视其发展是维持并提高国际竞争力的现实需要。

随着数字经济的快速发展，全球数字贸易呈现稳步增长的态势。2019年，数字贸易的增速甚至超过服务贸易和货物贸易，较2018年同比增长3.75%。以美国和欧盟为首的发达经济体是全球数字贸易的领导者，其先进的互联网技术与独特的数字产品及服务具有极大的竞争优势。但从长期来看，发展中经济体凭借其庞大的市场需求与不断缩小的技术差距，在未来成长潜力巨大。

二、中国服务贸易发展的现状与趋势

中国作为一个发展中国家,是全世界服务贸易发展的一支重要力量,目前已经跻身于十大服务贸易大国之列。从2005—2020年,中国的服务贸易出现了一些新的特点与不足,具体体现在以下四个方面。

(一)服务贸易规模持续扩张

随着中国由工业型经济逐步向服务型经济的转型,中国的服务贸易也取得了飞速的发展。从图12-6来看,中国的服务贸易出口额由2005年的779.74亿美元增加到2020年的2780.84亿美元,增加了2.57倍,15年来的年平均增长率为9.67%,远远高于世界平均水平,尤其进入21世纪以来,年平均增长率更是高达16.58%。随着产业结构的进一步提升,以及国家在服务贸易发展战略方面的政策推进,中国的服务贸易将会有更加可观的发展潜力。

从中国的服务贸易内部结构来看,旅游业贸易、运输业贸易以及其他贸易也实现了快速发展。尤其是其他贸易在近年来保持着强劲的增长势头,不管是在绝对规模上还是在增长速度上都要高于旅游业贸易和运输业贸易,这一点也表明了我国的服务贸易结构得到了较大的改善。其他贸易中包含更多的是技术与知识密集型的贸易,是一国科学技术水平的直接反应,加强这类贸易的发展不仅能够获得更高的附加值,而且有利于促进科技水平的发展。

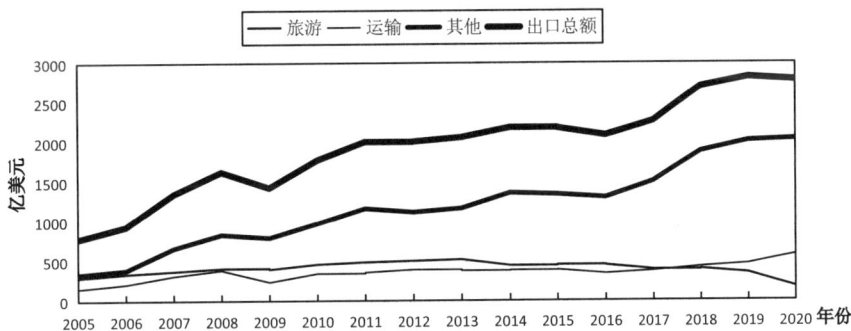

图12-6 2005—2020年中国服务贸易出口变化趋势
资料来源:WTO统计数据库(http://stat.wto.org)

(二)服务贸易在全球中的地位日益提高

长期以来,全球服务贸易完全由发达国家所主导,发达国家的服务贸易出口总额占全球服务贸易出口总额的70%以上,发展中国家仅仅充当了配角。在众多发展中国家之中,中国的服务贸易发展令人瞩目,从图12-7来看,在2005—2020年期间,中国的服务贸易出口占全球服务贸易出口总额的比重由2005年的2.97%上升至2020年的5.66%,全球份额提升了0.91倍。随着中国对外开放程度的不断提高,服务贸易出口占全球的份额得到了极大的提升,因此,从服务贸易增长规模的角度来看,中国是服务贸易自由化浪潮的受益者。

从各国服务贸易出口规模的排名来看,中国的排名已经从2005年的第8名上升为2020年的第4名,仅次于美国;进口的排名也由2005年的第7位上升为2020年的第2位,仅次于美国。

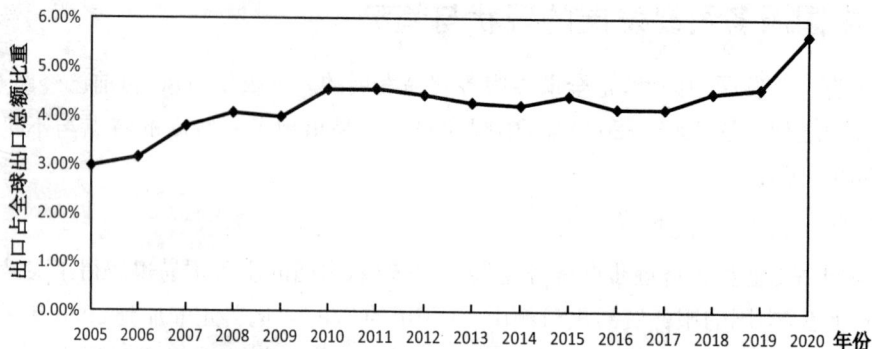

图 12 - 7　2005—2020 年中国服务贸易出口占全球出口总额
资料来源:WTO 统计数据库(http://stat.wto.org)

(三)服务贸易的发展落后于货物贸易的发展

尽管 20 世纪 80 年代以来,中国的服务贸易年平均增长率远远高于世界平均年增长率,而且进入 21 世纪以后,成为仅有的两个能够跻身于十大服务贸易大国行列的发展中国家之一,但是相比于货物贸易而言,服务贸易的发展依然落后于货物贸易。从贸易的绝对规模来看,2020 年货物贸易总额是服务贸易总额的 7.09 倍;从净出口来看,货物贸易从 1990 年开始一直处于顺差状态,但服务贸易则相反;从历年的增长率来看,图 12 - 8 表明,货物贸易的增长率仅在个别年份超过了服务贸易的增长率,在其他年份大多低于服务贸易的增长率,其中,受新冠肺炎疫情等多种因素的影响,2020 年服务贸易增长率比货物贸易低 17.32%。

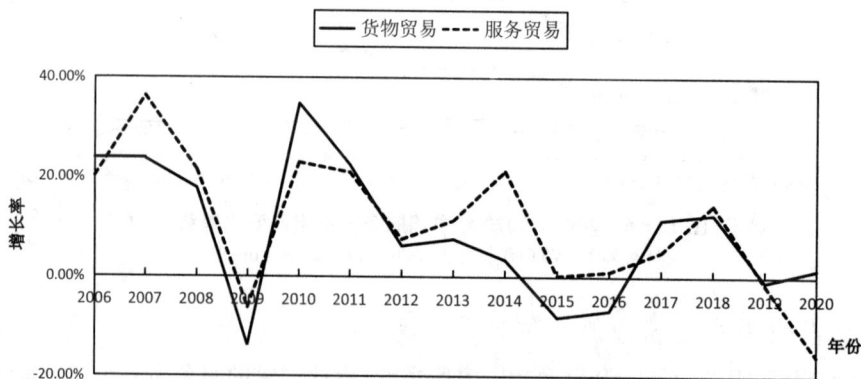

图 12 - 8　2005—2020 年中国服务贸易与货物贸易增长率对比
资料来源:WTO 统计数据库(http://stat.wto.org)

随着中国货物贸易额的急剧上升,中国的出口已经超过德国成为世界第一出口大国,中国势必会与其他国家为了争夺国际市场而展开激烈的竞争。此外,在金融危机的影响之下,贸易保护主义正在欧美国家抬头,目前各国纷纷表示要扩大出口来促使经济增长,中国在今后几年都会处于"摩擦压力"之下,因此,货物贸易的发展前景不容乐观。反观服务贸易,即使欧美国家每年保持巨额的贸易盈余,但并不会像货物贸易一样频频遭受贸易摩擦。因此,在继续推进货物贸易发展的同时,侧重于发展服务贸易,并且更加强调技术与知识密集型服务贸易的发展应当是中国今后健康的贸易之路。

（四）服务贸易管理体制有待完善

中国的服务贸易之所以缺乏国际竞争力,一方面与服务业的发展基础紧密相连,另一方面服务贸易管理体制也严重阻碍了服务贸易的健康发展。主要表现包括:一是立法机构和管理部门之间没有形成良好的协作分工机制。由于服务贸易涉及的种类繁多且发展速度较快,很难由某个政府部门进行集中统一的管理。因此,应当在各专业部门进行专业化管理的基础上,设有综合协调部门对服务贸易进行相对集中的管理。二是在服务贸易管理过程中缺乏中介机构的协调作用。中介机构一方面为政府决策部门提出服务贸易政策建议,另一方面为服务业企业提供市场、政策咨询,帮助企业开拓国际市场。同时,中介机构通过各种研讨会、年会等方式,在政府与企业之间互通信息,协调政府与企业之间,以及各行业在国际服务贸易谈判中的立场,传递各方面的利益要求,与政府一道共同促进服务出口,提高本国服务业的国际竞争力。三是缺乏成熟的服务贸易统计规则。我国的服务贸易数据是由政府部门统计获得的,没有采用与问卷调查汇总相结合的方法,因此统计数据有一定的出入,但发达国家采用的统计方法具有一定的互补性。以美国为例,在过境交付的国别统计中,美国与墨西哥、加拿大接壤国家的服务交易统计,分别统计本国进口,以对方统计的进口数为本国的出口数;对于旅游、教育、医疗等行业的统计,主要利用航空公司、移民局、教育基金会、保险公司等提供的出入境人数、留学生注册人数、基本学费、宿费、飞机票价等资料测算旅游、教育和医疗费用;在企业调查方面,采取基准调查（调查对象为年营业额在 50 万美元以上的企业）和目录抽样调查相结合的方式。通过上述方法,美国获得了较为翔实可信的服务贸易统计数据。四是未能积极参与并推进多边、区域及双边服务贸易协定的签署,这样自然会丧失服务业进军国际市场的诸多机会。

（五）数字贸易规模持续扩大

21 世纪以来,大数据、云计算、物联网等互联网新技术日新月异,开启了数字经济新时代,催生出以信息数据为核心生产要素、数字服务为核心的新型贸易模式即数字贸易。

"十四五"时期,我国数字贸易发展潜力巨大。第一,党中央高度重视数字贸易发展,首次将数字贸易列入《"十四五"服务贸易发展规划》,并以绿色发展作为发展原则。第二,新冠肺炎疫情的爆发使得传统贸易模式受阻,大量交易不得不转为线上,为数字贸易发展创造了有利的外部环境。第三,全球数字经济的高速增长带动全球数字技术及数字贸易的蓬勃发展,为我国的数字贸易发展提供先进技术及广阔市场。

商务部服贸司副司长王东堂表示,一是我国数字贸易规模将不断扩大。预计到 2025 年,我国数字服务贸易进出口总额将超过 4000 亿美元,达到服务贸易总额的一半。二是我国数字贸易开放水平将逐步提升。从放宽服务贸易市场准入,建设数字贸易示范区,打造高水平服务贸易创新开放平台等方面深化数字贸易改革开放水平。三是我国数字贸易规则将逐渐完善。我国将逐步加强对数字信息所有权以及其在储存、传输过程中的保护,加快建立数字知识产权保护、数字税、网络安全与消费者权益保护等方面的基础规则。

第三节　国际服务贸易的相关理论[①]

自从亚当·斯密建立了以货物贸易作为研究对象的绝对优势贸易理论以来,有关货物贸易的各种理论不断出现,以大卫·李嘉图的比较优势理论、赫克谢尔和俄林的要素禀赋理论等为代表的传统贸易理论纷纷出现,随后又出现了以 Krugman(1980)、Helpman and Krugman(1985)为代表的新贸易理论,近年来甚至出现了以 Melitz(2003)为代表的新新贸易理论,目前已经形成了较为系统完整的国际贸易理论。然而,随着服务贸易地位的不断提升,服务贸易的发展实践呼唤着服务贸易理论的诞生,越来越多的学者开始考虑建立服务贸易的理论分析框架。目前,学者们对待服务贸易的理论问题大多存在两种选择:一是根据服务贸易区别于货物贸易的自身特性,认为应当发展出独立的服务贸易理论;二是借鉴货物贸易理论的分析方法,把货物贸易理论延伸至服务贸易领域,从而达到统一货物贸易和服务贸易理论分析框架的目的。经过多年的努力,学者们选择的天平已经逐渐倾向于第二种选择,其中的原因主要在于三点:第一,服务贸易存在跨境支付、过境消费、自然人流动和商业存在等四种不同的交易模式,建立独立的理论遇到了难以逾越的实际困难;第二,在建立独立的服务贸易理论时难以与传统的商品贸易理论彻底决裂,因此自然而然地回归到货物贸易理论分析框架中(陈宪、程大中,2000);第三,货物贸易与服务贸易尽管在表现形式上存在天壤之别,但是两者的本质均为国际分工的产物,分析的起点终究要回归到国际分工。

正是基于以上原因,我们按照货物贸易理论的划分方法,把服务贸易理论也划分为传统贸易理论视角和新贸易理论视角两类。具体而言,传统贸易视角的服务贸易理论包括迪尔道夫模型(Deardorff Model,1985)、伯格斯模型(Burgess Model,1995)、萨格瑞模型(Sagari Model,1989)和马库森模型(Markusen Model,1989)等,新贸易视角的服务贸易理论包括 Francois 模型(Francois Model,1990)和 Wong-Wu-Zhang 模型(Wong,Wu and Zhang Model,2006)等。

一、传统视角的国际服务贸易理论

基于传统贸易理论视角的服务贸易理论研究往往做出如下假定:两个国家、两种要素和两种产品("2×2×2"模型);贸易参与国的生产活动满足规模报酬不变;贸易参与国的偏好相似而且不变;商品市场和要素市场是完全竞争的。这些服务贸易理论大多是建立在赫克歇尔—俄林模型(H-O 模型)的基础上展开分析的。

（一）迪尔道夫模型(Deardorff Model)[②]

迪尔道夫基于"2×2×2"的传统 H-O 模型(两个国家、两种要素、一种有形货物和一种服务)从三方面对服务贸易的比较优势展开分析。

---

① 本节内容参考了《知识产权保护下服务贸易对经济增长的作用机理研究》(唐保庆著,2013年版)。

② Deardorff, A.,"Comparative Advantage and International Trade and Investment in Services", *Trade and Investment in Services: Canada/U.S. Perspectives*, Toronto: Ontario Economic Council, 1985, pp. 39－71.

1. 货物贸易和服务贸易的互补性

货物贸易和服务贸易的互补性是指部分服务贸易是伴随着货物贸易的急剧扩张而发展起来的,如运输服务贸易和保险服务贸易等。在理论分析中,迪尔道夫假设市场结构为完全竞争、显示性偏好弱定理、利润最大化和平衡贸易,并且假设货物和服务的世界市场同时出清。

迪尔道夫假设了没有货物和服务贸易发生,货物和服务都实现自由贸易,以及只有货物可以自由贸易等三种情况。经过研究表明,有形货物的比较优势理论依然适用于服务贸易领域,而且互补性服务不可贸易不会影响传统比较优势理论在服务贸易分析中的适用性。

2. 要素移动下的服务贸易

从传统视角来看,某些服务往往不被看作是可贸易的。例如,A 国提供的旅店住宿服务无法原封不动地搬到 B 国为当地人群服务。不过,服务产品生产过程中所用到的要素却是可以跨国流动的。迪尔道夫假设旅店住宿服务需要技术劳动力(厨师)和非技术劳动力(服务员)两种生产要素,而 A 国的技术劳动力资源丰富,而且该项服务属于非技术劳动密集型部门。如此,在 A 国发展封闭经济的条件下,旅店住宿服务的价格则会偏高。然而,一旦把 A 国置于开放经济条件下,而且技术劳动力资源可以自由跨国移动,那么 A 国的厨师就可以自由流动到 B 国,并且与 B 国的非技术劳动力合作并以较低的价格提供旅店住宿服务。可见,这种由要素流动导致的服务贸易不是由比较优势决定的,而是作为服务生产要素之一的厨师。

3. 含有缺席要素的服务贸易

对此,迪尔道夫做出如下假设:第一,存在 A 和 B 两个国家;第二,生产贸易品 X 和非贸易品 S 两种产品;第三,A 国和 B 国对两种产品的需求偏好一致;第四,两种产品的生产均只需要劳动力 L 和管理 M 两种要素,而且,管理要素 M 可以通过现代通信工具(例如电话和传真等)实现跨国贸易。在此假设条件下,迪尔道夫分三种情况讨论了服务贸易,不过由于这三种情况的分析结论相互之间存在矛盾,其他学者对此理论提出了质疑。例如,琼斯认为,其根本原因在于迪尔道夫错误地假设管理者对两国生产服务产品活动提供的管理服务存在质量的差异。

实际上,迪尔道夫从要素价格的视角出发,把比较优势理论运用于服务贸易领域,可以称得上是对比较优势理论的成功拓展,不过这种理论过于依赖要素在其中所发挥的作用。此外,迪尔道夫对服务贸易理论的另一贡献在于,他从理论上阐述了有形货物与服务贸易的内在联系与不可分割性。

(二)伯格斯模型(Burgess Model)[①]

伯格斯坚信,传统的 H-O 模型对于服务贸易领域具有完全的适用性,只不过需要对这一模型做出适当的修正。为了便于分析,伯格斯做了如下假设:第一,市场结构属于完全竞争市场;第二,在产品生产过程中满足规模报酬不变条件;第三,在产品生产过程中使用资本 K 和劳动力 L 两种要素,而且使用这两种要素生产两种有形货物和一种服务。

① Burgess, D., "Is Trade liberalization in the Service sector in the National Interest?", *Oxford Economic Papers*, 1995, 47, 60-78.

伯格斯认为,一个厂商往往通过比较服务市场价格与要素价格的高低来判断到底是选择从外部市场购买服务,还是选择自我生产服务。如果服务的市场价格较高,那么厂商则更多地依赖于自身而不是外部服务市场。在伯格斯看来,一国货物比较优势的高低取决于多重因素,如果生产技术或者国家的政策障碍成为服务贸易的主要壁垒,那么提供服务的技术差异将在很大程度上左右两国服务贸易的比较优势。根据一般的经济规律,服务部门的技术优势往往以高于行业平均水平的要素报酬来加以体现,一旦成本投入过高而抵消了服务生产者的技术优势,那么该国密集使用该种服务的其他部门也难以通过投入服务要素来获得行业的比较优势。如果服务生产部门提供的服务价格较低,那么潜在的低成本投入会促使密集使用服务的部门以高于其他部门的速度实现生产规模的扩张。当然,伯格斯同时指出,这两个部门的扩张性质存在差异,举例来说,如果服务生产部门仅仅使用劳动一种生产要素,而且投入—产出比例独立于投入要素的价格,那么无论何种产品密集度的部门在使用服务的过程中,服务部门的中性技术进步都将促使劳动密集型产品数量的增加,以及资本密集型产品数量的下降。假如各种要素在生产部门之间的分配状况独立于要素的投入价格,那么相较于其他部门而言,密集使用服务的生产部门则会实现规模扩张。

根据以上分析,伯格斯论断,如果服务业部门的比较优势以及服务贸易的决定因素取决于两国要素存量的相对差别,而且服务业部门的技术优势可以无偿地转让给其他国家,那么,他国劳动密集型部门的产品生产规模则会扩张,而资本密集型部门的产品生产规模则会萎缩,服务出口国的贸易条件随着服务贸易的开展而得到改善。所以,具有技术比较优势的国家在出口技术服务时未必会削弱该国在服务业部门的比较优势,相反,服务贸易自由化的推进可能降低把服务作为中间投入品的进口国的福利。

(三)萨格瑞模型(Sagari Model)[①]

根据 H-O-S 理论可知,如果满足要素价格均等化条件,以及各国投入产出相同的条件,那么要素禀赋与对外贸易之间的关系可以表达为:

$$T_j = A^{-1}(E_j - E_{wj}) \tag{1}$$

其中,T_j 为 j 国净出口的 $n \times l$ 个向量,A 为 $n \times n$ 投入矩阵,E_j 为 j 国要素禀赋的 $n \times l$ 个向量,$E = \sum_j E_j$,$W_j = (Y_j - B_j)Y$,Y 为 j 国的 GNP,B_j 为 j 国的货物贸易差额,$Y = \sum_j Y_j$。

萨格瑞基于改进后的 H-O-S 模型,从技术差异的视角研究了国际金融服务贸易比较优势的决定因素,出于简化分析的考虑,萨格瑞构建了"2×2×2"理论模型。研究认为,各国之间的技术水平差异较大,而且正是各国之间的技术差异导致了技术服务贸易,技术服务贸易已经成为服务贸易中的一项重要内容。

萨格瑞通过引入国家之间的技术差异来改进传统的 H-O-S 理论分析框架,研究了国际金融服务贸易的产生根源。这一尝试突破了传统理论中假设国家之间技术无差异的局限性,

---

① Sagari, S. B., 1989, "International Trade in Financial Sevvices", *Policy*, *Planning*, *and Research Working Papers*, The World Band.

使得改进后的理论框架更加逼近国际服务贸易的现实。

（四）马库森模型（Markusen Model）[1]

马库森对于服务贸易纯理论的研究是基于埃塞尔的研究而展开的，其主要贡献是专门研究了差异性中间要素贸易的理论模型。在埃塞尔的研究中，两个国家均拥有一个竞争性部门（Y）和一个生产部门（X），该生产部门需要使用中间要素或者服务开展生产活动，而且该部门满足规模报酬递增的条件，中间要素和服务投入具有互补性。研究发现，包含中间要素的贸易模式优于仅仅以最终产品作为贸易对象的贸易模式，其中的原因主要在于两点：第一，在商品价格与生产边际成本之间发生扭曲的情形下，如果仅仅以最终产品作为贸易对象的贸易模式已经达到了帕累托最优，那么加入中间要素作为贸易对象的贸易模式，可以使两国已经被扭曲的生产和消费得到纠正，相应的产品生产规模能够得到恢复性扩张。第二，由于以中间要素作为贸易对象的贸易模式加强了世界各国之间的国际分工，各国的优势与劣势能够得以更好弥补。所以，从发展世界贸易的角度来考虑，突破仅仅以最终产品作为贸易对象的贸易模式，以中间要素和最终产品作为贸易对象的贸易模式取而代之，也将推进世界福利的上升。

马库森的研究表明，由于没有考虑到服务市场的规模经济效应，所以即使服务市场处于均衡状态，依然具有帕累托改进的空间。而且，正是由于存在规模经济效应，服务贸易领域类似于货物贸易领域，同样存在"先动优势"（First Mover Advantage），当先进入市场者依靠规模经济的优势来扩大生产规模，降低服务的成本和价格时，可以阻止后来者进入市场。如此一来，后来者的福利必然受到负面影响。根据这样的分析思路，小国相对于大国而言，由于受到规模经济约束的限制而招致福利水平下降。因此，马库森认为，小国政府应当通过生产补贴等措施来弥补小国福利水平的下降。

二、新视角的国际服务贸易理论

基于新贸易理论视角的服务贸易理论放松了传统贸易理论的某些假定，使得整个分析过程处于更为逼近现实的框架下展开。例如，Francois（1990）模型放松了完全竞争市场的假设前提，取而代之的是垄断竞争的市场结构；Wong-Wu-Zhang（2006）模型放松了两种产品以及消费者偏好相似的假设前提，认为贸易品的数量无限多，而且消费者在选择理想的产品时以不同的偏好为基础。

（一）Francois 模型（Francois Model）[2]

Francois（1990）从垄断竞争的市场结构视角研究了国际服务贸易的产生与社会福利。该模型假设经济中只有一个部门，两个国家相互开展贸易，以及一种差异性产品。Francois（1990）的研究主要得出了四点结论。

---

① Markusen，James，"Trade in Producer Services and in Other Specialized Intermediate Inputs"，*American Economic Review*，1989，79，pp. 85 - 95.

② Francois，JF.，"Trade in Producer Services and Returns due to Specialization under Monopolistic Competition"，*Canadian Journal of Economics*，1990，23，pp. 109 - 124.

第一,随着产品生产环节的日益复杂化,对生产过程的有效管理显得异常重要,与此相对应地形成了所谓的组织需求(Organizational Requirements),但这种组织需求阻碍了专业化生产条件下所需要的规模报酬递增效应。在此情形下,生产者服务贸易可以服务于这种组织需求,并一定程度上缓解了对规模报酬递增效应的影响。

第二,企业内部的生产规模决定了生产过程中的专业化水平,同时,成本和市场容量也影响了生产的专业化水平。类似于经济增长对服务贸易国的影响,服务贸易自由化对服务贸易参与国起到了推进生产技术提升的作用。

第三,服务贸易参与国都将通过服务贸易自由化来提高本国的社会福利。服务贸易的开展加强了各国对国际分工的参与,国际分工水平随之提高,由此推动了专业化生产的规模得到了扩张,进而提高了贸易参与国的得益。

第四,与其他理论模型不同的是,Francois(1990)的模型中包含了多个严格的假设前提,然而通过理论研究得出的结论却具有广泛的普遍性,并非在特定的场合才能成立。

（二）Wong-Wu-Zhang 模型(Wong,Wu and Zhang Model)

Wong,Wu and Zhang(2006)考虑到了服务产品的差异化和消费者对产品需求的不同特征(理想的服务品种,Ideal Varieties),研究了服务贸易自由化所产生的社会福利变动。结果显示,在开展服务贸易之前,贸易参与国的市场自由化程度较低时,两国可以通过开展自由的服务贸易来提高各自的福利水平,这一点并不局限于两国的服务贸易自由化水平以及通过何种模式来开展服务贸易。相反,如果在开展服务贸易之前,贸易参与国的国内市场环境已经处于自由的进入均衡状态,那么服务贸易自由化则未必能够给两国带来得益。当然,在贸易自由化的程度达到"完全"时,而且服务贸易的开展模式为特定的"跨境支付"时,贸易自由化则可以提高参与国的收益。在 Wong-Wu-Zhang(2006)模型中,服务贸易参与国所获得的社会福利来自服务质量的提升,如果模型中的企业也参与价格竞争,而且产品需求弹性大于零时,那么企业将承担更高的成本。

三、对国际服务贸易理论的简要评述

比较商品贸易理论与服务贸易理论可以发现,传统的商品贸易理论通常以供给方的生产成本优势作为出发点来阐述贸易产生的原因,而国际服务贸易理论不仅仅要解释服务供给者的生产成本是否具有竞争优势,还要研究服务的需求者在消费服务的过程中所具有的特征。例如,需要研究消费者的需求偏好,消费者在搜集服务的信息中所产生的额外成本,以及消费者在购买服务的过程中所面临的信贷和保险问题,等等。因此,传统的商品贸易理论无法解释服务贸易的产生原因和特点,这就有待学者们继续专门构建逐步完善的理论分析框架来进行研究。比较以上各种国际服务贸易理论发现,这些理论阐述的角度不尽相同,我们不能站在某一个理论的角度上去批判其他理论的缺陷和不足,应当充分肯定各个理论之间的互补性。应该说,每一个特定的国际服务贸易理论都是整个国际服务贸易理论大厦的一个有机组成部分,这些理论在解释国际服务贸易的产生原因和动机问题上都具有极高的学术价值。

第四节　小结与案例

本章系统地介绍了与国际服务贸易相关的内容,具体包括国际服务贸易的基本范畴、国际服务贸易的发展现状及趋势,以及国际服务贸易的相关理论。最后,本章运用实证分析的方法详细阐述了国际服务贸易对经济增长的影响路径,我们简要总结如下。

第一,从逻辑上来看,国际服务贸易的开展首先应当得到服务业发展的支持,而服务业的发展又应当以服务作为一种无形经济物品被社会认可为基础。因此,国际服务贸易的基本范畴应当包括服务、服务业和服务贸易三个基本层次。对于服务而言,它是一种经济物品,而且是一种无形的经济物品,具有无形性、不可分割性、不可储存性和异质性等区别于有形经济物品的特征。正是由于服务具有这些特征,所以服务也具有经验特征和信任特征。对于服务业而言,我们可以把它划分为消费者服务业、生产者服务业和分配服务业三大类,这三类服务业具有完全不同的特性和功能。对于国际服务贸易而言,它具有贸易标的的无形性、生产过程和消费过程的同步性、服务贸易市场的高度垄断性和服务贸易壁垒的隐蔽性等特点。服务贸易包括四种供应模式:跨境交付、境外消费、商业存在和自然人流动,每一项服务贸易活动都能够根据其交易的过程和特征纳入其中的一种特定模式。随着国际服务贸易的迅猛发展,商业存在将会成为规模最大的一种交易模式。按照不同的标准,国际服务贸易可以进行不同的分类,这些标准包括行业标准、服务对象标准和要素密集度标准等。对于某一项特定的服务贸易而言,它会同时具备以上各种标准所对应的属性。

第二,随着产业结构的不断升级,世界国际服务贸易的规模迅速扩张,并且表现出如下特点和趋势:规模持续高速增长、内部结构出现调整、发达国家主导服务贸易市场的同时发展中国家增速高于发达国家、服务贸易自由化与贸易保护主义并存、数字贸易迅速兴起。对于我国而言,国际服务贸易呈现以下特点和趋势:贸易规模持续扩张、在全球中的地位日益提高、服务贸易竞争力低下、服务贸易落后于货物贸易的发展、服务贸易管理体制有待完善、数字贸易规模持续扩大。

第三,在国际货物贸易理论得到发展和补充的同时,国际服务贸易理论的发展相对滞后,目前具有代表性的理论包括两大类:第一类是传统贸易理论视角的服务贸易理论,它包括迪尔道夫模型(Deardorff Model,1985)、伯格斯模型(Burgess Model,1995)、萨格瑞模型(Sagari Model,1989)和马库森模型(Markusen Model,1989)等;第二类是新贸易理论视角的服务贸易理论,它包括 Francois 模型(Francois Model,1990)和 Wong-Wu-Zhang 模型(Wong,Wu and Zhang Model,2006)等。我们不能简单地批判某一个理论的不足和缺陷,每一个理论都是从特定的视角去审视服务贸易的发展,它们是整个国际服务贸易理论体系的重要构成部分。

案例

出国打工——中国劳务输出瞄准五国

我们能去哪些国家打工？这是每个想出国"淘金者"心中都会有的疑问。根据中国对外承包工程商会的统计,近年来,我国对外劳务发展虽然非常迅猛,但是目前主要输出市场仍然集中于日本、韩国、新加坡和以色列等国家。

新加坡 新加坡是中国最大的海外劳务市场之一,目前有近十万名中国劳务人员在新务工,主要从事建筑业、电子加工和制造业。

日本 日本也是我国传统的海外劳务市场,近年来有超越新加坡跃居首位之势。在日本的中国研修生从事的行业较广,包括机械制造、纺织加工、IT业以及食品和水产加工业,其中又以后两类工人居多。据承包商会中日研修生协力机构统计,近几年我国输日研修生人数稳定在年均2万—3万人。

韩国 我国外派韩国的研修生业务集中在产业、渔业和建筑三个领域,业务量在诸多市场中名列前茅。据承包商会对韩研修生业务协调小组统计,2003年度,成员公司对韩研修生业务对外签订合同额1.14亿美元,完成营业额9000万美元,派出研修生7500余人。

以色列 以色列经济发达,劳动力短缺,对建筑、农业及家庭护理等行业外籍劳务的需求比较稳定。但近来外国劳务人数逐渐缩小,主要是由于以政府实施了鼓励雇用本国工人、限制外籍劳务政策。2002年10月,以政府下令停止引进新的外籍劳务,至今无解禁的迹象。目前只有外籍家政劳务未在禁止之列。

约旦 约旦是我国在中东地区开发的新兴劳务合作市场。截至2003年8月底,我国在约劳务人员近7000人,90%以上是服装、成衣加工业的熟练工人。我国外派约旦劳务占当地外籍制衣工人的75%,中国工人技术好,效率高,受到当地及外商投资企业的欢迎。

——资料来源于2004年9月7日《北京娱乐信报》

根据以上材料,分析我国劳务输出的可行策略。

基本概念

服务业(Services)

服务贸易(Trade in Services)

跨境交付(Cross-border Supply of Services)

境外消费(Consumption Abroad)

商业存在(Commercial Presence)

自然人流动(Movement, Presence of Natural Persons)

迪尔道夫模型(Deardorff Model)

伯格斯模型(Burgess Model)

萨格瑞模型(Sagari Model)

马库森模型(Markusen Model)

复习思考题

1. 简述服务的基本特征。

2. 简述国际服务贸易的基本特征。

3. 国际服务贸易的四种供应模式有哪些？

4. 中国目前在全球的服务贸易地位如何？

5. 中国应当如何进一步发展壮大自身的服务贸易？

参考文献

1. 陈宪、程大中：《国际服务贸易——原理·政策·产业》，立信会计出版社，2003 年。

2. 陈宪、殷凤：《国际服务贸易》，机械工业出版社，2013 年。

3. 程大中：《国际服务贸易学》，复旦大学出版社，2007 年。

4. 唐保庆：《知识产权保护下服务贸易对经济增长的作用机理研究》，经济科学出版社，2013 年。

5. 张为付：《国际经济学（第三版）》，南京大学出版社，2016 年。

第十三章

跨国公司与国际贸易

本章重点

1. 跨国公司的形成与特点
2. 发达国家对外直接投资理论
3. 发展中国家对外直接投资理论
4. 跨国投资与国际贸易的关系
5. 跨国投资与国际贸易发展的新趋势

跨国公司不仅是经济全球化、信息化和网络化的重要推动力,更是国际经济活动的主体,并对各国经济产生全面而深远的影响。从全球范围来看,世界经济一体化进程加快,国际经济活动明显增加,跨国公司、国际直接投资和国际贸易对各国经济的影响越来越大。因此,跨国公司的形成与发展促进了国际贸易的发展,逐渐形成不同视角的跨国直接投资理论。研究跨国投资与国际贸易的关系,并探讨国际投资与国际贸易发展的新趋势有着重要的理论和现实意义。为此,本章首先介绍跨国公司的形成与发展,然后介绍对外直接投资理论,尤其是突出发达国家和发展中国家的差异,接着讨论跨国投资与国际贸易的关系,最后结合当前经济发展的特点介绍跨国投资与国际贸易发展的新趋势。

第一节　跨国公司的形成与发展

一、跨国公司的定义

跨国公司,又称多国公司、多国企业、全球公司或国际公司,原本是经济学上的名词。在国际经济高速发展的时代,跨国公司已经成为各个领域普遍接受的概念,但是,至今对跨国公司仍没有在法律上形成准确概念。最初经济学家们在提出跨国公司的名称时,主要是关注到资本的跨国化经营以及由此导致的管理上的全球化策略,而对跨国公司的相关经济管理问题做出论述。在法律界首先对跨国公司进行界定的是蒂姆伯格,他在文章《国际联合企业和国家主权》中提到"多国公司",这是关于跨国公司最早的论述。后来有学者认为多国只是指出公司的多国籍性,忽略了跨国公司以母公司国家为基地的特点,而且容易使人误认为跨国公司是具有双重或多重国籍的公司,提议将多国公司改称为"跨国公司",以便更好地表达这些公司以本国为基地从事跨国经营的特点,而多国公司是专指那些投资者来自不同国家的公司。联合国贸易与发展委员会起草的《跨国公司行动守则》采用了这一意见,使用了跨国公司的名称。国际社会也试图从法律上对跨国公司做出界定:包括1977年的奥斯陆会议上通过的多国企业的决议,以及联合国跨国公司中心1984年的《跨国公司行动守则》等,然而至今也未能对跨国公司做出确定的法律定义。

归纳各国学者和国际会议关于跨国公司的定义,代表性的主要有:

1977年的OECD奥斯陆会议的定义是,凡由位于一国的决策中心和位于一国以上的营业中心(具有或不具有法律人格)所组成的企业,就是多国公司。其中一个实体可以对其他的实体施加重要的影响,尤其在分享知识和资源方面。

1983年的联合国跨国公司中心的定义是,由分设在两个或两个以上国家的实体组成的企业,而不论这些实体的法律形式和活动范围如何。这些企业的业务是通过一个或多个决策中心根据一定的决策体制经营的,可以具有一贯的政策和共同的战略,企业的各个实体由于所有权或其他的因素,使得其中一个或一个以上的实体能对其他实体的活动施加重要影响,尤其是在分享知识、资源和分担责任方面。

著名经济学家丹宁认为跨国公司是指对在一个以上国家的增值财产拥有全部或部分所有权,并进行控制和管理的任何公司。

我国台湾学者李兰甫将跨国公司定义为一群具有多国籍的公司整体或体系(但体系内各成员的组织形式或具体内容却不必相同),通常是体系内的母公司设于一个或两个国家,一簇附属公司则散布在发展程度不同的国家。

现今最广泛的是将跨国公司定义为具有全球性经营动机和一体化的经营战略,在多个国家拥有从事生产经营活动的分支机构,并将它们置于统一的全球性经营计划之下的大型企业。

此外,也有学者根据跨国公司的行为类型分为水平型和垂直型。水平型跨国公司是总部设在本国,并且在本国和东道国都维持整个生产过程的跨国公司;垂直型跨国公司总部也是设在本国,但将生产过程分为两个或以上的部分,并在东道国设有单独工厂的公司。前者主要是以利用东道国市场为动机,更容易被国际贸易替代,而后者则主要是利用东道国要素成本优势为动机,与贸易互补。

二、跨国公司的形成与发展

跨国公司是垄断资本主义高度发展的产物,它的出现与资本输出密切相关。19世纪末20世纪初,资本主义进入垄断阶段,资本输出大大发展起来,这时才开始出现少数跨国公司。当时,发达资本主义国家的某些大型企业通过对外直接投资,在海外设立分支机构和子公司,开始跨国性经营。例如,美国的胜家缝纫机器公司、威斯汀豪斯电气公司、爱迪生电器公司,英国的帝国化学公司等都先后在国外活动。这些公司是现代跨国公司的先驱。

在两次世界大战期间,跨国公司在数量上和规模上都有所发展。第二次世界大战后,跨国公司得到迅速发展。美国跨国公司的数目、规模、国外生产和销售额均居世界之首。据联合国贸易与发展会议公布的《1993年世界投资报告》中对全球跨国公司的排名,前十名依次是英荷壳牌集团,美国的 Ford、GM、Exxon、IBM,英国石油,瑞典及瑞士合资的 Asea Brown Boveri,瑞士的 Nestle,荷兰的飞利浦,美国的 Mobil。前十名中,美国占了五名。这是按公司海外资产进行的排名。若按销售额排列,美国依然居于前列。1987年按销售额排列出世界最大跨国公司的金字塔,在高踞塔尖的23家中,美国占了10家,平均每家年销售额高达250亿美元。在紧接塔尖之下的52家中,美国占了21家,平均每家年销售额达100亿美元。1987年600家世界最大跨国公司的销售总额高达4万亿美元,其中美国占42%,西欧占32%,日本占18%,发展中国家和地区仅占2%。

我国跨国公司发展于1979年,自改革开放以来,我国企业比较充分地利用了跨国经营并创办跨国公司的大好时机。中国对世界投资影响越来越明显,在全球对外直接投资流量排名中,连续八年位于前三名。最新统计数据显示2019年对外投资流量为1369.1亿美元,流量约是2004年的25倍,连续四年占全球投资比重大于十分之一,表明中国对外投资对世界投资活动的贡献不断增加。从增速看,中国在2003—2019年对外投资流量的年均增长速度高达31%,其中2013—2019年累计流量达10110.3亿美元,占2004—2019年对外直接投资流量规模的71%,表13-1表明我国近几年在世界对外投资流量中的份额不断增加。

表 13-1　2004—2019 年中国对外全行业直接投资　　　　(单位:亿美元)

年份	流量			存量	
	金额	全球位次	同比(%)	金额	全球位次
2004	55	20	93.0	448.0	27
2005	122.6	17	122.9	572.0	24
2006	211.6	13	43.8	906.3	23
2007	265.1	17	25.3	1179.1	22
2008	559.1	12	110.9	1839.7	18
2009	565.3	5	1.1	2457.5	16
2010	688.1	5	21.7	3172.1	17
2011	746.5	6	8.5	4247.8	13
2012	878.0	3	17.6	5319.4	13
2013	1078.4	3	22.8	6604.8	11
2014	1231.2	3	14.2	8826.4	8
2015	1456.7	2	18.3	10978.6	8
2016	1961.5	2	34.7	13573.9	6
2017	1582.9	3	−19.3	18090.4	2
2018	1430.4	2	−9.6	19822.7	3
2019	1369.1	2	−4.3	21988.8	3

数据来源:2004—2019年《中国对外直接投资统计公报》整理及计算。

中国对外直接投资的特点与中国在特定的国际分工背景下的发展模式密切相关,主要是通过加工制造业嵌入国际生产网络而参与国际分工并获得产业发展的。中国在这个过程中更快地参与到了世界新兴制造业的国际生产中。只不过中国仅仅参与了新兴制造业的部分生产环节,即其中的低附加值生产环节,而没有在整个行业上获得优势。正是这一发展背景使得中国的对外投资不是产业转移式的,而是价值链延伸型的。

对于跨国公司的形成,公司从单一国家进入到多个国家,在全球各个区域内都有分布,2019 年末,中国设立境外企业数量前 20 的国家和地区分别为中国香港、美国、新加坡、德国、俄罗斯联邦、澳大利亚、日本、英属维尔京群岛、越南、印度尼西亚、加拿大、开曼群岛、马来西亚、韩国、泰国、老挝、柬埔寨、印度、英国、阿拉伯联合酋长国,占中国境外企业数量的 73.8%;对外直接投资各洲覆盖比率亚洲最高,达到 97.9%,其次是欧洲。

表 13-2　2003—2019 年中国企业对外直接投资各洲覆盖比率

年份	亚洲	非洲	欧洲	北美洲	拉丁美洲	大洋洲
2003	81%	73%	61%	50%	49%	35%
2004	91%	79%	80%	75%	43%	45%
2005	93%	83%	85%	75%	45%	36%
2006	91%	81%	73%	75%	53%	36%
2007	90%	81%	74%	75%	53%	42%
2008	90%	81%	74%	75%	55%	42%
2009	89%	83%	77%	75%	57%	40%
2010	90%	85%	71%	75%	57%	44%
2011	90%	85%	71.2%	75%	57.1%	40%
2012	95.7%	85%	85.7%	75%	56.3%	45.8%
2013	97.9%	86.7%	85.7%	75%	60.4%	50%
2014	97.9%	86.7%	85.7%	75%	64.6%	50%
2015	97.9%	85%	87.8%	75%	67.3%	50%
2016	97.9%	86.7%	87.8%	75%	69.4%	50%
2017	97.9%	86.7%	87.8%	75%	67.3%	50%
2018	97.9%	86.7%	87.8%	75%	65.3%	50%
2019	95.7%	86.7%	87.8%	75%	63.3%	58.3%

数据来源:2003—2019 年《中国对外直接投资统计公报》整理及计算。

(1)地域的扩展

近几年来,我们已经开始看到一些"天生跨国公司"的例子,创建伊始,他们就在多个国家进行着卓有成效的经营。但是,这样的公司毕竟是少数,大部分跨国公司都是首先在本国成立,然后通过进入外国市场而扩展到国外。公司从本国扩展到外国市场的序列受以下三种因素影响:地域的邻近性、文化的相似性和经济发展的相似性。

地域邻近性。进行对外直接投资的首选地点往往是邻国。进入邻国是一个自然的起步，因为与一个较远的国家相比，在邻国，公司更容易把握市场机会，收集关于竞争反应的重要信息和政府政策。另外，与国外下属公司间的通信费用较低也是公司首先进入邻国市场的原因之一。一旦公司扩展到邻近的国家，就可以接二连三地进入另外一些较远的国家。但在这个过程中，它要最小化每次扩展所增加的距离。一段时间之后，通过以地域邻近性为基础的进入过程，公司就能取得一个广阔的国际市场了。

文化相似性。地域扩展的次序也反映了跨国公司本国与东道国之间文化的相似性。要在国外市场取得成功，需要了解当地的风俗习惯和消费习惯，需要同消费者、供应商、雇员保持有效的交流和沟通，以及与政府部门建立良好的关系。正是由于这些原因，公司更愿意进入到那些在文化上相近，也就是"心理距离"较近的国家。在那些与其自身文化相似的国家获得经验的过程中，跨国公司学会了如何在国外进行经营管理的技能，并且会依次进入到那些文化相似性差一些的国家。最终，他们就能够进入到那些与他们母国的"心理距离"相当远的国家。

经济发展相似性。东道国经济发展的水平也会影响所进入市场的选择。那些消费者购买习惯、可支配收入水平与本国市场相似性的外国市场，通常对跨国公司有很强的吸引力。在这些市场中，跨国公司的产品规格和市场营销策略只需进行一些适当的调整。当跨国公司学会如何在经济发展水平相似的外国市场中有效地竞争的时候，它就具备了进入差异性较大的外国市场的能力。

（2）业务多样化

虽然一些跨国公司是单一业务的公司，但大多数跨国公司是在多个业务领域进行竞争的。这类公司的国外下属公司通常在其母公司的一个或几个业务领域内竞争，过一段时间之后，再增加更多的业务，直至最终经营其母公司大部分乃至全部业务。对很多跨国公司来说，业务多样化代表公司在另一个方面的发展。有趣的是，对国外下属公司的多样化经营的研究相对较少。大部分跨国公司都是经过一段时期才逐渐把业务开展起来的，而不是同时进入所有的业务领域。

国外下属公司是按什么顺序增加其业务范围呢？据一项对日本1976—1989年间在美国建立电子下属公司进入市场的序列类型的调查显示，这些公司是按一定顺序进入市场的。它们往往从与当地公司相比最具竞争优势的业务领域开始，通过选择它们最具竞争力的业务领域，这些公司可以抵消对本地市场和竞争环境缺乏了解的不利因素。当下属公司在当地的经营中获得经验，它们可以进入那些相比之下竞争优势不明显的业务领域。最后，当跨国企业掌握了在当地环境中有效地与当地公司竞争的方法时，它就可以进入那些不具竞争优势，但可以从具有技术优势的美国企业那里学到东西的业务领域。几家日本电子公司的下属公司正是运用这一方法拓展其业务范围的，它们只有在自信可以成功的时候才进入该业务领域。

当然，业务多样化不会自动发生，而是由评估、行动、监测、再行动组成的公司内部决策流程作用的结果。在每一步，公司都必须考虑增加业务所带来的利益是否足以弥补在当地市场所必须面对的不利之处。一段时间之后，公司积累了在当地经营的技能，并且下属公司也为在该国管理提供了坚实的基础设施，这时公司就会对其扩展业务范围的能力增强信心。伴随着进入市场的每一次成功，公司都在增加自身的财富。作为一个好的雇主和当地供应商的好客户,它树立了良好的声誉,熟悉了当地的规章条例。总而言之,它积累了使公司能够继续扩展业务范围的能力。之所以能成功地进入到新的业务领域,主要是由于它已建立了强大的国别组织,这种结构为开拓新的业务领域提供了管理支持、财务基础和技术支持。

（3）职能的转移

职能转移是针对在一个国家内业务活动的发展变化而言的。一些跨国公司倾向于首先将产品出口到外国市场,然后再建立管理这些进口产品的外国销售下属公司,最后建立全资拥有的下属公司。这些公司建立以后,母公司在本国的业务范围内的各项职能一般都仍然发挥作用。这些职能有利于本国在研究和开发、生产规划、战略决策等方面形成规模经济。在东道国所执行的只是那些需要当地知识的职能,例如市场营销和分销。经过一段时间以后,这些下属公司就会执行更多的职能,包括组装生产、本地化设计以及物资采购。在一些案例中,当下属公司在生产业务领域获得国际化专业技术的时候,它就可以担当起经营规划,甚至是战略领导的角色。在另外一些例子中,下属公司执行了特别的职能,成为跨国公司"优秀的核心"。

当然,向高水平的职能进行转移也面临着一系列障碍。早期,通常发生在新下属公司建立组装线和产品加工生产活动中,最大的障碍经常涉及技术知识的有效转换和从当地获取资源的能力,以后有时又要面对各种可能非常棘手的问题。主要是由于职能转移目标并不是简单地到一个外国市场上去"复制"已存在的职能,而应该是把本国的职能转移到外国下属公司。然而,这样的转移往往会招致本国企业管理者的抵制,以至于很难达到更高的转移水平。

第二节　跨国公司的对外直接投资理论

第二次世界大战后,随着跨国公司的迅速发展,西方经济学界对这一领域进行了大量的研究,形成了许多观点各异的跨国公司理论。由于跨国公司活动基本上集中在发达国家,所以所形成的理论都明显带有发达国家的特征。进入 20 世纪 80 年代后,发展中国家的跨国公司在一些领域与发达国家跨国公司展开了竞争,并对世界经济产生了巨大的影响。发展中国家跨国公司在对外直接投资活动中,出现了投资规模小、产品技术含量低、缺少名牌产品、广告费用支出较少等与发达国家跨国公司明显不同的特征。这些都对原有的跨国公司理论提出了挑战,同时也对发展中国家跨国公司理论研究起到了促进作用。英国经济学家邓宁、拉奥和美国经济学家威尔斯等人在发展中国家的经济发展水平与跨国公司直接投资的关系,以及经济落后国家的企业如何拥有竞争优势方面进行了卓有成效的研究。对外直接投资（FDI）起源于发达国家,因此早期相关理论的研究也以发达国家跨国公司的 FDI 活动为研究对象。20 世纪 70 年代以来,发展中国家纷纷兴起对外直接投资活动,原来的国际主流 FDI 理论对此很难做出解释,为此,国际经济学家开始探讨它们 FDI 的动因、投资决策和投资方向,产生了不少的 FDI 理论成果。

一、发达国家对外直接投资理论

国际直接投资的主流理论主要包括海默的垄断优势理论、维农的产品周期理论、小岛清的边际产业转移理论、巴克莱等的内部化理论以及邓宁的国际生产折衷理论等。

(一)垄断优势理论

1960年,美国经济学家海默在其博士学位论文《国内企业的国际经营:关于对外直接投资的研究》中,首次提出了垄断优势理论。垄断优势理论是一种以不完全竞争为前提,依据企业特定垄断优势开展对外直接投资的理论,是基于产业组织理论的一种分析。后经其导师金德尔伯格以及约翰逊等学者的补充,发展成为研究国际直接投资最早的、最有影响的理论,也被公认为国际直接投资理论的奠基之作。

海默认为,所谓不完全竞争是指由于规模经济、技术垄断、商标、产品差别以及由于政府课税、关税等限制性措施引起的偏离完全竞争的一种市场结构,寡占是不完全竞争的主要形式。正是在这种不完全竞争市场中,美国企业所具有的各种垄断优势才是导致其对外直接投资的决定因素。金德尔伯格列举了跨国公司拥有的各种垄断优势:一是来自产品市场不完全的优势,如产品差别、商标、销售技术与操纵价格等;二是来自生产要素市场不完全的优势,包括专利与技术诀窍、资金获得条件的优惠、管理技能等;三是企业拥有的内外部规模经济。企业之所以选择直接投资来利用其垄断优势,一是为了绕过东道国关税壁垒,维持和扩大市场;二是为了获取技术资产的全部收益。

20世纪70年代初,约翰逊、凯夫斯等在海默、金德尔伯格的理论基础上进一步发展了垄断优势理论,指出,"知识的转移是直接投资过程的关键",对知识资产如技术、诀窍、管理与组织技能、销售技能等无形资产的占有是跨国公司垄断优势的来源。

总之,垄断优势理论提出了研究对外直接投资的新思路,将国际直接投资理论独立开来进行研究,并较好地解释了第二次世界大战后一段时期美国大规模对外直接投资的行为,对后来的理论研究产生严重影响。该理论也有一定的局限性:一是在解释为什么拥有技术优势的企业一定要对外投资;二是不能解释跨国公司在直接投资中的地理布局和区位选择问题;三是无法解释发展中国家的对外直接投资,特别是发展中国家向经济发达国家的直接投资。

(二)产品生命周期理论

产品生命周期理论是美国哈佛大学维农教授在1966年发表的《产品周期中的国际投资与国际贸易》一文中首次提出,后经威尔斯、赫希什等人不断发展、完善。其理论要义将产品生命周期划分为三个不同阶段,即产品创新阶段、成熟阶段和标准化阶段,以解释企业根据生产条件和竞争条件而做出的对外直接投资决策。

维农认为,在产品创新阶段,生产一般集中在美国国内,并部分出口满足其他发达国家的消费需求;当产品进入成熟阶段后,由于产品基本定型,仿制增加,加上西欧国家市场扩大,劳动力成本低于美国,以及关税和运输成本的不利影响,导致美国对西欧国家直接投资,以就近占领当地市场并出口发展中国家;当产品进入标准化阶段时,产品的生产技术、规模及样式等都已经完全标准化,企业的垄断优势不复存在。产品的成本与价格因素更为重要,发展中国家的低成本优势凸显,成为跨国公司对外直接投资的最佳生产区域,其产品可供应本国和其他国家市场。

产品生命周期理论存在着局限性,主要表现在:一是没有很好地解释发达国家之间的双向直接投资;二是主要涉及最终产品市场,而资源开发型投资和技术开发型投资与产品的生命周期无关;三是不能很好地解释发展中国家的对外直接投资;四是认为母国垄断优势的丧失导致对外直接投资,实际上许多跨国公司在保有垄断优势的同时,还进行大量对外直接投资。

（三）内部化理论

1976 年,英国里丁大学学者巴克莱、卡森的合著《跨国公司的未来》一书对传统的国际直接投资理论提出批评,并提出了新的对外直接投资理论——内部化理论。巴克莱和卡森仍以不完全竞争为假定前提条件,并对其做出新的解释。他们认为,不完全竞争并非由规模经济、寡占行为、贸易保护主义和政府干预所致,而是由于某些市场失效,导致企业市场交易成本增加所致及企业在让渡其中间产品时难以保障其权益,也不能通过市场来合理配置其资源,以保证企业最大经济效益的情形。市场内部化的目标就是消除外部市场对于中间产品(特别像"知识产品")的交易失效。因此,市场内部化、市场失效和交易成本构成内部化理论的三个重要方面。

内部化的实现条件是其边际收益等于边际成本。内部化可以为跨国公司带来多方面的收益:可以将内部资源转移的交易成本最小化;把相互依赖的经营活动置于统一的控制之下,从而协调其不同阶段的长期供需关系;消除买卖双方的不确定性,消除市场的不利影响;通过前后向投资或兼并,充分利用中间产品市场的势力,形成垄断优势;通过对有形产品和无形产品的转移价格,规避政府的干预,转移资金,逃避税负等。

内部化理论是西方学者研究跨国公司理论的一个重要转折点。内部化理论从寡占市场结构的角度转向研究各国企业之间的产品交换形式、企业国际分工与生产的组织形式。它能够解释大部分的国际直接投资的动机和跨国公司的许多经营现象,因此被视为跨国公司长期性的一般理论。但这一理论只强调了市场的不完全性对于国际直接投资的影响,而忽视了市场的积极方面对国际直接投资的促进作用。

（四）边际产业转移论

20 世纪 70 年代中后期,日本一桥大学教授小岛清在其代表作《对外直接投资论》中提出边际产业转移论,又称比较优势理论。这是一种利用国际分工的比较优势原理,分析和解释日本型对外直接投资的理论模型。小岛清指出边际产业转移论的核心是,对外直接投资应该从本国已经处于或即将处于比较劣势的产业及边际产业依次进行,而这些产业又是东道国具有明显或潜在的比较优势的部门,如果没有外来的资金、技术和管理经验,东道国这些优势就不能被利用。这样,投资国对外直接投资就可以充分利用东道国的比较优势,并扩大两国的贸易。该理论解释了 20 世纪六七十年代日本对外直接投资的特点,这一时期以资源导向型、劳动力成本导向型和市场导向型直接投资占主导。它也说明了在亚洲出现的以日本、"四小龙"、东盟、中国、越南等为顺序的直接投资与产业结构调整,即所谓的"雁行模式"。

边际产业转移论的局限性主要表现在:一是只能解释经济发达国家与发展中国家之间的

以垂直分工为基础的投资,难以解释经济发达国家之间的以水平分工为基础的投资;二是该理论以投资国为主体而不是以跨国公司为主体,实际上假定了所有跨国公司都有相同的动机并且也是投资国的动机,难以解释复杂的国际环境下的对外直接投资行为;三是低估了发展中国家接受高新技术的能力,对发展中国家不具有指导意义。按照该理论,发展中国家只能接受发达国家的边际产业,永远追赶不上发达国家。

(五)国际生产折衷理论

20世纪70年代中后期,英国经济学家邓宁继承了海默关于"垄断优势"的观点,吸收了巴克莱、卡森和拉格曼内部化优势的内涵,又引入了区位优势理论,构成了国际生产折衷理论的核心,称其为"三优势模式"。

① 所有权优势(即垄断优势)主要指一国企业拥有或能够得到他国企业没有或者无法得到的资产和规模经济优势。一是资产性所有权优势,指对有价值资产(原材料、先进生产技术等)的拥有或独占;二是交易性所有权优势,指企业拥有的无形资产(技术、信息、管理、营销、品牌、商誉等)。② 内部化优势是指企业为了避免外部市场的不完全性对企业经营的不利影响,而将企业优势保持在企业内部,外部市场的不完全性会使企业的所有权优势丧失或无法发挥。③ 区位优势是指跨国公司在投资区位选择上具有的优势。包括东道国的地理位置、生产要素的相对价格、现实的与潜在的市场需求、运输与通信成本、基础设施、市场体系的发育程度、政府的调节与干预程度、优惠政策、文化差距等。当东道国的区位优势较大时,企业就会从事国际生产。

折衷理论是从跨国公司国际生产这个高度,讨论所有权优势、内部化优势和区位优势三组变量对国际直接投资的作用。这三组变量的不同组合决定了一国企业国际经济活动。国际生产折衷理论被称为是国际FDI理论的集大成者。因为它不只限于讨论跨国公司国际生产的决定因素,而且力图解释跨国公司的整个国际经济活动,创建了"一个关于国际贸易、对外直接投资和国际协议安排三者统一的理论体系"。特别是区位优势因素的加入有助于解释二战后外国对美国的大量直接投资。但是该理论也无法解释部分国家在尚未同时具备以上三种优势的情况下对外直接投资的现象,没有涉及社会经济关系和战后国际政治经济环境的重大变化。

二、发展中国家对外直接投资理论

自20世纪70年代兴起的发展中国家对外直接投资现象,尤其是20世纪80年代以来新兴工业化国家在国际直接投资领域的异军突起,诸多疑问突显出来:发展中国家在普遍存在资本缺口的情况下,为何能有资金对外投资? 大多数发展中国家的跨国公司并不具备垄断优势,为何有能力对外投资? 传统的各种理论显然不能充分科学地解释这些问题。于是,许多学者就另辟蹊径,针对发展中国家的现实和特点纷纷提出关于发展中国家对外投资的理论。

(一)资本相对过渡积累理论

资本相对过渡积累理论是由苏联学者阿勃利兹若伊利提出来的。该理论运用产业经济学与发展经济学原理,辩证揭示了发展中国家资本绝对短缺与相对过渡积累的二元格局,论证了发展中国家对外直接投资的可能性。

理论上提出发展中国家往往存在传统落后的农业部门与采用较新技术的现代工业部门同时存在的"二元经济结构"。产业间在技术水平、劳动生产率、经济组织形式上的差距,使产业间联系减弱。同时,由于传统农业部门在供给和需求上的低弹性,使其无法对现代工业部门提供的经济发展机会做出及时、有效的反应,产业间的差距进一步扩大。这样,发展中国家的现代工业部门在远远未到规模效益要求的情况下,出现了结构性供给过剩乃至个别行业或企业的"相对过渡资本积累"或"相对资金富余",于是对外投资就成为可能。

该理论尽管存在一些缺陷,如仅停留于静态分析,并且在一定程度上缺乏严密的理论演绎与论证,但符合大多数发展中国家特别是一些大国的实际,为进一步建立完善的理论体系打下了基础。

（二）小规模技术理论

1977 年,美国经济学家刘易斯·威尔斯在《发展中国家企业》一文中提出小规模技术理论。他认为,发展中国家跨国公司的竞争优势来自生产成本低,而这种生产成本是与其母国的市场特征紧密相关的。他从三个方面分析了发展中国家跨国公司的比较优势。

第一,拥有为小市场需要服务的小规模生产技术。低收入国家制成品市场的一个普遍特征是需求量较小,大规模生产技术无法从这种小市场需求中获得规模效益,而许多发展中国家正是开发了满足小市场需求的生产技术而获得竞争优势。而这种小规模技术特征往往是劳动密集型的,生产有很大的灵活性,适合小批量生产。根据威尔斯的调查,平均而言在泰国的外国公司中发达国家公司的生产规模比发展中国家公司的生产规模大两倍以上。例如,印尼估计年需求干电池 1200 万节,而美国在印尼拥有的干电池企业年产量达 6500 万节。在生产能力的使用上,两者也出现了明显差别。

第二,威尔斯认为发展中国家在民族产品的海外生产上颇具优势。发展中国家对外投资的另一特征表现在鲜明的民族文化特点上,这些海外投资主要是为服务于海外同一种团体的需要而建立的。一个突出的例子是华人社团在食品加工、餐饮等方面的需求,带动了一部分东亚、东南亚国家和地区的海外投资。而这些民族产品的生产往往利用母国的当地资源,在生产成本上享有优势。

第三,低价位产品营销战略。物美价廉是发展中国家跨国公司抢夺市场份额的秘密武器。发达国家跨国公司的产品营销策略往往是投入大量广告费,树立产品形象,以创造名牌产品效应。而发展中国家跨国公司则花费较少的广告支出,采取低价位产品营销战略。关于发展中国家对外投资的研究是把发展中国家对外直接投资竞争优势的产生与这些国家自身的市场特征结合起来,在理论上提供了一个充分的分析空间。人们需进一步思考的问题是,作为经济落后国家怎样将现有的技术与自身特点结合起来,形成比较竞争优势。该理论对于分析指导我国企业在国际化的进程中怎样争得一席之地颇有启发。世界市场是多元化、多层次的,即使对于那些技术不够先进、经营范围和生产规模不够庞大的发展中国家企业来说,参与国际竞争仍有很强的经济动力。例如,我国企业在纺织、轻工、一般机械、食品加工、金属冶炼、医药等传统工业领域,仍具有较强的竞争优势。

（三）技术地方化理论

1983 年,英国经济学家拉奥在《新跨国公司:第三世界企业的发展》一书中提出了用技术地方化理论来解释发展中国家对外投资行为。他认为,发展中国家跨国公司的技术特征尽管表现为规模小、使用标准化技术和劳动密集型技术,但这种技术的形成包含着企业内在的创新活动。发展中国家能够形成和发展自己独特优势主要有以下几个因素:一是在不同于发达国家的环境下,发展中国家将引进的技术知识结合本国的要素价格及其质量进行当地化,使其产品在当地或邻国市场产生竞争优势;二是发展中国家企业竞争优势不仅来自其生产过程和产品与当地的供给条件和需求条件紧密结合,而且来自创新活动中所产生的技术在小规模生产条件下具有更高的经济效益;三是从产品特征上看,发展中国家企业往往能开发出与名牌产品不同的消费品,特别是当东道国市场较大、消费者的品位和购买能力有很大差别时,来自发展中国家的产品仍有一定的竞争力。该理论从微观层次证明了发展中国家可以以比较优势参与国际生产和经营活动,而忽视了发展中国家政府在企业国际化进程中的作用。

(四)技术创新和产业升级理论

20世纪90年代初期,英国学者坎特威尔和托兰惕诺提出了技术创新和产业升级理论,用来解释80年代以来发展中国家对经济发达国家的直接投资加速增长的趋势。他们认为,发展中国家跨国公司对外直接投资受其国内产业结构和内生技术创新能力的影响,其对外直接投资的产业分布和地理分布随时间的推移而逐渐变化,且可以预测。在产业分布上,首先是以自然资源开发为主的纵向一体化生产活动,然后是以进口替代和出口导向为主的一体化生产活动;在对外投资方面,它们已经不再局限于传统产业的传统产品,开始从事高科技领域的生产和开发活动;在地理分布上,发展中国家企业在很大程度上受"心理距离"的影响,其投资方向遵循周边国家——发展中国家——发达国家的渐进发展轨道。

第三节　跨国投资与国际贸易的关系

一、跨国公司的内部贸易

跨国公司内部贸易是指产品、原材料、技术与服务在同一家跨国公司的母公司与国外子公司之间,以及国外子公司之间的跨国流动。这主要表现为跨国公司的母公司与国外子公司之间以及国外子公司之间在产品、技术和服务等方面的交易活动。跨国公司内部交易在交易方式和交易动机上,与正常的国际贸易交换大相径庭。公司内部交易的利益原则,即获利动机并不一定是以一次性交易为基础,而往往以综合交易为基础。交易价格不是由国际市场供需关系所决定的,而是由公司内部自定的。从这个意义上讲,跨国公司内部交易是公司内部经营管理的一种形式,是把世界市场通过企业跨国化的组织机构内部化了,可以说公司内部市场是一种理想的、真正的国际一体化市场。跨国公司内部贸易既具有公司内部商品调拨特征,又具有一般国际贸易的跨国流动特征,是一种特殊国际贸易。据统计,20世纪70年代,跨国公司内部贸易仅占世界贸易的20%,八九十年代升至40%,而目前世界贸易总量的近80%为跨国公司内部贸易。

（一）跨国公司内部贸易产生的原因

跨国公司内部贸易的产生有很多方面的原因，概括起来主要有以下几点：

1. 内部贸易是确保生产连续性的重要渠道

在跨国公司国际生产过程中，对有些生产所需的原材料和中间产品在性能、规格、交货期限上都有特殊的要求，如果通过外部市场交易来提供这些特种生产资料，供给上的不稳定性会导致生产难以为继。通过前向一体化的分支企业的生产或通过水平一体化的分支企业的调剂，即将这些原材料或中间产品的市场交易纳入跨国公司内部贸易，可以确保产品质量的稳定性和生产过程连续性。

2. 内部贸易是跨国公司对外直接投资的必然结果

跨国公司是 19 世纪六七十年代产生的一种以全球市场为经营目标的企业形态。近几十年来，跨国经营活动在数量和规模上取得了前所未有的飞速发展，它们在国际贸易中的作用也在日益加强。统计表明，1971 年用于贸易并在生产国以外消耗的石油的国际贸易有 90％ 的份额是由约 15 家大跨国公司所控制；1986 年日本来自亚洲的进口物品有 75％ 左右由日本海外公司所提供；1988 年美国进口货物的 53％ 是通过其跨国公司的附属公司进行的；进入 20 世纪 90 年代跨国经营企业在世界贸易中所占的份额已经超过了 70％。第二次世界大战后跨国公司的兴起从根本上说是出于经济利益的考虑，即为了追求高额利润。

3. 内部贸易是技术进步和国际分工进一步发展的结果

技术进步和国际分工的发展使传统的公司间分工相当大的部分转化为公司内部分工。在公司的内部分工中，传统的水平分工也逐步让位于垂直分工，其结果必然使公司内部的贸易量大大增长。在跨国经营企业的国际生产过程中，通过前向一体化的分支企业的生产或通过水平一体化的分支企业的调剂，企业跨国经营的稳定性就有了坚实的内部保障。贸易内部化可以防止技术优势的扩散，有助于公司增强其在国际市场上的垄断地位和竞争能力，实现全球利益的最大化。对技术的垄断是跨国公司的特有优势，也是其存在和发展的关键，如果公司的技术产品在公司外部交易中，有可能被竞争对手模仿而蒙受损失，内部贸易就可避免此类事情的发生。约翰逊在《比较成本与发展中的世界经济之商业政策理论》(1968 年)、《国际公司的效率与福利含义》(1970 年)、《技术与经济独立》(1975 年)等论文中指出，制造简单的产品只需简单的技术和知识，且易于袭用仿制；制造复杂的产品需要复杂的技术知识，且难于模仿与复制。跨国公司的优势在于始终把握新知识，并在其公司内部转让，以确保跨国经营的优势。

4. 内部贸易是跨国公司追求利润最大化的结果

公司内部贸易可以大幅度减少通过外部市场交易所付的费用，节约交易成本，增加利润。使用外部市场是必须付出成本代价的，构成外部市场交易成本的重要内容之一就是买卖双方为寻求和达成有利的价格所花费的时间和费用，其次还包括国际政治风险、经济风险以及交易行为本身的履约风险所构成的风险成本。在内部贸易过程中，由于交易双方同为一个统一经济利益主体即跨国经营企业整体中的一个内部成员，因而上述外部市场交易所特有的成本支出就得以从中避免，而成本付出的节省便是实现经济利益最大化的一项。内部贸易还可以降低外部市场造成的经营不确定风险。由于完全受市场自发力量的支配，企业经营活动面临着诸多的风险,即投入供应数量不确定,投入供应质量不确定,投入供应价格不确定,不同生产工序和零部件分别由独立企业承担。这在协调上又有可能产生问题,公司内部贸易可以大大降低上述的各种经营不确定性,实行合理计划,科学地安排经营活动。此外,内部贸易可以充分利用转移定价攫取高额利润。

5. 内部贸易是解决跨国公司内部各利益中心之间矛盾的产物

跨国公司的母公司与子公司之间关系一般由股权份额决定:完全控股的关系;大份额控股的关系;小份额控股的关系。由于母公司对子公司控股程度有所不同,它们经济利益统一程度往往就不一致。因此,在跨国公司的内部交换过程中,就不能以利益的完全一致性为基础进行无偿调拨,而必须采取贸易的形式,通过内部市场机制满足各方的经济利益,以解决内部经济利益的矛盾。

(二)跨国公司内部贸易的基本特征

内部贸易的特征是内部商品调拨,这也是转移定价发挥作用的基本前提。在内部交易中,商品所有权只是在企业内部各系统之间移动。从企业整体角度看,商品的价格并不重要。由于转移定价在一定程度上不受市场供求的影响,而是根据子公司所在国的具体情况和母公司在全球的战略目标和经营管理需要而人为制定的。

转移定价就不仅成为企业内部交易和偿付的方法,而且成为企业调节内部经济关系、避开公开市场缺陷、扩大企业总体利益、追求利润最大化的手段。实际上,转移价格策略只是跨国公司内部的一种会计手段,目的在于使整个公司的长期利益极大化。一个跨国公司由其在世界范围内的子公司和附属机构构成内部交易体系,将公开市场上的交易转化为公司内部交易,就可以避免由于各国环境的差异,造成企业面临不完全竞争或有缺陷公开市场而难以通过公开市场交易实现其全球利益最大化的情况。内部交易和转移定价为跨国公司克服贸易障碍、减轻税收负担、降低交易风险、提高经济效益提供了合法的有效手段,使跨国公司在市场中获得竞争优势。

1. 跨国公司内部贸易的标的物不转移所有权

跨国公司内部贸易虽然采取国际贸易的形式,但由于是在同一所有权企业内部进行的,商品或劳务是从同一所有权主体的一个分支机构流向另一个分支机构,并没有流向其所有权之外的企业。因此,跨国公司内部贸易中商品或劳务不转移所有权或不完全转移所有权。

2. 跨国公司内部贸易采取转移价格

转移价格是指跨国公司根据其全球战略目标,在母公司与子公司、子公司与子公司之间交换商品和劳务所采用的交易价格。这种价格不是按照生产成本和正常营业利润或国际市场价格水平来确定,而是按照子公司所在国的具体情况和公司全球经营战略人为确定。转移价格作为一种内部价格,它与外部市场的正常交易价格即国际市场价格相比存在着较大的差异,正如美国经济学家阿潘和瑞德奥所指出的:"公司内部价格不必等于内部成本,它可能远远低于或高于会计成本,在有些情况下它与实际成本甚至没有直接联系。"转移价格反映了公司内部贸易在价格上全部特征,其具体做法有:通过调整半成品或零部件的进出口价格影响子公司成本;通过向子公司收取技术转让、商标使用、管理咨询等费用调整子公司成本与利润;通过内部资金借贷及其利率高低来调节子公司成本和利润等。

3. 跨国公司内部贸易实行计划性管理

跨国公司内部贸易的计划性主要指内部贸易的商品数量、商品结构以及地理流向等要受公司长远发展战略计划、生产投资计划、市场营销计划和利润分配计划的控制和调节。由于跨国公司实行全球战略经营，以世界市场和消费者为目标，在世界最有利地方进行投资生产，然后在世界最有利地方销售，谋求全球利润最大化。跨国公司全球战略要求各子公司紧密协作，在企业内部实行分工，决定了跨国公司要对整个公司进行计划管理，从而跨国公司内部贸易也深深打上计划烙印，以满足跨国公司全球战略需要。

（三）跨国公司内部贸易的格局

1. 跨国公司内部贸易的商品结构

跨国公司内部贸易的商品主要由成品、中间半成品和初级产品构成。跨国公司实行全球战略，实行垂直一体化生产和水平一体化生产，将产品生产环节布置在世界最有竞争优势的地方，最后又向世界销售。这使得成品和中间半成品流动大大增加，其中成品内部化率高于中间半成品，而半成品又高于初级产品。根据海林纳对美国跨国公司内部贸易资料的统计研究，20世纪70年代末美国进口的初级产品（不包括石油）的内部化率为23.5%，半成品为37.6%，成品则高达53.6%。随着跨国公司企业内国际分工的发展，各子公司在产品生产环节联系增强，中间半成品贸易比重将会提高。

2. 跨国公司内部贸易的地区结构

跨国公司内部贸易的地区结构是指内部贸易在全球的分布情况。总的说来，跨国公司内部贸易大多发生在发达国家和地区，而在发展中国家则相对较少。这主要是由于发达国家和地区经济条件较好、外资政策稳定、市场潜力较大，对跨国公司的经营活动有较大的吸引力。同时，发达国家之间投资和贸易障碍较少，便于跨国公司组织下属子公司之间的专业化分工和协作，跨国公司及其子公司大多分布在发达国家和地区，这也决定了跨国公司内部贸易主要集中在发达国家和地区。随着经济全球化发展，跨国公司在世界各国投资生产，越来越多的发展中国家纳入跨国公司全球生产和贸易体系，跨国公司在发展中国家内部贸易比例会逐步提高。

3. 跨国公司内部贸易的行业结构

跨国公司内部贸易比例与技术密集程度呈正相关关系，在技术密集程度高的行业，跨国公司内部进出口率高；而在技术密集程度低的行业，跨国公司内部进出口率则较低。如1987年有人对全世界32个国家不同行业跨国公司内部贸易进行调查的结果表明：计算机行业为91.3%，汽车为62.4%，机械为52.6%，石油为51%，电子为36.5%，医药化工为35%，纺织为12.8%，食品为9.8%。随着跨国公司研发规模加大和研发国际化，跨国公司高技术水平行业内部贸易规模会越来越大。

（四）跨国公司内部贸易的运作

跨国公司内部贸易是一种特殊形式的国际贸易，其核心特点有两个：

1. 实行计划性管理

公司内部贸易的计划性主要是指内部贸易的商品数量、商品结构以及地理流向等要受公司长远发展战略计划、生产投资计划、市场营销计划和利润分配计划的控制和调节。跨国公司实施内部贸易计划管理的目的是调节公司内部的资源配置,使之不断适应公司发展战略和外部环境变化的要求,在激烈竞争环境中立于不败之地。

2. 实行转移价格

实行转移价格有助于解决公司内部分工的统一性与各部门利益不一致性的矛盾。海外子公司采取的是多样化股权形式,使得母公司与各子公司之间形成多样化、多层次的经济关系。这种经济利益的差异必然导致跨国公司的总体利益与各子公司的局部利益之间的矛盾和冲突。跨国公司实行转移价格是克服这一矛盾的有效方法。转移价格使整个公司的经营活动在全球战略目标指导下实现内部交换,并在协调的基础上使各自的利益得到满足。以上两个特点决定了跨国公司内部贸易运作的核心是投资决策和转移价格的制定。

(五) 跨国公司内部贸易的效应

1. 正面效应

(1) 在结构调整方面,内部贸易促进了国际分工和技术进步。跨国公司内部贸易的发展开辟了全球范围内一体化生产的可能性,促进和健全了公司内部网络的形成,即把生产加工的不同阶段分设在不同国家,或者由各子公司专门生产整个生产线的某种特定部件,提高了公司的生产效率,并获得规模经济效益。同时,内部技术贸易还促进了跨国公司根据不同东道国在人才、科技实力以及科研基础设施上的比较优势,在全球范围内有组织地安排科研机构,推动技术创新,保持跨国公司的竞争力。据估计,目前跨国公司垄断了世界上 70％的技术转让和 80％的新技术工艺。

(2) 在要素配制方面,内部贸易可以充分利用转移定价攫取高额利润和规避风险。内部贸易的产品和服务的定价根据跨国公司的全球战略目标由公司上层人士制定的,通过转移高价和转移低价使整个公司的经营活动在全球战略目标指导下实现内部交换,在协调的基础上使各自的利益得到满足,并可减轻税负,实现内部资金配置,逃避东道国的价格控制,避免外汇汇率风险和东道国的外汇管制。例如,当跨国公司子公司所在国的外汇管制和利润汇出限制严、营业利润抽税高时,母公司就抬高供应给子公司的机器设备、原材料和劳务价格,使子公司生产成本增加,盈利减少,从而少纳税;当子公司产品面临当地产品竞争时,母公司可以大幅度降低转移价格,从而降低子公司产品的生产成本,加强其竞争能力,以掠夺性价格打垮竞争对手,操纵和垄断当地市场,然后再提高价格;当东道国货币将要贬值时,母公司就可以利用转移价格将子公司的利润和现金尽快汇出去;当子公司所在国货币坚挺时,母公司就利用转移价格使子公司扩资,从汇率中牟利。由此可见,转移价格已成为跨国公司弥补外部市场结构性和交易性缺陷的重要措施,它既是跨国公司建立内部市场的重要手段,又成为跨国公司内部贸易的强大支撑点,为其最终获取高额利润起了重大作用。

(3) 在无形资本运作方面,内部贸易可保持公司的技术优势。对技术的垄断是跨国公司的特有优势,也是其存在和发展的关键。如果公司的技术产品在公司外部交易的话,有可能被竞争对手模仿而受损失。内部贸易就可避免此类事情的发生,有助于公司增强其在国际市场上的垄断地位和竞争能力,实现全球利益的最大化。实践证明,实行内部贸易与公司拥有的技术水平有关,其技术水平越高,内部贸易的比重就越大。据邓宁教授研究,母公司内部出口贸易在总出口中的各项比重中,计算机工业为91.3％,石油工业为51％,汽车工业为62.4％,电子工业为36.5％,纺织业为12.8％,食品业为9.8％。

(4) 在人力资本管理方面,内部贸易解决跨国公司内部相对利益中心之间交换的矛盾,有利于公司高层人才的稳定。跨国公司的各个子公司虽然隶属于同一母公司,但各子公司又是独立的利益主体,即使是从母公司的全球战略大局出发也应考虑到各个主体的利益要求,以保证工作人员的稳定,维持整个公司的凝聚力。因此,在跨国公司的内部交换过程中就不能以利益的完全一致性为基础进行无偿调拨,而必须采取贸易形式,通过内部市场机制满足各方的经济利益,以解决内部经济利益的矛盾。

(5) 在追求风险最小化方面,内部贸易降低了外部市场造成的经营不确定风险,有利于跨国公司实行计划管理。完全受市场自发力量支配的企业经营活动面临诸多风险,如投入供应数量、质量、价格等不确定,以及不同生产工序和零部件由独立企业承担带来的协调问题等。公司内部贸易可以大大降低上述的各种经营不确定性,使公司的商品数量、商品结构以及地理流向都服从于公司长远发展战略计划、生产投资计划、市场营销计划和利润分配计划,优化公司内部的资源配置,使之不断适应公司发展战略的外部环境的要求,保证企业在激烈竞争的环境中立于不败之地。

2. 负面效应

(1) 转移价格的定价机制改变了价格作为市场信号的贸易秩序。在母公司与子公司之间转移产品、服务、资金时,人为地调高或调低价格与收费,在一定程度上削弱了市场自由竞争赖以存在的供求调节价格的价格机制,破坏了国际市场价格与供求关系之间的联系。因此,内部贸易减弱了价格作为市场信号的作用,在一定程度上干扰了原本以市场价格为基础的贸易秩序。

(2) 转移价格往往损害了东道国的利益。由于内部贸易采用转移价格手段,达到跨国公司的特定目标,如将资金调出东道国,规避东道国的税收,绕过东道国的关税壁垒等。据有关部门的统计表明,我国境内的外资企业亏损高达40％以上,有些地区甚至达到75％,因此许多合资、合作企业的中方无利可分,甚至连年亏损。令人深思的是这些企业的外方却不断增资,合理的解释只可能是这些企业的外方通过"高进低出"的转移价格侵吞了中方的收益,实现了"虚亏实盈""中亏外盈"。可见,跨国公司通过转移价格侵吞了东道国合资方的利润,减少了东道国的税收收入。

(3) 内部贸易降低了东道国引进外资的关联效应。很多东道国,特别是发展中国家,大力引进外资的目的之一就是希望通过跨国公司的投资带动上游产业或下游产业的发展。然而跨国公司从全球战略出发,有时宁可高价进口国外关联公司的原材料、半成品,因而降低了跨国公司在东道国直接投资的关联效应。例如,某合资企业生产用的主要原材料阿苯达唑,国内许多厂家均能生产,而且产品质量很好,但该企业的合资外方却拒绝使用高质价廉的国产原料,而高价从其他国家的子公司进口。

(4) 跨国公司的内部贸易使国际关系复杂化。一方面,跨国公司通过内部贸易侵占了东道国的利益,破坏了东道国的投资声誉,而且使东道国在制定外贸政策时左右为难;另一方面,内部贸易中的返销活动使得进出口国地位改变,改变了双方的贸易差额,不利于东道国的国际收支改善。这些矛盾显然会造成国际经贸关系复杂化。例如,美国以巨额贸易逆差为由向其贸易伙伴施加压力,如要求日本开放市场、汇率升值;要求中国开放市场等。

由此可见,跨国公司的内部贸易是国际贸易发展的一把"双刃剑"。如何运用好这把"双刃剑"已引起了世界各国普遍关注。例如,美国、法国、日本等拥有大量对外直接投资的发达国家都已制定出专门法规,限制跨国公司转移价格的作用。发展中国家与跨国公司打交道的时间短,缺乏经验,要管制转移价格就比较困难。目前,发展中国家应该从完善法令、法规入手,加强对外资企业财务报表的审核,并及时了解国际市场价格的变动情况及有关国家的税率差别,了解国际市场同行业利率水平,及时发现问题,以对跨国公司转移价格进行限制,扬长避短,为我所用。

二、跨国公司与国际贸易

二战后,随着科学技术的发展和世界市场的形成和完善,跨国公司和国际贸易在数量上和规模上都有了巨大的发展。从跨国公司的发展历史看,国际贸易的发展促进了跨国公司的形成。而通过研究二战后国际贸易的发展情况可知,跨国公司无论从国际技术贸易、国际劳务贸易、国际贸易结构,还是在贸易内部化等方面对国际贸易的内容、方式、领域等发挥了强有力的推动作用,是战后国际贸易获得空前发展的重要的积极因素。目前,世界6万多家跨国公司拥有85万个子公司,足迹遍及全球各地。它们中间不仅有历史悠久、实力雄厚的发达国家跨国公司,也有新兴后起、充满活力的发展中国家跨国公司。这些国外子公司雇用了5400万员工,控制了世界工业生产总值的40%—50%,控制着世界贸易额的65%以上,技术转让的90%以上和世界对外直接投资的90%以上。跨国公司的发展是生产国际化和世界科技高度发展的产物,特别是随着经济全球化进程的加快,它更成为"地球村"中的骄子和世界经济舞台上的主角,在国际经济关系中发挥着举足轻重的作用。

(一)国际贸易对跨国公司的影响

随着社会的进步和生产力的发展,贸易活动几乎遍及全球,使世界日益形成一个统一的大市场,市场竞争激烈,使国际性企业不得不都要向跨国经营方向努力。跨国公司的生产体系实际上是企业内部的分工在国际范围内的体现。母公司与国外的分、子公司之间以及各分、子公司之间必须通过内部交易,跨国公司才能作为一个国际化生产体系站在全球角度上进行经营,在市场竞争的全球化进一步加强的趋势下,企业正常运转。而一个统一体系下的各国间贸易活动又降低了市场不完善的影响作用,促进了跨国公司的发展。各国间贸易的密切程度又影响了相互直接投资力度,影响了跨国经营的方向。

国际贸易的特点影响了跨国公司的经营方式。传统的国际贸易是跨国经营的最古老的形式。随着生产力的发展和商品生产、交换的不断扩大,产生了货币,商品交换由物物交换变成了以货币为媒介的商品流通。私有财产的产生与商品流通的扩大,产生了专门从事贸易的商人,随着国家的出现,商品流通超出国界产生了对外贸易,也就出现了跨国经营。在资本主义原始积累时期,国际贸易的特点是资本主义国家对原始材料的获取和资本的积累,而且还向殖民地进行商品的倾销,独占殖民地的贸易,随着产业革命兴起,国际分工日益扩大,促进了对外贸易,也弥补了要素分布不均的不足。第三次科技革命又引起了国际分工的巨大变化,使国际贸易的方式逐渐起了重大的变化。国际分工过去受要素禀赋所限制,现在则以科技优势为转移,科技进步减轻甚至摆脱了对自然资源的依赖,科学技术在生产要素中占了主导地位。所以,当前的跨国公司在海外生产并不以获得自然资源优势作为主要战略目标,主要是以市场竞争及科研发展等为主要目标,这主要表现在资源及初级产品在世界贸易中所占地位下降,而服务、技术贸易在贸易总额和贸易结构中的比重上升。

（二）跨国公司对国际贸易的影响

自二战结束以来,国际贸易获得了迅速的发展,这突出表现在其增长速度一直高于世界工业生产和国内生产总值的增长速度。第一,跨国公司利用国际分工来实现国际生产的专业化、协作化,使得企业内部的各种零部件半成品和制成品的相互往返运输大大增加,而这种跨国公司内部的跨国界商品交易,增加了跨国公司的内部贸易量,也造成了国际贸易量的扩大。同时,跨国公司内部贸易带来的交易成本的降低能够产生与国际贸易、规模经济相同的效应。第二,跨国公司为了实现对外扩张获取高利润的目的,不断在海外投资兴建、扩建、兼并和重组企业,使大量的机器设备、商品和劳务流向国外的分公司和子公司,从而促进国际贸易的扩大。第三,为了绕过实行贸易保护国家的关税和非关税壁垒,跨国公司还采取就地生产、就地销售的方针,不仅将自己的产品在东道国的市场上进行销售,而且还利用东道国的对外贸易渠道扩大对其他国家的出口。这样既利用了东道国廉价的资源和劳动力,又保证了生产的延续性,促进了全球的商品生产和流通,从而促进了国际贸易的扩大。第四,跨国公司还通过大企业合作的方式,进入更完善的国际销售渠道。第五,为占领世界竞争制高点进行的科研开发,使跨国公司推动着国际贸易中技术贸易的迅速发展。

目前,跨国公司已成为推动国际贸易发展的重要力量。一些发达国家对外贸易增长较快,一个重要原因是跨国公司发挥了重要作用。一些大型跨国公司根据企业面临的国际合作与竞争,进行大规模的国际化生产,生产能力不断提高,为开展国际贸易奠定了雄厚的物质基础。实行跨国跨地区的全球性经营,开展多领域的对外贸易,促进国际贸易规模的扩大。比如,合并后的惠普已在全球 PC 市场排名第一。惠普有明显的优势:拥有领先的技术、创新的产品和可靠的质量。惠普把拥有巨大增长潜力的亚太地区作为市场竞争的主要地区,不仅将使这一地区的贸易规模扩大,而且随着投资、生产、研发、销售的力度加大,将大大促进这一地区经济贸易的发展。我们还应看到,相当数量的跨国公司在国外不断新建、扩建子公司,兼并和收购国外企业,并向国外子公司提供必需的生产设备、原材料和半成品,大大带动了国内产品和技术的出口。跨国公司与子公司、子公司与子公司之间生产专业化和协作化程度较高,形成了诸生产要素的内部买卖,不仅加强了国际经济技术的合作与交流,而且使得跨国公司内部的贸易数额不断增加,从而促进世界贸易规模不断扩大。

（三）跨国公司对国际分工的影响

产业组织理论早已揭示了社会化分工是企业优于一般手工生产和家庭作坊的全部意义。早期的跨国公司将这种有效分工的范围延伸至国际,如今全球化运作的跨国公司更将生产分工深入到价值增值的各个连接点上,从而为国际分工的深化提供了微观基础。国际分工只是发生在最终产品之间,而国际贸易则是国际分工实现的唯一途径。在全球化背景下当跨国公司进入区域一体化,甚至全球一体化经营阶段,分散在海外各地的子公司不再是独立运作或仅与母公司发生联系,而是保持着与母公司及其他子公司间高度一体化的联系。跨国公司依据不同区位建立在要素密集度之上的比较优势,将生产活动和其他功能性活动进行更加细密的专业化分工。每一个海外投资企业所服务的对象不再是分散的、独立的海外某个市场,而是整个跨国公司体系所占据的区域市场,乃至全球市场。由此,跨国公司体系内产品、技术及人员在遍布全球的子公司之间的跨国界流动程度更强,分工联系更为紧密,世界各国的生产过程经由跨国公司分支机构的活动建立起有机的内在联系,形成了世界生产体系的实体部分。此外,跨国公司控制了许多重要的制成品和原料的贸易。跨国公司 40%以上的销售额和 49%的国外销售集中在化学工业、机器制造、电子工业和运输设备等四个部门。

(四)跨国公司推动了国际经济技术合作与贸易

跨国公司的竞争力首先是表现在它有无形资产和知识资本,包括技术、专长、品牌、商誉和营销技巧等,这是它们进行跨国经营的必要条件。因此,跨国公司投入较高的研究和开发费用。据调查,世界 500 强企业的研发费用占 10%—50%,而我国企业目前投入的研发费用只占 1.3%。有人曾估计过,跨国公司目前大约控制着全世界专利技术的 75%。近几年来,国际技术贸易增长很快,贸易总额 1965 年只有 25 亿美元,1975 年是 120 亿美元,1985 年是 500 亿美元,目前已超过 2500 亿美元。这是技术贸易,也就是我们通常说的专利转让。同时,跨国公司通过直接投资带来的资产和管理技术,不仅有助于促进新的产业发展,还可能使原来的产业升级,使内向型产业转向国际型产业,并有利于资本的过渡和转移。跨国公司对国际技术的转让和控制日趋严厉,发展中国家一般很难通过技术贸易的专利引进跨国公司的最先进技术。在世界科技开发和技术贸易领域,跨国公司发挥着举足轻重的作用,特别是来自美国、日本、德国、英国等发达国家的跨国公司。跨国公司掌握了世界上 80%左右的专利权,基本上垄断了国际技术贸易;在发达国家,大约有 90%的生产技术和 75%的技术贸易被这些国家最大的 500 家跨国公司控制。许多专家学者认为跨国公司是当代新技术的主要源泉,技术贸易的主要组织者和推动者。

(五)跨国公司对国际贸易规则的影响

跨国公司作为资本和生产国际化的重要经济组织,在参与国际经济技术合作与竞争和全球贸易过程中,形成了一系列规章和条款,促进了经济全球化的发展和完善。跨国公司是其本国制定对外贸易规则的重要参与者,并对国际性贸易规则的制定和完善也有重要的参考作用。跨国公司在开拓国际市场中,总是率先打破旧有的贸易规则,以至于不断改革、完善全球贸易规则。特别是发展中国家的跨国公司为消除贸易壁垒、地区保护主义及贸易歧视性政策而提出的意见和提案,对完善国际性贸易规则、保护发展中国家对外贸易的正当权益具有重要价值。

第四节　跨国投资与国际贸易发展的新趋势

跨国公司是跨国投资和国际贸易的主体,其中对外直接投资是跨国公司进行有效资源配置的重要形式。随着经济全球化的发展,跨国公司更是全球经济发展的主动力,其对外投资决策不仅对企业自身的整体发展有深刻影响,还对东道国多种产业的发展道路产生深远影响。

一、跨国公司和国际贸易发展的新趋势

（一）加强实施国际战略联盟和技术研发

国际战略联盟是指两个或两个以上的跨国企业为了实现同一战略目标而建立起的合作关系。这种关系包括核心技术的共同研发,交换销售网络信息,共同生产等。跨国公司缔结战略联盟,可以广泛利用外部资源,通过利用联盟伙伴的技术、资本、供应渠道以及营销网络等资源,从而来实现自身全球战略。通过联盟降低了风险,使企业产生规模效应,提升了公司的竞争力。技术发展一直以来是跨国公司发展的核心动力,跨国公司必须使本企业的技术要素在全球各地优化配置,以此来面对复杂的国际市场,满足不同的消费者偏好,使得产品多样性,从而通过研究和开发,利用不同国家的技术资源,降低开发成本和风险,使得技术利用最大化,从而带来最大的收益。

（二）跨国公司组织结构的全球化管治趋势

互联网时代改变了传统经济的形态,并形成自己独特的市场。通过互联网,跨国公司交易的时间和地点不受限制,并可以通过它的组织结构,接触到更大的市场空间,把原来不可能的市场转变为新市场,为跨国公司的发展提供了更大的发展空间和机会。并且,互联网的组织结构可以使跨国公司内部资源能有效整合,连接了企业内部的核心竞争力,从而使得交易成本下降。跨国公司组织结构的全球化管治调整包括股权全球化、公司治理结构全球化和管理结构适应全球化进行调整三个层面的变化。

一是股权全球化,外资股权比例急剧上升。自 20 世纪 70 年代的第三次经济全球化浪潮以金融资产全球自由流动推动全球化为特征,金融资产的自由流动导致了企业股权全球化。股权全球化意味着跨国公司吸纳和整合资金的范围从一个国家为主转向从全球吸纳资金,也意味着跨国公司从为一个国家的股东负责的公司逐步演变为全球股东负责的公司。股东结构的变化显然是跨国公司管理、治理结构全球化的重要原因。最近十几年,跨国公司纷纷在全球多个股市上市融资。德国巴斯夫（BASF）公司股票在法兰克福、伦敦和苏黎世三地交易所上市。

二是公司治理结构全球化。由于股权的全球化,带动了跨国公司治理结构的变化。1992年以来,越来越多的跨国公司董事会的构成也出现了全球化趋势。美国学者 Gillies 和 Dickinson 选取了 80 家全球最大的跨国公司进行研究,结果表明,在 1993 年这 80 家公司中有 36.3% 的跨国公司至少有一名非本土的董事会成员。此外,学者克利福德研究发现,到 2005 年这些公司中有 75% 的跨国公司至少有一名非本土的董事会成员。平均而言,跨国公司董事

会非本土成员所占全部成员的比例达到 25％。

三是公司管理结构的网络化。过去,跨国公司是以母国为中心辐射若干国家子公司的中心辐射式管理模式。在这一阶段,公司总部拥有绝对的决策控制权,而现在情况发生了重要变化。由于全球各个市场当地化经营的需要,过去单纯的纵向管理结构已经不能提供足够的灵活性来应对全球各个地点经营条件的迅速变化。跨国公司需要在全球市场的若干重点地区和国家设立地区总部,统一管理协调公司各个业务部门在当地的经营活动。在全球不同国家和地区设立纵向的业务分部以及横向的地区总部,使得这些公司形成了新的管理架构,这是一种多中心多结点的网络管理模式。网络管理模式有利于全球公司对全球范围经营环境的变化做出更迅速的反应,更有效地利用全球资源。

通过公司股权结构、治理结构以及管理结构的调整,一批跨国公司管理和治理结构全球化程度大大增加。全球化管理、治理结构既有利于跨国公司在全球范围吸纳资源,也有利于跨国公司在全球范围整合资源,从而大大增加其在全球的竞争力。

（三）全球公司逐渐成为跨国公司发展的新阶段

全球公司全球化程度大大提高,其跨国指数(海外资产、海外销售和海外雇员与总资产、总销售和总雇员比例的平均数)超过 50％。由于主要收入、主要资产均来自海外,全球公司经营重心在海外,其发展战略、管治结构和理念文化更注重全球,形成了全球经营的思维模式和经营模式。与一般跨国公司相比,全球公司不仅扩大了经营地域,而且从战略、结构到理念文化均发生了深刻变化。在全球化潮流中,跨国公司通过战略、管治架构和理念文化的调整,完成了从跨国公司到全球公司的转型。与一般跨国公司相比,全球公司的全球化程度大大增加。根据联合国贸发组织的统计,最近 20 年,全球跨国公司的全球化程度大大提高。1994 年,全球最大的 100 家跨国公司海外资产占其总资产的 41％,到 2012 年上升到 60％;海外资产总额则从 1994 年的 15879 亿美元上升到 2012 年的 76983 亿美元,近 20 年增加了约四倍。同期,最大 100 家跨国公司海外销售占其总销售的比例从 46％增加到 65％,海外雇员比例则从 43％增加到 59％。根据联合国贸发组织发布的《世界投资报告》,2012 年全球 100 大跨国公司中,跨国指数超过 50％的有 88 家,超过 70％的有 42 家。而在 1994 年,跨国指数超过 50％只有 43 家,超过 70％的只有 16 家。

（四）全球经济缓慢复苏,经济体间差距逐渐加大

近年来全球经济增长疲弱,全球汇率宽幅震荡,新贸易保护主义盛行以及地缘政治风险上升等不利因素继续恶化贸易环境,制约全球贸易的企稳回升。进入 2020 年,随着新冠肺炎疫情快速蔓延,大量行业停摆、工厂停产,货物运输不畅,各国为应对疫情陆续采取了贸易限制性措施,服务贸易需求受损,全球贸易往来的活跃度大幅下降,疫情对全球贸易的重挫达到 2008 年国际金融危机以来最严重程度。联合国贸发会议报告指出,2020 年全球货物贸易额同比下降 5.6％,这是自 2008 年国际金融危机以来货物贸易的最大同比降幅。相对于货物贸易,服务贸易受疫情打击更为严重,贸易额已降至 20 世纪 90 年代水平,全年同比下降 15.4％。《2021 年贸易和发展报告》报告显示,受益于各国采取的激进措施,以及发达经济体成功推广新冠疫苗接种,2021 年全球经济将出现反弹,预计增速将达到 5.3％,为近五十年来的最高水平。然

而不同地区和行业的复苏情况并不一致,由于缺乏财政空间和货币政策自主性以及难以获得新冠疫苗,许多发展中经济体的发展受限,扩大了其与发达经济体的差距。

二、中国跨国投资发展的新趋势

（一）中国对外直接投资额逐步增长,全球位次不断前进

根据《中国对外直接投资统计公报》统计,2004—2019 年中国对外直接投资流量和存量规模持续扩大,呈现上升的趋势,全球位次分别由 2004 年的第 20 位升至 2019 年的第 2 位和 2004 年的 27 位升至 2019 年的第 3 位。自 2015 年开始,中国对外直接投资流量占全球份额基本保持在 10％的水平,到 2019 年这一比例达到 10.4％。这表明中国对外直接投资近几年势头迅猛。

（二）绿地投资金额和项目数高于跨国并购,并购潜力显现

从对外投资的方式看,绿地投资处于主导地位,但企业跨国并购较活跃,2015 年项目数比重首次超过了绿地投资,达到 51.9％。根据最近几年中国对外直接投资统计公报显示,选择跨国并购的方式投资海外市场的中国企业数量在逐渐增加,同时并购额也在上升,经济环境可能是影响企业投资方式的一个重要因素。由于经济发展良好,更多的企业为了寻求技术和人才等资源会采取跨国并购的方式进入东道国目标市场。

（三）地区差异决定企业对外直接投资方式

企业基于成本—收益原则选择合适的 OFDI 市场进入策略,有利于中国企业后续发展进行借鉴与创新,能提高企业的国际竞争力国家或者地区,企业会选择跨国并购的市场进入策略,而一些与我国经济发展类似或经济实力落后的国家或者地区,我国企业更偏好于绿地投资的市场进入策略。数据显示,亚洲成为我国企业对外直接投资覆盖率最高的地区,其次是北美洲和欧洲地区;其中,南、北美洲、亚洲发达国家和大洋洲国家,我国企业选择跨国并购的可能性较大,而对欧洲、亚洲发展中国家倾向于绿地投资的市场进入策略。

（四）行业差异影响企业对外直接投资方式

历年《中国对外直接投资统计公报》显示,能源业和矿产业的对外直接投资倾向采取跨国并购的市场进入策略;而制造业和商务服务业的 OFDI 选择绿地投资市场进入策略的可能性更大。目前中国企业选择对外投资的行业与之前相比,出现了一些不同点:中国企业目前更多将投资用于一些生产附加值和技术含量高的产业,同时,跨国并购金额也主要集中于租赁服务业和制造业等,在未来,这一投资比例会继续增加。数据显示,目前在房地产和娱乐业等产业的投资明显减少,这也说明,我国企业对外投资更加理性了。

基本概念

跨国公司（Transnational Corporation）

对外直接投资（Foreign Direct Investment）

跨国公司内部贸易（TNC Internal Trade）

垄断优势理论（Monopolistic Advantage Theory）

内部化理论(Internalization Theory)

国际生产折衷理论(The Eclectic Theory of International Production)

复习思考题

1. 跨国公司是如何形成的?

2. 跨国公司与国际贸易的关系是什么?

3. 简述跨国公司理论的演变。

4. 简述垄断优势理论的内容并做简要评价。

5. 简述跨国公司的发展对国际贸易的影响。

6. 简述跨国公司内部贸易产生的原因。

7. 跨国投资与国际贸易发展的新趋势如何?讨论不同类型国家的发展对策。

参考文献

1. 陈向东、魏拴成:《当代跨国公司管理》,机械工业出版社,2014年。

2. 杜德斌:《跨国公司在华研发——发展、影响及对策研究》,科学出版社,2009年。

3. 贺灿飞:《经济转型与服务业跨国公司区位战略》,科学出版社,2012年。

4. 李凡:《跨国公司投资案例研究》,南开大学出版社,2011年。

5. 李辉、姚丹、郭丽:《国际直接投资与跨国公司》,电子工业出版社,2013年。

6. 卢进勇:《"走出去"战略与中国跨国公司崛起》,首都经济贸易大学出版社,2012年。

7. 卢进勇、刘恩专:《跨国公司理论与实务》,首都经济贸易大学出版社,2012年。

8. 王红岩:《国际直接投资与跨国公司》,立信会计出版社,2012年。

9. 张纪康:《跨国公司与直接投资》,复旦大学出版社,2011年。

10. 张玮、张宇馨:《跨国公司概论》,清华大学出版社,2013年。

11. 张绍辉、韩忠先、刘璐:《跨国公司实战案例》,山东大学出版社,2012年。

12. 赵春明:《跨国公司与国际直接投资(第三版)》,机械工业出版社,2020年。

第十四章

经济增长与国际贸易

本章重点

1. 经济增长的概念和类型
2. 经济增长的生产效应、消费效应和贸易效应
3. 劳动和资本要素增长对贸易条件的影响
4. "荷兰病"和福利恶性化增长
5. 技术进步对贸易条件的影响

在现实经济中，一国生产要素供给量会随着资本的积累、人口的增长以及科学技术的不断进步而增加。本章主要介绍的理论，是放松前面章节的静态分析的方法，采用动态分析法分析经济增长，分析原有的国际贸易均衡状态如何改变，以及探讨对国际贸易条件产生的影响。

第一节 经济增长的内涵和类型

经济学家对经济增长问题的兴趣，几乎和经济学的发展有同样漫长的历史。以托马斯·马尔萨斯人口原理和李嘉图土地边际收益递减规律为基础的古典经济学，开创了研究的先河。而真正意义上的经济增长理论，始于 20 世纪 50 年代后期兴起的新古典经济增长理论，它以索罗—斯旺模型为代表，认为经济增长源于要素增长和技术进步。

一、经济增长的内涵

（一）经济增长的概念

经济增长（Economic Growth）是指一个国家或地区生产商品和劳务能力的增长。如果考虑到人口增加和价格变动情况，经济增长还应包括人均福利的增长。美国经济学家 S·库兹涅茨给经济增长下了一个经典的定义："一个国家的经济增长，可以定义为给居民提供种类日益繁多的经济产品的能力长期上升，这种不断增长的能力是建立在先进技术以及所需要的制度和思想意识相应调整的基础上"。

库兹涅茨从经济增长定义出发，根据经济增长历史和实践总结了经济增长的六个特征：

① 按人口计算的产量的高增长率和人口的高增长率,经济增长最显著的特点就在于产量增长率、人口增长率、人均产量增长率三个增长率都相当高;② 生产率的增长率也是很高的,生产率提高正是技术进步的标志;③ 经济结构的变革速度提高了;④ 社会结构和意识形态结构迅速改革;⑤ 增长在世界范围内迅速扩大;⑥ 世界增长是不平衡的。

（二）经济发展与经济增长

一般说来,经济增长是一个量的概念,经济发展不仅意味着国民经济规模的扩大,更意味着经济和社会生活质量的不断提高。所以,经济发展涉及的内容超过了单纯的经济增长,比经济增长更为广泛。从广义上来说,经济发展不仅包括经济增长,还包括国民的生活质量,以及整个社会经济结构和制度结构的总体进步。总之,经济发展是反映一个经济社会总体发展水平的综合性概念。

二、经济增长的类型

通常,一国人口和劳动力的数量会随时间推移而增长,通过利用部分资源来生产资本设备,一国的资本存量也将增加。资本指所有由人制造的生产手段,如机器、工厂、办公楼、交通和通信工具,还包括劳动力的教育和培训,所有这一切都极大地提高了一国生产产品和劳务的能力。

虽然劳动和资本是不同质的,这里简单地假定所有劳动和资本都是同一类型的(也就是说相同的),这样,我们得到两个要素即劳动(L)和资本(K),以便能够使用平面几何的方法进行分析。当然,现实中还有其他可被消耗尽的自然资源以及新发现或新投入使用的资源。我们假定国家的经济增长是在规模效益不变下生产两种产品(产品 X 为劳动密集型,产品 Y 为资本密集型)获得的。

随着时间推移,劳动与资本这两种生产要素禀赋的增长会导致生产可能性曲线向外推移,外移的形状和程度取决于劳动和资本的相对增长比率。根据劳动和资本增长的比率,可将生产要素的增长分为两种类型:平衡增长和不平衡增长。

（一）平衡增长

平衡增长(Balanced Growth)是指劳动和资本增长比率相同,生产可能性曲线将按两要素的增长比率同时向两个方向外移。结果,新旧两条曲线(要素增长前后)与任何源于原点的射线相交时,两个交点的斜率相等。图 14-1 表明了 A 国生产要素平衡增长的情况。当 A 国劳动和资本要素都增长一倍时,在规模报酬不变的条件下,每种产品的产量也增加一倍。X 的最大化产量从 140 增加到 280;Y 的最大化产量从 70 增加到 140。注意,由于增长前后的生产可能性曲线的形状相同,因此过

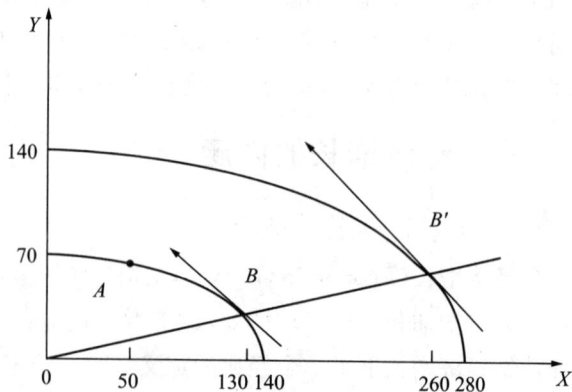

图 14-1 平衡型的经济增长

原点做一射线切两条生产可能性曲线于 B 点和 B' 点,在这两点,生产可能性曲线的斜率或者说 Px/Py 相同。当劳动和资本以相同比率增长并且两种商品生产具有不变的规模收益时,生产率及劳动和资本收益在发生增长前后仍会保持相等。如果相关比率(即与总人口的相关比率)也保持不变,则增长前后该国人均实际收入和福利水平也将保持不变。

（二）不平衡增长

不平衡增长（Unbalanced Increase）是指劳动和资本两种生产要素以不同的比率增长。这里为了简化问题,只讨论一种要素增长而另一种要素不变的情形。如图 14－2,当资本要素不变,而劳动要素增长一倍时,由于劳动投入于两种产品的生产过程中,劳动在一定程度上也替代资本,故两种商品产量都有可能增加,但由于产品 X 是劳动密集型的,产品 Y 是资本密集型的,劳动力供给的增长将导致产品 X 的最大化产量以更大的幅度增长,这时,生产可能性

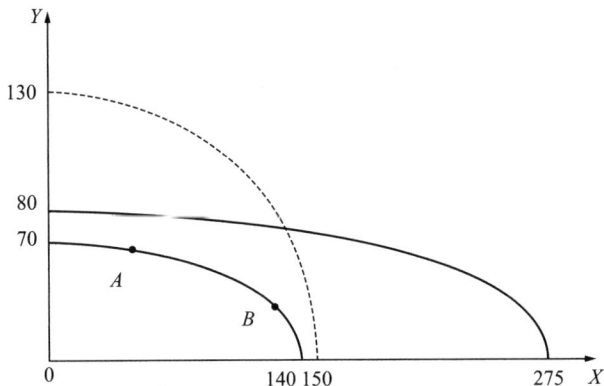

图 14－2 不平衡的经济增长

曲线表现为较多地向 X 轴方向扩张。当把资源全部用于生产产品 X 时,产量从 140 增长到 275;当把资源全部用于生产产品 Y 时,Y 的最大化产量只从 70 增加到 80。同样,当仅资本加倍时,Y 的最大化产量从 70 增加到 130,X 的最大化产量从 140 增加到 150。当劳动增长（或劳动比资本增长比率快）时,虽然总产量会有增加,但劳动资本比率会下降,劳动生产率也会因边际收益递减而下降,从而劳动报酬和人均收入会下降。当仅有资本增长（或资本比劳动增长比率快）时,资本劳动比率会上升,劳动生产率会上升,从而劳动报酬和人均收入都会提高。

第二节　经济增长对国际贸易的影响

贸易量是一国的生产量和消费量的差额,而经济增长主要表现为一国生产能力和国民收入的提高,后者又会对该国产品需求发生变化,因此一国经济增长的贸易量主要是由经济增长的生产和消费形成的综合效应。下面考察商品相对价格不变前提下,一国经济增长的生产效应、消费效应和贸易量效应。

一、经济增长的生产效应

一国的经济增长会对国际贸易产生重大影响,而不同类型的经济增长对国际贸易又会产生不同效果。经济增长造成产品结构的各种变化,主要表现在生产可能性曲线形状的各种变化,从而对国际贸易发生不同影响,这就称经济增长的生产效应。一般可将经济增长的生产效

应分为五种情况,对应的是生产可能性曲线的五种不同变化形态。

如图 14-3,横坐标表示一国具有出口能力的 X 产品的产量,纵坐标表示与进口产品竞争的本国 Y 产品的产量。假设一国的经济增长,使生产可能性曲线由原来的 TT 向外延伸至 $T'T'$。而假设贸易条件不变,则原来的贸易条件线 MN 变为 $M'N'$,并且 $MN /\!/ M'N'$。假设经济增长前生产可能性曲线 TT 与贸易条件线 MN 相切于 Q 点,则生产产品组合点为 Q 点,而当经济增长后,均衡点为 $T'T'$ 线与 $M'N'$ 线的切点 Q'。

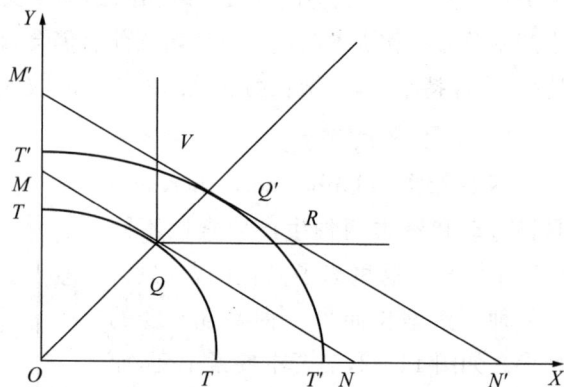

图 14-3 经济增长的生产效应

1. 中性增长(Neutral Growth)

假设新的均衡点 Q' 落在 OQ 连线的延长线上,则这种经济增长为中性增长。因为这种经济增长使出口产品 X 的增长率与进口产品 Y 的增长率相等,即 $\Delta X/X = \Delta Y/Y$。这个 ε 就是本国可进口产品 Y 的供给收入弹性,其含义为经济增长使国民收入增加,这种增加会使可进口产品的国内产值发生变化。当经济增长为中性增长时,$\Delta NI/NI = \Delta Y/Y$,即 $\varepsilon = 1$。可进口产品的供给收入弹性为 1,表示经济增长引起可进口产品产值同比率的增长,具有引起贸易量按同比率增长的倾向。

2. 顺贸易倾向增长(Protrade-Biased Growth)

假设新的均衡点落在 Q' 点与 R 点之间,这种经济增长使得可出口产品 X 的增长率大于可进口产品 Y 的增长率,$\Delta X/X > \Delta Y/Y$,即 $\Delta NI/NI > \Delta Y/Y$,经济增长使得可进口产品供给的收入弹性大于零小于 1,即 $0 < \varepsilon < 1$。它表示两种产品都有增长,但是可进口产品增长少,可出口产品增长多,就会产生一种促进对外贸易的倾向,使本国的对外贸易的增长率有可能超过经济增长率,所以这种增长方式称为顺贸易倾向增长。

3. 超顺贸易倾向增长(Ultra-Protrade-Biased Growth)

假设新的生产均衡点落在 R 与 N' 之间,经济增长使可出口产品 X 的增长较大,而可进口产品 Y 的产量反而减少,可进口产品供给的收入弹性小于零($\varepsilon < 0$)。这种经济增长有极大地促进对外贸易增长的倾向,有可能使本国对外贸易量的增长率远远大于经济增长率,所以这种增长方式称为超顺贸易倾向增长。

4. 逆贸易倾向增长(Antitrade-Biased Growth)

假设新的均衡点落在 Q' 点与 V 点之间,可出口产品 X 的增长小于可进口产品 Y 的增加,$\Delta X/X < \Delta Y/Y$,即 $\Delta NI/NI < \Delta Y/Y$,经济增长使可进口产品的供给收入弹性大于 1($\varepsilon > 1$)。可进口产品的数量增加多,可出口产品的数量增加少,就有抑制本国对外贸易量增长的倾向,有可能使本国对外贸易量的增长率小于经济增长率,所以这种增长方式称为逆贸易倾向增长。

5. 超逆贸易倾向增长(Ultra-Protrade-Biased Growth)

假设新的均衡点落在 V 点与 M' 点之间,经济增长集中在可进口产品 Y 的增长上,可出口

产品 X 的产量反而减少,这种经济增长使可进口产品供给的收入弹性比 1 大得多,对本国的对外贸易有极大的抑制作用,可能造成一国经济增长后,对外贸易量减少。所以,这种增长方式被称为超逆贸易倾向增长。

上述经济增长造成的五种生产组合变化对贸易的效应,可整理归纳在表 14 - 1 。

表 14 - 1　经济增长的生产效应

新生产点范围	名　称	进口供给的收入弹性	倾　向
RN'	超顺贸易倾向增长	$\varepsilon < 0$	贸易增长大于经济增长
RQ'	顺贸易倾向增长	$0 < \varepsilon < 1$	贸易增长大于经济增长
Q'	中性增长	$\varepsilon = 1$	贸易增长等于经济增长
$Q'V$	逆贸易倾向增长	$\varepsilon > 1$	贸易增长小于经济增长
VM'	超逆贸易倾向增长	$\varepsilon > 1$	经济增长,贸易减少

二、经济增长的消费效应

当一国的经济增长后,一般会使国民收入提高,消费水平也会随之提高,而经济增长对一国消费水平以及消费结构的影响程度又会由于不同的经济增长形态而产生不同的效应,同时也取决于一国消费者偏好的特点(消费无差异曲线的形状)。为了简化问题,只假设产品相对价格不发生变化,来考虑经济增长所产生的消费效应。也就是说,只考虑不同的消费者偏好特点对经济增长的影响。

如图 14 - 4,假设在经济增长前,X 产品和 Y 产品的相对价格线 MN 与消费无差异曲线相切于 C 点。此时,该国的国民收入总值以 Y 产品表示就是 OM,以 X 产品表示就是 ON,在这个国民收入水平上,以及产品相对价格为 MN 斜率的条件下,该国的消费特点决定了该国的消费组合点为 C,即消费 OX_1 的 X 产品和 OY_1 的 Y 产品。

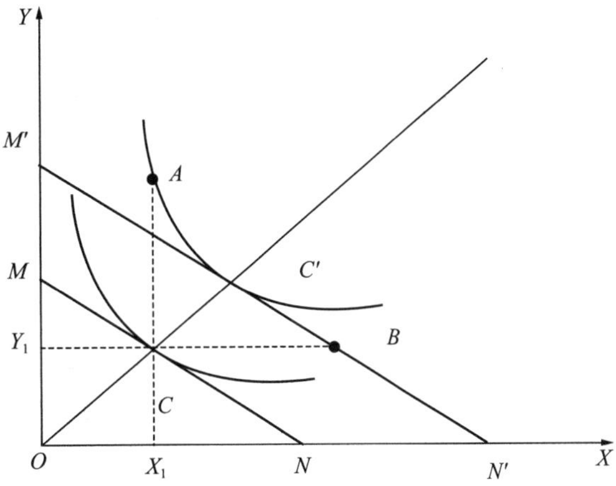

若该国发生了经济增长,国民收入总值提高了,以 Y 产品表示的国民收入总值由原来的 OM 变为 OM',以 X 产品表示的国民收入总值由原来的 ON 变为 ON',根据相

图 14 - 4　经济增长的消费效应

对价格不变假设,可得:$M'N' // MN$。新的产品价格线 $M'N'$ 与更高级的无差异曲线交于 C' 点。它表示该国经济增长后,新的消费组合比原来的水平高,而具体处在什么位置上,取决于消费无差异曲线的形状与方位,这表示消费者偏好的特点决定了经济增长的消费效应。

1. 中性消费效应(Neutral Consumption Effect)

当新的组合点 C' 落在 OC 延长线上,这种经济增长造成的消费效应被称为中性消费效应。这表示在一国经济增长后,X 产品与 Y 产品的消费量的增长相等,$\Delta X / X = \Delta Y / Y$,即

$\Delta NI/NI = \Delta Y/Y$（其中：$NI$ 为国民收入）。

$$令 \ \eta = \frac{\Delta Y/Y}{\Delta NI/NI}$$

像前面一样，我们还是假设 Y 是可进口产品，X 是可出口产品。这个 η 就是本国可进口产品需求的收入弹性，其含义为经济增长使国民收入增加，国民收入增加会使本国可进口产品的消费量发生什么变化。当 $\eta=1$ 时，表示经济增长引起本国可进口的产品消费量以与经济增长相同的比率增加，同时，也表示可进口产品需求与可出口产品需求的增长率相等。这种中性消费效应具有引起对外贸易以与经济增长相同比率增长的倾向。

2. 顺贸易倾向消费效应

当新的组合点 C 落在 $C'A$ 之间，表示经济增长后，人们把增加的收入更多地用于 Y 产品的消费上，使得 Y 产品消费增长率大于 X 产品的消费增长率，$\Delta Y/Y > \Delta X/X$，即 $\eta > 1$。这样，经济增长后，人们对可进口产品的需求增加较大，对可出口产品的需求增加较小，会起到促进对外贸易增长的作用，所以这种效应被称为顺贸易倾向消费效应。这种效果具有引起对外贸易比经济的增长率大的倾向。

3. 超顺贸易消费效应

当新的消费组合点 C' 落在 AM' 之间，表示经济增长后，人们不仅把所有增加的收入都用于 Y 产品的消费上，而且还会减少一部分 X 产品的消费以增加对 Y 产品的消费。这种现象的产生往往是由于 X 产品是劣等产品(Inferior Goods)，而人们的收入增加后，往往会减少对劣等产品的消费。这种现象较多发生在发展中国家。这样经济增长了，Y 产品的消费量增加了，而 X 产品的消费量反而减少了，即 $\eta > 1$。由于一国的可进口产品国内需求增加，就会促进进口贸易，而可出口产品国内需求减少，也会刺激出口贸易，从而对本国对外贸易产生极大的推动作用，所以这种效应被称为超顺贸易消费效应。这种效果有使对外贸易增长率大大超过经济增长率的倾向。

4. 逆贸易消费效应

当新的消费组合点 C' 落在 $C'B$ 之间，表示当经济增长后，人们把增长的收入更多地用于 X 产品的消费上，使得 X 产品的消费增长率大于 Y 产品的消费增长率，即 $\Delta X/X > \Delta Y/Y$，$0 < \eta < 1$。这样，在经济增长后，人们对可进口产品的需求增加较少，对可出口产品的需求增加较大，会起到抑制对外贸易的作用，所以这种效应被称为逆贸易倾向消费效应。这种效应具有使对外贸易比经济的增长率小的倾向。

5. 超逆贸易消费效应

当新的消费组合点 C' 落在 BN' 之间，表示经济增长后，人们不仅把所有增加的收入都用于 Y 产品的消费上，还会减少一部分 Y 产品的消费以增加 X 产品的消费。这里，本国的可进口产品为劣等产品，收入增加，就会减少这种劣等产品的消费。这种现象多发生于发达国家。在这种情况下，经济增长了，X 产品减少了，即 $\eta < 0$。由于一国的可出口产品的国内需求增加，就会抑制出口贸易，而可进口产品的国内需求减少，也会抑制进口贸易，从而对本国对外贸易产业产生极大的抑制作用，所以这种效应被称为超逆贸易消费效应。这种效应具有使对外贸易的增长率大大小于经济增长率的倾向，甚至可能造成贸易减少。

上述五种经济增长造成的五种消费效应,可整理归纳在表 14-2 中。

表 14-2 经济增长的消费效应

新消费点范围	名 称	进口需求的收入弹性	倾 向
AM'	超顺贸易倾向	$\eta > 1$	贸易增长大于经济增长
$C'A$	顺贸易倾向	$\eta > 1$	贸易增长大于经济增长
C'	中性	$\eta = 1$	贸易增长等于经济增长
$C'B$	逆贸易倾向	$0 < \eta < 1$	贸易增长小于经济增长
BN'	超逆贸易倾向	$\eta < 0$	经济增长,贸易减少

三、经济增长的贸易量效应

从上面的分析可知,一国经济增长是由于该国的要素增长或技术进步造成生产能力的提高,而生产能力在可进口产业以及可出口产业的不同增长比率,又直接影响经济增长的形态,不同的经济增长形态对本国外贸量的增长又有不同的作用。同时,经济增长后,消费者偏好的特性又造成对可进口产品与可出口产品的需求量不同程度的增长。这也会直接影响本国对外贸易量的变化。简而言之,就是一国的可进口产品与可出口产品的供给与需求关系随经济增长发生变化,从而影响本国的对外贸易量的增长,进而对贸易条件产生影响。这种一般均衡过程可用图 14-5 加以说明。

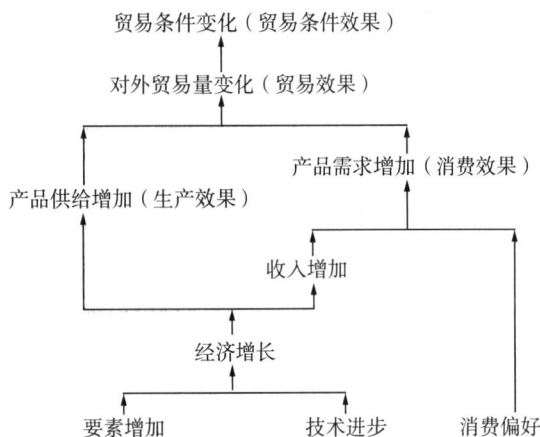

图 14-5 经济增长的贸易量效应

从图 14-5 中可知,当经济增长后,对外贸易量的变化取决于经济增长的生产效应与消费效应。各种经济增长形态的贸易效应可归纳在表 14-3 中。

表 14-3 经济增长的各种效应

生产效应 \ 消费效应(贸易效应)	超顺贸易倾向	顺贸易倾向	中性	逆贸易倾向	超逆贸易倾向
超顺贸易倾向	超经济增长	超经济增长	超经济增长	非逆经济增长	不定
顺贸易倾向	超经济增长	超经济增长	超经济增长	不定	逆经济增长
中性	超经济增长	超经济增长	中性	非超经济增长	逆经济增长
逆贸易倾向	非逆经济增长	不定	非超经济增长	非超经济增长	逆经济增长
超逆贸易倾向	不定	逆经济增长	逆经济增长	逆经济增长	逆经济增长

其中,中性贸易效应表示对外贸易量增长率与经济增长率相等。超经济增长贸易效应表

示贸易增长率大于经济增长率。逆经济增长表示经济增长后,对外贸易量反而下降。

表14-3中的结果有些是显而易见的,有些是不确定的,我们可以对其中的部分结果进行推导,其他的结果就以同样的方法类推。在以下推导中,我们仍与前面一样,假设 X 为可出口产品,Y 为可进口产品。

1. 中性生产效应与中性消费效应的经济增长

已知中性生产效应为 $(\Delta X/X)_s = (\Delta Y/Y)_s = (\Delta N/N)$,即可出口产品与可进口产品的供给增长率相等,并等于经济增长率。且中性消费效应为 $(\Delta X/X)_d = (\Delta Y/Y)_d = (\Delta N/N)$,即可出口产品与可进口产品的需求增长率相等并等于经济增长率。综合起来看,X 产品的国内供求以相等比率增长,并等于经济增长率,X 产品的出口量也必然按经济增长率增长。同理,Y 产品的进口量也必然按经济增长率增长。本国对外贸易量亦以经济增长率增长,即 $\Delta T/T = \Delta N/N$。这种情况还可以用图14-6加以说明。

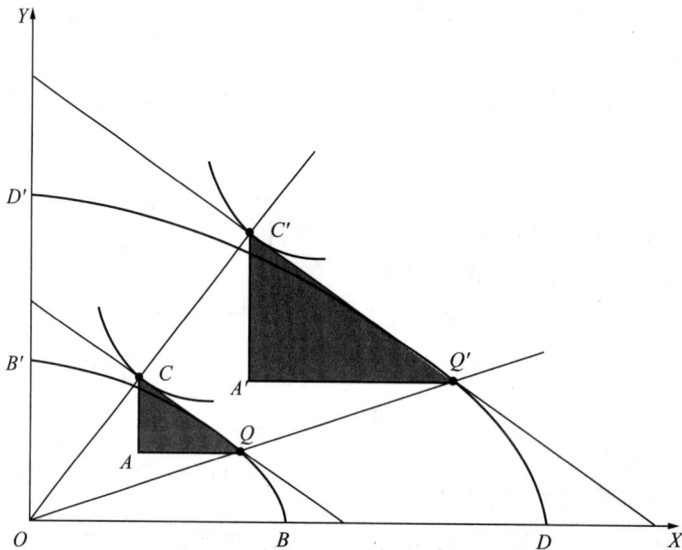

图 14-6 中性贸易效应

如图,BB′ 是经济增长前的生产可能性曲线,Q 是生产均衡点,C 为消费均衡点,ACQ 为贸易三角,其大小反映该国对外贸易量的大小。显然,该国在经济增长前是进口 CA 数量的 Y 产品,出口 AQ 数量的 X 产品,从而达到两种产品的供求平衡。经济发生中性增长后,生产可能性曲线扩延至 DD′,且形状完全保持不变。此时的贸易三角由原来的 ACQ 变为 A′C′Q′。A′Q′ 为 X 产品出口量,A′C′ 为 Y 产品进口量。通过相似三角形原理,很容易证明 $(OB/OD) = (AQ/A'Q')$,即 $\Delta T/T = \Delta N/N$,也就得出了对外贸易量与经济的增长率相等的中性贸易增长结果。

2. 顺贸易倾向生产效应与逆贸易倾向消费效应的经济增长

顺贸易倾向的生产效应为 $(\Delta X/X)_s > (\Delta N/N)$,$(\Delta Y/Y)_s < (\Delta N/N)$,即可出口产品供给的增长率大于经济增长率,可进口产品供给的增长率小于经济增长率。逆贸易倾向的消费效应为 $(\Delta X/X)_d > (\Delta N/N)$,$(\Delta Y/Y)_d < (\Delta N/N)$,即可出口产品需求增长大于经济增长

率,可进口产品的需求增长小于经济增长率。综合起来看,X 产品的国内需求与供给都增加,且都大于经济增长率。这样,在无法确定二者增长率的幅度时,X 产品的出口量发生什么变化就难以确定。同理,Y 产品的进口量发生什么变化也不确定。这种情况可用图 14 - 7 来说明。

图 14 - 7 中我们省略了生产可能性曲线与消费无差异曲线,只画出经济增长前的贸易三角 ACQ 及中性贸易增长后的贸易三角 $A'C'Q'$。顺贸易倾向的生产效应是使新的生产均衡点落在 Q' 点右边及 R 点左边的 Q'' 点。逆贸易倾向的消费效应是使新的消费均

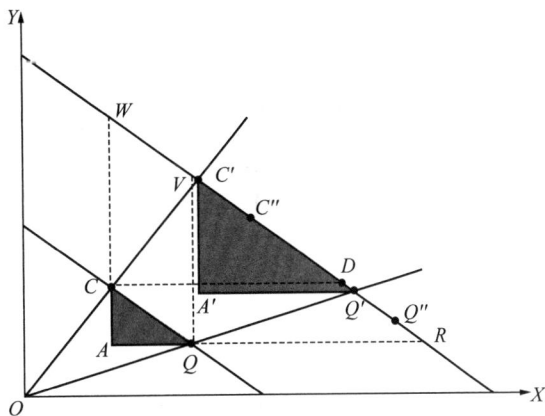

图 14 - 7　经济增长贸易效应

衡点落在 C' 点右边及 D 点左边的 C'' 点。最后的贸易效应是看 $C''Q''$ 与 $C'Q'$ 的比较。如果两者相等,就是中性贸易效应;如果 $C''Q'' > C'Q'$,就是超经济增长的贸易效应;如果 $C''Q'' < C'Q'$,就是亚经济增长的贸易效应;如果 $C''Q'' < CQ$,就表示经济增长后,对外贸易反而减少。由此可见,这种经济增长对贸易影响是不确定的。

3. 顺贸易倾向生产效应与超逆贸易倾向消费效应的经济增长

超逆贸易倾向消费效应为 $(\Delta X/X)_d > (\Delta N/N)$,$\Delta Y_d < 0$,即进口需求减少,而顺贸易倾向生产效应使可进口产品 Y 的供给增加了,这必然导致进口贸易量减少。而由于假设价格不变,进口贸易量减少也意味着出口贸易量的减少。也就是说,经济增长后,对外贸易反而减少,造成逆经济增长的贸易效应。

从图 14 - 7 中也可知,顺贸易倾向的生产效应使新的生产均衡点落在 $Q'R$ 之间,而超逆贸易倾向的消费效应使新的消费均衡点落在 DR 之间。由于 $DR = CQ$,故新的生产均衡点与消费均衡点距离必然小于 CQ,说明新的贸易三角小于 ACQ,即经济增长后,对外贸易量反而减少,即为逆经济增长的贸易效应。显然,我们可推论,顺贸易倾向的生产效应与中性、顺贸易倾向及超贸易倾向的消费效应的综合作用,都会使贸易增长率大于经济增长率,即为超经济增长的贸易效应。

4. 超顺贸易倾向生产效应与逆贸易倾向消费效应的经济增长

超顺贸易倾向的生产效应为 $(\Delta X/X)_s > (\Delta N/N)$,$\Delta Y_s < 0$,逆贸易倾向消费效应为 $(\Delta X/X)_d > (\Delta N/N)$,$0 < (\Delta Y/Y)_d > (\Delta N/N)$。可进口产品需求增加,而供给减少,必然促使进口量增加。但是,贸易量的增加是否大于经济增长率不能确定。如图 14 - 7,超顺贸易倾向的生产效应使新的生产均衡点落在 R 点的右边,逆贸易倾向的消费效应使新的消费均衡点落在 $C'D$ 之间,两者的距离必然大于 CQ 的距离,但是,是否大于 $C'Q'$ 的距离则是不确定的。即这种经济增长导致的贸易效应是介于亚经济增长效应与超经济增长效应之间。显然,超顺贸易倾向的生产效应与中性、顺贸易倾向以及超顺贸易倾向的消费效应的综合作用,都会使贸易增长率大于经济增长率,即为超经济增长的贸易效应。至于超顺贸易倾向的生产效应与超逆贸易倾向的消费效应的综合作用,只能根据具体给定的数据来判断,故为不确定的。

5. 中性生产效应与超逆贸易倾向消费效应的经济增长

这种情况是国内可进口产品的供给增加,而对可进口产品的需求减少,势必造成该产品进口量的减少。即为经济增长,贸易量反而减少的逆经济增长的贸易效应。如图 14-7 所示,这种经济增长的新消费均衡点落在 D 点的右方,新生产均衡点落在 Q' 点上。由于 $DR=CQ$,显然有 $DQ'<CQ$,即经济增长后的贸易量小于增长前的贸易量。显然,中性生产效应与逆贸易倾向的消费效应的综合作用会使贸易量增长率小于经济增长率,而是否小于零则不确定。另外,中性生产效应与顺贸易倾向以及超顺贸易倾向的消费效应的综合作用,必然产生超经济增长的贸易效应。

第三节 要素增长与国际贸易

经济增长对大国和小国的贸易影响是不同的。这里所说的大国和小国不是以国土面积、人口数量甚至经济规模来划分,而是根据国家在国际市场上的地位来衡量。所谓小国是指其进出口量在世界市场上的比重很小,因而它是国际市场价格的接受者,从而无法影响国际市场价格。与小国相反,所谓大国是指其贸易量占世界市场的比重很大,以至于它的进出口量的任何变动都可以引起国际市场价格的波动。

一、生产要素增长与贸易条件

(一)贸易条件

贸易条件是一国出口产品的价格除以进口产品的价格,它反映的是两种商品的交换比率。一个国家的贸易条件变化对其贸易利得具有重要影响。

假定世界由两个国家组成,本国(出口 x)和外国(出口 y)。本国的贸易条件由 P_x/P_y 来衡量,外国的贸易条件由 P_y/P_x 来衡量。Q_x 和 Q_y 是本国生产的 x 和 y 的数量,Q_x^* 和 Q_y^* 是外国生产的 x 和 y 的数量。

为了确定 P_x/P_y,我们要找到 x 的世界相对供给曲线和相对需求曲线的交点。如图 14-8 所示,世界相对供给曲线 RS 是一条向上倾斜的曲线。这是因为 P_x/P_y 上升使各国都增加 x 的生产,减少 y 的生产。世界相对需求曲线 RD 是一条向下倾斜的曲线,这是因为 P_x/P_y 的上升使各国的消费点向靠近 y 背离 x 的方向移动。两条曲线的交点(点 A)确定了均衡的世界相对价格(P_x/P_y)。

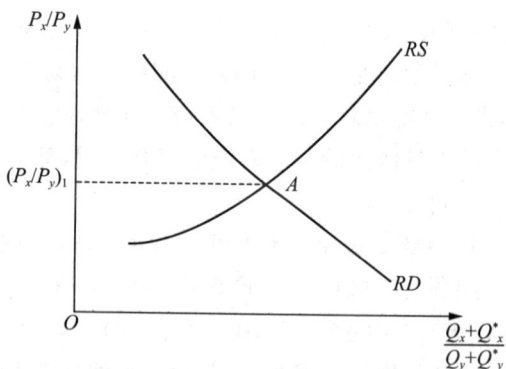

图 14-8 世界相对供给和相对需求

x 的相对价格(P_x/P_y)越高,x 对 y 的世界相对供给量(RS)就越大,x 对 y 的世界相对需求量(RD)就越小。相对价格的均衡点(P_x/P_y),由世界相对供给和世界相对需求曲线相交而得。

假设本国出现了偏向于 x 的经济增长,而且偏向的幅度很大。在 x 的相对价格给定时,x

的产出增加,y 的产出减少。从整体上来说,在任何相对价格水平上,x 对于 y 的世界相对产出增加了。世界相对供给曲线也就从 RS_1 向右移到 RS_2。如图 14-9 所示,这一移动使得 x 的均衡相对价格从 $(P_x/P_y)_1$ 下降到 $(P_x/P_y)_2$,意味着本国贸易条件恶化,外国贸易条件改善。

这里的"偏向"指的是经济增长对某个生产部门的偏向,而不是指哪个国家的经济增长了,哪个国家没有增长。如果外国发生了偏向于 x 的经济增长,对 x 的世界相对供给曲线的影响以及由此引起的对贸易条件的影响是一样的。另一方面,无论是本国还是外国发生了偏向于 y 的增长(如图 14-9(b) 所示),都会使 RS 曲线向左移动(从 RS_1 到 RS_2),并因此使 x 的相对价格从 $(P_x/P_y)_1$ 提高到 $(P_x/P_y)_2$。本国的贸易条件随之改善,外国的贸易条件恶化。

使一国的生产可能性边界的扩张偏向于出口产品(本国的 x 产品,外国的 y 产品)的经济增长成为出口偏向型增长。同样,如果使一国的生产可能性边界的扩张偏向于进口产品的经济增长成为进口偏向型增长。我们分析得出以下结论:出口偏向型增长会使本国的贸易条件发生恶化,但对世界其他国家有利;进口偏向型增长有利于改善本国的贸易条件,但世界其他国家则为此付出代价。

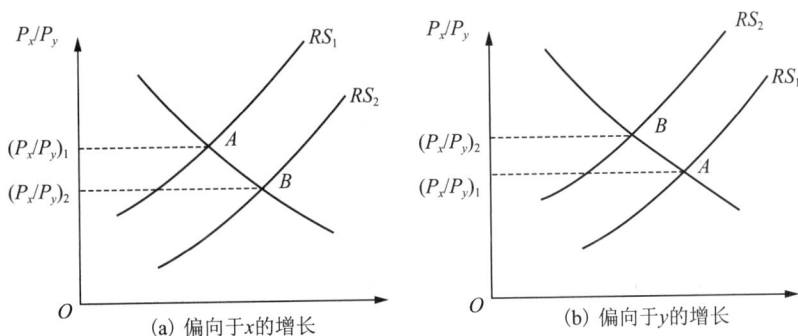

偏向于 x 的经济增长使 x 的相对供给曲线 RS 向右移动(参见图 a);偏向于 y 的经济增长使 x 的相对供给曲线 RS 向左移动(参见图 b)。

图 14-9　经济偏向增长与相对供给

(二) 小国情形

如果一国为小国(即它在国际市场上是价格接受者),那么,其贸易不会对国际市场价格比率(这也是该国的贸易条件)产生影响。图 14-10 中的各图代表了对小国经济增长的全面分析。在每种情况下,国家都从增长中受益,因此都达到了更高的社会无差异曲线(消费分别于点 C_2、C_3 或 C_4 达到更高的效用水平,具体位置取决于增长类型)。

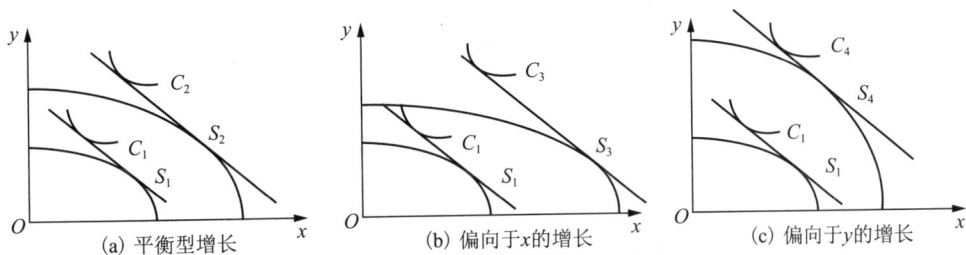

图 14-10　小国经济增长对贸易的影响

（三）大国情形

如果一国为大国，该国要素积累导致经济增长偏向进口部门，其对进口商品需求的下降会降低进口商品的价格。这种均衡国际价格的改变，改善了该国的贸易条件。此时，供给可以从增长中取得两种收益：① 随着生产可能性曲线的外移，生产受益于增长；② 该国出口品的价格相对于其进口品的价格上升，进而使该国受益于贸易条件的改善。在图 14-11 中，贸易条件的改善体现为一条更陡峭的价格线。相应地，该国将其生产点移至新生产可能性曲线上的点 S_5，并决定在点 C_5 消费，因此达到了更高的社会无差异曲线，该国从增长中得到更多的收益。

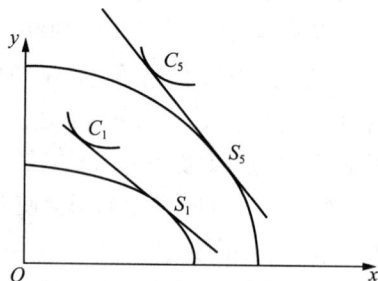

图 14-11 大国偏向进口的增长

如果一国要素积累导致经济增长偏向出口部门，那么经济增长对增长国的福利会产生两种截然不同的影响。一方面，经济增长意味着国民收入水平的提高，国民福利的改善；另一方面，经济增长又可能恶化本国的贸易条件，对本国福利产生不利影响。在这种情况下，经济增长的净福利效应取决于上述两种影响的对比。

在经济增长前，A 国的福利水平由通过点 C_1 的社会无差异曲线所代表的效用水平衡量，增长后，通过点 C_6 的社会无差异曲线表示增长后 A 国的福利水平。在图 14-12(a) 中，画一条与原来贸易条件线平行的直线，并与增长后的生产可能性边界相切点为 S'，这条新的相对价格线与社会无差异曲线相切于点 C'，该社会无差异曲线表示在不考虑贸易条件的情况下，经济增长对 A 国福利的改善，我们称之为纯粹的增长利益。当考虑贸易条件变化时，生产均衡点由 S_1 移至 S_6，消费点由 C_1 移至 C_6。通过 C_6 的社会无差异曲线位于通过 C' 的社会无差异曲线之下，所以贸易条件恶化，抵消了部分经济增长利益。那么，损失的部分增长利益流向何处？事实上，这部分利益以"转移支付"的形式为他国所享有。

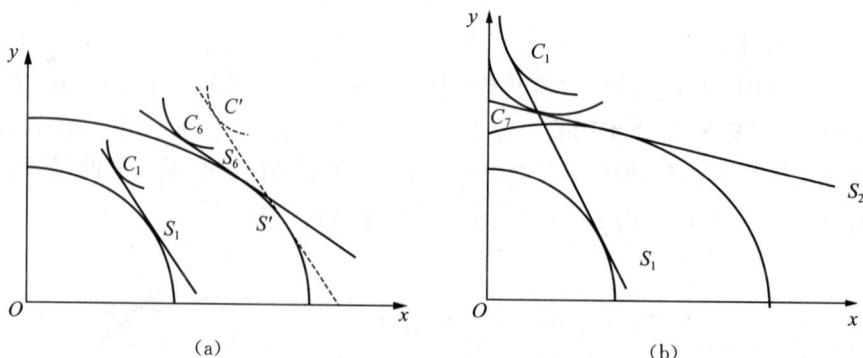

（a）

（b）

图 14-12 大国偏向出口促进的增长

如果转移至他国的利益部分超出了增长利益，那么 A 国的福利水平将低于增长前，这种情形首先由杰格迪什·巴格瓦蒂(Jagdish Bhagwati)进行了详细的分析，并被称为"贫困化增长"(Immiserizing Growth)，如图 14-12(b) 所示。贸易条件急剧恶化，导致增长后新的消费点(C_7)位于原消费点(C_1)之下,所以,通过点C_7的社会无差异曲线所代表的福利水平低于增长前的福利水平。

一般来说,贫困化增长的出现通常需要以下几个前提条件:① 经济增长偏向增长国的出口部门;② 增长国在世界市场是一个大国,即其出口供给的变动足以影响世界价格;③ 增长国的进口边际倾向较高,即增长国对进口的需求会因经济增长而显著增加;④ 增长国的出口产品在世界市场上的需求价格弹性非常低。

二、经济增长的放大效应与消极影响

(一)放大效应

从罗伯津斯基定理可知,在产品价格不变的情况下,一种生产要素的增长,会增加该要素的产品生产,但这种产品产量的增幅有多大? 换句话说,如果一国的劳动力增长了10%,该国的劳动密集型产品产量会增加多少呢? 是少于10%,等于10%,还是超过10%? 琼斯通过建立一个贸易与增长的总体均衡模型来分析,本书主要从经济学逻辑上说明这种效应。

假设大米是劳动密集型产品,钢铁是资本密集型产品。现在我们假定中国的劳动力增长了10%,而资本不变。在产品相对价格不变的情况下,大米生产增加,钢铁生产减少(罗伯津斯基定理)。钢铁生产量的绝对下降意味着不仅新增加的劳动全部用于生产大米,原有钢铁生产中的一部分劳动也转移到了大米生产部门。作为劳动密集型产品生产部门,大米生产中雇佣劳动的增长幅度会超过劳动供给总量增长的幅度(10%)。

在大米部门劳动力增长的同时,该部门用来雇用这些劳动的资本也会增长。由于一国资本总量并没有增加,所以这部分资本是从钢铁部门转移过来的。在生产技术给定不变的情况下,大米生产所需的资本增长幅度应与劳动增长幅度一致。由于钢铁部门是资本密集型产业,减少一单位钢铁产量能转移到大米部门的资本大大超过转移的劳动,而大米部门本来就是劳动密集型产业,所用的资本并不很多。当转移到大米部门的资本足以雇用该部门新增的劳动力时,这种转移也就会停止。此时,大米部门的资本增长率也应超过10%,等于劳动增长率。

根据新古典贸易模型关于固定规模报酬的假设,生产要素投入增加会产生相同比例的产出增加。换句话说,如果大米部门的劳动投入和资本投入的增长率都超过了10%(比如说15%),那么大米产量增长率也会超10%,与投入同比例增长,达到15%。

总之,如果劳动供给增长10%,劳动密集型部门的劳动供给和资本供给的增长会超过10%。在固定规模报酬下,劳动密集型部门的产出增长率等于要素投入增长率,所以劳动密集型产品产出的增加会超过10%。根据琼斯的模型,我们把这一关系写成:

$$Q_r > L > K > Q_s$$

即产品价格不变时,如果一种生产要素相对另一种要素增加,那么密集使用这种要素的产品生产会以更大的比例增长,同时另一种产品的生产会相对于其密集使用的要素下降。如果$K=0, L>0$,那么$Q>L>K>0$;如果$L=0, K>0$,那么$Q_s>K>L=0>Q_r$。

(二)负面效应

一般来说,不管是哪一类的经济增长,都会给社会或多或少带来利益,但在某种特殊条件下,不平衡的经济增长会给本国经济带来不利的影响。

一种情况是"荷兰病",即一个行业的增长扩张导致其他行业萎缩。20世纪70年代发生在荷兰和欧洲其他国家的情况就是一个典型的例子。当时,荷兰大规模开发和出口北海的石油和天然气,使得大量的劳动力和资本流向石油和天然气行业,从而造成荷兰制造业的生产和出口变得相对萎缩。经济学家将这种现象称为"荷兰病"(Dutch Disease)。这种情况后来也在挪威、英国等国发生过。"荷兰病"是罗伯津斯基定理在实践中的一个典型案例。

另一种可能带来不利影响的经济增长是"福利恶化型增长",这种增长不但对本国经济没有好处,反而使社会的经济福利水平下降,故美国经济学家巴格瓦帝称之为"福利恶化型增长"(Immiserizing Growth)。

"福利恶化型增长"的主要原因是贸易条件的恶化,如果增长后贸易条件恶化所造成的利益损失超过增长本身带来的利益,就会出现"恶化增长"。在图 14 - 13 假设的例子中,中国有生产大米的比较优势,且是出口大国。由于劳动力要素的过度增长使其出口能力大增,过度的出口使大米的价格下降,贸易条件恶化。虽然中国能比以前生产更多的大米和钢铁(比较 S_2 和 S_1),但由于贸易条件的恶化使其实际消费水平(C_2)低于增长前的状况(C_1),社会的经济福利水平也不如以前(比较 U_1 与 U_2 两条社会无差异曲线)。

当然,这种情况很少出现。造成"福利恶化型增长"至少要具备两个条件:第一,这种增长必须发生在出口部门,而该国的出口产业在国际市场上又必须是举足轻重的,因为只有大国才会出现出口增加、价格下跌的情况。第二,国际市场对此种商品的需求价格弹性必须是较低的,需求量不会因为价格的上升而下降多少,也不会因价格的下跌而增加多少。因此,当出口供给增加、价格下跌时,需求量并没因此而增加多少,过剩商品会使价格猛跌到很低的水平。

在国际贸易现实中,虽然不少国家出现过由于出口工业增长造成贸易条件恶化的情况,但真正使整个社会经济利益受损失的例子还很少。"福利恶化型增长"的分析主要从理论上指出了这种情况出现的可能性,也在实践中为各国制定经济发展战略时提出一种应当避免的结果。

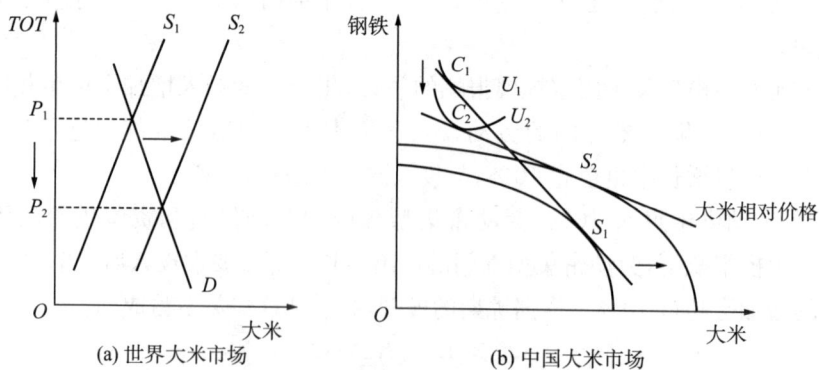

图 14 - 13 贸易条件变坏和"福利恶化型增长"

三、技术进步与国际贸易

经验研究显示,发达国家实际人均收入的增长主要是依靠技术进步,而资本积累的作用比较有限。然而,由于技术进步存在许多不同类型,并且它们在每一种或同时在两种商品的生产过程中有着不同的比率,技术进步对国际贸易的影响分析远比生产要素增长分析复杂。

本节使用英国经济学家约翰·希克斯的技术进步定义。这位英国经济学家是 1972 年诺贝尔经济学奖的获得者。我们在此将对几种技术进步类型进行定义,介绍中性技术进步对一国生产可能性曲线的影响。在讨论中,假设技术进步前后具有不变的规模经济效益,并且技术进步一旦产生就会持续下去。技术进步分为中性、劳动节约型和资本节约型,重点讨论中性的技术进步。非中性技术进步比较复杂,这里仅作简单的介绍。

(一)中性技术进步(Neutral Technical Progress)

当发生中性技术进步时,劳动和资本同比例增加,因而资本/劳动的相对要素价格不变。也就是说,由于工资率/利率比率未变,生产过程中不会发生劳动相互替代资本的情况,因而劳动/资本比率保持不变,保持原来产量现在只需投入较少的劳动和较少的资本。

当两种商品生产的中性技术进步速度相同时,一国的生产可能性曲线按照技术进步发生的速度向所有方向均匀延伸,这与生产要素平衡增长时的效应相同。这样,当旧的和新的(技术进步前后)生产可能性曲线与源自原点的射线相交时,各点都有着相同的切线斜率。

1. 中性技术进步的生产可能性边界

图 14-14 右图表明在技术进步发生后,A 国仅在 x 生产中或仅在 y 生产中(虚线)的劳动、资本效率增加一倍的情况。当仅有 x 的劳动和资本生产效率倍增时,对每一水平的 y 产出来说,x 的产出都增加一倍。例如,y 始终保持 45 不变,x 则从技术进步前的 60 上升为技术进步后的 120。当所有资源都用于生产 x 时,x 的产量也加倍(由 100 到 200)。但是当所有资源都用于生产 y 时,y 的产量仍保持 50 不变,因为技术进步仅发生在 x 的生产过程中。

最后必须指出,在缺乏贸易的情况下,所有类型的技术进步都会增加国家福利,其原因在于有了较高水平的生产可能性曲线,而劳动和总人口不变,在合理的再分配政策下,每人都可以比以前更富有。

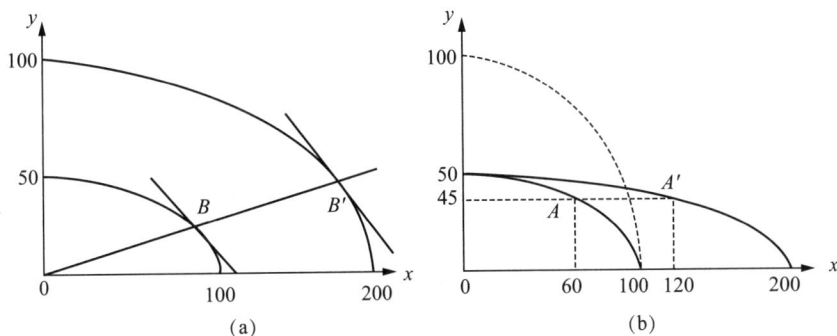

图 14-14 中性技术进步的情形
(a) 图表示当两种商品生产中的中性技术进步速度相同时,一国的生产可能性曲线按照技术进步发生的速度向所有方向均匀外移,这与生产要素平衡增长时的效应相同。
(b) 图表示 A 国技术进步前后的生产可能性曲线,实线和虚线分别表示技术进步仅在 x 和仅在 y 的生产中发生的情况。注意,如果 A 国把所有资源用在劳动和资本的生产效率倍增的商品生产中,则该商品的产量也增加一倍。另一方面,如果 A 国把所有资源用于无技术进步的商品生产中,则这种商品的产量保持不变。

2. 小国情形

如果一国为小国(即它在国际市场上是价格接受者),那么,其对外贸易就不会对国际市场价格比率(即该国的贸易条件)发生影响。图 14 - 15 中的各图代表了对技术进步的全面分析,在每种情形下,小国都从技术进步中获得收益,达到了更高的社会无差异曲线(这取决于技术进步类型,分别于点 C_8、C_9 或 C_{10} 达到新的均衡)。

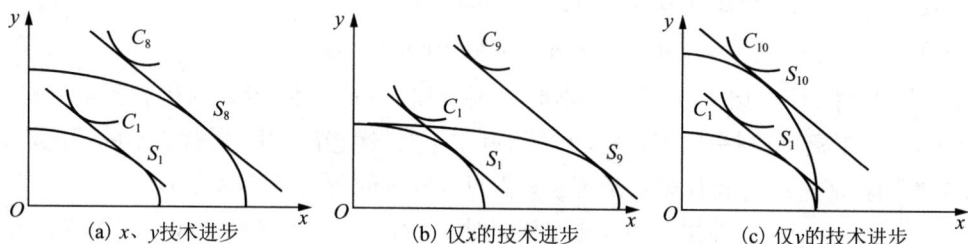

图 14 - 15   小国技术进步对贸易的影响

3. 大国情形

假设一国为大国,该国技术进步会导致经济增长偏向进口部门,国家对进口商品需求就会下降,从而会降低进口商品的价格。这种均衡国际价格的改变,改善了该国的贸易条件。这与要素积累的情况比较相似,见图 14 - 16。

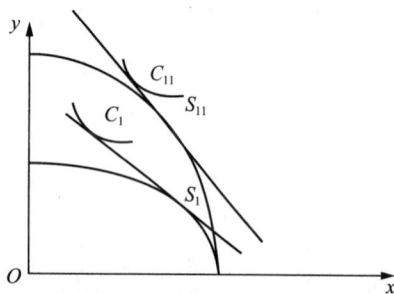

图 14 - 16   大国偏向进口部门的技术进步

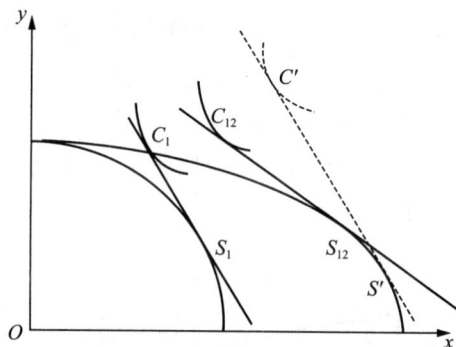

图 14 - 17   大国偏向出口部门的技术进步

如果一国技术进步发生在出口部门,那么技术进步对该国的福利会产生两种截然不同的影响,与要素积累的情况相似,见图 14 - 17。

(二) 劳动节约型技术进步(Labor-saving Technical Progress)

发生劳动节约型技术进步时,生产中资本要素的生产效率的增加大于劳动的生产效率的增加。结果就是资本替代劳动,在工资率/利率比率保持不变的情况下,资本/劳动比率上升,由于对每单位劳动来说,现在使用更多的资本,因而这种技术进步被称为劳动节约型技术进步。这样,达到原来的产量现在可使用较少单位的劳动和资本,但资本/劳动比率上升了。

1. 小国情形

在技术进步发生之前,小国在点 S_1 生产,在点 C_1 消费,中性技术进步以统一的或中性的方式将生产可能性曲线外推。非中性技术进步则以偏向一种产品或另一种产品的方式将生产可能性曲线向外扩张。如果价格产比率保持不变,生产的增长(从点 S_1 至点 S_8、S_9、S_{10})将增加国民收入,会同时增加两种商品的消费(在点 C_8、C_9、C_{10})。

2. 大国情形

大国可能以两种方式受益于进口替代商品(这里为 y)生产能力的提高。除了能够生产更多产品外,它还可以改变国家的贸易条件。通过进口需求的下降,该国可以使 y 的国际市场价格下降。在图 14-16 的例子中,在技术进步发生后,y 的相对价格下降,该国继续进口的成本下降。进而随着消费点由 C_1 移至 C_{11},达到了更高的社会无差异曲线,该国则从技术进步中可以得到更多的收益。

(三) 资本节约型技术进步(Capital-saving Technical Progress)

发生资本节约型技术进步时,劳动要素的生产效率的增加大于资本的生产效率的增加,结果,在工资率/利率比率保持不变的情况下,发生了以劳动替代资本及劳动/资本比率上升(或资本/劳动比率下降)的情况。由于每单位资本使用更多的劳动,这种技术进步就被称为资本节约型技术进步。这样,达到原有产量现在只需较少的劳动和资本,但劳动/资本比率上升(资本/劳动比率下降)了。出口部门技术进步的福利效应可分解为两部分。技术进步发生前,生产和消费均衡点分别为 S_1 和 C_1;技术进步发生后,新生产和消费均衡点分别是 S_{12} 和 C_{12}。技术进步发生前后,A 国的贸易条件分别为 P_x/P_y、P_x^*/P_y^*,其中,P_x^*/P_y^* 比 P_x/P_y 更平坦,表示 A 国贸易条件恶化。

第四节 经济增长与发展中国家的贸易战略

技术变革和资本积累对提高一国福利水平的重要性不言而喻。影响发展中国家经济增长或福利的因素还有人口增长率、贸易条件的恶化、进出口商品的相对价格和需求强度等。作为发展中国家,首先应该保持本国经济增长;其次,应该采取正确的对外贸易发展战略来保证对外贸易的发展。

一、发展中国家的经济增长战略

第一,发展中国家人口增长率较高,如果要使人均收入持续增长的话,产出也必须保持较高的增长。因此,如果发展中国家能够控制人口增长率,就可以在保持经济增长的情况下,提高整个国家的福利水平。

第二,经济增长对发展中国家贸易条件的影响非常重要。虽然发展中国家的整体经济规模并不大,但它们生产的某种商品足以影响世界价格水平。这类商品产量增加而带动的经济增长,会引起贸易条件的不利变化。发展中国家应采取多元化的发展战略,不能仅仅依赖某种特定商品的出口,以避免经济增长导致贸易条件恶化。

第三,经济增长会使最终商品的相对需求发生变化,不同类型的商品需求收入弹性不同;收入增加时,需求变化也不同。因此,发展中国家应采取生产并出口收入弹性较大的商品的发展战略。

第四,发展中国家应积极利用国际贸易条约来防止贸易条件恶化。从长远利益来看,出口商品换取外汇的国家,其出口商品的国际价格上涨速度远远没有制成品的价格上涨速度快。由于两类的收入弹性不同,贸易条件的恶化不仅在短期内会降低发展中国家从贸易中获得的利益,使这些国家进口制成品的能力下降,而且会降低未来经济增长的速度。因此,发展中国家应多利用一些国际贸易条约和协议来应对贸易条件恶化的问题。

二、发展中国家的对外贸易战略

(一)初级产品出口导向战略

初级产品出口导向战略是指发展中国家通过出口农产品、矿产品等初级产品,以换取外汇,进口制成品,从而推动经济增长。提出该战略的发展经济学家认为,发展中国家经济基础薄弱,制成品缺乏国际竞争力,农产品和矿产品的生产在国民经济中具有举足轻重的地位。发展中国家应根据这种实际情况,大力发展初级产品出口,使得国民收入、国民投资、国民消费及政府税收都随之增加,从而带动经济增长。

但是,初级产品出口导向战略只能作为外向型经济的起步在短期内采用。由于初级产品的需求弹性较小,且合成替代品及生产技术的提高使初级产品的需求量大大减少,因而初级产品的出口面临着贸易条件恶化的情况。片面依靠初级产品出口不但经济增长潜力有限,而且不利于发展中国家的工业化,难以享受工业化带来的动态利益。发展中国家要彻底摆脱贫穷落后,在国际市场上与发达国家展开竞争,就必须实现工业化和现代化,发展中国家围绕工业化所采取的贸易战略可以分为进口替代战略和出口替代战略。

(二)进口替代战略

所谓进口替代战略,就是在保护本国工业的前提下,通过引进必要的技术和设备,在国内建立生产企业,发展本国的工业制成品以替代同类商品进口,实现本国的工业化,带动经济增长,改善国际收支状况。

进口替代战略的实施一般从消费品进口替代入手,依次过渡到中间产品进口替代和资本货物进口替代。进口替代战略还要有相应的政策措施的配合:① 贸易保护政策,对工业制成品进口进行限制;② 严格的外汇管理政策,通常实行本币币值高估;③ 对进口替代工业给予各种优惠政策,扶植其发展。

但是,进口替代战略本身也存在缺陷,由于国内市场狭小,限制了其工业的发展,很难获得规模经济效应。而且贸易保护政策使得发展中国家的工业缺乏国际市场竞争力,尤其是它排斥贸易的动态利益,决定了它必然会阻碍发展中国家的经济发展。因此,很多发展中国家在实践中认识到出口工业制成品的重要性,开始转向了出口替代战略。

(三)出口替代战略

所谓出口替代战略,是指采取各种放宽贸易限制和鼓励出口的措施,大力发展工业制成品和半制成品的出口替代传统的初级产品出口,以增加外汇收入,带动工业体系的建立和国民经济的持续发展。

出口替代战略的贸易保护措施比较宽松,并且与鼓励出口措施相结合。与进口替代相比,出口替代战略的开放度要大一些。出口替代战略一般经历两个阶段:第一阶段以劳动密集型制成品替代初级产品出口;第二阶段转向机器设备、电子仪器等技术密集型工业制成品。

总之,从初级产品出口到进口替代,再到出口替代,具有由低级到高级的阶段性。每一种战略各有利弊,但各发展中国家在历史背景、自然条件、经济发展水平、政治体制等方面情况不同,因此所走的道路也不尽相同。一国一定时期内采取何种贸易战略,反映了该国这一时期对外贸易政策的总趋势。

基本概念

经济增长(Economic Growth)

平衡增长(Balanced Growth)

不平衡增长(Unbalanced Growth)

中性技术进步(Neutral Technical Progress)

劳动节约型技术进步(Labor-saving Technical Progress)

资本集约型技术进步(Capital-saving Technical Progress)

复习思考题

1. 经济增长产生的生产效应、消费效应和贸易量效应分别有什么类型,各自具有什么特点?

2. 假设 X 为劳动密集型产品,Y 为资本密集型产品,已知一国在经济增长前的生产可能性曲线为一条向外凸起的曲线,试在此基础上画出以下情形的生产可能性曲线:

(1) 劳动力和资本的存量都增加一倍。

(2) 劳动力存量增加一倍,而资本的存量保持不变。

(3) 资本存量增加一倍,而劳动力存量保持不变。

3. "福利恶化型增长"的主要原因是什么?

4. 分析中性技术进步条件下,大国和小国贸易条件的变化。

参考文献

1. Krugman, P. R,"Scale Economies, Product Differentiation, and the Pattern of Trade",*American Economic Review*,1980,70(5).

2. Melitz, M. J.,"The Impact of Trade on Intra-Industry Reallocations and Aggregate Industry Productivity",*Econometrica*,2003,71(6).

3. 克鲁格曼:《国际经济学(第十一版)》,中国人民大学出版社,2021 年。

4. 李坤望:《国际经济学(第四版)》,高等教育出版社,2017 年。

5. 克鲁格曼:《国际贸易新理论》,中国社会科学出版社,2001 年。

6. 刘庆林:《国际贸易理论与实务》,人民邮电出版社,2002 年。

7. 张为付:《国际经济学(第三版)》,南京大学出版社,2016 年。

8. 黄卫平:《国际经济学教程(第三版)》,中国人民大学出版社,2019 年。

9. [美]多米尼克·萨尔瓦多:《国际经济学(第十二版)》,清华大学出版社,2019 年。